DEAR READERS OF
KOREA...

THANK YOU FOR READING
MY FIRST EVER BOOK
"THINK LIKE A MONK" -
I HOPE IT WILL GUIDE YOU
TO PEACE & PURPOSE
EVERYDAY

WITH LOVE +
GRATITUDE

Jay Shetty

한국 독자 여러분께

제 첫 번째 책

『수도자처럼 생각하

이 책이 당신의 매일을 평화와

사랑

KB013799

수도자처럼 생각하기

·아트 힐링 에디션·

수도자처럼 생각하기

Think Like a Monk

소진되고 지친 삶을 위한
고요함의 기술

제이 셰티 · 이지연 옮김

다산
초당

나는 감히 이르지 못할 수도자의 경지에 있는
아내에게 존경의 마음을 담아 이 책을 바칩니다.

지은이 제이 셰티는 소셜 미디어 슈퍼스타이자 인기 1위 팟캐스트인 〈온 퍼포스〉의 진행자다. 그는 승려로 지내며 배웠던, 시대를 초월한 지혜를 누구나 매일 실천할 수 있는 몇 가지 방법으로 요약해서 들려준다. 그는 이 방법을 실천하여 많은 사람이 자신의 불안을 잠재우고 더 의미 있는 삶을 살기를 바라며 다양한 활동을 펼치고 있다.

제이 셰티는 가족 모두가 의사이거나 변호사인 집안에서 자랐다. 그래서 그의 집안에서는 아이가 자라면 셋 중 하나밖에 될 수 없었다. 의사, 변호사, 낙오자. 그의 가족은 제이가 셋 중 낙오자가 되기로 결심한 줄로만 알았다. 일류 대학의 경영학과를 졸업해 놓고서 홀연히 승려가 되겠다며 인도로 떠났기 때문이다. 제이는 매일 네 시간에서 여덟 시간씩 명상을 하며 남을 돕는 데 평생을 바치겠다고 했다. 3년 뒤, 그의 스승은 셰티에게 승려의 길을 떠나 그의 경험과 지혜를 다른 사람들과 공유한다면 세상에 더 큰 영향을 미칠 수 있을 거라 말해주었다. 그렇게 그는 2만 5000달러의 큰 빚을 진 채, 이력서에 써넣을 마땅한 기술도 하나 없이, 다시 부모님이 있는 런던 북부의 고향으로 돌아왔다.

제이 셰티가 동창들과 다시 연락이 닿았을 때, 많은 친구가 구글, 스타벅스 등 세계 유수의 기업에서 일하고 있었다. 그런데 그 친구들은 의외로 어마어마한 스트레스와 압박감, 불행에 시달리고 있었다. 친구들은 셰티에게 건강과 행복, 인생의 목적, 마음챙김에 관한 코치를 부탁했다. 이후 그는 전 세계에서 가장 인기 있는 사상적 리더 중 한 명이 되었다.

제이 셰티는 많은 사람에게 영감을 불러일으키고 용기와 힘을 주고자 이 책을 썼다. 이 책은 고대의 지혜와 현대의 과학적 지식은 물론, 저자가 아슈람(인도의 전통적인 수도원)에서 쌓은 풍부한 경험을 토대로, 부정적 생각과 습관을 극복하고 내면에 지니고 있는 평온과 존재의 목적에 닿을 방법을 알려준다. 누구나 스스로 자신의 잠재력과 힘을 발견할 수 있는 길을 보여주는 셈이다. 저자는 추상적인 지혜와 교훈을 누구나 활용할 수 있는 지침과 훈련으로 바꿔놓는 데 탁월한 재능을 보여준다. 이 책에 나오는 여러 훈련 방법을 따른다면 누구나 스트레스를 줄이고, 인간관계를 개선하며, 내면에서 찾은 재능을 세상에 펼칠 수 있을 것이다. 책을 읽고 나면, 당신을 포함한 누구나 수도자처럼 생각할 수 있고, 또 그래야만 한다는 작가의 통찰에 크게 공감하지 않을 수 없을 것이다.

지혜를 쉽게 이해하게 만드는 힘은 제이 셰티가 지닌 초능력이다. 그의 책은 날카롭고도 깊이가 있는 동시에 매우 현실적이다. 이 책을 통해 수많은 사람이 새로운 습관을 만들고 실천하리라 믿는다. 그리고 자신이 진정으로 원하는 삶에 도달하는 길을 안내할 지혜를 얻을 것이다.

윌 스미스 Will Smith · **제이다 핀켓 스미스**Jada Pinkett Smith

이 책은 매우 탁월한 방식으로 고대의 지혜를 현대의 실용주의와 결합했다. 균형을 잃지 않고 성공에 이르는 길을 알려준다.

레이 달리오 Ray Dalio (브리지워터 어소시에이츠Bridgewater Associates 설립자 겸
공동 회장·공동 최고투자책임자CIO, 《뉴욕타임스》 베스트셀러 작가)

제이 셰티는 시대를 초월한 세상의 지혜를 시대에 맞게 변모시킬 줄 아는 보기 드문 재능을 지녔다. 그는 일상의 순간순간을 의미 있고 아름답게 바꿔놓는다. 소셜 미디어를 통해 그 반짝이는 지혜를 이미 수백만 명과 공유한 바 있는 제이 셰티는 모든 지혜를 지금 여기 인생을 바꿔놓을 단 한 권의 책으로 내놓았다. 이 책을 통해 마음을 열고, 기운을 얻고, 성공을 재정의하고, 더 깊은 곳에 있는 당신의 목적과 만나기 바란다.

아리아나 허핑턴 Arianna Huffington (《허핑턴 포스트》 설립자,
스라이브 글로벌Thrive Global 설립자 겸 CEO, 《뉴욕타임스》 베스트셀러 작가)

제이 셰티는 자아에 대한 '이미지'에서 진정한 자존감으로 시선을 돌려

내면의 힘을 키우는 방법을 차근차근 알려준다. 이 책은 사회적 기준이라는 최면으로부터 당신을 벗어나게 해줄 것이다. 그리고 당신이 자기삶의 설계자가 될 수 있게 도와줄 것이다.

디팩 초프라 Deepak Chopra

(캘리포니아대학교 의과대학 교수, 《뉴욕타임스》 베스트셀러 작가)

인생의 의미를 찾는 데 수도자보다 우리를 더 잘 도와줄 수 있는 사람이누가 있을까? 제이 셰티는 삶의 질을 높이고 내가 가진 잠재력을 한껏 펼치고 싶은 모든 이에게 더할 나위 없이 귀중한 경험과 지혜를 제공한다.

엘런 디제너러스 Ellen DeGeneres(TV 프로그램 진행자 겸 배우, 작가, 프로듀서)

이 책을 들고 편안한 의자를 찾아 제이 셰티와 함께 인생을 바꾸는 여정을 떠나보기 바란다. 제이 셰티는 지금 당장 실천할 수 있는 지혜를 통해인생의 더 큰 기쁨과 목적에 이르는 길을 따뜻하면서도 명확하게 알려준다. 당신이 사랑하는 모든 사람과 이 지혜를 공유하고 싶어질 것이다.

로버트 월딘저 Robert Waldinger

(하버드대학교 의과대학 정신과 교수, 하버드성인발달연구소장)

제이는 대학에서부터 아슈람과 기업을 거쳐 이제 창업가 정신을 발휘하기까지 너무도 매력적인 여행을 해왔다. 나는 그가 수백만 명에 이르는 전세계 사람들에게 의식적이고 목적 있는 삶에 관한 자신의 경험과 가르침을 나누고, 열정적으로 동기부여해준 방식에 매료되었다. 균형 잡힌 삶을위한 명확하고 강력한 안내서인 이 책을 기꺼이 추천한다.

노박 조코비치 Novak Djokovic(테니스 선수)

새로운 아이디어를 찾고 싶다면 오래된 책을 읽어라.

– 이반 파블로프 Ivan Pavlov의 말로 추정

런던 카스경영대학원 1학년에 재학하던 열여덟 살 때의 일이다. 친구가 어느 스님의 강연에 가자고 했다. 나는 싫다고 했다. "누군지도 모르는 스님 얘기를 왜 들어야 해?"

CEO나 유명인처럼 성공한 사람들의 교내 강연에는 자주 갔지만, 스님은 정말 관심 밖이었다. 나는 인생에서 실제로 뭔가를 '이룬' 사람들의 얘기를 듣고 싶었다.

친구가 하도 고집을 피우기에 결국 이렇게 말했다. "끝나고 술 마시러 갈 거면 갈게."

'사랑에 빠진다'는 말은 연애할 때가 아니면 거의 쓰지 않는 표현이다. 하지만 나는 그날 스님의 경험담을 들으며 사랑에 빠졌다.

연단에 오른 인물은 30대쯤으로 보이는 인도 남자였다. 그는 머리를 파르라니 깎고 짙은 황색 법복을 입고 있었다. 총명하고, 능변에, 카리스마가 있었다. 그는 '이타적 희생'의 원칙을 이야기했다. '나무를 심되 그늘을 바라지 말라'는 그의 말에 나는 낯선 전율이 온몸을 훑고 지나가는 것을 느꼈다.

인상적인 것은 그가 인도의 매사추세츠공과대학교MIT라 할 수 있는 인도공과대학교IIT의 학생이었다는 점이다. IIT는 MIT처럼 입학하기가 바늘구멍 통과하기보다 힘든 곳이다. 그는 평범한 인간이라면 누구나 선망하는 기회를 수도자가 되는 것과 맞바꾸었다. 나와 내 친구들이 당시에 좇고 있던 모든 것을 뒤로한 채 말이다. 이 남자는 미쳤거나, 아니면 뭔가 대단한 계획이 있는 게 틀림없었다.

그때까지 내가 늘 매료되었던 이야기는 무無에서 유有를 창조한 사람들, 그러니까 무일푼으로 시작해 부자가 된 사람들의 이야기였다. 그런데 이제 처음으로 나는 정반대의 길을 간 사람과 마주하고 있었다. 그는 우리 '모두'가 원해야 한다고, 세상이 그동안 나에게 들려준 그런 삶을 포기했다. 그런데도 그는 낙오자의 씁쓸함이 아니라 즐겁고, 자신감 넘치고, 평화로운 모습을 보여주었다. 실은 내가 그때까지 만나본 사람 중 가장 행복해 보였다. 열여덟 살 때까지 나는 부자들을 많이 만났다. 유명하고, 힘 있고, 잘생기고, 때로는 이 세 가지를 모두 갖춘 수많은 사람의 강연을 들었다. 하지만 진정으로 행복한 사람을 만나보지는 못했던 것 같다.

강연이 끝나고, 나는 인파를 뚫고 앞으로 나가 그에게 정말 대단한 강의였다고, 많은 걸 느꼈다고 말했다. "스님과 더 많은 시간을 함께 보내고 싶은데요. 어떻게 하면 될까요?" 어느 틈에 나는 그렇게 묻고 있었다. 내가 원하는 '물건'이 아니라 내가 원하는 '가치관'을 가진 사람들 곁에 있고 싶다는 강한 충동이 일었다.

스님은 그 주 내내 영국 곳곳을 돌며 강연할 계획이라면서 다른 강연에도 얼마든지 참석해도 좋다고 했고, 나는 그렇게 했다.

그 스님의 이름은 가우랑가 다스Gauranga Das다. 내가 그에게서 받은 첫인상은 그가 뭔가를 제대로 하고 있다는 느낌이었다. 나중에 알고 보니 이는 과학적으로 뒷받침되는 내용이었다. 2002년 티베트의 승려 욘게이 밍규르 린포체Yongey Mingyur Rinpoche는 네팔 카트만두 근처에서 출발해 위스콘신대학교 매디슨 캠퍼스까지 먼 길을 왔다. 그가 명상을 하는 동안 벌어지는 두뇌 활동을 연구진이 관찰할 수 있게 해주기 위해서였다. 과학자들은 스님 머리에 샤워캡 비슷한 장치EEG를 씌우고 뇌파를 측정했는데, 장치에는 250개가 넘는 아주 작은 와이어가 튀어나와 있고, 각 와이어에는 센서가 장착되어 있었다. 실험실 직원들은 이 센서들을 스님의 두피에 부착했다. 연구에 참여할 당시 스님은 평생 6만 2000시간 이상 명상한 상태였다.

연구진 중에는 오랫동안 명상해 온 사람들도 있었다. 그들이 상황실에서 지켜보는 가운데, 스님은 연구진이 설계한 내용대로 명상을 시작했다. 연민에 관해 1분간 명상하고 30초를 쉬는 방식이었다. 스님은 통역의 수신호를 보며, 이 패턴으로 순식간에 4회의 명상을 마쳤다. 지켜보던 연구진은 입이 떡 벌어졌다. 스님이 명상을 시작함과 거의 동시에 뇌파 기록계에 나타나는 두뇌 활동이 마구 요동치기 시작했다. 과학자들이 보기에 뇌파 기록계가 저 정도로 크고 빠르게 덜컹거리려면 스님이 자세를 바꾸거나 몸을 움직여야 했다. 하지만 그들이 지켜보고 있는 스님은 꼼짝도 하지 않았다.

놀라운 것은 스님의 일관된 두뇌 활동(활동할 때는 켜지다가 휴식할 때는 꺼지기를 반복하는 것)만이 아니었다. 더 놀라운 것은 스님에게 준비 시간이 필요하지 않았다는 점이었다. 명상한 적이 있는 사람이라면, 혹은 두뇌 활동을 잠시 쉬려고 시도해 본 사람이라면 보통 밀려드는 온갖 잡생각을 잠재우는 데 어느 정도 시간이 걸린다는 것을 알 것이다. 린포체 스님은 그런 준비 시간이 전혀 필요하지 않은 듯했다. 실제로 스님은 마치 스위치를 끄고 켜듯이 강력한 명상의 상태를 자유로이 드나드는 것처럼 보였다. 이날의 검사를 필두로 이후 10여 년간 스님의 뇌 활동을 촬영했는데, 마흔한 살인 스님의 뇌는 또래에 비해 노화의 징후를 적게 보였다. 연구진은 스님이 실제 나이보다 열 살은 더 젊은 사람의 뇌를 갖고 있다고 했다.

불교 스님 마티유 리카르Matthieu Ricard의 뇌를 촬영한 연구팀은 리카르 스님에게 "세상에서 가장 행복한 사람"이라는 수식어를 붙여주었다. 그의 감마파 수준이 '지금까지 과학적으로 기록된 것 중 최고' 수준이었기 때문이다. 감마파는 집중력, 기억력, 학습력, 행복 등과 관련된다. 스님 한 명의 수치가 정상 수준을 넘은 것이라면 '이상 현상'으로 볼 수도 있다. 하지만 리카르 스님만이 아니었다. 스님 스물한 명의 명상 수행 중에 뇌 활동을 촬영한 결과, 명상하지 않는 사람들보다 높은 수준의 감마파가 오랫동안 (심지어 수면 중에도) 지속되었다.

우리는 왜 수도자처럼 생각해야 할까? 농구장을 지배하고 싶다면 마이클 조던Michael Jordan에게 물어보는 게 현명하다. 기업 혁신 전략을 배우고 싶다면 일론 머스크Elon Musk를 파고드는 게 좋다. 멋진 공연을 보여주고 싶다면 비욘세Beyoncé를 연구하는 게 좋다. 그렇다면 평화, 안정, 목적을 찾기 위해 마음을 수련하고 싶다면? 전문가는 바로 수도자들이다. 그레이트풀니스gratefulness.org를 공동 설립한 베네딕트회 수사 다비드 슈타인들라스트David Steindl-Rast는 이렇게 말했다. "전문가가 아니어도 끊임없이 '현재'를 살리려고 의식적으로 노력하는 사람은 모두가 수도자다."

수도자들은 유혹을 참고, 비난을 삼가고, 고통과 불안을 견디며, 자존심을 잠재우고, 목적과 의미가 넘치는 삶을 꾸릴 수 있다. 지구상에서 가장 침착하고, 행복하고, 목적을 의식하며 사는 사람들을 우리가 배우지 않을 이유가 있을까? 평온하고 느긋한 상태를 유지하는 것이 수도자들에게는 쉬운 일이라고 생각할지도 모른다. 조용한 곳에 숨어 지내니 직장 문제, 연애 문제가 생길 리 없고 출퇴근 시간의 교통지옥도 겪지 않는다고 말이다. '현대사회에서 수도자처럼 생각하는 게 무슨 도움이 될까?'라고 의구심을 품을 수도 있다.

먼저 수도자는 날 때부터 수도자가 아니다. 많은 수도자가 속세의 다양한 배경에서 출발해 완전히 새로운 사람이 되기로 선택한 사람들이다. '세상에서 가장 행복한 사람' 마티유 리카르는 승려가 되기 전 생물학자였다. 명상 앱으로 유명한 헤드스페이스Headspace를 공동 설립한 앤디 퍼디컴Andy Puddicombe은 서커스 교육을 받았다. 내가 아는 승려 중에는 금융계 종사자였거나 록밴드 멤버였던 이도 있다. 그들은 여러분과 똑같은 학교에 다니며 똑같은 도시, 똑같은 동네에 살았다. 집에 촛불을 켜두고, 맨발로 돌아다니며, 산꼭대기에서 '나무 자세'를 취하고 있는 사진을 걸어두어야만 하는 것은 아니다. 수도자가 된다는 것은 누구나 받아들일 수 있는 하나의 '마음 자세'다.

오늘날 승려 대부분이 그렇듯이 나도 아슈람ashram에서 자라지 않았다. 나는 아동기 대부분을 '승려답지 않은' 일을 하며 보냈다. 내가 자란 곳은 런던 북부다. 부모님, 여동생과 함께 살았고 열네 살까지는 순종적인 아이였다. 우리 집은 중산층 인도인 가족으로, 많은 부모가 그렇듯이 내 부모님도 교육에 적극적이셨고, 나에게 장밋빛 미래를 거머쥘 기회를 주려고 하셨다. 나는 말썽을 피우지 않았고, 성적도 좋았으며, 모두를 만족시키려고 최선을 다했다.

그런데 중학생이 되면서 나는 엇나가기 시작했다. 어릴 때 뚱뚱해서 종종 놀림받던 나는 살이 빠지면서 축구와 럭비를 시작했다.

그리고 전형적인 인도인 부모가 좋아하지 않을 법한 것들에 관심을 두기 시작했다. 예술, 디자인, 철학 같은 것들 말이다. 그래도 여기까지는 큰 문제가 아닐 수 있었다. 나는 곧 탈선을 일삼는 무리와 어울렸고, 나쁜 짓에 자주 연루되었다. 약물을 복용하고, 싸움을 벌이고, 술도 많이 마셨다. 결과는 좋지 않았다. 고등학교 때 나는 정학을 세 번 맞았고, 결국 자퇴를 권고받는 지경에 이르렀다. "딴사람이 될게요. 퇴학만 면하게 해주시면 딴사람이 될게요." 간곡한 약속과 다짐에 겨우 퇴학을 면한 나는 정말 새사람이 되었다.

대학에 입학한 나는 목표를 추구할 때 경험할 수 있는 노력, 희생, 원칙, 끈기의 가치를 알아가기 시작했다. 문제는 좋은 직장을 구하고, 언젠가 결혼하고, 어쩌면 가정을 꾸리는 것 같은 평범한 일 외에는 당시 나에게 아무런 목표가 없었다는 점이다. 나는 뭔가 더 심오한 것이 있지 않을까 의구심을 가졌지만, 그게 뭔지 도무지 알 수 없었다.

가우랑가 다스가 우리 학교에 강연하러 왔을 때쯤 나는 새로운 아이디어들을 탐구하려던 참이었다. (나 자신을 포함해) 모든 사람이 내가 택할 거라고 생각했던 길에서 벗어나 새로운 형태의 삶을 살아보고 싶었다. 나는 한 명의 인간으로서 성장하고 싶었다. 겸손, 연민, 공감 같은 것들을 단순히 추상적 개념으로 아는 것이 아니라 직접 몸으로 경험하며 느끼고 싶었다. 원칙, 인성, 고결함 같은 것들을 그저 글로만 이해하고 싶지 않았다. 직접 그렇게 살아보고 싶었다.

이후 4년간 나는 두 세계 사이를 정신없이 오갔다. 스테이크를 먹고 술집에 다니다가 명상하고 바닥에서 자는 생활을 이어갔다. 나는 런던에서 행동과학에 바탕을 둔 경제학을 공부했고, 대형 컨설팅 회사에서 인턴으로 일했으며 친구, 가족들과 시간을 보냈다. 그리고 크리스마스 휴가 기간과 여름방학이 되면 뭄바이에 있는 어느 아슈람에서 고대 경전을 읽고 공부하며 스님들과 함께 살았다. 내 가치관이 서서히 바뀌었다. 나는 내가 스님들 '곁에' 있고 싶어 한다는 것을 깨달았다. 실은 수도자의 사고방식에 푹 빠지고 싶었다. 회사에서 하던 일은 점점 더 의미를 잃어갔다. 누구에게도 긍정적 영향을 끼칠 수 없는 일이 대체 무슨 의미가 있을까?

대학을 졸업한 나는 양복 대신 법복을 입고 아슈람에 들어갔다. 바닥에서 잠을 자고 체육관 사물함을 쓰는 생활이었다. 인도, 영국, 유럽 각지를 돌아다니며 살았다. 매일 몇 시간씩 명상하고 고대 경전을 공부했다. 다른 스님들과 함께 뭄바이 어느 외곽 마을의 아슈람을 친환경적인 영적 안식처로 바꾸는 고와르단 에코빌리 Govardhan Ecovillage 공사 일을 돕기도 했다. 하루에 수백만 명분의 음식을 나눠주는 아남리타Annamrita 식량 계획 프로그램에서 자원봉사자로 일했다.

내가 수도자처럼 생각할 수 있다면 누구든 그렇게 할 수 있다.

나와 함께 공부했던 힌두교 승려들은 『베다 Veda』를 교과서로 사용했다. ('베다'는 '지식'을 뜻하는 산스크리트어 '베다'에서 왔다. 산스크리트어는 오늘날 남아시아 지역 언어 대부분의 모태가 된 고대 언어다.) 철학은 이

고대 경전들과 함께 시작되었다고 해도 과언이 아니다. 이 경전들은 적어도 3000년 전 지금의 파키스탄 일부와 인도 북서부에 이르는 지역에서 유래했기 때문이다. 이 경전들은 현재 힌두교의 바탕을 이룬다.

호머Homer의 서사시처럼 『베다』도 처음에는 구전으로 전해지다가 나중에 글로 기록되었다. 그런데 이 기록지가 워낙에 잘 훼손되는 종류여서(야자수 이파리와 자작나무 껍질이라니!) 지금 우리에게 전해지는 경전은 기껏해야 수백 년 정도 된 것들이다. 『베다』에는 찬가, 역사적 일화, 시, 기도문, 만트라(mantra, '생각의 도구'라는 뜻의 산스크리트어에서 유래한 말로 힌두교에서 외는 주문 - 옮긴이), 각종 의례, 일상에 대한 조언 등이 담겨 있다.

나는 일상에서도, 이 책에서도 『바가바드 기타Bhagavad Gita』('하느님의 노래'라는 뜻이다)를 자주 인용한다. 이는 기원전 800~400년경 쓰인 『우파니샤드Upanishad』에 근거를 두고 있는 경전이다. 『바가바드 기타』는 시대나 지역에 구애받지 않는 인생의 보편적 매뉴얼로, 어느 승려의 얘기를 담은 책도 아니고, 영적인 맥락에서 쓰인 책도 아니다. 이 책은 유능한 궁수인 한 남편에게 들려주는 이야기 형식으로 되어 있다. 굳이 어느 한 종교나 지역을 의도한 것이 아니라 전 인류에게 적용될 수 있는 내용을 담고 있다. 『바가바드 기타』를 비롯해 인도의 수많은 종교 경전을 번역한 영적인 저자이자 교수인 에크낫 이스워런Eknath Easwaran은 『바가바드 기타』를 "인도가 전 세계에 건네는 가장 중요한 선물"이라고 했다. 랠프 월도 에머슨Ralph

Waldo Emerson은 1845년 그의 일기에 이렇게 썼다. "친구들과 나는 『바가바드 기타』 덕분에 근사한 하루를 보냈다. 『바가바드 기타』는 최초로 만들어진 책이다. 마치 어느 제국이 우리에게 말을 거는 듯한 기분이다. 절대 작거나 보잘것없지 않고, 크고 고요하며 한결같은 목소리다. 우리와는 다른 시대, 다른 기후에 살면서 지금 우리를 괴롭히는 것과 똑같은 질문들을 고민하고 해결한 오래된 지성의 목소리를 듣는 기분이다." 『바가바드 기타』는 세상에서 가장 많이 언급되고 해설된 경전이다.

이 책의 목표 중 하나는 시대를 초월한 『바가바드 기타』의 지혜를 비롯해, 수도자로서 내가 받은 교육의 근간이 된 고대의 여러 가르침을 여러분과 이어주는 것이다. 이들 가르침은 오늘날 우리가 직면한 여러 문제에도 큰 의미가 있다. 수도자의 철학을 공부하면서 나에게 가장 충격적이었던 것은 지난 3000년간 인류가 거의 변하지 않았다는 사실이었다. 물론 우리는 키도 더 커지고 평균수명도 늘어났지만, 용서나 에너지, 의도, 목적 있는 삶 등에 관한 수도자들의 가르침이 오늘날에도 여러 경전이 집필되었던 때와 다름없이 깊은 울림을 준다는 사실은 놀랍고도 인상적이었다. 더 인상 깊은 점은, 이 책 곳곳에서 보게 되겠지만, 수도자의 지혜가 많은 부분 과학적으로도 뒷받침된다는 사실이다.

수천 년간 수도자들은 명상이나 마음챙김이 우리에게 도움이 되고, 감사하는 마음이 우리 자신에게 이로우며, 봉사를 통해 행복해질 수 있다고 믿었다. 수도자들은 현대 과학이 보여주거나 증명하기 훨씬 전부터 이런 생각을 실천하는 방법을 개발했다.

알베르트 아인슈타인Albert Einstein은 이렇게 말했다. "무언가를 쉽게 설명할 수 없다면 충분히 이해하지 못한 것이다." 나는 내가 배우고 있던 가르침들이 요즘 세상에도 얼마나 큰 의미가 있는지를 확인하면서, 타인과 공유할 수 있을 만큼 가르침 속으로 더 깊이 빠져들고 싶었다.

뭄바이에서 지낸 지 3년이 지났을 때 나의 스승 가우랑가 다스는 내가 아슈람을 떠나 그동안 배운 것들을 세상과 공유한다면, 더 큰 가치가 있고 더 훌륭한 봉사가 될 것이라고 했다. 승려로 지낸 3년은 내게 '인생 학교'와 같았다. 승려가 되는 것도 어려웠지만, 떠나는 것은 더 어려웠다. 하지만 이 지혜를 아슈람 밖의 삶에 적용하는 것(가장 어려운 부분)이 내게는 최종 관문처럼 느껴졌다. 매일 나는 수도자의 마음가짐이 옳다는 사실을 발견한다. 고대의 지혜는 오늘날에도 충격적일 만큼 중요한 의미가 있다. 그래서 내가 그 내용을 열심히 전파하는 것이다.

요즘도 나는 스스로 승려라고 생각하지만 보통은 '전직' 승려라고 말한다. 승려는 혼인할 수 없는데 나는 결혼했기 때문이다. 지금 나는 로스앤젤레스에 산다. 흔히 이곳이 물질주의, 허례허식, 판타지, 기타 온갖 미심쩍은 것들의 전 세계 수도라고 말한다. 하지만 이미 깨우침을 얻은 사람들이 사는 곳에서 계속 살아야 할 이유가 있을까? 나는 내가 배우고 직접 살아봤던 삶에서 가져온 교훈들을 세상에, 그리고 이 책에 공유하려고 한다. 이 책은 그 어느 종파에도 속하지 않는다. 여러분을 몰래 어느 종교로 개종시키려는 계략이 있는 것도 아니다. 정말이다! 내가 약속할 수 있는 것은 여기에 제시하는 내용을 여러분이 받아들이고 실천한다면 삶의 진정한 의미, 열정, 목적을 발견하리라는 점이다.

지금까지 이렇게 많은 사람이 이토록 크게 불만족한 적은 없었다. 너무나 많은 사람이 '행복'을 좇는 데 정신이 팔려 있다. 문화와 미디어는 성공과 업적의 모범 사례들을 보여주면서 이런 사람이 되어야 한다고, 이런 일을 해야 한다고 온갖 이미지와 개념을 우리에게 주입한다.

그러나 명예, 돈, 매력, 섹스, 그 어느 것도 우리를 끝내 만족시킬 수 없다. 오히려 우리는 점점 더 많이 바랄 것이다. 이는 좌절, 환멸, 불만족, 불행, 탈진으로 이어지는 악순환의 고리로 이어진다.

나는 흔히 '원숭이 같은 마음'(monkey mind, 心猿)이라고 부르는 것과 수도자의 마음을 자주 대비시킨다. 마음은 우리를 더 높은 곳으로 보낼 수도 있고, 끌어내릴 수도 있다. 요즘 사람들이 다들 과도하게 많은 생각을 하고, 오늘 할 일을 내일로 미루고, 불안을 느끼며 고생하는 것은 원숭이 같은 마음을 그대로 내버려 둔 결과다. 원숭이 같은 마음은 이 생각, 저 생각, 이 문제, 저 문제 계속 옮겨 다니기만 하고 아무것도 해결하지 못한다. 내가 원하는 게 무엇인지 그 뿌리를 파고들어 내가 성장할 수 있는 실천 가능한 대책을 세운다면, 우리도 수도자의 마음을 지닐 수 있다. 수도자의 마음은 우리

원숭이 같은 마음	수도자의 마음
여러 가지로 갈라져 정신을 못 차린다.	문제의 뿌리에 초점을 맞춘다.
조수석에 탄 채 실려 간다.	의도적이고 의식적으로 산다.
불평하고, 비교하고, 비난한다.	연민을 갖고, 보살피고, 협조한다.
생각이 많고 내일로 미룬다.	분석력이 있고 야무지다.
작은 일에도 한눈을 판다.	절도가 있다.
단기적 만족	장기적 이점
요구가 많고 권리가 있다고 생각한다.	열정적이고, 결연하고, 인내심이 있다.
변덕이 죽 끓듯 한다.	사명감, 비전, 목표가 확고하다.
부정적인 생각과 두려움을 증폭시킨다.	부정적인 생각과 두려움을 격파하려 한다.
자기중심적이고 집착한다.	봉사하기 위해 자신을 돌본다.
멀티태스킹multitasking	싱글태스킹single-tasking
분노, 걱정, 두려움에 휘둘린다.	에너지를 현명하게 사용하고 제어한다.
기분 내키는 대로 한다.	자제력과 극기력을 키운다.
즐거움을 찾아다닌다.	의미를 찾아다닌다.
임시방편을 찾는다.	진짜 해결책을 찾는다.

를 혼돈과 잡념에서 구하고 명료성, 의미, 방향성을 찾을 수 있게 도와준다.

'수도자처럼 생각하기'를 수행하면 인생을 다른 방식으로 바라보고 접근할 수 있다. 기존 체제에 도전하고, 초연해지고, 재발견하고, 목적을 갖고, 초점을 맞추고, 절도 있게 살고, 봉사할 수 있게 한다. 수도자처럼 생각하기의 목표는 자존심, 질투, 욕정, 불안, 분노, 원망, 응어리에서 자유로운 삶이다. 수도자의 마음가짐을 장착하는 것은 가능할 뿐만 아니라 '필요한' 일이다. 우리에게는 다른 선택이 없다. 우리는 차분함과 고요함, 마음의 평화를 찾아야 한다.

승려 학교에 처음 갔던 날을 생생히 기억한다. 방금 머리를 밀었으나 아직 법복을 입지 않은 나는 여전히 런던에 있던 나와 똑같아 보였다. 열 살이 안 되어 보이는 어린 승려가 다섯 살짜리들을 가르치고 있는 게 보였다. 어린 승려는 대단한 아우라를 가지고 있었다. 마치 어른과 같은 침착함과 자신감이 있었다.

"뭘 하고 계십니까?" 내가 물었다.

"아이들에게 첫 수업을 진행했습니다"라고 대답한 어린 승려는 나에게 물었다. "스님께서는 첫날 무얼 배우셨습니까?"

"문자와 숫자를 배우기 시작했습니다. 저들은 무얼 배웠습니까?"

"가장 먼저 가르치는 것은 호흡법입니다."

"왜지요?" 내가 물었다.

"태어나는 순간부터 죽는 순간까지 우리와 함께하는 것은 내 호흡뿐이기 때문입니다. 친구도, 가족도, 고향도 모두 바뀔 수 있지요.

나를 떠나지 않는 유일한 것은 나의 호흡입니다."

열 살밖에 되지 않은 승려는 이렇게 덧붙였다. "스트레스를 받으면 뭐가 바뀌나요? 호흡이 바뀝니다. 화가 나면 뭐가 바뀌나요? 호흡이 바뀝니다. 우리는 모든 감정을 호흡의 변화로 경험합니다. 호흡을 읽고 다스리는 법을 배우면 인생의 그 어떤 상황도 헤쳐나갈 수 있습니다."

나는 벌써 가장 중요한 교훈을 배우고 있었다. '나무의 이파리 혹은 문제가 되는 증상이 아니라 사물의 뿌리에 초점을 맞추어라.' 나는 누구라도, 심지어 다섯 살짜리나 열 살짜리도 수도자가 될 수 있다는 사실을 직접 보고 배우고 있었다.

태어날 때 우리가 가장 먼저 해야 하는 일은 호흡이다. 그러나 삶이 복잡해지면서, 가만히 앉아 호흡하는 것조차 너무나 힘든 일이 되었다. 내가 이 책을 쓴 것은 여러분에게 수도자들이 사용하는 방식을 보여주고 싶어서다. 우리는 사물의 뿌리를 찾고 저 깊숙한 곳까지 나 자신을 점검한다. 그러려면 호기심, 사색, 노력, 깨달음을 통해 마음의 평화, 차분함, 목적에 이르러야 한다. 아슈람에서 스승들께 배운 지혜로 여러분을 그곳까지 잘 안내할 수 있기를 바란다.

이 책에서 나는 수도자의 마음가짐을 받아들이는 세 단계를 차근차근 설명할 것이다. 첫째, 우리는 놓아줄 것이다. 우리를 붙들고 있는 외부의 영향력, 내적 장애물, 여러 두려움을 벗어던질 것이다. 이 단계를 성장할 수 있는 공간을 마련하는 청소 단계라고 생각해도 좋다. 둘째, 우리는 성장할 것이다. 여러분이 의도와 목적을 가지고 자신 있게 의사결정을 내릴 수 있도록 삶을 재편할 것이다. 마지막으로 우리는 베풀 것이다. 나 자신을 넘어 세상을 바라보고, 감사하는 마음을 나누고 확장하며, 더 깊은 인간관계를 맺을 것이다. 내가 가진 재능과 사랑을 타인과 나누고, 봉사가 주는 진정한 기쁨과 놀라운 이점을 발견할 것이다.

그 과정에서 나는 아주 다른 세 가지 유형의 명상법을 소개할 것이다. 바로 호흡법, 떠올려보기, 만트라(소리 명상)다. 세 가지는 각각의 이점이 있는데, 간단히 구분해보면 호흡법은 몸을 위한 것, 즉 고요와 균형을 찾고 자신을 진정시키기 위한 것이다. 떠올려보기는 마음의 안정에 도움이 되는 것, 즉 과거를 치유하고 미래를 준비하기 위한 것이다. 만트라는 정신을 위한 것, 즉 가장 깊은 곳에 있는 자아 또는 우주와 연결되어 진정한 정화를 맛보기 위한 것이다.

반드시 명상을 해야만 이 책이 도움이 되는 것은 아니다. 그러나 명상을 직접 해보면 내가 전하는 도구들이 더욱 날카로움을 발휘할 것이다. 감히 말하자면, 이 책 전체가 하나의 명상이다. 자신의 신념과 가치관, 의도, 자신을 바라보는 태도, 의사결정을 내리는 방법, 마음을 수련하는 방법, 사람을 선택해서 교류하는 방법을 성찰하기 때문이다. 이렇게 깊은 자각을 얻는 것이 명상의 목적이요, 보상이다.

'수도자라면 이 문제를 어떻게 생각할까?'

지금까지는 자기 자신에게 이렇게 물어본 적이 없을 것이다. 아마 비슷하게도 묻지 않았을 것이다. 하지만 이 책을 끝까지 읽고 난 후에는 이 질문을 하고 있는 자신을 발견하리라 기대한다.

차례

PART 1	때로는 놓아주어야 비로소 자유로워진다 30

01 정체성 나는 내가 생각하는 '나'다 33

02 부정적인 생각 사악한 왕은 굶주린다 59

03 두려움 '지구 호텔'에 오신 것을 환영합니다 98

| PART 2 | 오직 당신 안에서 시작될 때
진정한 변화가 가능하다 | 164 |

PART **3**	당신이 나눌수록 주변이 아름다움과 의미로 채워진다 338

때로는 놓아주어야 비로소
자유로워진다

Think Like a Monk

01 정체성
나는 내가 생각하는 '나'다

◆

다른 누군가의 삶을 완벽하게 모방하느니,
나 자신의 운명을 불완전하게 사는 편이 낫다.

－『바가바드 기타』 3장 35절

1902년에 사회학자 찰스 호턴 쿨리Charles Horton Cooley는 이렇게 말했다. "나는 내가 생각하는 '나'가 아니다. 나는 당신이 생각하는 '나'도 아니다. 나는 '당신이 날 이런 사람이라고 생각하겠지'라고 나 스스로 생각하는 '나'다."

정신없을 것이다. 잠깐만 기다렸다가 가자.

우리의 정체성은 '남들이 생각하는 나'에 온통 파묻혀 있다. 더 정확히 말하면 남들이 생각하는 나라고 '내가 생각하는' 내용에 파묻혀 있다.

우리의 자아상은 타인이 나를 어떻게 본다고 생각하는지와 밀접히 관련된다. 나를 개선하려는 노력의 대부분은 그렇게 '상상된 이상형'에 부응하려는 시도에 다름 아니다. 내가 동경하는 누군가가 성공을 '부富'라고 생각하는 것 같으면, 나는 그 사람에게 깊은 인상을 주려고 부를 좇는다. 친구 중 한 명이 나를 외모로 평가하는 것 같으면(나의 상상), 나는 거기에 맞춰 외모를 가꾼다. 뮤지컬 영화 「웨스트사이드 스토리」에서 마리아는 자신에게 빠진 한 소년을 만난다. 그래서 마리아가 부르는 노래는? 「예뻐진 기분이 들어I Feel Pretty」다.

미국 아카데미영화상 남우주연상을 유일하게 세 차례나 수상한 영화배우 대니얼 데이루이스Daniel Day-Lewis는 1998년 이후 영화를 여섯 편밖에 찍지 않았다. 대니얼 데이루이스는 배역을 맡을 때마다 지독하게 준비하고 캐릭터 속으로 완전히 빠져든다. 마틴 스코세이지Martin Scorsese 감독의 영화 「갱스 오브 뉴욕」에서 빌 더 부처 Bill the Butcher 역할을 맡은 데이루이스는 실제로 도살업자들이 받는 훈련을 받았고, 세트장 밖에서노 강한 아일랜드 사투리를 사용하며 서커스 단원을 선생님으로 고용해 칼 던지는 법까지 배웠다. 이는 겨우 시작에 불과했다. 데이루이스는 고증된 19세기식 복장만 입었고, 실제 그 배역의 인물이 된 듯 로마 거리를 돌아다니면서 모르는 사람에게 시비를 걸고 싸움을 붙였다. 결국은 그 19세기식 복장 탓에 폐렴까지 걸렸다.

데이루이스가 사용한 기법을 연극이나 영화계에서는 '매서드 연기'라고 한다. 배우가 자신이 연기하는 그 배역이 '되기' 위해 최대한 그 배역처럼 생활하는 기법이다. 정말 놀라운 기술이지만, 매서드 연기를 하는 배우는 배역에 너무 빠져든 나머지 종종 일상생활에서도 그 배역으로 살기도 한다. "제가 미쳤었다고 인정합니다. 완전히 미쳤었죠." 몇 년 뒤 데이루이스는《인디펜던트Independent》와의 인터뷰에서 해당 역할이 "나의 정신과 육체 건강에는 별로 좋지 않았다"라고 인정했다.

무의식적으로 우리는 누구나 어느 정도는 매서드 연기를 하고 있다. 혼자 집에 있을 때, 친구들과 있을 때, 회사에 있을 때, 혹은 온라인에 있을 때 연기하는 '페르소나persona'가 따로 있다. 각각의 페르소나는 나름의 이점을 가진다. 페르소나는 공과금을 낼 수 있게 돈을 벌어주고, 그리 편안하지 않은 직장에서 무리 없이 일할 수 있게 돕고, 별로 좋아하지 않지만 계속 교류해야 하는 사람과 인간관계를 유지하게 한다. 그러나 종종 우리는 정체성에 너무 많은 '층'이 생겨버린 나머지, '진짜 나'를 보지 못한다. 애초에 그게 누구인지, 뭘 하는 사람인지 알기라도 했다면 말이다. 우리는 아무런 의식적 통제나 의도 없이 직장에서의 배역을 집으로 가져오고, 친구와 있을 때의 배역을 애인과 있을 때 사용한다. 아무리 내 배역을 잘 소화해도 결국 우리는 불만족스럽고, 우울하고, 가치 없는 사람처럼 느끼고, 불행하다. 그러면 처음부터 작고 나약했던 '나'는 일그러진다.

우리는 가치관을 희생해서라도 '남들이 생각하는 나'라고 여기는 내용에 맞춰 살려고 애를 쓴다.

우리가 의식적으로, 의도적으로 가치관을 만들어내는 일은, 혹시나 있다고 해도, 아주 드물다. 우리는 이렇게 '나는 대체 어떤 사람인가?'를 끝까지 제대로 생각해보지도 않고, 두 번 반사된 이미지를 이용해 인생의 여러 선택을 내린다. 쿨리는 이런 현상을 '거울자아Looking-Glass Self '라고 불렀다.

우리는 나 자신에 대한 '지각의 지각' 속에서 산다. 그렇게 '진짜 나'를 잃어버렸다. 다른 누군가의 꿈에 등장하는 왜곡된 이미지를 좇고 있는데, 내가 누구인지, 무엇이 나를 행복하게 하는지 대체 무슨 수로 알 수 있을까?

승려가 될 때의 힘든 점이 '각종 재미'를 포기하는 거라고 생각할지 모르겠다. 파티, 섹스, TV, 소유, 진짜 침대에서 자는 것 같은 것들 말이다(사실 침대는 꽤 힘들었다). 하지만 그런 단계를 밟기 전에 내가 극복해야 했던 더 큰 장애물은 부모님께 내가 선택한 '커리어'를 번복하는 일이었다.

대학을 졸업할 때쯤 나는 어느 길을 갈지 결심이 섰다. 부모님께 앞으로 들어오는 취업 제안도 거절할 거라고 말했다. 나는 늘 농담으로 우리 부모님한테는 아들의 '커리어 옵션'이 세 가지뿐이라고 말하곤 했다. '의사, 변호사, 낙오자.' 승려가 되겠다는 말은 부모님이 그동안 나에게 쏟아부은 그 모든 노력이 헛된 낭비였다고 가장 분명한 방식으로 말하는 것이나 다름없었다.

세상의 모든 부모가 그렇듯이 내 부모님도 나에 대한 꿈이 있었다. 나는 '어쩌면' 내가 승려가 될 수도 있다는 생각을 조금 심어놓기는 했다. 열여덟 살 때부터 나는 매년 여름방학의 일부는 금융업계의 인턴으로 일하고, 1년 중 일부는 뭄바이에 있는 아슈람에서 수련하며 보냈다. 내가 결단을 내렸을 때 어머니가 가장 먼저 걱정하신 것은 여느 어머니와 마찬가지로 나의 '건강과 행복'이었다. 승려가 되면 건강보험은 있을까? '깨달음을 구하는 것'이 '온종일 자리에 앉아 있는 것'을 근사하게 표현한 말에 불과한 건 아닐까?

어머니가 더욱 힘들었던 부분은 우리 주위의 모든 가족, 친지들이 우리처럼 '의사, 변호사, 낙오자'로 성공을 정의하는 사람들이었다는 점이다. 내가 이렇게 과격한 선택을 내렸다는 소문이 퍼지자 어머니의 친구들은 이렇게 말하기 시작했다. "네가 제이한테 투자한 교육이 얼마인데." "애가 세뇌를 당한 거야." "인생을 낭비하게 될 거야." 내 친구들도 내가 인생의 낙오자가 되어간다고 생각했다. 나는 이런 말도 들었다. "다시는 취업 못 할 거다." "앞으로 네 힘으로 생활비를 버는 건 불가능하다고 봐야지."

여러분도 '진짜' 내 삶을 살려고 노력하다 보면, 일부 인간관계가 위험에 처할 것이다. 그 사람들을 잃는 게 감수할 만한 위험이기는 하지만, 그들을 계속 내 삶에 남겨둘 방법을 찾아보는 것은 충분히 노력해 볼 만한 가치가 있다.

수도자의 마음을 키워가고 있던 나에게는 다행한 일이지만, 그 결정을 내릴 당시에는 부모님이나 친구들의 목소리를 가장 중요한 지침으로 삼지 않았다. 대신에 내 경험을 믿었다. 열여덟 살 때부터 나는 해마다 양쪽의 삶을 테스트했다. 여름에 금융업계에서 인턴을 하고 집에 돌아오면 배가 고파 저녁을 먹어야겠다는 생각밖에 들지 않았다. 하지만 아슈람을 떠날 때면 매번 이렇게 생각했다. '굉장한 시간이었어. 내 인생 최고의 시간이었어.' 이렇게 폭넓은 경험을 통해 가치관, 신념 체계를 실험해 본 것이 나 자신을 이해하는 데 큰 도움을 주었다.

승려가 되겠다는 나의 선택에 사람들이 보인 반응이야말로 살면서 누구나 직면하는 외부 압박의 전형적인 예다. 가족, 친구, 사회, 미디어…. 우리는 '너는 이런 사람이 되어야 해' 또는 '너는 이런 것을 해야 해'라고 말하는 목소리와 이미지에 둘러싸여 있다.

그들은 온갖 의견과 기대와 의무를 부르짖는다. 고등학교를 졸업하면 곧장 명문대에 진학해라. 돈을 많이 버는 직장을 찾아 결혼하고 집 사고 아이 낳고 승진해라. 문화 규범이란 이유가 있어서 존재한다. 어떤 모습이 충만한 삶일 수 있는지 사회가 모형을 제시하는 것은 그 자체로 아무 문제가 없다. 그러나 우리가 아무런 성찰 없이 그런 목표를 받아들인다면, 내가 왜 집이 없는지, 내가 사는 곳에 만족하지 못하는지, 왜 내 직장은 공허하게 느껴지는지, 내가 과연 배우자를 얻고 싶기는 한 건지, 내가 아등바등하는 여러 목표 중에 정말로 원하는 게 하나라도 있는지, 절대로 알 수 없을 것이다.

아슈람에 들어가겠다는 내 결정은 주위에 수많은 우려를 낳았다. 다행스럽게도 아슈람에서의 경험은 나에게 그런 소음을 걸러낼 수 있는 필터를 주었다. 원인과 해결책이 같았다. 나는 뭐가 정상이고, 안전하고, 현실적이고, 최선인지 계속해서 떠들어대는 주변의 소음에 옛날처럼 취약하지 않았다. 나는 나를 사랑하는 사람들을 차단하지 않았지만(나는 그들을 아꼈고 그들에게 걱정을 끼치고 싶지 않았다), 그들이 정의한 성공이나 행복이 내 선택을 좌우하게 내버려 두지는 않았다. 아슈람에 들어가기로 한 것은 내 인생에서 가장 어려운 결정이었다. 그리고 옳은 결정이었다.

부모, 친구, 교사, 미디어의 목소리는 젊은 사람들의 머릿속을 휘저으며 온갖 신념과 가치관의 씨앗을 뿌린다. 사회가 정의하는 '행복한 삶'은 모두의 행복한 삶인 동시에 그 누구의 행복한 삶도 아니다. 의미 있는 삶을 만들어가는 유일한 방법은 그런 소음을 걸러내고 내면을 들여다보는 것이다. 이게 바로 수도자의 마음가짐을 세우는 첫 번째 단계다.

우리는 수도자들이 하는 것처럼 '잡념을 비우는 것'에서 이 여정을 시작할 것이다. 먼저 나를 지금의 모습으로 만든 여러 가지 외력들, 즉 나를 내 가치관으로부터 한눈팔게 만든 외부의 여러 힘을 살펴볼 것이다. 그런 다음 현재 내 삶을 결정하고 있는 여러 가치를 찬찬히 점검하고, 그 가치관이 '내가 되고 싶은 사람'이나 '내가 살고 싶은 방식'과 일치하는지 살펴보자.

먼지가 문제인가, 내가 문제인가

◆◆◆◆◆

가우랑가 다스는 외부의 영향력이 '진짜 나'를 어떻게 흐리는지 아름다운 은유법으로 설명해준 적이 있다.

우리는 어느 창고에 들어갔다. 창고에는 사용하지 않는 책과 골동품이 가득 든 상자가 줄줄이 있었다. 언제나 정갈하고 깨끗이 청소된 아슈람의 다른 방들과는 달리 그곳은 먼지가 가득하고 여기저기 거미줄이 쳐져 있었다. 스님은 나를 거울 앞으로 데려가 이렇게 말했다. "뭐가 보입니까?" 거울 위에는 먼지가 두껍게 쌓여 내 모습조차 볼 수 없었다. 그렇게 말하니 스님은 고개를 끄덕이고는 소맷자락으로 거울을 쓱쓱 문질렀다. 먼지구름이 일어나 내 얼굴을 덮치면서 나는 눈이 따갑고 목이 칼칼했다.

스님은 말했다. "우리의 정체성은 먼지가 덮인 거울과 같습니다. 처음 거울을 들여다보면 내가 누구고, 내게 소중한 게 무엇인지 진실이 가려져 보이지 않습니다. 그 먼지를 닦아내는 과정이 유쾌하지 않을 수도 있지만 먼지가 사라졌을 때만 진짜 내 모습을 볼 수 있습니다."

16세기 벵골의 힌두교 성자 차이타니아Chaitanya가 했던 말을 실제로 눈앞에서 보여준 셈이었다. 차이타니아는 이를 '마음의 불순한 거울 닦기ceto-darpan a-mārjanam'라고 불렀다.

사실상 수도원의 목적은 우리가 가장 중요한 것에 집중하지 못하게 만드는 잡념을 없애고, 육체와 정신의 욕망을 극복해 삶의 의미를 찾기 위한 것이다. 그래서 어떤 곳은 말을 하지 못하게 하고, 어떤 곳은 성관계를 금지하고, 어떤 곳은 세속의 소유를 포기하며, 세 가지를 모두 실천하는 곳도 있다. 아슈람에서 우리는 더도 덜도 말고 꼭 필요한 것만 가지고 살았다. 나는 '놓아주는 것'의 깨달음을 몸소 체험했다. 중요하지 않은 것들에 파묻혀 있으면 어느 틈에 정말로 중요한 게 무엇인지 잊게 된다. 여러분에게 위 세 가지를 모두 포기하라는 얘기는 아니다. 하지만 외부의 영향력이라는 소음을 인식하고 걸러낼 수 있게 돕고 싶다. 그래야 먼지를 걷어내고 이 가치관이 정말로 나 자신을 제대로 반영하는지 알 수 있다.

길잡이가 되는 가치관은 내가 어떤 사람이 되고 싶고, 나 자신이나 타인을 어떻게 대해야 하는지 나를 이끌어주는 나에게 가장 중요한 원칙들이다. 가치관은 주로 자유, 평등, 연민, 정직처럼 개념을 나타내는 단어 하나로 되어 있다. 이렇게 말하면 추상적이고 이상적으로 들릴 수도 있지만, 실제로 가치관은 아주 현실적인 것이다. 가치관은 내가 인생을 헤쳐나갈 때 사용하는 일종의 윤리적 GPS 같은 것이다. 내 가치관을 알면 내게 최선인 사람들, 최선인 행동이나 습관이 어디에 있는지 알 수 있다. 가치관이 없으면 초행길을 운전할 때처럼 길을 헤맨다. 좌회전, 우회전을 잘못 돌고, 길을 잃고, 우물쭈물 결정을 내리지 못한다. 가치관은 내가 나와 맞는 사람들과 어울리고, 직업이나 업무에서의 문제를 결정하고, 시간을 더 현명하게 사용하고, 중요한 것에 관심을 집중하게 만들어준다. 가치관 없이는 그때그때 관심을 사로잡는 것에 따라 떠밀려 다닐 수밖에 없다.

가치관은 어디에서 오는가

◆◆◆◆◆

가치관은 잠결에 생긴 것이 아니다. 우리는 가치관을 의식적으로 찬찬히 생각하지 않는다. 심지어 가치관을 입 밖에 내는 일도 거의 없다. 그러나 가치관은 존재한다. 누구나 태어나면서 정해지는 환경이 있고, 각자의 경험에 따라 가치관이 결정된다. 가난한 집에서 태어났는가, 부유한 집에서 태어났는가? 나를 칭찬한 곳은 어디인가? 부모나 양육자는 우리의 팬이자 비평가로서 가장 큰 목소리를 내는 경우가 많다. 10대 때는 반항할 수도 있지만, 보통은 가장 권위 있는 인물을 기쁘게 하려고 노력하며 그들을 흉내 내게 마련이다. 부모님과 시간을 어떻게 보냈는지 한번 되돌아보라. 함께 놀고, 대화를 나누고, 숙제를 같이 했는가? 부모님은 무엇이 가장 중요하다고 했는가? 그게 부모님에게 가장 중요한 것과 일치했는가? 부모님은 내가 어떤 사람이 되길 바랐는가? 부모님은 내가 무엇을 이루길 바랐는가? 부모님은 내가 어떻게 행동하길 바랐는가? 나는 그런 이상理想들을 흡수했는가? 그것들이 나에게 효과가 있었는가?

교육은 처음부터 영향을 미치는 또 하나의 강력한 요인이다. 우리가 배우는 주제, 그 주제를 가르치는 문화적 시각, 기대되는 배움의 방식, 이 모두가 영향력이다. 팩트fact 지향적인 교과과정은 창의성을 촉진하지 못한다. 편협한 문화적 접근법은 나와는 배경이나 출신 지역이 다른 사람들에 대한 아량을 키워주지 못한다. 정규 교육 과정에서는 내 열정에 몰두할 수 있는 기회도 많지 않다. 일찍부터 내 열정이 무엇인지 안다고 하더라도 말이다. 학교가 우리 인생에 도움을 주지 못한다는 얘기를 하려는 게 아니다. 세상에는 수많은 교육 모형이 있고, 그중에는 구속이 덜한 방법도 있다. 그러나 한 걸음 뒤로 물러나 학창 시절부터 줄곧 지녀온 그 가치관이 나에게 꼭 맞는다고 느껴지는지 생각해 보는 것은 가치 있는 일이다.

미디어 심리전

◆ ◆ ◆ ◆ ◆

승려가 된 나는 그게 무엇이든 우리의 마음을 흡수하는 것들은 가치관에 영향을 준다는 사실을 일찌감치 알았다. 나 자신과 내 마음은 별개지만, 우리는 그 마음을 도구로 이용해 내 가슴속에서 가장 중요한 게 무엇인지 결정한다. 내가 보는 영화, 듣는 음악, 읽는 책, 시청하는 TV 프로그램, 온라인에서 팔로우하거나 오프라인에서 만나는 사람들, 타임라인에 있는 것들이 내 마음을 채운다. 유명인들의 가십, 성공의 이미지, 폭력적인 비디오 게임, 자극적인 뉴스를 많이 접할수록 우리의 가치관은 질투, 비판, 경쟁, 불만에 물든다.

관찰과 평가는 수도자처럼 생각하기 위한 핵심 열쇠고, 그 시작은 공간과 고요다. 승려들이 외부의 영향력이라는 소음을 걸러내는 첫 번째 단계는 물질적인 것들을 놓아주는 것이다. 나는 방문객 신분으로 아슈람을 세 번 다녀왔고, 대학 졸업 후 정식 승려가 되었다.

런던 북쪽 시골에 있는 바크티베단타 사원Bhaktivedanta Manor에서 두 달간 교육을 받고 인도로 향한 나는 2010년 8월 초 아슈람에 도착했다. 스타일이 꽤 좋았던 내 옷가지는 법복 두 벌(한 벌은 입고, 한 벌은 빨 수 있게)로 바뀌었다. 머리카락은… 그냥 없어져야 했다. 우리는 모두 삭발했다. 더는 내 모습을 확인할 방법이 없었다. 아슈람에 창고 외에는 거울이 없었기 때문이다. 승려들은 외모에 집착하고 싶어도 그럴 방법이 없었고, 거의 바뀌지 않는 간소한 음식을 먹으며, 얇은 매트를 깔고 바닥에서 자고, 유일하게 듣는 음악은 명상이나 의례 중에 가끔 들리는 만트라와 종소리가 전부였다. 우리는 영화도, TV도 보지 않았고, 공용 공간에 놓인 데스크톱 컴퓨터로 제한된 뉴스와 이메일을 접할 뿐이었다.

직접 해보기: 내 가치관은 어디서 왔을까?

이런 영향력이 시시때때로 우리에게 어떤 영향을 주는지 인식하기 쉽지 않을 수 있다. 가치관은 추상적이며 개념이 잘 잡히지 않기 때문에 세상은 끊임없이 노골적으로 혹은 은근한 방식으로 우리에게 여러 가지 제안을 한다. 너는 이것을 원해야 하고, 이렇게 살아야 하고, 네가 누구인지에 대한 개념은 이렇게 형성하는 것이라고 말한다.

내 삶을 결정하는 가치들을 몇 가지 적어보라. 그리고 그 옆에 해당 가치의 출처가 어디인지 적어보라. 내가 정말로 공감하는 가치라면 그 옆에 체크 하라.

예

가치	유래	진짜 내 가치인가?
친절	부모	V
외모	미디어	방향이 조금 다르다
부富	부모	아니요
좋은 성적	학교	진정한 배움을 방해한다
지식	학교	V
가족	전통	가족은 맞지만, 전통적 방식은 아니다

그렇게 집중을 방해하는 것들이 있던 자리를 채운 것은 오직 공간, 고요, 정적뿐이었다. **주변 세상의 온갖 의견, 기대, 의무를 차단하고 나면 그제야 나 자신이 들리기 시작한다.** 그 정적 속에서 나는 바깥세

상의 소음과 내 목소리의 차이를 인식했다. '남들'이라는 먼지를 걷어내고 나의 가장 깊은 곳에 있는 신념을 볼 수 있었다.

앞서 약속했듯이, 나는 여러분에게 머리를 밀거나 법복을 입으라고 하지는 않을 것이다. 그렇다면 현대인은 대체 어떻게 해야 '자각'을 쌓을 수 있을 만큼의 공간, 정적, 고요를 확보할까? 우리는 조용히 앉아서 자신의 가치관을 생각하지 않는다. 우리는 대개 혼자서 가만히 생각만 하는 것을 좋아하지 않는다. 정적을 피하고, 머릿속을 채우고, 계속 움직이려고 하는 게 우리의 성향이다. 버지니아대학교와 하버드대학교 연구팀의 조사 결과가 있다. 연구팀은 참가자들에게 6~15분 정도 방 안에서 스마트폰, 필기도구, 읽을거리 없이 혼자 시간을 보내라고 했다. 그런 다음 음악을 듣거나 전화기 사용을 허락했다. 참가자들은 전화기와 음악을 선호했을 뿐만 아니라 다수의 참가자가 가만히 생각만 하니 '전기 충격기로 내 몸을 지지는' 쪽을 택했다. 매일매일 인맥 형성 모임에 가서 사람들 앞에서 내 직업이 무엇인지 말해야 한다면, 그렇게 한마디로 압축해 놓은 '나'를 벗어나기가 어렵다. 매일 저녁 「진짜 주부들Real Housewives」(미국 브라보Bravo 채널에서 방영되는 리얼리티 프로그램 - 옮긴이)을 시청한다면 친구의 얼굴에 와인을 끼얹는 것을 일상적인 일로 생각할 것이다. 삶을 빼곡히 채워서 나 자신을 성찰할 여지를 남기지 않으면, 그처럼 우리의 집중을 흩뜨리는 것들이 어느새 내 가치관이 된다.

다른 것에 정신이 팔리면 내 생각에 접근하거나 내 마음을 탐구할 수가 없다. 집에 가만히 앉아 있더라도 아무것도 가르쳐주지 않기는 마찬가지다. 성찰을 위한 공간을 만들어내는 적극적인 방법으로 내가 제안하는 것은 세 가지다. 첫째, 매일 자리에 앉아 하루가 어떻게 지나갔는지, 나는 지금 어떤 감정을 느끼고 있는지 성찰해보라. 둘째, 내가 아슈람을 방문했던 것처럼 한 달에 한 번은 당신도 변화를 흉내 내보라. 가본 적 없는 장소로 가서 다른 환경 속에서 자신을 탐구하라. 전에 가본 적 없는 공원이나 도서관을 찾아가도 좋고, 여행을 떠날 수도 있을 것이다. 셋째, 자신에게 의미 있는 일을 하라. 취미도 좋고, 자선활동이나 정치적 목적을 위한 활동에 참여하는 것도 좋은 방법이다.

공간을 만들어내는 또 하나의 방법은 내가 그 공간을 어떻게 채우고 있는지, 내 선택들이 정말로 내 가치관을 반영하는지 찬찬히 점검하는 것이다.

자신의 삶을 관찰해 보라

◆◆◆◆◆

내 가치관을 무엇이라고 '생각'하든 진실을 말해주는 것은 행동이다. 남는 시간에 무엇을 하는지 보면 내가 소중하게 생각하는 게 무엇인지 알 수 있다. 예를 들어 '가족과 함께 보내는 시간'을 가치 목록의 최상단에 올려놓는 사람이라고 해도, 시간이 날 때마다 골프를 치면서 보낸다면 행동과 가치관이 일치하지 않는 것이고, 자기 점검이 필요하다는 뜻이다.

시간

먼저, 자는 시간과 일하는 시간을 제외하고 내가 시간을 어떻게 보내고 있는지 평가해 보자. 연구에 따르면, 죽을 때까지 우리는 평균적으로 33년을 침대에서 보내고(그중 7년은 '자려고' 애쓰며 보낸다), 1년 4개월 동안 운동하고, 3년 이상 휴가를 간다. 여자라면 외출 준비를 하는 데 136일을 쓴다. 남자라면 이 시간이 46일로 줄어든다. 물론 추산에 불과한 것이긴 하지만, 일상 속의 여러 선택이 합쳐지면 이렇게 긴 시간이 된다.

직접 해보기: 나는 시간을 어떻게 쓰는가

일주일 동안 내가 '가족, 친구, 건강, 나 자신'에 쓰는 시간이 얼마나 되는지 기록해 보라.

잠자는 시간, 먹는 시간, 일하는 시간은 측정하지 않는다. 일하는 시간의 경우 업무 형태와는 무관하게 일이 다른 시간에까지 침범해 들어올 수도 있다. 이러면 '정식' 업무시간은 언제인지 스스로 기준을 정하고, 다른 활동을 하면서 업무를 함께 처리하는 '추가 업무시간'을 하나의 카테고리로 만들어라.

내가 가장 많은 시간을 보내는 영역은 내가 가장 소중히 여기는 것과 일치해야 한다. 예를 들어 업무가 나에게 요구하는 시간이 업무가 나에게서 차지하는 중요도보다 크다면 해당 의사결정을 아주 면밀히 살펴야 한다는 신호다. 나는 어떤 가치관을 바탕으로 그런 의사결정을 내렸는가? 일해서 버는 돈이 궁극적으로 내 가치관에 도움이 되고 있는가?

미디어

당신의 시간을 점검해 보면 틀림없이 미디어를 읽거나 보는 데 상당히 많은 시간을 쓰고 있을 것이다. 연구 결과에 따르면 평균적으로 현대인은 TV나 소셜 미디어를 보는 데 11년 이상을 쓴다고 한다! 당신은 그저 무심코 미디어를 선택하는 것 같겠지만, 시간은 가치관을 반영한다.

미디어의 형태는 다양하지만 우리는 영화, TV, 잡지에 과도하게 많은 시간을 쓰지는 않는다. 문제는 각종 전자기기다. 편리하게도 아이폰은 당신이 전화기를 어떻게 사용하고 있는지 정확히 알려준다. 설정 메뉴에서 일주일간 당신이 전화기를 사용한 시간을 확인해 보라. 소셜 미디어, 게임, 이메일, 인터넷에 얼마나 많은 시간을 썼는지 알 수 있을 것이다. 확인한 내용이 마음에 들지 않는다면 스스로 '제한'을 걸 수도 있다. 안드로이드폰이라면 설정 메뉴의 배터리 사용 내용으로 들어가 메뉴에서 '전체 기기사용 내역 표시'를 선택한다. 아니면 소셜피버Social Fever나 마이애딕토미터MyAddictometer 같은 앱을 다운로드해도 된다.

돈

시간과 마찬가지로 돈 쓰는 방식을 들여다보아도 당신이 어떤 가치관을 갖고 사는지 알 수 있다. 주거비, 부양가족, 자동차, 청구서, 식비, 대출 상환 등 필수 비용은 제외하라. 재량껏 사용한 지출 내역을 살펴보라. 이달에 가장 큰돈을 투자한 곳은 어디인가? 자유 재량에 맡겨진 영역 중에서 가장 큰 비용이 든 곳은 어디인가? 나의 지출 내역은 내가 가장 중시하는 것과 일치하는가?

우리는 종종 무엇이 '그 정도' 가치가 있는지에 대해 이상한 시각을 갖고 있어서, 지출 내역을 한 번에 몽땅 살펴보면 도무지 말이 안 될 때도 있다. 자녀들의 방과 후 교육에 돈이 너무 많이 든다고 불평하는 어머니가 있었는데, 나중에 보니 그녀가 구두를 사는 데 쓰는 돈이 자녀들의 수업에 나가는 돈보다 많았다.

소셜 미디어에 동일한 시간이나 비용이 드는 경우를 가지고 우리의 우선순위를 비교해 놓은 글이 있다. 시간이나 돈을 쓰는 방식이 가치관을 얼마나 잘 폭로하는지 생각하게 하는 내용이다.

60분간 TV 시청 ("벌써 끝났잖아!")

60분간 가족과 점심 식사 ("대체 언제 끝나는 거야?")

매일 습관적으로 커피 한 잔(4000원씩 1년에 약 150만 원) ("필요해!")

건강한 신선 식품(매일 2000원 추가 지출, 연간 대략 70만 원) ("쓸데없는 돈이야!")

15분간 소셜 미디어 구경 ("온전히 나를 위한 시간이야!")

15분간 명상 ("그럴 시간이 어디 있어?")

모든 게 관점에 달려 있다. 월간 지출 내역을 확인할 때는 재량 지출이 장기 투자인지, 단기 투자인지 생각해 보라. 근사한 외식인

지출 비교

(지출 내역은 가치관을 어떻게 반영하는가?)

매일 습관적으로 커피 한 잔 4000원/하루, 150만 원/1년

필요해!

건강한 신선 식품 2000원 추가/하루, 70만 원/1년

쓸데없는 돈이야!

60분간 부모님과 점심 식사

언제 끝나나

MENU

VS

60분간 TV 시청

SHOW

벌써 끝났잖아!

가, 댄스 학원비인가? 놀이 비용인가, 공부 비용인가? 나 자신을 위한 것인가, 남을 위한 것인가? 스포츠센터에 등록했지만 이달에 한 번밖에 가지 않았고, 와인에 쓴 돈은 그보다 더 많다면, 무언가 재고할 사항이 있다는 뜻이다.

가치관을 조율하라

◆◆◆◆◆

자신을 관찰하면 내 삶에 자연스럽게 스며든 가치관을 알 수 있다. 그다음 단계는 내 가치관이 무엇이고, 내가 내리는 선택들이 그 가치관과 일치하는지 판단하는 일이다. 수도자들의 가치관을 잘 생각해보면 자신의 가치관을 확인하는 데 도움이 될 수도 있다. 아슈람의 스승님들은 고귀한 가치와 저급한 가치가 있다고 했다.

고귀한 가치는 우리를 행복, 만족, 의미가 있는 곳으로 끌어올린다. 저급한 가치는 우리를 불안과 우울, 고통이 있는 곳으로 끌어내린다.

『바가바드 기타』에 따르면 고귀하고 질 높은 가치는 다음과 같다. 두려움 없음, 순수한 마음, 감사하는 마음, 봉사와 자선활동, 수용, 희생, 깊은 연구, 검소함, 솔직함, 비폭력, 진실함, 화가 없음, 금욕, 균형 감각, 흉보지 않음, 살아 있는 모든 것에 대한 연민, 만족, 친절, 고결함, 결연함. (잘 보면 행복과 성공은 이 가치에 속하지 않는 것을 알 수 있다. 행복과 성공은 어떤 가치가 아니라 마지막에 오는 보상이기 때문이다. 이 부분은 4장에서 더 자세히 이야기한다.)

저급한 여섯 가지 가치는 탐욕, 욕정, 분노, 자존심, 망상, 질투다. 저급한 가치가 위험한 이유는 언제든지 기회만 주면 우리를 집어삼킬 수 있기 때문이다. 다행스러운 부분은 종류가 몇 가지 안 된다는 점이다. 나의 스승 가우랑가 다스가 자주 말했던 것처럼, 실망할 일보다는 기뻐할 일이 더 많은 법이다.

우리가 아무것도 없는 곳에서 갑자기 가치관을 만들어내거나 하루아침에 가치관을 싹 바꿀 수는 없다. 대신에 삶의 공간을 채우고 있는 잘못된 가치들을 놓아줄 수는 있다.

아슈람은 승려들에게 자연을 관찰할 기회를 주었고, 스승님들은 우리에게 살아 있는 모든 것의 순환에 주목하라고 했다. 이파리는 싹이 트고, 단풍이 들고, 낙엽이 진다. 파충류, 조류, 포유류는 탈피나 털갈이를 한다. 놓아줌은 자연의 리듬에서 큰 부분을 차지하고, 재탄생도 마찬가지다. 우리는 사람, 생각, 물질적 소지품 등에 매달리며, 이런 것들을 없애는 게 자연스럽지 않다고 생각한다. 그러나 놓아주는 것은 말 그대로 공간과 고요에 이르는 지름길이다. 우리 승려들은 내 삶을 채우고 있는 사람이나 생각에서 나 자신을 물리적으로 혹은 정서적으로 분리한 다음, 시간을 들여 나에게서 우러나는 자연스러운 성향을 관찰한다.

선택할 일은 매일 생기고, 이제부터 우리는 그 선택에 가치를 엮어 넣을 수 있다. 결혼이라는 큰일부터 친구와의 말다툼 같은 작은 일까지 무언가 선택을 내릴 때마다 우리를 좌우하는 것은 가치관이다. 고귀한 가치 때문이든, 저급한 가치 때문이든 말이다. 선택의 결과가 나에게 좋은 방향으로 풀린다는 것은 내 가치관이 내 행동과 일치한다는 뜻이다. 그러나 결과가 실망스럽다면 내 결정을 좌우한 게 무엇이었는지 다시 한번 생각해 볼 필요가 있다.

위 '직접 해보기'에 대한 답변 내용을 면밀히 살펴보라. 그 속에 당신의 가치관이 파묻혀 있다. 당신은 왜 어떤 선택을 내렸는가? 당신이 함께했던 그 사람이 옳은 선택이었든, 잘못된 선택이었든 이유는 동일하다. 당신에게는 '사랑이 소중'하기 때문이다. 혹은 당신이 나라 반대편으로 옮긴 것은 변화를 원해서일지 모른다. 그렇다면 그 밑에 깔린 가치는 '모험'일 수도 있다. 이번에는 미래에 대해서도 똑같이 한번 해보라. 당신의 가장 큰 목표가 무엇인지 살펴보고, 그게 '어떻게 살아야 하는가'에 대한 타인의 생각, 전통 혹은 미디어가 주입한 생각에 휘둘려서 나온 것은 아닌지 생각해 보라.

거르되 차단하지 마라

◆◆◆◆◆

주변 세상의 의견이나 기대, 의무에 대한 소음을 걸러내고 나면, 지금과는 다른 눈으로 세상을 보게 될 것이다. 다음 단계는 세상을 다시 안으로 들이는 것이다. 내가 외부 영향력에서 벗어나라고 했던 것은 세상 전체를 무한정 '꺼버리라'는 뜻이 아니다. 수도자의 마음이 되어도 다른 사람에게 무언가를 배울 수 있고 또 배워야만 한다. 이때 어려운 것은 자신에게 다음과 같이 간단한 질문을 하면서 '의식적으로' 무언가를 배워야 한다는 점이다. 나는 가족, 친구, 동료에게서 어떤 자질을 찾고 우러러보는가? 그 자질은 신뢰인가, 자신감인가, 결연함인가, 정직함인가? 그게 무엇이든 그 자질은 실제로 나의 가치관이다. 살아가면서 내 삶의 지침으로 삼아야 할 이정표다.

혼자 있지 않을 때는 내 가치관에 맞는 사람들과 어울려라. 그러면 내가 '되고 싶은 사람'을 반영하는 커뮤니티를 더 쉽게 찾을 수 있을 것이다. 내가 원하는 '미래'처럼 보이는 커뮤니티 말이다. 기억하겠지만 대학교 4학년 때부터 승려처럼 생활한 것은 나에게 정말 힘든 일이었다. 지금은 런던에서 사는 게 쉽지 않다. 내가 함께 자란 사람들과 그들의 생활방식에 둘러싸여 있으면, 나도 늦잠을 자고, 남의 사생활을 떠들고, 타인을 평가하고 싶어진다. 새로운 문화는 나를 재규정하게 도와주었고, 또 다른 새로운 문화는 내가 내 길을 계속 갈 수 있게 도와주었다.

이사하거나, 직장을 옮기거나, 연애를 시작할 때마다 우리에게는 완전히 새로운 모습으로 거듭날 특별한 기회가 생긴다. 연구에 따르면 우리가 주변 세상과 관계를 맺는 방식은 타인에게도 전염이 된다고 한다. 매사추세츠주의 어느 마을에서 20년에 걸쳐 진행된 연구를 보면 행복도, 우울도 내가 만나는 사람들 사이에 퍼져나갔다. 1.6킬로미터 이내 거리에 사는 친구가 더 행복해지면 나 역시 행복할 확률이 25퍼센트 높아진다. 바로 옆집에 사는 이웃이라면 이런 효과는 훨씬 더 크다.

주변 사람들은 내가 내 가치관을 고수하고 목표를 성취하는 데 도움을 준다. 우리는 함께 성장한다. 마라톤을 두 시간 45분 만에 뛰고 싶을 때는, 네 시간 45분이 걸리는 사람들과 함께 훈련하지는 않는다. 영적인 생활을 하고 싶다면, 다른 영적인 사람들과 함께하는 시간을 늘려라. 사업을 키우고 싶다면, 지역 상공회의소나 당신과 같은 종류의 성공을 향해 달리는 온라인 사업가 모임에 가입하라. 일을 지나치게 많이 하는 편이고 자녀를 더 우선순위에 두고 싶다면, 실제로 그렇게 하는 부모들과 친분을 쌓고 응원과 조언을 교환하라. 더 좋은 방법은, 가능하기만 하다면, 여러 집단에 동시에 해당하는 사람을 만나는 것이다. 가정적이면서 영적인 생활을 하고 마라톤을 뛰는 사업가와 친해지는 것처럼 말이다. 맞다. 농담이다.

하지만 지금은 그 어느 때보다 사람들과 교류할 방법도 많고, 링크드인LinkedIn이나 미트업Meetup 같은 플랫폼이나 페이스북을 활용해 나와 비슷한 사람들을 찾기도 쉽다. 사랑을 찾고 있다면 자원

봉사나 피트니스, 스포츠 활동, 관심 있는 주제의 강연처럼 가치를 중심으로 하는 곳을 찾아보라.

내 가치관과 잘 맞는 곳이 어디인지 잘 모르겠다면, 이렇게 자문해 보라. 이 사람 혹은 이 집단과 시간을 보내고 있으면, 내가 되고 싶은 사람에 더 가까워지는 느낌인가, 더 멀어지는 느낌인가? 그 답은 한 번에 네 시간 동안 플레이스테이션 2에서 축구 게임을 하는 것(내가 한 번이라도 해봤다는 얘기는 아니다)과 내 삶의 질을 높여줄 의미 있는 교류를 나누는 것 사이의 선택처럼 아주 명쾌할 수도 있다. 아니면 그보다 애매한 답이 나올 수도 있다. 함께 시간을 보내고 나면 짜증이 난다거나 정신이 몽롱해진다는 것처럼 말이다. 나에게 이로운 사람들과 어울리면 기분이 좋다. 나를 응원해 주지 않거나 나의 나쁜 습관을 끄집어내는 사람들과 어울리면 기분이 좋지 않다.

직접 해보기: 나는 어떤 사람들과 어울리는가?

일주일 동안 가장 많은 시간을 함께 보낸 사람들의 목록을 만들어라. 그 목록 옆에 내가 이 사람과 공유하는 가치를 적어라. 나와 가치관이 통하는 사람들에게 가장 많은 시간을 쓰고 있는가?

누구와 얘기를 나누고, 무엇을 보고, 어디에 시간을 쓰는지, 이런 것들이 모두 가치와 신념을 형성한다. 나의 가치관에 대해 의문조차 갖지 않고 하루하루를 그냥 살아간다면 '남들(가족에서부터 수많은 마케팅 담당자들에 이르기까지)이 나에게 바라는 생각'에 휘둘릴 것이다. 나는 창고에 있었던 그 순간을 항상 되새긴다. 뭔가 떠오르는 생각이 있으면 나는 이렇게 자문해 본다. "이 생각은 내가 선택한 가치관에 맞는가, 아니면 나를 대신해 남들이 선택해 준 가치관에 부합하는 내용인가? 이 생각은 '먼지'인가, '나'인가?"

자신에게 공간과 고요를 허락하면 먼지를 치우고 나 자신을 볼 수 있다. 타인의 눈을 통해서가 아니라 내면의 눈을 통해서 말이다. 나의 가치관을 확인하고 그것을 길잡이로 삼는다면 외부의 영향력을 걸러낼 수 있다. 다음 장에서는 이런 여러 가지 방법의 도움을 받아 원치 않는 태도와 감정을 걸러내 보자.

02 부정적인 생각
사악한 왕은 굶주린다

◆

타인의 불행을 바탕으로
나의 행복을 건설하는 것은 불가능하다.

- 이케다 다이사쿠 池田大作

대학교 3학년을 마친 여름이었다. 나는 아슈람에서 한 달을 보내고 돌아와 어느 금융회사의 인턴으로 근무했다. 동료 둘과 점심을 먹게 됐다. 우리는 샌드위치를 사서 회사 앞 콘크리트 마당에 자리를 잡았다. 나즈막한 담으로 둘러싸인 그곳은 양복을 입은 젊은이들이 에어컨이 추울 정도로 쉴 새 없이 돌아가는 건물로 다시 들어가기 전에 서둘러 샌드위치를 먹으며 여름 햇빛에 몸을 녹이는 곳이었다. 나는 다시 돌아온 세상이 낯선 승려였다.

"게이브 얘기 들었어?" 친구 한 명이 다 들릴 듯한 목소리로 속삭였다. "회의 때 발표를 망쳐서 임원들이 잡아먹을 듯이 몰아세웠대."

"그 친구, 얼마 못 가겠어." 다른 친구가 머리를 가로저으며 말했다.

그 순간 나는 가우랑가 다스가 '마음의 암 덩어리들 – 비교, 불평, 비난'이라고 이름 붙였던 수업이 생각났다. 우리는 가십을 포함한 부정적 사고 습관에 관해 얘기를 나눴다. 그리고 비난의 말을 한 번 내뱉거나 생각했을 때마다 횟수를 기록하는 과제를 수행했다. 횟수가 한 번 늘 때마다 그 사람의 훌륭한 점 열 가지를 써야 했다.

쉽지 않았다. 우리는 가까운 숙소에서 함께 생활했고, 이슈는 늘 생겼다. 대부분 하찮은 것들이었다. 승려들의 샤워 시간은 평균 4분 정도 된다. 샤워장에 줄을 서면 우리는 누가 오랫동안 나오지 않을지 내기를 했다. (승려인 우리가 할 수 있는 유일한 내기였다.) 코 고는 사람은 코골이 전용 방으로 쫓겨났다. 새로운 수행자가 들어오면 우리는 그의 코골이 소리를 듣고 오토바이에 빗대 등급을 매겼다. 이 스님은 베스파네, 저 스님은 할리 데이비슨이네 하면서 말이다.

나는 과제를 수행하며 무심결에 나오는 그 모든 비난을 꼼꼼히 적었다. 그리고 그 옆에 긍정적인 측면 열 가지를 써내려 갔다. 왜 이런 과제를 하는지 어렵지 않게 이해할 수 있었다. 누구나 나쁜 점보다 좋은 점이 더 많다. 이를 종이에 적어보면 그 비율이 얼마나 대단한지 새삼 마음에 깊이 새겨진다. 이 과제를 통해 나는 나 자신의 약점도 이전과는 다르게 보게 되었다. 이전까지 나는 내 실수에 초점을 맞추는 경향이 있었다. 실수를 내 장점과 비교하면서 균형을 맞추는 작업을 하지 않았다. 나는 내가 스스로를 비난하는 것을 발견할 때면 나에게도 긍정적인 면이 있다는 사실을 되새겼다. 내가 가진 부정적인 자질들을 더 큰 맥락에 놓고 보니, 나도 똑같은 비율로 나쁜 점보다는 좋은 점이 더 많은 사람이라는 것을 알 수 있었다. 우리는 이 악순환과 선순환에 관해 수업 시간에 이야기를 나누었다. 남을 비난하면 내 안의 나쁜 점까지 반드시 알게 된다. 그러나 남의 좋은 점을 찾다 보면 내 안의 좋은 점까지 보이기 시작한다.

옆에 있던 친구가 나를 툭 치는 바람에 생각에 잠겨 있던 나는 정신이 번쩍 들었다. "그 친구 버틸 수 있을 거 같아?"

나는 그새 우리가 무슨 얘기를 하던 중인지 잊었다. "누구?"

"게이브 말이야. 처음부터 뽑지도 말았어야 했는데… 안 그래?"

"아, 잘 모르겠네." 내가 말했다.

아슈람에서 돌아온 뒤로 나는 가십에 상당히 민감해졌다. 나는 이미 긍정적인 에너지 중심의 대화에 익숙해져 있었다. 다시 세상에 돌아왔을 때 처음에 나는 어색할 만큼 말이 없었다. 혼자 도덕군자 행세를 하고 싶지는 않았지만, 거기에 끼고 싶지도 않았다. 부처님은 말씀하셨다. "남들이 하는 것이나 못 하는 것에 신경 쓰지 말고 내가 하는 것이나 못 하는 것에 관심을 가져라." 나는 금세 "글쎄, 난 잘 모르겠는데…." "난 아무 얘기도 못 들었어"라고 말하는 법을 배웠다. 그런 다음 긍정적인 내용으로 대화 주제를 옮겼다. "맥스한테 계속 같이 일하자고 했다는 얘기 들었어? 정말 잘됐어."

가십이 가치 있는 경우도 있다. 무엇이 용인되는 행동인지 사회를 규제하는 데 도움을 주기도 하고, 누군가의 행동에 대한 나의 판단, 즉 나의 가치관에 타인도 동의하는지 알아볼 수도 있다. 그러나 이런 궁금증은 더 친절한 방법으로 해결할 수도 있다. 오히려 우리는 남을 깎아내리며 우월한 기분을 느끼거나 집단 내에서 내 지위를 강화하려는 수단으로 가십을 주로 이용한다. 내 친구와 동료 중의 일부는 나와 가십을 나누는 것을 아예 그만두었다. 대신에 우리는 진짜 대화를 나누었다. 내가 가십을 나누지 않으니 자신들에 대해서도 다른 곳에서 떠들어대지 않을 것임을 깨닫고 나를 더 신뢰하는 사람들도 있었다. 나를 그냥 지루한 사람이라고 생각하게 된 사람들에 대해서는 내가 나쁜 말을 할 이유가 전혀 없었다.

부정적인 생각은 어디에나 있다

◆◆◆◆◆

'아침에 잠을 깬다. 머리칼이 엉망진창이다. 배우자는 커피가 다 떨어졌다고 불평한다. 출근길에 앞차 운전자가 휴대전화로 문자를 보내는 통에 신호를 하나 놓친다. 라디오에서는 어제보다 나쁜 뉴스가 흘러나온다. 동료는 귓속말로 캔디스가 오늘도 거짓으로 병가를 냈다고 한다….' 날마다 우리는 부정적인 것들의 폭격을 받는다. 우리가 비난을 많이 받는 것만큼이나 남을 많이 비난하는 것은 이상할 게 하나도 없다. 우리는 오늘 기뻤던 작은 일보다는 아프거나 괴로웠던 얘기를 더 많이 한다. 나 자신을 이웃과 비교하고, 배우자를 불평하고, 면전에서는 하지 못할 친구에 관한 이야기를 뒤에서 한다. 소셜 미디어에 등장하는 사람을 비난하고, 논쟁을 벌이고, 남을 속이고, 갑자기 분노하기도 한다.

이런 부정적인 수다는 일상적으로 쉽게 일어난다. 누구도 계획적으로 그렇게 하는 것이 아니다. 내 경험에 비추어 보면, 아침에 일어나서 '오늘은 어떻게 남들한테 야비하게 굴까?' 혹은 '오늘은 어떻게 남의 기분을 나쁘게 만들어서 내 기분을 좋게 만들까?' 하고 생각하는 사람은 아무도 없다. 하지만 부정적 태도는 내면에서 나오는 경우가 많다. 우리의 마음속 깊은 곳에는 세 가지 정서적 욕구가 있다. 나는 이것들을 주로 '평화, 사랑, 이해'라고 부른다(싱어송라이터 닉 로Nick Lowe와 엘비스 코스텔로Elvis Costello 덕분이다). 대화나 감정, 행동에서 나타나는 부정적 성향은 대부분 이 세 가지 욕구 중 하나가 위협받는 데서 시작된다. 뭔가 나쁜 일이 일어날 거라는 두려움(평화의 상실), 사랑받지 못할 거라는 두려움(사랑의 상실), 존중받지 못할 거라는 두려움(이해의 상실) 말이다. 두려움에서 온갖 감정이 발원한다. 버겁고, 불안하고, 상처받고, 경쟁하고, 끊임없이 확인받기를 원하는 감정이 생긴다. 이런 부정적 감정은 불평, 비교, 비난, 기타 부정적 행동으로 표출된다. 소셜 미디어에 들어가서 타깃으로 삼은 사람에게 앙심을 쏟아내는 괴물들을 한번 떠올려보라. 그들은 존중받지 못하는 것이 두려운 나머지, 스스로 중요한 사람이 된 것 같은 기분을 느끼고 싶어서 타인을 도발할 것이다. 아니면 그들이 가진 정치적 신념이 세상은 안전하지 않다는 두려움을 만들어내고 있는 것일 수도 있다. (아니면 단순히 팔로워 수를 늘리고 싶은 것일 수도 있다. 세상의 모든 도발이 꼭 두려움에 기반을 둘 필요는 없으니 말이다.)

또 다른 예로, 지인 중에 가끔 안부 전화를 걸어 온갖 하소연을 늘어놓는 사람이 꼭 있다. 회사가 어떻고, 배우자가 어떻고, 가족이 어떻고, 뭐가 잘못되었고, 뭐는 불공정하고, 이 꼴을 벗어나지 못할 거고…. 도무지 이 사람한테는 좋은 일이라고는 일어날 수가 없을 것 같다. 어쩌면 이 사람은 나쁜 일이 일어날 거라는 자신의 두려움을 표현하는 중일 수도 있다. 그의 핵심을 구성하는 평화와 안전에 대한 욕구가 위협받고 있는 것이다.

나쁜 일은 '실제로' 일어난다. 살다 보면 누구나 피해자가 될 때가 있다. 인종차별을 받을 수도 있고, 신호등이 내 앞에서만 바뀔 수도 있다. 하지만 자신이 늘 피해자라는 식의 사고방식을 채택한다면 일종의 특권의식을 가지고 이기적으로 행동하기 쉽다. 스탠퍼드대학교 심리학자들이 104명을 대상으로 실험을 한 적이 있다. 연구진은 실험 참가자들을 두 무리로 나누어, 한 집단에는 지루함을 느꼈던 때를 주제로 짧은 에세이를 쓰게 하고, 다른 집단에는 인생이 불공평하다고 느꼈던 때나 '타인에게 부당한 대우를 받거나 무시당했다'고 느꼈을 때의 상황을 쓰게 했다. 그런 다음 참가자들에게 간단한 과제가 있는데 연구진을 도와줄 의향이 있는지 물었다. 부당한 대우를 받았던 경우에 관한 글을 썼던 참가자들은 그렇지 않은 집단보다 연구진을 도와줄 가능성이 26퍼센트 낮았다. 비슷한 연구에서 자신이 피해자라고 생각하는 참가자들은 나중에 이기적인 태도를 표출할 가능성이 더 컸을 뿐만 아니라, 실험이 끝난 곳에 쓰레기를 버린 채 떠나고, 심지어 실험용 펜을 가져가기까지 했다!

부정적인 생각은 전염된다

◆◆◆◆◆

우리는 사회적 동물이고 삶에서 필요한 대부분(평화, 사랑, 이해)을 주변 사람에게 얻는다. 우리의 뇌는 조화와 불화 모두에 자동으로 적응한다. 우리가 무의식적으로 타인을 기쁘게 하려고 노력한다는 얘기는 앞서 했다. 우리는 또한 타인의 의견에 동조하고 싶어 한다. 연구에 따르면, 대부분의 인간은 사회에 녹아드는 것을 워낙에 중시하는 나머지 집단과 보조를 맞추기 위해 자신의 반응(심지어 '지각'까지)을 바꾼다. 집단이 노골적으로 틀렸을 때조차 말이다.

1950년대에 솔로몬 애시Solomon Asch는 대학생들에게 시력 검사를 한다고 말했다. 실제로는 실험 그룹마다 진짜 실험 대상자 한 명을 제외하고는 모두 배우였다.

애시는 참가자들에게 '예시'에 해당하는 선을 먼저 보여주고, 이어 세 종류의 선을 보여주었다. 예시보다 짧은 줄, 예시보다 긴 줄, 예시에 있는 것과 길이가 똑같은 줄이었다. 그런 다음 학생들에게 예시의 선과 길이가 같은 줄은 어느 것인지 물었다. 때에 따라 배우들은 옳은 답을 하기도 하고, 일부러 틀린 답을 하기도 했다. '진짜' 실험 대상자는 가장 마지막에 답을 했다. 정답은 명백했다. 실험 참가자 중 75퍼센트가 배우들의 영향을 받아 최소한 한 번 이상 틀린 답을 내놓았다. 이 현상을 '집단사고 편향'이라고 부른다.

우리는 집단에 순응하도록 되어 있다. 인간의 뇌는 충돌이나 논쟁을 피하려고 한다. 나와 생각이 비슷한 사람들과 함께 마음 편하

애시의 실험

1번 카드

특정 길이의
선이 그려져 있다.

2번 카드

3개의 선이 그려져 있고,
그중 하나는 위 카드의 선과
길이가 정확히 일치한다.

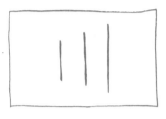

＊ 집단사고란 개인의 책임을 회피할 수 있는 방향으로 생각하거나
의사결정을 내리는 현상을 말한다.

게 노닥거리는 쪽을 선호한다. 이것도 나쁜 일은 아니다. 예컨대 우리가 승려들에게 둘러싸여 있다면 말이다. 하지만 나를 둘러싼 것들이 가십과 불화와 부정적 태도라면, 나도 세상을 그런 눈으로 바라보기 시작한다. 애시의 실험에서 눈앞에 선의 길이가 뻔히 보이는데도 정반대의 답을 했던 그 사람들처럼 말이다.

동조하고 싶은 본능은 우리 삶에 엄청난 영향력을 미친다. 불평불만으로 가득한 문화에서는 나도 그 난장판에 합세하게 된다. 주위에 부정적 성향이 많을수록 나도 더 부정적으로 변한다. 불평하면 내 분노를 처리하는 데 도움이 될 것 같지만, 연구에 따르면 불평을 쏟아낸 후 기분이 나아진다고 말한 사람조차도 아예 불평하지 않은 사람에 비하면 불평 후에 더 공격적으로 변한다.

바크티베단타 사원의 런던 출장소에 나를 미치게 하는 승려가 있었다. 아침에 그에게 안녕하시냐고 인사하면 그는 자신이 밤잠을 얼마나 설쳤는지, 그게 누구 탓인지 이야기를 늘어놓았다. 그는 음식이 형편없다고 불평하면서도 늘 양이 모자란다고 했다. 끊임없이 입으로 설사를 뿜어대는 것이나 마찬가지였다. 생각이 어찌나 부정적인지 그 사람 근처에는 얼씬도 하고 싶지 않았다.

그러던 어느 날 나는 내가 다른 승려들에게 이 승려에 관해 불평을 하고 있는 것을 발견했다. 나는 내가 비난하는 바로 그 사람처럼 행동하고 있었다. 불평은 전염된다. 그 승려는 내게 불평을 옮겨놓았다.

여러 연구에 따르면, 내가 보인 것과 같은 부정적 성향은 나와 아무 상관없는 사람들에 대한 공격성까지 높일 수 있다. 태도가 부정적일수록 향후에도 부정적 태도를 가질 가능성이 크다. 또한 연구에 따르면, 불평 등으로 인한 장기적 스트레스는 실제로 '해마'를 쪼그라들게 한다. 해마는 뇌에서 추론과 기억력에 영향을 주는 부위다. 해마를 쪼그라들게 하는 코르티솔이라는 스트레스 호르몬은 우리의 면역 체계를 망가뜨릴 뿐만 아니라 여러 해로운 영향을 미친다. 모든 질병이 부정적 성향 때문에 생긴다는 말은 아니지만, 긍정적 성향을 유지하는 것만으로 겨울철 감기를 한 번만 막을 수 있다고 하면 나는 기꺼이 그렇게 할 것이다.

부정적인 사람의 유형

◆◆◆◆◆

부정적인 행동은 끊임없이 우리를 에워싸기 때문에 우리는 차츰 부정적인 행동에 익숙해진다. 당신 삶에 혹시 아래와 같은 사람이 한 명이라도 있지는 않은지 잘 한번 생각해 보라.

- 불평꾼: 툭하면 전화를 걸어오는 친구처럼, 끝도 없이 불평을 해대며 해결책은 찾지 않는 사람. 그에게 인생은 앞으로도 절대로 해결되지 않거나 해결하기 어려운 문제다.

- 삐딱이: 칭찬을 해줘도 삐딱하게 받는 사람. "오늘 근사하다"라고 인사를 건네면 "어제는 거지 같았니?"라고 답한다.

- 피해자: 세상이 모두 나를 싫어한다고 생각하면서 문제가 생기면 남 탓하는 사람.

- 비평가: 나와 생각이 다를 경우, 의견이 다르다고 혹은 아무 의견이 없다고 상대를 비난하는 사람.

- 명령꾼: 자신의 한계를 인식하기 때문에 남들을 압박해서 일을 성사시키려는 사람. 실제로는 본인도 바쁘면서 "너는 나한테 절대로 시간을 내주지 않는구나"라고 말한다.

- 경쟁꾼: 자신을 남과 비교하면서 자신이나 자신의 선택이 더 돋보이도록 남을 통제하고 조종하는 사람. 뒤처지면 혼자서도 늘 괴롭기 때문에 남을 끌어내리고 싶어 한다. 남의 성공을 인정할 줄 모르기 때문에 이들 옆에 있으면 종종 내 성공을 깎아내려야 한다.

● 통제자: 친구나 배우자가 누구와 어떻게 시간을 쓰고 어떤 선택을 내리는지 감시하고 지시하려는 사람.

부정적인 생각에 빠진 사람

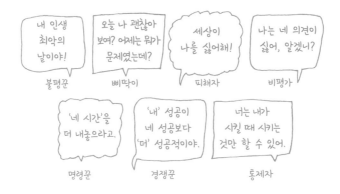

이 리스트를 가지고 심심풀이 오락거리로 활용할 수도 있다. '이 유형에는 누가 딱 맞네' 하면서 말이다. 하지만 이 리스트를 만든 진짜 이유는 여러분이 이런 행동을 하는 순간을 포착할 수 있게 도와주기 위해서다. 모든 사람을 '부정적'이라는 똑같은 상자에 넣어버리면("이 사람들 정말 짜증 나!") 한 사람 한 사람 관계를 어떻게 꾸려나갈지 판단하는 데 아무 도움이 되지 않는다.

내가 다른 여섯 명의 신입 승려와 함께 영국을 떠나 아슈람으로 갈 당시 '새롭게 살게 된 곳은 병원이고, 우리는 모두 환자'라고 생각하라는 말을 들었다. 물질적인 삶을 떠나 수도자가 된다는 것이 그 자체로 어떤 업적은 아니었다. 그저 나를 감염시키고 약화시킨 영혼의 병을 극복하기 위해 노력해 볼 어느 힐링의 장소에 입장할 준비가 되었다는 뜻에 불과했다.

알다시피 의사도 병에 걸린다. 병에 걸리지 않는 사람은 아무도 없다. 스님들은 늘 우리에게 사람은 누구나 자기만의 병이 있고, 누구나 아직 배우는 중이라고 말씀하셨다. 건강 문제로 우리가 남을 비난하지 않듯이, 나와 다른 죄악을 가졌다는 이유로 남을 비난해서는 안 된다고 하셨다. 가우랑가 다스는 짧은 비유를 통해 이 같은 조언을 되풀이해서 들려주었고, 우리는 그 말을 되새기며 다른 사람에 대해 부정적인 생각을 품지 않으려고 노력했다.

'나와 다른 병이 있다고 남을 비난하지 마라.'
'누구도 완벽하기를 기대하지 마라.'
'자신이 완벽하다고 생각하지 마라.'

우리는 부정적 행동을 비난하는 대신에 그 감정을 누그러뜨리거나 심지어 긍정적인 행동으로 바꾸려고 노력한다. 불평꾼이 해결책을 찾지 않는다는 사실을 알고 나면, 내가 굳이 해결책을 제공할 필요는 없다는 것을 알 수 있다. 명령꾼이 "당신은 나한테만 너무 바빠"라고 말하면 "당신도 좋고 나도 좋은 시간을 찾아봐야 하지 않을까?"라고 말하면 된다.

부정적인 외부 환경 바꾸기

◆◆◆◆◆

앞서 정리한 유형은 부정적인 사람에게서 한 걸음 떨어져 내가 해야 할 역할이 무엇인지 정확히 판단할 수 있게 도와준다. 수도자의 방식이란 상황을 뿌리까지 파고들고, 진단하고, 명확히 만들어서 나 자신에게 설명할 수 있는 수준이 되는 것이다. 이 방법으로 부정적인 사람들에게 대처하는 전략을 정리해보자.

객관적 관찰자가 되라

수도자는 자각을 실마리로 삼는다. 우리는 부정적인 것(실은 모든 형태의 갈등)에 접근할 때 한 걸음 뒤로 물러남으로써 그 순간의 고조된 감정에서 벗어난다. 가톨릭 수사 토머스 키팅Thomas Keating은 이렇게 말했다. "상대가 나를 대하는 방식 때문에 나까지 화가 날 필요는 없다. 우리가 화가 나는 이유는 우리에게 프로그램된 감정이 '누군가 나에게 고약하게 군다면 나는 나 자신에게 만족할 수도, 나에 대해 좋은 감정을 가질 수도 없다'고 말하기 때문이다. … 우리는 충동적 반응으로 앙갚음을 하는 대신에, 인간으로서 가진 자유를 십분 발휘해 화내기를 거절할 수도 있다."

수도자는 물리적으로가 아니라 정서적으로 한 걸음 비켜나서, 마치 내가 그 속에 있지 않은 것처럼 상황을 바라본다. '초연해지기'라는 태도에 대해서는 다음 장에서 더 자세히 이야기할 것이다.

다만 여기서는 초연해지기가 타인을 비난하지 않고 이해할 방법을 찾는 데 도움이 된다는 사실만 이야기하고 넘어가겠다. 부정적 생각은 누군가의 특징일 뿐, 그 사람의 정체성은 아니다. 사람의 진정한 본성은 마치 태양과 같아서 구름에 가릴 수는 있으나 늘 그 자리에 있다. 구름은 우리 중 누구라도 덮칠 수 있다. 부정적 에너지를 뿜어내는 사람을 상대할 때는 이 점을 이해해야 한다. 누군가 내 최악의 모습을 보고 나를 판단하기를 바라지는 않을 것이다. 마찬가지로 우리도 타인에게 그렇게 하지 않도록 조심해야 한다. 누군가 나에게 상처를 준다면 그것은 그가 상처받은 사람이기 때문이다. 그 사람의 상처가 밖으로 흘러넘치고 있는 것이다. 그런 사람은 도움이 필요하다. 달라이 라마Dalai Lama는 이렇게 말했다. "할 수 있다면 남을 도와라. 할 수 없다면 적어도 해치지는 마라."

서서히 물러나라

이해하려는 자세를 취하면 부정적 에너지를 더 잘 상대할 수 있다. 가장 쉬운 반응은 서서히 물러나는 것이다. 앞 장에서 나의 가치관을 방해하는 영향력을 그냥 놓아주었던 것처럼 우리의 앞날에 구름을 드리우는 부정적 태도는 씻어내는 게 좋다. '마음챙김의 아버지'라 불리는 불교 승려 틱낫한Thich Nhat Hanh은 『틱낫한 불교』에서 이렇게 말했다. "놓아주면 자유가 생긴다. 자유는 행복의 유일한 조건이다. 분노, 불안, 소유 등 마음속에서 아직도 무언가에 매달려 있다면 절대로 자유로울 수 없다." 어느 물건이나 장소가 나에게 부정적인 생각이나 감정을 일으킨다면 적극적으로 없애거나 피하라. 전남편이나 부인이 주었던 스웨터, 한때 친구였던 사람과 자꾸만 마주치는 커피숍 같은 것들 말이다. 물리적으로 놓아주지 않으면 정서적으로도 놓아주지 못할 것이다.

그러나 가족, 친구, 동료가 관련되어 있다면, 종종 초연해지기가 힘들 수도 있고 그냥 다른 방법을 찾고 싶을 수도 있다. 그렇다면 다른 전략이 필요하다.

25/75 원칙

당신 인생에 부정적인 사람이 한 명씩 생길 때마다 기운을 북돋워주는 사람 세 명을 만들어라. 나는 어떤 식으로든 나보다 훌륭한 사람들, 그러니까 나보다 더 행복하고 영적인 사람들을 내 주위에 채우려고 노력한다. 스포츠와 마찬가지로 인생에서도 나보다 더 나은 사람들 옆에 있으면 절로 성장한다. 이 말을 곧이곧대로 받아들여서 당신의 모든 친구에게 '부정적' '희망적' 하는 식으로 라벨을 붙이라는 얘기가 아니다. 적어도 당신이 쓸 수 있는 시간의 75퍼센트는 당신을 의기소침하게 만드는 사람보다는 좋은 영감을 주는 사람들과 함께 보내도록 목표를 잡아라. 서로 기운을 북돋워주는 관계가 될 수 있게 당신도 노력하라.

사랑하는 사람들과 단순히 시간을 함께 보내는 것이 아니라 함께 성장하라. 함께 수업을 듣고, 책을 읽고, 워크숍을 하라. 산스크리트어로 '커뮤니티'를 뜻하는 '상가Sangha'는 서로에게 봉사하고 영감을 줄 수 있는 안식처를 만들라는 뜻을 내포한다.

시간을 할당하라

부정적인 것을 줄일 수 있는 또 하나의 방법은 사람들이 지닌 에너지에 따라 그들에게 허락할 내 시간을 정해두는 것이다. 우리가 직면하는 어려움 중에는 내가 초래하는 것들도 있다. 한 달에 한 시간밖에 못 참을 사람도 있을 것이고, 한 달에 하루, 한 달에 일주일을 참을 수 있는 사람도 있을지 모른다. 어쩌면 1분밖에 못 참을 사람도 있을 것이다. 이 사람과 얼마의 시간을 함께 보내는 게 최선일지 생각하고, 그 시간을 넘기지 마라.

구세주가 되지 마라

누군가가 필요로 하는 게 오직 들어줄 귀라면 별 에너지를 들이지 않고 들어줄 수 있다. 그런데 문제를 해결해 주려고 애쓴다면, 상대가 내 훌륭한 조언을 받아들이지 않을 때 실망할 것이다. 남을 구제하고 싶은 욕구는 내 자존심에서 나오는 것이다. 나 자신의 욕구가 나의 대처법을 좌우하게 두지 마라. 유대교 랍비 전통에서 나온 가르침과 금언을 모아놓은 『명언집Sayings of the Fathers』은 이렇게 조언한다. "남의 입 안에 있는 치아 개수를 세지 마라."

마찬가지로 필요한 능력이 나에게 있는 게 아닌 이상, 문제를 해결하려고 들지 마라. 친구를 물에 빠진 사람처럼 생각하라. 수영 실력이 아주 뛰어나고 인명구조 훈련을 받았다면 물에 빠진 사람을 도울 힘과 기술이 있을 것이다. 마찬가지로 남을 도울 시간과 심적 여유가 있다면 문제에 뛰어들어도 된다. 하지만 그럭저럭 수영할 뿐인 사람이 물에 빠진 사람을 구하려 들었다가는 함께 물속으로 딸려 들어갈 가능성이 크다. 그럴 때는 구조대원을 불러야 한다. 마찬가지로 친구를 도울 수 있는 경험과 에너지를 가진 게 아니라면 도움을 줄 수 있는 사람이나 생각을 친구에게 소개해 주면 된다. 친구의 구세주는 따로 있을 수도 있다.

내 안의 부정적 생각을 바꿔라

◆◆◆◆◆

어수선한 것들을 치울 때는 밖에서 작업하는 편이 자연스럽다. 외부의 부정적인 것들을 인식하고 무력화시키기 시작했다면, 나 자신의 부정적 성향을 더 잘 알아보고 반전시킬 수 있다.

우리는 종종 자신이 세상에 꺼내놓은 부정적 성향에 대한 책임을 부인한다. 부정적 생각은 반드시 남에게만 오는 것도, 큰 소리를 내며 오는 것도 아니다. 주변 사람들이 질투, 불평, 분노와 같은 부정적 문화를 형성했다고 남 탓을 하기는 쉽다. 그러나 내 생각을 정화한다면 타인의 영향력에서 나 자신을 보호할 수 있다.

아슈람에서 우리는 정화의 열망이 워낙 높아서 금욕을 두고 경쟁하기도 했다('내가 저 스님보다 적게 먹었어' '내가 명상을 제일 오래 했어'). 하지만 명상 끝에 승려가 마지막으로 생각하는 것이 '나 좀 봐! 내가 제일 오래 했어!'에 불과하다면 스스로 비웃을 일이다. 결론이 고작 그거라면 명상을 대체 왜 한단 말인가? 해나 워드Hannah Ward 와 제니퍼 와일드Jennifer Wild가 편집한 명언집 『수도자의 길The Monastic Way』에서 크리스틴 블라디미로프Christine Vladimiroff 수녀는 이렇게 말한다. "(수도원에서) 허용되는 유일한 경쟁은 사랑과 존경을 남보다 더 많이 보여주는 것뿐이다."

경쟁은 질투를 낳는다. 『마하바라타Mahabharata』를 보면, 사악한 어느 전사가 다른 전사를 질투해 상대가 가진 모든 것을 잃기를 바라는 이야기가 나온다. 사악한 전사는 불타는 석탄 덩어리를 옷 속에 숨기고 있다가 상대가 나타나면 집어 던지기로 한다. 그런데 옷에 불이 붙어 사악한 전사 자신이 불에 데고 만다. 질투가 자기 자신을 적으로 만든 것이다.

질투의 심술궂은 사촌격으로 '샤덴프로이데Schadenfreude'라는 것이 있다. '타인의 고통에서 기쁨을 느끼는 것'을 뜻하는 말이다. 타인의 실패를 보며 나의 기쁨을 끌어낸다면 타인의 불완전과 불운이라는 흔들리는 토대 위에 내 집과 내 자존심을 세우는 셈이다. 이는 안정적인 토대가 될 수 없다. 실제로는 남을 비난할 때가 바로 우리 자신에게 주목해야 할 순간이다. 그것은 꿈쩍도 못 하는 내 마음이 앞으로 나아가고 있다고 스스로 속이려 드는 신호기 때문이다. 어제는 내가 당신보다 사과를 많이 팔았고 오늘은 당신이 나보다 사과를 많이 팔았다고 한다면, 과연 내가 사과 장수로서 발전 중인지 전혀 알 길이 없다. 주변 사람과 더 많은 비교를 통해 자신을 규정할수록 우리는 점점 더 길을 잃게 된다.

어쩌면 우리는 영원히 부러움, 질투, 탐욕, 욕정, 분노, 자존심, 망상을 몰아내지 못할지도 모른다. 그렇다고 해서 시도조차 하지 말아야 하는 것은 아니다. 산스크리트어로 '아나르타anartha'는 일반적으로 '아무도 원하지 않는 것'을 뜻한다. '아나르타 니브리티anartha-nivritti'는 원하지 않는 것을 제거한다는 뜻이다. 우리는 무엇이든 원하는 대로 말할 수 있는 게 자유라고 생각한다. 내 모든 욕망을 추구할 수 있는 게 자유라고 생각한다. 그러나 진정한 자유는 원하지 않는 것을 놓아주는 것이다. 원하지 않는 결말로 이끄는 방종한 욕망을 놓아주는 것이다.

놓아준다는 것은 부정적인 생각, 감정, 관념을 몽땅 다 지워버린다는 뜻은 아니다. 사실 부정적인 생각은 언제나 떠오를 것이다. 중요한 것은 부정적인 생각으로 우리가 무엇을 하느냐다. 이웃집 개가 짖으면 짜증이 난다. 개 짖는 소리는 언제나 방해가 될 것이다. 문제는 그 반응을 내가 어떻게 인도할 것인가 하는 점이다. 진정한 자유로 가는 열쇠는 '자각'이다.

나 자신의 부정적 태도를 평가할 때는 작은 행동 하나에도 반드시 결과가 따른다는 사실을 염두에 두라. 다른 사람의 부정적 태도를 더 많이 인식해서 "그 여자는 만날 불평이야"라고 말한다면 그 순간 부정적인 사람은 바로 나다. 아슈람에서는 모기장을 치고 잔다. 매일 밤 모기장을 친 다음 손전등으로 그 안에 벌레가 없는지 확인한다. 어느 날 아침 잠에서 깬 나는 모기장 안에 모기는 딱 한 마리 있는데 내가 물린 곳은 열 군데도 넘는 것을 발견했다. 달라이 라마의 말씀이 기억났다. "스스로 너무 작아서 큰일을 할 수 없다고 생각한다면 모기 한 마리와 함께 자보라." 옹졸하고 부정적인 생각이나 말은 바로 모기와 같아서 아주 조금만 있어도 평화를 강탈할 수 있다.

알아채고, 멈추고, 바꿔라

대부분의 사람은 자신이 가진 부정적 생각을 알아채지 못한다. 내가 그 모기 한 마리를 알아채지 못했던 것처럼 말이다. 생각을 정화하기 위해 수도자들은 자각, 접근, 수정이라는 과정을 겪는다. 나는 이 과정을 기억하기 쉽게 '알아채고, 멈추고, 바꾼다'고 표현한다.

먼저 어떤 감정이나 문제를 인식하는 것이 '알아채는' 과정이다. 그러면 우리는 그 감정이 무엇이고, 어디서 오는지 생각해보기 위해 잠시 '멈춘다'. 마지막으로 행동을 수정한다. 즉 그 순간을 처리하는 방법을 새로운 방식으로 '바꾼다.'

알아채고, 멈추고, 바꿔라.

알아채고

감정이나 문제를 알아챈다

멈추고

그게 뭔지 이해하기 위해 멈춘다

바꾼다

새로운 처리 과정으로 바꾼다

알아채라

부정적 생각을 자각한다는 말은 내 주위의 해로운 충동을 알아채는 법을 배우는 것이다. 스승님들은 우리가 나 자신의 부정적 생각에 맞서는 데 도움이 되는 방법을 일러주었다. 일주일 동안 불평도, 비교도, 비난도 하지 않도록 노력하면서 내가 몇 번이나 실패했는지 적어나가라고 했다. 이 연습의 목표는 하루하루 숫자가 줄어드는 것을 목격하는 것이다. 나에게 그런 성향이 있다는 사실을 더 많이 자각할수록 그런 성향을 더 많이 놓아줄 수 있다.

부정적인 생각이나 말을 적어나가면 그게 어디에서 발원했는지 생각하는 데 도움이 될 것이다. 나는 친구의 외모를 평가하는가? 나는 나 자신에게도 똑같이 혹독한 잣대를 들이대는가? 나는 내가 기여한 부분은 생각하지 않고 일에 대해 불평하는가? 친구가 병에 걸렸다는 소식을 전하는 것은 나의 측은지심을 과시하기 위해서인가, 아니면 더 많은 사람이 그 친구를 응원하기를 바라서인가?

직접 해보기: 나는 부정적인 말을 얼마나 사용할까?

일주일 동안 내가 내뱉는 부정적인 말을 모두 기록하라. 매일 이 숫자를 줄일 수 있는지 살펴보라. 우리의 목표는 '0'이다.

때로 우리는 현상에 대해 부정적 반응을 보이는 게 아니라 부정적인 '예상'을 한다. 이는 '불신'이다. 이와 관련된 우화가 하나 있다. 사악한 왕이 착한 왕을 만나러 갔다. 저녁을 먹고 가라고 하자 사악한 왕은 자기 접시를 착한 왕의 것과 바꿔달라고 했다. 착한 왕이 이유를 물으니 사악한 왕은 이렇게 답했다. "여기에 독을 탔을지도 모르잖아요." 착한 왕은 웃음을 터뜨렸다. 그러자 사악한 왕은 더 초조해졌다. 사악한 왕은 착한 왕이 이중으로 속임수를 쓰는 것일지도 모른다고 생각하며 접시를 다시 바꾸었다. 착한 왕은 고개를 절레절레 흔들며 사악한 왕 앞에서 음식을 한 입 먹어 보였다. 사악한 왕은 그날 저녁에 밥을 먹지 않았다.

다른 사람을 평가하거나 질투하거나 의심하는 태도는 실제로 내 안의 어둠을 발견하는 일일 수도 있다. 사악한 왕은 자신의 불명예스러운 행동을 착한 왕에게 투영하고 있다. 마찬가지로 타인에 대한 질투, 안달, 의심은 나 자신에 관한 무언가를 알려준다. 부정적인 투영이나 의심은 나 자신의 불안을 반영하는 것이고, 우리 앞길을 가로막는다. 상사가 나를 싫어한다고 판단하면, 그것은 나 자신에게 정서적인 영향을 끼치고 낙담한 나머지 회사에서 일을 잘 못할 수도 있다. 또 마땅히 해야 할 승진을 요구하지 못할 수도 있다. 어느 쪽이 되었든 사악한 왕과 마찬가지로 배를 곯는 사람은 내가될 것이다!

멈춰라

내가 가진 부정적 성향의 뿌리를 더 잘 이해했다면, 다음 단계는 거기에 접근하는 것이다. 부정적 성향을 잠재워라. 그러면 삶을 빈곤하게 만드는 게 아니라 풍요롭게 만드는 생각과 행동을 할 여유가 생길 것이다. 호흡에서 시작하라. 스트레스를 받으면 우리는 숨을 멈추거나 입을 앙다문다. 몸은 축 처지고, 어깨는 긴장된다. 온종일 자신의 몸을 관찰해보라. 턱이 긴장되어 있는가? 눈썹을 찡그리는가? 이는 호흡하는 것을 기억하고, 신체적·정서적으로 긴장을 풀어줄 필요가 있다는 신호다.

말의 엄정함을 언급하는 부분에서 『바가바드 기타』는 우리가 진실하고, 모두에게 도움이 되고, 타인의 마음을 동요시키지 않고, 남을 기쁘게 하는 말만 해야 한다고 이야기한다. 고대 불교 문헌인 『바카 수타Vaca Sutta』도 비슷한 지혜를 언급하면서 말을 잘한다는 게 무엇인지 이렇게 규정한다. "시의적절하게 이야기한다. 진실을 이야기한다. 애정을 가지고 이야기한다. 도움이 되게 이야기한다. 선의로 이야기한다."

기억하라. 하고 싶은 말을 언제든지 내 마음대로 하는 것이 자유가 아니다. 진정한 자유란 그런 말을 할 '필요성을 느끼지 않는 것'이다.

부정적인 말을 줄여보면 실은 할 말이 그리 많지 않다는 사실을 깨닫게 된다. 심지어 말을 안 해야 할 것처럼 느껴질 수도 있다. 어색한 침묵을 좋아하는 사람은 아무도 없다. 하지만 부정적 성향에서 자신을 놓아줄 수 있다면 침묵도 기꺼이 해볼 만한 가치가 있다. 다른 사람이 성실하지 않다고 비난한다고 내가 더 열심히 일하게 되는 것은 아니다. 나의 결혼과 남의 결혼을 비교한다고 내 결혼생활이 더 좋아지는 것도 아니다. 깊이 생각해서 나온 생산적인 비교가 아니라면 말이다. 평가질은 착각을 만들어낸다. '남을 평가할 만큼 내 눈에 뭔가가 잘 보인다면 나는 저 사람보다 훌륭한 게 틀림없어' 혹은 '저 사람은 망치고 있으니까 내가 앞서가고 있는 게 틀림없어'라는 착각 말이다. 그러나 실제로는 우리가 발전하는 데 필요한 것은 주의 깊고 현명한 관찰이다.

멈춘다는 것은 단순히 부정적 본능을 회피한다는 뜻이 아니다. 멈춘다는 것은 오히려 부정적 본능에 더 가까이 다가가는 일이다. 호주의 지역사회 사업가 닐 배링엄Neil Barringham은 이렇게 말했다. "물을 준 곳의 잔디가 더 푸르다."('이웃집 잔디가 더 푸르다'는 영어 속담을 변형한 것 - 옮긴이) 대체 친구의 어느 면이 당신의 부정적 성향을 자극하는지 잘 살펴보라. 친구가 나보다 시간이 더 많아 보이는가? 직장이 더 좋아 보이는가? 사회적 교류가 더 활발해 보이는가? 세 번째 단계인 '바꾸기'에서는 우리 집 잔디에도 똑같은 씨앗을 뿌려 키우고 싶어질 것이다. 예를 들어 누군가의 활발한 사회적 교류가 부럽다면 거기서 영감을 얻어 내가 직접 파티를 주최하고, 옛 친구들에게 다시 연락하고, 퇴근 후 모임을 조직해 보라. 내가 중요한 사람이 되는 길은 타인이 나보다 더 중요한가를 고민하는 데서 나오는 게 아니라 내가 되고 싶은 사람이 되는 데서 나온다.

바꿔라

내 마음에, 내 생각에, 내 말 속에 부정적 성향이 있다는 사실을 알아채고 멈췄다면 이제는 그것을 고치는 작업을 시작할 차례다. 수도자들도 불평이나 비교, 비난을 완전히 피해가지 못한다. 여러분도 그런 습관을 완전히 버릴 수 있을 거라고 기대해서는 안 된다. 연구진의 발견에 따르면, 행복한 사람은 불평을 '의식적으로' 하는 경향이 있다고 한다. 생각 없이 불평을 쏟아내면 일상이 더 힘들어질 뿐이지만, 화나는 일을 일기장에 쓰고 내 생각과 감정에 주목한다면, 정신뿐만 아니라 육체의 성장과 치유를 경험할 수 있다.

나의 부정적 성향을 의식하기 위해서는 구체적으로 표현하는 것이 좋다. 누군가 잘 지내냐고 물어보면 우리는 흔히 '좋아' '괜찮아' '그럭저럭' '안 좋아' 등으로 대답한다. 종종 우리가 이렇게 답하는 이유는 상대가 구체적이고 진실한 답을 기대하거나 원하는 게 아님을 알고 있기 때문이다. 하지만 우리는 불평을 할 때도 똑같이 모호한 경향이 있다. 우리는 기분 나쁜 일을 당했거나 실망한 일이 있을 때도 종종 그냥 '화난다' '슬프다'라고 뭉뚱그려 표현하고 만다. 그러지 말고 단어를 신중하게 선택한다면 내 감정을 더 잘 추스를 수 있다. 《하버드 비즈니스 리뷰》는 '화난다, 슬프다, 불안하다, 상처받았다, 당황스럽다, 행복하다'라고 말하는 대신에 감정을 잘 표현할 수 있는 구체적인 표현 아홉 가지를 추천했다. '화난다'고 말하는 대신에 '짜증 난다, 공격받는 기분이다, 얄밉다'라고 표현한다면 나를 더 정확히 설명할 수 있을지 모른다. 수도자들이 조용한 것으로 여겨지는 이유는 워낙에 단어를 신중하게 고르도록 훈련받기 때문에 말을 하는 데 시간이 걸리는 탓도 있다. 수도자들은 목적에 맞춰 단어를 신중하게 골라 사용한다.

생각해 보라. 소통의 오류 때문에 잃는 것이 너무나 많다. 예를 들면 아무것도 해줄 수 없는 친구에게 '내 배우자는 항상 집에 늦게 온다'고 불평을 하는 대신에 직접적·의식적으로 배우자와 소통하라. 예컨대 이렇게 말할 수 있을 것이다. "당신이 열심히 일한다는 걸 잘 알아. 여러 일 사이에서 균형도 맞춰야 하고. 하지만 당신이 약속한 것보다 집에 늦게 오면 나는 미칠 것 같아. 제시간에 오기 힘들다는 걸 알게 되었을 때 최대한 빨리 문자 메시지를 보내준다면 큰 도움이 될 거야." 나 자신이나 타인이 잘 이해할 수 있는 형태로 불평을 한다면, 불평도 생산적이 될 수 있다.

부정적 성향을 생산적으로 바꾸는 것 외에, 부정적 성향을 의도적으로 긍정적인 성향으로 바꾸는 것도 가능하다. 한 가지 방법은 앞서 말한 것처럼 질투와 같은 부정적 성향을 내가 원하는 것을 향해 나아가는 길잡이로 사용하는 것이다. 아니면 완전히 새로운 감정으로 바꿀 수도 있다. 영어에서 '공감empathy'이나 '연민compassion'은 타인의 고통을 느낄 수 있는 능력을 나타내는 말이다. 하지만 영어에는 대리만족처럼 남을 위한 기쁨을 표현하는 말은 없다. 어쩌면 이는 우리가 이 부분을 연구해야 한다는 신호일 수도 있다. **'무디타Mudita'는 타인의 행운에 대해 같은 마음으로, 혹은 사심 없이 기쁨을 느끼라는 원칙이다.**

우리가 만약 나 자신의 성공에서만 기쁨을 찾는다면 그것은 내가 느끼는 기쁨을 제한하는 일이다. 그러나 친구나 가족(열 명, 스무 명, 쉰 명이 될 수도 있다!)의 성공에서도 기쁨을 느낀다면 우리는 행복과 기쁨을 50배로 경험할 수 있다. 이걸 바라지 않을 사람이 어디 있을까? 물질적 세상은 우리를 계속 설득한다. 다닐 만한 대학도, 좋은 직장도, 운 좋은 사람도 숫자가 정해져 있다고 말이다. 그렇게 유한한 세상에서는 각자에게 돌아갈 성공과 행복도 정해져 있어서, 만약 다른 사람이 성공과 행복을 경험한다면 내가 그걸 경험할 수 있는 확률이 감소한다. 그러나 수도자들의 생각은 다르다. 수도자들은 행복과 기쁨에 관한 한 누구에게나 돌아갈 몫이 언제나 남아 있다고 생각한다. 다시 말해 다른 누가 내 자리를 뺏어갈까 걱정할 필요가 없다. 행복이라는 극장에는 제한이 없다. '무디타'에 참여하고 싶은 사람은 누구라도 쇼를 볼 수 있다. 좌석에 제한이 없으므로 기회를 놓칠까 봐 걱정할 필요가 전혀 없다.

라다나스 스와미Radhanath Swami는 나의 영적 스승으로 『집으로 가는 길The Journey Home』을 비롯한 여러 권의 책을 썼다. 그에게 이렇게 부정적 성향으로 가득한 세상에서 평화를 유지하며 긍정적 힘이 얻는 방법을 물었더니 이렇게 말했다. "우리 주위에는 독이 되는 것들이 만연합니다. 주위 환경에도, 정치 상황에도 있지만, 그 근원은 사람의 마음에 있습니다. 내 마음속 생태계를 청소하고 타인도 그렇게 하도록 격려하지 않는다면, 우리는 그저 환경을 오염시키는 도구로 전락할 겁니다. 그러나 내 가슴속에 순수함을 만들어낸다면, 주변 세상이 한층 더 맑아질 겁니다."

직접 해보기: 질투를 바꿔라

내가 관심이 있으면서 경쟁심노 느끼는 사람 다섯 명을 꼽아라. 각각의 사람에 대해 그 사람이 이룬 성취, 그가 나보다 잘하는 것, 그 사람이 잘 풀린 일 등 내가 그 사람을 부러워하는 이유를 하나 이상 찾아보라. 그 사람의 성취 때문에 내가 조금이라도 못난 사람이 될 이유가 있는가? 이번에는 그게 그 친구에게 어떤 도움이 되었는지 생각해 보라. 그 성취로 그 친구가 얻은 좋은 것들을 모두 떠올려 보라. 그것들이 결국 내 것이 되지 않는다고 해도, 할 수만 있다면 친구에게서 그것들을 빼앗고 싶은가? 만약에 그렇다면 당신은 질투 때문에 기쁨을 도둑맞고 있다. 친구가 이룬 게 무엇이든, 질투가 당신을 더 많이 파괴하고 있다. 질투를 다른 것으로 바꾸는 데 에너지를 사용하라.

용서: 분노를 고쳐라

◆◆◆◆◆

앞서 당신의 삶에서 일상적으로 마주치는 부정적인 것들을 관리하고 최소화하는 전략에 관해 이야기했다. 그러나 불평, 비교, 가십처럼 성가신 것들은 고통이나 분노처럼 더 큰 부정적 감정에 비하면 관리 가능한 것처럼 느껴질 수 있다. 형태는 달라도 누구에게나 분노가 있다. 그 분노는 과거에서 비롯된 것일 수도 있고, 내 인생에서 계속 큰 영향을 미치는 사람에 대한 것일 수도 있다. 불운에 대한 것일 수도 있고, 산 사람 혹은 죽은 사람에 대한 것일 수도 있다. 내면을 향한 분노일 수도 있다.

깊은 상처를 받았을 때, 상처의 반응으로 종종 분노가 나타난다. 분노는 부정적 감정이 똘똘 뭉친, 불타는 거대한 공과 같아서 놓아주지 못하면 우리가 아무리 노력한들 그 자체로 생명을 갖게 된다. 그로 인한 피해는 어마어마하다. 특히 내가 이야기하고 싶은 것은 타인에게 느끼는 분노에 대처하는 방법이다.

'크샤마Kṣamā'란 '용서'를 뜻하는 산스크리트어다. 크샤마는 타인을 대할 때 인내와 참을성을 가지라고 말한다. 때로 우리는 상처가 너무 깊어서 나에게 상처를 준 사람을 감히 어떻게 용서할 수 있을지 엄두가 나지 않는다. 그러나 우리가 믿는 것과는 반대로 용서란 우리가 주로 내면에서 취하는 조치다. 때로는 상대와 직접적인 접촉을 아예 갖지 않는 편이 더 나을 때도(더 안전하고 건강할 때도) 있고, 나에게 상처를 준 사람이 더는 주변에 있지 않아서 직접 용서할 수가 없을 때도 있다. 그러나 이런 요소가 용서를 가로막을 수는 없다. 무엇보다 용서란 내면의 것이기 때문이다. 용서는 나를 분노에서 자유롭게 한다.

어느 의뢰인이 이런 말을 한 적이 있다. "내가 왜 사랑받지 못하고 무가치한 사람이라고 느끼는지 정확한 이유를 찾기 위해 나는 어린 시절로 돌아가야 했어요. 내게 이런 기분을 굳건히 심어준 사람은 할머니였어요. 할머니가 나를 차별대우한 것은 내 어머니를 싫어했기 때문이죠. 돌아가신 분이지만 나는 할머니를 용서해야 했어요. 나는 내가 언제나 가치 있고 사랑받을 만한 사람이라는 사실을 깨달았어요. 망가진 것은 내가 아니라 할머니였어요."

『바가바드 기타』는 삶의 모드, 즉 '구나guna'로서 '타마스tamas' '라자스rajas' '사트바sattva'의 세 가지를 설명하는데, 각각 '무지, 충동, 선의'를 뜻한다. 나는 이 세 가지 모드가 우리의 모든 활동에 적용될 수 있다는 사실을 발견했다. 예를 들면 충돌에서 물러나 이해를 원할 때는 라자스(충동, 열정)에서 사트바(선의, 긍정적 성향, 평화)로 옮겨 가려고 노력하면 아주 유용하다. 세 가지 모드는 용서에 대한 나의 접근법의 기초를 이룬다.

변화의 용서

◆◆◆◆◆

용서로 가는 길을 찾기 전에 우리는 분노에 갇혀 있다. 심지어 복수를 원할지도 모른다. 상대가 나에게 가한 고통을 되돌려주는 것 말이다. "눈에는 눈, 이에는 이." 복수란 무지의 모드다. 남을 망가뜨려서 자신을 고칠 수는 없다는 말이 있다. 수도자들은 나의 선택이나 감정을 타인의 행동에 연동시키지 않는다. 복수하면 기분이 나아질 거라고 믿는 이유는 상대의 반응 때문이다. 그러나 내가 보복했는데 상대가 내가 상상했던 반응을 보이지 않으면 어떻게 될까? 더 많은 고통이 느껴질 뿐이다. 바로 복수의 역효과다.

복수를 넘어서면 용서의 과정을 시작할 수 있다. 사람들은 이분법적으로 생각하는 경향이 있어서, 누구를 용서하거나 용서하지 못하거나 둘 중 하나라고 생각한다. 그러나 (앞으로 더 이야기하겠지만) 실제로는 여러 단계가 있다.

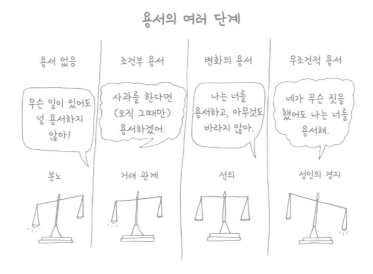

용서의 여러 단계

이 단계들 중에서 내가 어디에 위치하고, 언제 다음 단계로 넘어가고, 결국 어디까지 오를 수 있을지는 전적으로 나에게 달렸다. 용서의 척도에서 가장 낮은 차원은 '용서 없음'이다. '무슨 일이 있어도 나는 저 사람을 용서하지 않을 거야. 상처를 주고 싶지는 않지만 용서하는 일도 없어.' 이 단계에서 우리는 분노에 갇혀 있고, 아무것도 해결할 수 없다. 상상이 가겠지만 계속 머물기에는 불편한 단계다.

그다음 단계는 '조건부 용서'다. '상대가 사과한다면 나도 사과하겠다. 다시는 그러지 않겠다고 약속한다면 용서하겠다'는 용서다. 이런 거래 관계 비슷한 용서는 충동 모드에서 나온다. 내 감정을 충족시켜야 하는 욕구에 따른 것이다. 루터칼리지Luther College에서 시행한 연구를 보면, 우리가 사과를 받거나 했을 때 용서가 더 쉬운 것 같다. 하지만 나는 우리가 조건부 용서에 초점을 맞추기를 원치 않는다. 나는 여러분이 더 높은 경지에 오르기를 바란다.

그다음 단계는 '변화의 용서'라는 단계다. 선의의 모드에서 나오는 용서다. 반대급부로 사과를 비롯해 아무것도 바라지 않고 상대를 용서하려면 그만큼 강인함과 차분함이 필요하다.

한 단계 더 높은 수준에 있는 것이 바로 '무조건적 용서'다. 예컨대 부모가 자녀에게 할 수 있는 수준의 용서다. 아이가 무슨 짓을 했거나 앞으로 하려고 하더라도 부모는 이미 자녀를 용서했다. 다행히 내가 여러분에게 바라는 수준은 '변화의 용서'다.

마음의 평화

◆◆◆◆◆

용서가 마음의 평화를 가져온다는 사실은 널리 알려져 있다. 용서는 실제로 에너지를 아껴준다. 변화의 용서는 건강이 개선되는 다수의 사례와 관련된다. 약을 적게 먹어도 되고, 수면의 질이 향상되며, 요통, 두통, 메스꺼움, 피로 등의 신체 증상을 줄여준다. 용서는 스트레스 역시 완화해 준다. 의식적으로든 무의식적으로든 애초에 스트레스의 원인이 된 분노를 일으키는 생각을 계속 재생할 필요가 없기 때문이다.

과학적으로 보면, 가까운 관계에 있는 사람들이 서로 용서하면 그들 사이에는 감정적 긴장이 줄어들고 신체적 건강도 증진된다고 한다. 학술지 《인간관계Personal Relationships》의 2011년판에 실린 연구를 보자. 실험에 참여한 68쌍의 부부는 어느 한쪽이 결혼의 규칙을 깬 일에 관해 8분간 서로 이야기를 나누었다. 이후 연구진은 부부가 각자의 인터뷰 영상을 시청하는 동안 혈압을 측정했다. '피해자'인 배우자가 상대를 용서한 부부는 '두 사람 모두' 혈압이 내려갔다. 용서가 모두에게 좋다는 사실을 보여준 사례다.

용서를 하는 것도, 받는 것도, 모두 건강에 도움이 된다. 정기적인 용서를 우리의 영적 훈련의 일부로서 주기적으로 용서하는 연습을 하면 모든 인간관계에 꽃이 피는 것을 목격할 수 있다. 더 이상 원한을 품을 필요도 없고, 극적인 일도 덜 생긴다.

직접 해보기: 용서를 구하고 받아보라

이번 연습에서는 갈등으로 야기된 고통이나 분노의 매듭을 한번 풀어보자. 구제하고 싶은 인간관계가 아니거나 재건할 수 있는 관계라고 하더라도, 이 연습을 하면 분노를 놓아주고 평화를 찾는 데 도움이 될 것이다. 시작하기 전에 상대의 입장에서 생각해 보라. 상대의 고통을 인정하고, 그 고통 때문에 상대도 나에게 고통을 유발하고 있다는 사실을 이해하라. 그런 다음 용서의 편지를 써라.

1. 상대가 나에게 잘못했다고 생각하는 일을 모두 열거하라. 정직하게 구체적으로 상대를 용서하는 것은 관계를 치유하는 데 큰 도움이 된다. 각 항목은 '나는 당신이 …한 것을 용서한다'는 형식으로 작성하라. 모든 것을 다 쏟아낼 때까지 계속하라. 이 편지를 부치는 일은 없을 것이다. 그러니 똑같은 일이 계속 생각난다면 여러 번 작성해도 된다. 말하고 싶었으나 기회가 없었던 모든 말을 편지에 써라. 아직은 용서하겠다는 기분이 들지 않아도 괜찮다. 이렇게 글로 써보는 이유는 그 고통을 더 구체적으로 이해함으로써 서서히 그 고통을 놓아주기 위해서다.

2. 나의 단점을 인정하라. 해당 상황에서 또는 갈등 중에 나는 무슨 역할을 했는가? 내가 잘못했다고 생각하는 일을 모두 열거하라. 각 항목은 '내가 …한 것을 부디 용서해 줘'라는 형식으로 작성하라. 과거를 되돌릴 수는 없다는 점을 기억하라. 그러나 내가 한 일에 책임을 진다면 나 자신과 상대에 대한 내 분노를 이해하고 놓아주는 데 도움이 될 것이다.

3. 이 편지를 다 쓰고 나면 소리 내 읽으면서 녹음하라. 다시 들으면서 객관적 관찰자의 위치가 되어보라. 나에게 가해진 고통은 내 것이 아니라는 사실을 기억하라. 그것은 상대의 고통이다. 오렌지를 쥐어짜면 오렌지 과즙이 나온다. 고통으로 가득 찬 사람을 쥐어짜면 고통이 나온다. 그 고통을 흡수하거나 되돌려주지 말고 용서한다면, 고통을 녹이는 데 도움이 될 것이다.

용서는 쌍방향이다

◆◆◆◆◆

용서는 쌍방향으로 흘러야 한다. 완벽한 사람은 아무도 없다. 내가 잘못한 게 전혀 없는 상황도 있겠지만, 양쪽에 실수가 있는 경우도 있다. 나도 고통을 유발하고 상대도 나에게 고통을 유발한다면, 두 사람의 심장이 꼬여 불편한 매듭이 생긴 것과 같다. 내가 용서하면 나의 고통은 상대의 고통과 분리되기 시작하고, 나는 감정적으로 치유되기 시작한다. 서로 동시에 용서를 구한다면 함께 매듭을 풀 수 있다. 하지만 이는 쉽지 않은 일이다. 상대의 잘못을 찾아내 용서하는 편이 훨씬 더 마음이 편하기 때문이다. 우리는 내가 내 인생에 초래한 것들에 대해 잘못을 인정하고 책임을 지는 데 익숙하지 않다.

자신을 용서하라

◆◆◆◆◆

우리가 종종 과거에 한 일이 부끄럽고 죄책감이 드는 것은 그 행동이 이제는 나의 가치관을 반영하지 않기 때문이다. 과거의 나를 돌아보면 당시의 의사결정을 이해할 수 없다. 사실 이는 좋은 소식이다. 과거가 괴롭다는 사실은 우리가 그만큼 발전했다는 뜻이다. 당시에도 우리는 최선을 다했지만 지금은 그때보다 더 잘할 수 있다. 발전하는 것보다 더 좋은 게 뭐가 있을까? 우리는 이미 승자다. 아주 잘하고 있다.

　과거를 되돌릴 수 없다는 사실을 상기하면 나 자신의 불완전함과 실수를 인정하고 자신을 용서할 수 있다. 그 과정에서 우리가 그토록 염원하는 정서적 치유에 한 발 더 다가갈 수 있다.

직접 해보기: 자신을 용서하라

위 연습은 자신을 용서하는 데도 사용할 수 있다. 각 항목을 '나는 내가 … 한 것을 용서한다'의 형식으로 작성하라. 자신에게 화가 나거나 실망한 이유를 열거하라. 그런 다음 큰 소리로 읽거나 녹음해서 다시 들어보라. 객관적 관찰자가 되어 자신을 이해하고 고통을 놓아주라.

정신적 고양

◆◆◆◆◆

　용서의 정점인 진정한 사트바는 나에게 고통을 유발한 사람이 잘되기를 바라는 것이다.

　"제가 불교도가 된 것은 남편이 미웠기 때문입니다." 흔히 들을 수 있는 말은 아니다. 『모든 것이 산산이 무너질 때』의 저자이기도 한 여승 페마 초드론 Pema Chödrön이 이 말을 했을 때는 꼭 농담만은 아니었다. 이혼 후 초드론은 남편의 외도 때문에 복수하는 장면을 상상하기도 하면서 부정적 생각의 악순환에 빠졌다. 그러다가 우연히 콜로라도주 볼더에 나로파대학교Naropa University를 설립한 명상가 초감 트룽파 린포체Chögyam Trungpa Rinpoche의 글을 접했다. 초감 트룽파의 글을 읽으며 초드론은 전남편과의 관계가 악성 세포처럼 변질되었다는 사실을 깨달았다. 초드론의 분노와 원망은 죽어 없어지는 것이 아니라 이별의 부정적인 측면을 더 확산시키고 있었다. 초드론은 "돌멩이가 아니라 강이 되겠다"라고 마음먹고 나서, 남편을 용서하고 한 걸음 앞으로 나아갈 수 있었다. 초드론은 전남편을 자신의 가장 큰 스승 중 한 명이라 부른다.

나 자신과 누군가 사이에 부정적인 관계가 소멸하기를 원한다면, 두 사람 모두가 치유되기를 바라야 한다. 상대에게 직접적으로 그렇게 말할 필요는 없지만 잘되길 바라는 에너지를 공기 중으로 내보내야 한다. 이때가 바로 우리가 가장 자유롭고 평화로움을 느끼는 순간이다. 왜냐하면 진정으로 놓아줄 수 있기 때문이다.

부정적 성향은 삶의 자연스러운 일부다. 우리는 서로를 놀리고, 도발하고, 취약함을 표현하고, 가치관과 두려움을 공유하면서 교감한다. 코미디 프로그램은 대부분 부정적 관찰에 기초한다. 그러나 삶을 헤쳐나가도록 도와주는 부정적 성향과 세상에 고통을 추가하는 부정적 성향은 분명히 구분된다. 예를 들어 누군가의 자녀가 무언가에 중독되었다는 이야기를 나누는 것은 그 일이 내 가족에게 일어날까 두렵고 그 일을 피하고 싶기 때문일 수도 있다. 그러나 해당 가족을 비난하고 내 가족이 더 훌륭하다고 느끼고 싶어서 똑같은 문제에 대해 뒤에서 수군거릴 수도 있다. 엘런 디제너러스Ellen DeGeneres는 두 가지를 명확히 구분한다. 《퍼레이드Parade》와의 인 터뷰에서 디제너러스는 사람들을 놀리는 것이 재미있다고 생각하 지 않는다고 했다. "세상에는 부정적 성향이 가득합니다. 저는 사람 들이 저를 보면서 '기분 좋아. 오늘은 다른 사람도 기분 좋게 만들 어줘야지'라고 생각하기를 바랍니다." 수도자들이 즐거움을 느끼는 것도 이런 맥락이다. 우리는 장난도 잘 치고 쉽게 웃음을 터뜨린다. 입문한 지 얼마 안 된 승려는 스스로를 너무 진지하게 생각하는 경 향이 있다(나도 그랬다). 그러면 선배 승려들이 눈을 반짝이며 이렇게 말했다. "한결같아야 해요. 첫날에 에너지를 다 써버리지 말아요." 스님들이 특별식(우리가 평소에 먹는 간소한 음식보다 달고 맛있다)을 내오 는 날이면 젊은 승려들은 장난삼아 먼저 받겠다고 싸우곤 했다. 그 리고 명상 중에 누군가 잠이 들어 코를 골면 우리는 다들 서로 눈빛 을 교환했고, 그가 신경 쓰인다는 사실을 굳이 숨기려 들지 않았다.

우리의 생각과 말을 백 퍼센트 빛나고 긍정적인 것들로만 제한 할 필요는 없다. 그러나 부정적 성향은 뿌리까지 파고들어 나나 주 변 사람들 속에 있는 그 근원을 이해하려고 노력해야 한다. 그리고 부정적 성향이 흡수하는 에너지를 잘 관리하기 위해 이를 항상 염 두에 두고 의식해야 한다. 우리는 인식과 용서를 통해 놓아주기 시 작한다. 우리는 알아채고, 멈추고, 바꾼다. 관찰하고, 성찰하고, 내 삶에 부정적인 것들을 대체할 새로운 행동을 개발한다. 수양을 통 해 더없는 행복에 이르도록 늘 분투한다. 타인의 불운을 향한 호기심을 접고, 타인의 성공에서 기쁨을 느끼면 치유가 시작된다.

타인을 바라보는 시간을 줄이고 나 자신에게 집중하는 시간을 늘려라.

앞서 이야기한 것처럼 부정적 성향은 종종 두려움에서 발생한다. 다음 장에서는 두려움 자체를 탐구할 것이다. 그리고 두려움이 어떻게 우리가 가는 길에 방해가 되는지, 어떻게 하면 두려움을 삶의 생산적 일부로 만들 수 있을지 알아볼 것이다.

03 두려움
'지구 호텔'에 오신 것을 환영합니다

◆

두려움은 죽음을 막지 못한다.
두려움은 삶을 막는다.

-붓다

마하바라타 전투의 대서사시가 곧 시작된다. 공기 중에는 잔뜩 긴장
감이 감돌았다. 칼자루를 쥔 수천 명의 전사는 손가락에 힘이 들어갔
고, 그들이 타고 있는 말들은 힝힝 소리를 내며 발을 굴렀다. 그러나
우리의 영웅 아르주나Arjuna는 겁에 질렸다. 이 전투의 양편에 아르
주나의 가족과 친구가 있었고, 그들 중 많은 이가 곧 죽을 것이었다.
이 나라에서 가장 용맹하다는 투사 아르주나는 고개를 떨구었다.

『바가바드 기타』는 전사가 느끼는 극도의 두려움과 함께 전장의
문을 연다. 아르주나는 나라에서 가장 유능한 궁수였지만 두려움
으로 인해 자신의 능력을 발휘하지 못했다. 똑같은 일이 우리에게

도 벌어진다. 우리는 세상에 내놓을 것들이 수없이 많지만, 두려움과 불안 때문에 능력을 발휘하지 못한다. 이는 우리가 성장하는 동안 직간접적으로 두려움이 부정적이라고 배웠기 때문이다. "겁내지마." 부모님은 그렇게 말했다. 친구들은 '순 겁쟁이'라고 놀렸다. 두려움은 당황스럽고 창피한 것으로서 무시하거나 숨겨야 하는 반응이었다. 그러나 두려움에도 이면이 있다. 배우 톰 행크스Tom Hanks는 예일대학교 졸업 축하 연설에서 이렇게 말했다. "우리가 최고의모습을 발휘한다면 두려움은 패배할 것입니다."

사실 두려움이나 불안을 전적으로 느끼지 않고 사는 사람은 없을 것이다. 우리가 처해 있는 정치, 경제, 사회 환경을 전부 개선해서 갈등과 불확실성을 완전히 제거하기란 역시 결코 가능하지 않을것이다. 매일 대인관계에서 발생하는 어려움은 말할 것도 없다. 하지만 괜찮다. 두려움은 나쁜 것이 아니기 때문이다. 두려움은 경고신호일 뿐이다. 우리의 마음이 '좋아 보이지 않아! 뭔가 잘못될 수도 있어!'라고 말하고 있는 것에 불과하다. 중요한 것은 그 신호를가지고 우리가 어떻게 대처하느냐다. 우리는 기후변화 결과에 대한두려움을 이용해 해결책을 개발하게끔 동기부여를 할 수도 있고,아니면 그 두려움에 압도당하고 절망해서 아무것도 하지 않을 수도있다. 두려움은 우리가 진짜 위험에서 살아남게 도와주는 중요한경고일 때도 있지만, 대부분의 경우 우리가 느끼는 두려움은 돈이나 직장, 인간관계에 대한 일상적인 걱정에서 오는 불안이다. 우리는 바로 이 불안, 즉 매일 느끼는 두려움이 우리의 진짜 감정을 차단해 자신을 방해하는 것을 방치하고 있다. 두려움에 오래 매달리면 매달릴수록 두려움은 점점 부패해 진짜 독성을 띠게 된다.

나는 스무 명 정도의 다른 승려와 함께 수도원의 차가운 지하실 바닥에 가부좌를 틀고 앉아 있었다. 아슈람에 들어온 지 두 달 남짓 되었을 때였다. 조금 전까지 가우랑가 다스는 『바가바드 기타』에 나오는 영웅 아르주나가 두려움에 사로잡힌 장면을 이야기했다. 아르주나는 두려움 때문에 곧장 전투로 뛰어들지 못하고 얼어붙었다. 자신이 사랑하는 수많은 사람이 그날 죽을 거라는 사실에 아르주나는 망연자실했다. 두려움과 고통 때문에 그는 처음으로 자신의 행동을 의심했다. 그는 전차를 모는 크리슈나Krishna와 함께 인간의 도덕과 영성, 삶의 원리에 관한 긴 대화에 빠져들었다.

가우랑가 다스는 강의를 마치면서 우리에게 눈을 감고 지난날 두려움을 느꼈던 때로 되돌아가 보라고 했다. 단순한 상상이 아니라 그날의 기분을 몸으로 직접 느껴보라고 했다. 그날 눈으로 본 것과 들은 소리, 맡은 냄새까지 느껴보라고 했다. 그는 (정말로 몸서리치게 무서웠던 것이 아닌 이상) 학교에 처음 간 날이나 수영을 배운 경험처럼 사소한 것이 아니라 중대한 의미가 있는 사건을 고르라고 했다. 그는 우리가 자신의 가장 깊은 곳에 있는 두려움을 발견하고 그것을 인정하고, 그 두려움과 새로운 관계를 맺기를 바랐다.

우리는 농담을 나누기 시작했다. 누군가 내가 산책을 하다가 뱀 가죽을 발견하고 소스라치게 놀란 일을 언급하며 놀렸다. 가우랑가 다스는 우리의 장난을 보며 다 안다는 듯이 고개를 끄덕였다. "이 연습을 제대로 하고 싶다면, 여러분 마음속에서 두려움을 장난으로 만들고 있는 그 부분을 넘어서야 합니다. 그건 여러분이 두려움을 진정으로 마주할 수 없게 가로막는 방어기제입니다. 두려우면 방어기제가 작동하지요. 주의를 딴 곳으로 돌리는 겁니다. 여러분은 그 지점을 넘어서야 합니다." 웃음소리가 잦아들었다. 나를 비롯해 모두의 허리가 곧추서는 것이 느껴졌다.

눈을 감으니 마음이 차분해졌다. 나는 여전히 큰 기대는 하지 않았다. '나는 아무것도 겁나지 않아. 정말이야'라고 생각했다. 그러다가 명상에 점점 더 깊이 빠져들었고, 뇌를 채우고 있던 소음과 수다를 지나쳐 결국 이렇게 자문했다. '내가 정말로 겁나는 게 뭘까?' 진실이 깜박깜박 모습을 드러내기 시작했다. 어린 시절 시험을 무서워하던 모습이 보였다. 아마도 별것 아닌 일처럼 들릴 것이다. 시험을 좋아하는 사람이 누가 있을까? 하지만 어릴 때 나에게 시험은 가장 큰 불안 요인이었다. 명상에 잠긴 채로 나는 그 두려움 뒤에 뭐가 있는지 한번 알아보기로 했다. '내가 정말로 겁나는 게 뭘까?' 나는 다시 물어보았다. 서서히 내 두려움의 초점이 무엇이었는지 알 수 있었다. 나는 부모님과 친구들이 내 점수를 어떻게 생각할지, 결과적으로 나란 사람을 어떻게 생각할지 두려웠다. 친척들이 뭐라고 할까? 사촌들 그리고 주위의 온갖 사람들과 나를 어떻게 비교할까? 나는 이 두려움을 그저 마음의 눈으로 보기만 하는 것이 아니라 몸으로 직접 느꼈다. 가슴이 답답해지고 턱에 긴장감이 느껴졌다. 마치 바로 그 순간으로 되돌아간 느낌이었다. '내가 정말로 겁나는 게 뭘까?' 학교생활에서 곤란에 처했던 즈음 느꼈던 두려움을 더 깊게 파고들기 시작했다. 그때는 정학을 맞거나 퇴학을 당할까 봐 엄청나게 걱정했다. 부모님이 대체 어떤 반응을 보이실까? 선생님들이 대체 뭐라 생각할까? 나는 더 깊이 들어가 보기로 했다. '내가 정말로 겁나는 게 뭘까?' 부모님 옆에 이 두려움이 있는 게 보였다. 두 분은 사이가 좋지 않았고 어린 나는 두 분의 결혼생활을 중재하려고 애썼다. '어떻게 하면 두 분 다 기쁘게 해드릴까? 내가 어떻게 해야 두 분이 행복할까?' 생각했다. 그 순간 내 두려움의 뿌리를 발견했다. '내가 정말로 겁나는 게 뭘까?' 나는 부모님을 행복하게 만들지 못할까 봐 두려웠다. 그 사실이 드러나는 순간, 이게 바로 다른 모든 두려움의 아래에 자리한 나의 진정한 두려움이라는 것을 알았다. 정말로 '아!' 하고 깨달음을 얻는 순간이었다. 물속으로 점점 더 깊이 가라앉으면서 가슴에는 계속 압력이 쌓여가고 숨을 쉴 수 없어 미칠 듯했던 순간, 이 깨달음이 나의 뒤통수를 치는 찰나에 갑자기 물 밖으로 튕겨 나와 마침내 숨을 들이쉰 기분이었다.

30분 전만 해도 나는 아무것도 겁나지 않는다고 확신했는데, 갑자기 내 가장 깊은 곳에 있는 두려움과 불안이 모습을 드러냈다. 나는 이 두려움을 내내 나 자신에게 철저히 숨겨오고 있었다. 부드럽게, 하지만 집요하게, 나는 뭐가 겁나냐고 나 자신에게 물었고, 내 마음이 이 질문을 회피하지 못하게 했다. 뇌는 우리가 불편한 공간에 들어서지 못하게 막는 데 정말로 뛰어나다. 그러나 질문의 단어를 바꾸지 않고 계속해서 같은 질문을 반복하면 결국 뇌를 코너로 몰 수 있다. 중요한 것은 나에게 공격적인 자세를 취하는 게 아니다. 이건 취조가 아니라 일종의 인터뷰다. 힘으로 윽박지르는 게 아니라 진정성을 갖고 자신에게 질문해야 한다.

내게 처음 떠올랐던 대답, 즉 시험 결과를 겁내는 것을 나는 '곁가지'라고 부른다. 두려움과의 관계를 개척해 나갈 때는 곁가지(나 자신을 인터뷰할 때 떠오르는 직접적인 두려움)와 뿌리의 차이를 구분해야 한다. 시험 결과에 대한 두려움을 비롯해 다른 '곁가지'에 해당하는 두려움들을 추적하여 결국 나는 뿌리에 도달했다. 부모님을 행복하게 만들지 못할까 하는 두려움 말이다.

두려움에 대한 두려움

◆◆◆◆◆

3년간 승려로 지내면서 나는 두려움에 대한 두려움을 놓아주는 법을 배웠다. 나는 벌을 받을까, 창피를 당할까, 실패할까 하는 두려움과 그에 수반되는 부정적 태도 때문에 잘못된 자기방어에 나서지 않게 되었다. 나는 두려움이 알려주는 기회를 알아볼 수 있다. 두려움은 나에게 도움이 되지 않는 생각과 행동의 패턴을 알아보고 대처하도록 도와준다.

우리는 두려움이 나를 좌지우지하게 내버려두지만 두려움 자체가 진짜 문제는 아니다. 우리의 진짜 문제는 우리가 '엉뚱한 것을 두려워한다'는 점이다. 우리가 정말로 두려워해야 할 것은 '두려움이 주는 기회를 놓치는 것'이다. 세계 최고의 보안 전문가 개빈 드 베커Gavin de Becker는 『서늘한 신호』에서 두려움을 "언제든지 위험을 경고할 준비가 되어 있고, 위험한 상황을 빠져나갈 수 있게 이끌어주는 내면의 뛰어난 수호천사"라고 불렀다. 종종 우리는 두려움의 경고를 눈치챘으면서도 두려움이 알려주는 길을 무시한다. 두려움이 나에 관해 그리고 내가 중시하는 것에 관해 무엇을 알려줄 수 있는지 인식하는 법을 배운다면 삶의 더 큰 의미와 목적, 보람을 얻는 도구로 사용할 수 있다. 두려움을 이용하면 내 최고 모습을 끄집어낼 수 있다.

　수십 년 전에 과학자들이 애리조나 사막에 '바이오스피어 2'라는 인공생태계를 건설하고 실험을 진행했다. 유리와 쇠로 된 거대한 돔 내부에 정화된 공기와 깨끗한 물, 영양가가 풍부한 토양, 다량의 자연 채광을 공급했다. 내부의 동식물군에 이상적인 생존 환경을 제공하는 것이 목표였다. 실험은 성공했다고 볼 만한 측면도 있었으나, 어느 면에서는 완벽한 실패였다. 바이오스피어 내부의 나무들은 일정 높이까지 자라고 나면 자꾸만 쓰러졌다. 처음에 과학자들은 이 현상이 어리둥절했다. 그러다가 바이오스피어에는 나무가 건강해지는 데 필요한 핵심 요소 하나가 빠져 있다는 사실을 깨달았다. 바로 '바람'이었다. 자연환경에서 나무는 바람에 흔들린다. 그 압력과 동요에 대한 반응으로 줄기가 더 튼튼해지고 뿌리가 깊어지면서 안정성이 증가한다.

우리는 스스로 만든 '바이오스피어'라는 편안한 공간으로 들어가려고 많은 시간과 에너지를 낭비한다. 변화가 주는 스트레스와 도전을 겁낸다. 하지만 그런 스트레스와 도전이야말로 바람처럼 우리를 더 튼튼하게 만들어준다. 2017년 앨릭스 하놀드Alex Honnold는 요세미티 국립공원의 전설적인 바위산 엘캐피탄에 있는 900미터에 가까운 암벽 코스 프리라이더Freerider를 세계 최초로 로프 없이 올라 전 세계를 깜짝 놀라게 했다. 하놀드의 믿기지 않는 성취를 주제로 다룬 다큐멘터리 영화 「프리 솔로」는 영화제에서 상을 받기도 했다. 영화에서 하놀드는 도구를 사용하지 않는 프리 클라이밍free climbing의 경우 완벽이 아니면 죽음뿐이라는 사실을 알고 있을 텐데 어떻게 대처하느냐는 질문을 받았다. 그는 이렇게 대답했다. "사람들은 두려움을 억눌러야 한다고 얘기합니다. 저는 좀 다르게 보려고 하는 편이에요. 동작을 계속 연습하면서 제가 편안하게 느끼는 영역을 확장하려고 노력합니다. 더는 겁나지 않을 때까지, 그 두려움을 끝까지 해결하는 거죠." 두려움 덕분에 하놀드는 엄청난 양의 노력을 집중적으로 투입한 이후에 기념비적인 프리 클라이밍을 시도할 수 있었다. 두려움을 생산적으로 만드는 것은 하놀드의 훈련 과정에서 아주 중요한 구성요소고, 그를 등반이라는 게임의 최고봉 그리고 여러 산의 최고봉에 올려주었다. 스트레스나 그에 자주 수반되는 두려움을 더는 부정적으로 보지 않고 잠재적 이점으로 볼 수 있다면 두려움과의 관계를 바꿀 수 있다.

스트레스 반응

◆◆◆◆◆

스트레스와 관련해 우리가 가장 먼저 깨달아야 할 사항은 스트레스는 우리가 직면한 여러 문제 간의 차이를 잘 구분하지 못한다는 점이다. 최근에 나는 가상현실 기기를 테스트할 기회가 있었다. 가상 세계에서 나는 등산을 했다. 튀어나온 바위 밖으로 발을 헛디디는 순간 나는 마치 실제로 약 2500미터 상공에 있는 것처럼 겁에 질렸다. 뇌가 '두려움!'이라고 외치면 우리의 몸은 그 위협이 진짜인지 가상의 것인지 구분하지 못한다. 이게 생존이 걸린 문제인지, 아니면 내가 지금 세금 때문에 걱정하고 있는지도 구분하지 못한다. 두려움이라는 신호가 발령되는 순간 우리의 몸은 싸우거나 도망칠 태세를 취하고 때로는 얼어붙기도 한다. 이런 고도의 경계 태세를 너무 자주 취하면 온갖 스트레스 호르몬이 문제를 일으킨다. 우리의 면역 체계, 수면, 치유 능력이 모두 방해를 받는다.

그러나 여러 연구에 따르면, 간헐적 스트레스 요인(직장의 큰 프로젝트 혹은 새집으로 이사 등)에 정면으로 부딪치고 성공적으로 대처하면 마치 바람을 맞으며 서 있는 나무들처럼 건강이 더 좋아지고 성취감이나 행복이 증가한다고 한다.

두려움과 고난을 상대해 보면 내가 두려움과 고난에 대처할 능력이 있다는 사실을 깨닫게 된다. 그러면서 새로운 관점이 생긴다. 나쁜 일이 일어나도 내가 대처할 길을 찾아낼 거라는 '자신감'이 생긴다. 그런 식으로 객관적인 눈이 키워지면 무엇을 정말로 두려워해야 하고, 두려워할 필요가 없는지 더 잘 구분하게 된다.

위에서 설명한 두려움에 관한 명상을 통해 나는 두려움에 대한 정서적 반응을 네 가지로 나눠보게 됐다. 공황 상태에 빠지거나, 얼어붙거나, 도망치거나, 아니면 내가 부모님에 대한 불안을 숨겨둔 것처럼 묻어버리는 게 그 네 가지다. 앞의 두 가지는 단기 전략, 뒤의 두 가지는 장기 전략이라는 차이가 있지만, 네 가지 모두 우리가 상황에서 한눈을 팔게 만들어 두려움을 생산적으로 이용하지 못하게 만든다는 공통점이 있다.

두려움과의 관계를 바꾸려면 두려움에 대한 인식을 바꿔야 한다. 두려움이 어떤 가치를 갖는지 알면, 내 반응도 바꿀 수 있다. 이렇게 프로그래밍을 다시 하려고 할 때 아주 중요한 단계가 있다. 내가 두려움에 어떻게 반응하는지 그 패턴을 인식할 줄 아는 것이다.

두려움을 해결하라

◆◆◆◆◆

앞서 수도자들은 자각을 통해 성장하기 시작한다고 했다. 우리는 부정적인 생각을 마주할 때처럼 두려움을 밖으로 드러낸 뒤 한 걸음 물러나서 바라보는 객관적 관찰자가 되어야 한다.

두려움을 대하는 법을 배울 때 몇 가지를 연습한다고 해서 모든 게 해결되지는 않는다. 중요한 것은 두려움에 대한 태도를 바꾸는 일이다. 두려움도 뭔가 쓸모가 있다는 사실을 이해하고, 그 쓸모를 알아내겠다는 굳은 결심과 함께 두려움이 나타날 때마다 주의를 딴 곳에 빼앗기는 그 패턴을 깨고 나와야 한다. 두려움이 나타날 때 우리의 주의를 빼앗아가는 네 가지 반응(공황 상태, 얼어붙기, 도망치기, 묻어버리기)은 어찌 보면 단일한 행동 혹은 무행동의 네 가지 서로 다른 버전에 불과하다. 내 두려움을 '받아들이기 거부'하는 행동 말이다. 따라서 두려움을 부정적인 것에서 긍정적인 것으로 바꾸는 첫 단계는 두려움을 인정하는 것이다.

두려움을 인정하라

◆◆◆◆◆

두려움과의 거리를 줄이려면 두려움이 존재한다는 사실을 먼저 인정해야 한다. 내 스승님이 말씀하신 것처럼 "자신의 고통을 인식"해야 한다. 스승님은 여전히 앉아 있는 우리에게 심호흡을 한 다음 자신의 고통에게 "네가 보인다"라고 말하라고 설명하셨다. 그게 우리가 두려움과의 관계를 처음으로 인정한 순간이었다. 숨을 들이마시고 "내 고통아, 나는 네가 보인다. 내 두려움아, 나는 네가 보인다"라고 말한 다음, 숨을 내뱉으며 "나는 네가 보이고 나는 여기에 함께 있다. 나는 네가 보이고 너를 위해 여기에 있다"라고 말했다. 고통은 우리에게 주의를 기울이게 만든다. 당연히 그래야 한다. "네가 보인다"라고 말하는 것은 고통이 요구하는 주의를 기울여주는 작업이다. 아기가 울면 그 소리를 듣고 안아주어야 하는 것처럼 말이다.

두려움을 인정하는 동안 호흡을 안정적으로 유지했더니 두려운 가운데서도 정신적, 육체적 반응을 진정시키는 데 도움이 되었다. 두려움을 향해 뚜벅뚜벅 걸어가라. 두려움과 친해져라. 그렇게 해야 두려운 가운데서도 온전한 나 자신을 유지할 수 있다. 연기 탐지기가 울려서 잠이 깼다면 우리는 무슨 일이 벌어지고 있는지 확인하고 집 밖으로 나갈 것이다. 나중에 주위가 조용해지면 어떻게 불이 났는지 혹은 어디서 불이 시작되었는지 곰곰이 생각할 것이다. 우리는 보험회사에 전화를 걸 것이다. 모든 일은 우리가 결정하는 대로 흘러갈 것이다. 이게 바로 두려움을 인정하는 것이고, 두려움 속에서도 현실을 직시하는 것이다.

직접 해보기: 두려움의 등급을 매겨보라

일직선을 그어서 한쪽 끝에는 '0'이라고 쓰고, 다른 쪽 끝에는 '10'이라고 써라. 당신이 상상할 수 있는 최악의 사건은 무엇인가? 어쩌면 그것은 다쳐서 온몸이 마비되는 것일 수도 있고, 사랑하는 사람을 잃는 것일 수도 있다. 그걸 이 선 위에서 '10'으로 잡아라. 이제 그와 비교해서 지금 당신이 느끼는 두려움의 등급을 매겨라. 이렇게 하는 것만으로도 균형 감각을 찾는 데 도움이 된다. 불쑥 두려운 기분이 든다면 등급을 매겨라. 그 두려움은 최악으로 무서운 일에 비하면 어디쯤 위치하는가?

두려움의 패턴을 찾아라

◆◆◆◆◆

두려움을 받아들이는 일 외에도 우리는 두려움을 인정하는 것은 물론 두려움을 제대로 공략해야 한다. 그러려면 두려움이 반복적으로 나타나는 상황을 인식해야 한다. 내 두려움에게 이렇게 물어봐야 한다(다시 말하지만 친절하고 진정성 있게, 필요하다면 충분히 여러 번 물어보아야 한다). "나는 언제 너를 느끼니?" 나는 수도원에서 처음으로 두려움과 대면한 이후 나에게 두려움이 출현하는 공간과 상황을 모조리 확인해 나갔다. 시험을 걱정할 때, 부모님을 걱정할 때, 성적을 걱정할 때, 학교에서 곤란에 빠질까 걱정할 때 두려움으로 인한 내 걱정은 늘 똑같았다. '내가 남들에게 어떻게 인식될까?' '남들이 나를 뭐라 생각할까?' 내 뿌리에 있는 두려움은 의사결정에 영향을 미친다. 이 점을 자각한 이후 나는 뭔가 결정을 내려야 하는 순간이 오면, 더 면밀히 관찰하면서 스스로 이렇게 물어본다. "'남들이 어떻게 인식할까?' 하는 점이 나의 이번 의사결정에 영향을 주었는가?" 이를 통해 나는 두려움에 대한 자각을 나의 가치관과 목적에 진정으로 맞는 의사결정을 내리는 데 도움을 주는 도구로 활용할 수 있게 됐다.

우리는 종종 내가 하는 행동을 통해, 혹은 내가 꺼리는 행동을 통해 내가 어떤 두려움을 가졌는지 추적할 수 있다. 내 의뢰인 중에 변호사가 있었는데, 그녀는 법률과 관련된 일에 지쳐 뭔가 새로운 일을 하고 싶어 했다. 그녀가 나를 찾아온 것은 두려움이 자신을 붙잡아 두도록 내버려두고 있었기 때문이다. 그녀는 이렇게 물었다. "막상 제가 뛰어들었는데 반대편에 아무것도 없으면 어떻게 할까요?" 나는 그게 '곁가지' 질문처럼 보였고 그래서 더 파고들었다. "정말로 겁나는 게 뭔가요?" 내가 부드럽게 계속해서 묻자 그녀는 마침내 한숨을 내쉬며 이렇게 말했다. "지금의 커리어를 만드는 데 너무 많은 시간과 에너지를 쏟았어요. 그걸 모두 버리는 게 되면 어떻게 해요?" 나는 다시 물었고 우리는 마침내 뿌리에 이를 수 있었다. 그녀는 실패할까 봐, 그래서 남들이 보기에 혹은 스스로 보기에 똑똑하고 유능한 사람으로 보이지 않을까 봐 걱정했다. 자신이 가진 두려움의 진정한 본질을 알게 된 그녀는 이제 자신의 인생에서 두려움의 역할을 바꿀 준비가 됐다. 하지만 그 전에 먼저 두려움과 정말로 친근한 관계를 맺어야 했다. 그녀는 자신의 두려움 속으로 걸어 들어가야 했다.

우리가 알아낸 문제점 중의 하나는 그녀에게 롤모델이 없다는 사실이었다. 그녀가 아는 변호사들은 모두 풀타임으로 일하는 사람들뿐이었다. 그녀는 자신이 원하는 그런 종류의 일을 성공적으로 해낸 사람들을 목격할 필요가 있었다. 나는 그녀에게 전직 변호사로서 지금은 자신이 좋아하는 새로운 커리어에서 일하고 있는 사람들과 시간을 보내며 친분을 쌓아보라고 했다. 그녀는 자신이 꿈꾸는 일이 가능하다는 사실을 알게 되었다. 그뿐만 아니라 그들 중에 다수가 아직도 법조계에서 일할 때 습득했던 기술들을 적용하고 있다는 사실을 알고 기뻐했다. 그녀는 어렵게 배운 것들을 모조리 버릴 필요가 없었다. 나는 또 그녀가 고려할 만한 직업들을 한번 조사해보라고 했다. 이 과정을 통해 그녀는 소통능력, 팀워크, 문제해결 능력 등 성공한 변호사가 되기 위해 그녀가 배워야 했던 여러 '소프트 스킬'이 다른 분야에서도 간절히 요구되는 능력이라는 사실을 알게 되었다. 자신의 두려움과 그렇게 친해짐으로써(자신이 걱정하는 것에 가까이 다가가 점검함으로써) 그녀는 여러 정보를 알게 되었고, 더욱 자신감을 갖고 커리어 전환을 긍정적으로 생각해 보게 됐다.

두려움으로부터 우리의 주의를 다른 곳으로 돌리는 패턴은 어릴 때 확립된다. 이 패턴은 워낙 깊은 곳에 새겨져 있어 발견하는 데 어느 정도 시간과 노력이 든다. 내가 가진 두려움의 패턴을 인식하면 두려움을 뿌리까지 추적하는 데 도움이 된다. 그러면 거기서부터 내가 정말로 다급하다고 느껴야 할 이유가 있는지, 아니면 두려움을 통해 좀 더 나의 가치관과 열정, 목적에 맞게 살 수 있는 기회를 포착할 수 있을지 판단할 수 있다.

두려움의 원인은 '집착'이며
치료법은 '초연해지기'다

◆◆◆◆◆

우리는 두려움과 친해지고 있는 중이지만 두려움은 그 자체로, 우리와 분리된 것으로 보아야 한다. 감정에 관해 이야기할 때 우리는 마치 내가 그 감정 자체인 것처럼 말하는 버릇이 있다. '나는 화났다' '나는 슬프다' '나는 두렵다'처럼 말이다. 두려움과 대화를 나누는 것은 두려움을 나와 분리하고 두려움은 나 자신이 아니라 내가 경험하는 무언가라는 사실을 이해하는 데 도움이 된다. 부정적인 기운을 내뿜는 사람을 만났을 때 우리는 그 기운을 느끼지만 그기운이 나 자신이라고 생각하지는 않는다. 내 감정에 대해서도 마찬가지다. 감정은 내가 느끼는 무언가일 뿐, 나 자신이 아니다. '나는 화났다'가 아니라 '나는 화를 느낀다'로 관점을 옮겨가도록 노력하라. 나는 슬픔을 느낀다. 나는 두려움을 느낀다. 이는 간단하지만 아주 깊은 변화다. 감정을 제자리로 돌려놓는 일이기 때문이다. 이렇게 생각하면 우리의 첫 반응을 진정시킬 수 있고, 아무런 판단 없이 두려움과 그 두려움을 둘러싼 상황을 점검할 여유가 생긴다.

두려움의 근원을 추적해 보면 두려움이 집착과 밀접한 관계가 있다는 사실을 알 수 있다. 무언가를 소유하고 통제하고 싶은 욕구 말이다. 우리는 자신에 대해 가지고 있는 생각, 나를 규정한다고 생각하는 생활양식이나 물질적 소유물, 실제로는 아니라는 것을 알면서도 내가 원하는 관계 등에 매달린다. 이는 '원숭이 같은 마음'이 작용하고 있다는 증거다. '수도자의 마음'은 초연해지기를 실천한다. 우리는 내 집에서 내 가족에 이르기까지 모든 게 잠깐 빌려온 것임을 깨닫는다.

일시적인 것들에 매달리면 그것들이 나보다 큰 힘을 갖게 되고 고통과 두려움의 원천이 된다. 그러나 삶의 모든 게 일시적임을 '받아들이면' 잠시라도 그것들을 빌릴 수 있는 행운에 감사함을 느낄 수 있다. 가장 부유하고 힘 있는 사람들에게 속한 가장 영구적인 소유물도 사실은 그들의 것이 아니다. 나머지 모든 사람도 마찬가지다. 많은 사람이 그렇게 영구적이지 않다는 사실에서 커다란 두려움을 느낀다. 그러나 내가 아슈람에서 배웠던 것처럼 우리는 두려움을 어마어마한 자유로움으로 바꿀 수 있다.

스승님들은 유용한 두려움과 상처가 되는 두려움을 구분했다. 유용한 두려움은 내가 바뀔 수 있는 시점을 알려주는 역할을 한다.

우리가 먹는 음식이 잘못되어 건강상태가 나쁘다고 의사가 알려주면 우리는 몸에 이상이 생기거나 병에 걸릴까 두려워진다. 이것은 유용한 두려움이다. 먹는 음식을 바꿀 수 있기 때문이다. 그래서 건강상태가 좋아지면 두려움도 사라진다. 그러나 부모님이 돌아가실까 두려워하는 것은 상처가 되는 두려움이다. 그 사실은 내가 바꿀 수 없기 때문이다. 이때 내가 통제할 수 있는 것에 초점을 맞추면 상처가 되는 두려움을 유용한 두려움으로 바꿀 수 있다. 부모님이 돌아가시는 것을 막을 수는 없지만, 그 두려움을 이용해서 부모님과 더 많은 시간을 함께 보낼 수는 있다. 인도의 승려 산티데바Śāntideva의 말을 빌리면, "외부의 사건을 모두 통제하는 것은 가능하지 않다. 그러나 간단히 내 마음을 통제한다면 다른 것들을 통제할 필요가 있겠는가?" 이게 바로 초연해지기다. 수도자의 마음을 가지고 조금 떨어진 곳에서 내 반응을 관찰하면서 분명한 균형 감각을 가지고 결정을 내리는 것 말이다.

초연해지기에 대해 흔한 오해가 있다. 사람들은 종종 초연해지기를 무관심과 동일시한다. 이들은 사람이나 사물, 경험을 일시적인 것으로 생각하거나 초연하게 여기면 삶을 즐길 수 있는 능력이 줄어들 거라 생각한다. 하지만 그렇지 않다. 고급 자동차를 빌려서 운전한다고 생각해 보라. 그게 내 것이라고 말하겠는가? 당연히 아니다. 당신은 그 차를 일주일만 가질 수 있지만, 어떤 면에서는 바로 그래서 그 차를 더 많이 즐길 수 있다. 당신은 뚜껑이 열리는 차를 타고 해안 고속도로를 달릴 기회에 감사할 것이다. 늘 할 수 있는 일이 아니기 때문이다. 에어비앤비Airbnb를 통해서 지극히 아름다운 집에 머문다고 생각해 보라. 노천탕과 호화 주방이 있고 바다가 보인다. 너무나 아름답고 신난다. 그곳에서 당신은 일주일 뒤면 그곳을 떠나야 한다는 사실을 두려워하며 매 순간을 보내지는 않을 것이다. 나에게 허락된 모든 것이 멋진 렌터카나 아름다운 숙소와 같다는 사실을 인정한다면 그것들을 잃을까 끊임없이 두려워하면서 살 필요 없이, 자유롭게 그것들을 즐길 수 있을 것이다. 우리는 누구나 '지구라는 호텔'에 머무는 것을 즐기고 있는 행복한 휴가객이다.

초연해지기는 두려움을 최소화하는 최고의 방법이다. 부모님을 실망시키는 것에 대한 나의 불안을 확인하고 나니, 나는 그 불안에서 초연해질 수 있었다. 내 인생은 내가 책임져야 한다는 사실도 깨달았다. 부모님은 내 결정에 실망하거나 화가 날 수도 있고 아닐 수도 있다. 그것은 내가 결정할 수 있는 일이 아니다. 내가 할 수 있는 일은 그저 내 가치관에 따라 의사결정을 내리는 것뿐이다.

직접 해보기: 나는 무엇에 집착할까?

이렇게 자문해 보라. '내가 잃을까 봐 두려워하는 게 뭘까?' 외적인 것에서 시작해 보라. 자동차인가, 집인가, 외모인가? 생각나는 것은 모두 적어라. 이제 내적인 것들을 생각해 보라. 명성인가, 지위인가, 소속감인가? 그것들 역시 적어보라. 이 목록에 적힌 것들을 빼앗길까 하는 두려움이 당신 인생에서 가장 큰 고통의 원인일 가능성이 크다. 이제 이것들과의 정신적 관계를 바꾸는 것을 생각해 보라. 이것들에 덜 집착할 수 있게 말이다.

기억하라. 집착하지 않아도 당신은 여전히 당신의 배우자, 자녀, 집, 돈을 온전히 사랑하고 즐길 수 있다. 중요한 것은 모든 게 일시적이며 우리는 아무것도 진정으로 소유하거나 통제할 수 없다는 사실을 이해하고 받아들이는 것이다. 그렇게 해서 이것들에 대한 감사함을 온전히 느끼고, 이것들이 고통이나 두려움의 원인이 아니라 삶을 더 아름답게 만들도록 해야 한다. 자녀들은 결국 나를 떠나 자신의 삶을 살아갈 것이며 운이 좋으면 일주일에 한 번 정도 전화로 안부를 물을 거라는 사실을 받아들이는 데 이보다 더 좋은 방법이 있을까?

이는 우리가 평생 부단히 훈련해야 할 연습이다. 아무것도 진정으로 소유하거나 통제할 수 없다는 사실을 더 깊이 받아들일수록 사람이나 사물, 경험을 더 소중히 여기고 더 즐기게 될 것이다. 그리고 무엇을 내 인생에 포함할지 더 신중히 선택하게 될 것이다.

단기적인 두려움 관리

◆◆◆◆◆

두려움에 대해 초연해지면 비로소 두려움에 대처할 수 있다. 오래전에 친구가 직장을 잃었다. 직장은 안전장치이고 무슨 일을 하든 밥은 먹고살아야 한다는 생각을 누구나 꼭 붙들고 산다. 친구는 즉시 공황 상태에 빠졌다. "돈이 어디서 나오겠어? 다시는 취업 못할 거야. 공과금이라도 내려면 아르바이트를 두세 개는 뛰어야 할 거라고!" 친구는 미래를 암울하게 예측했을 뿐만 아니라 자신의 과거까지 의심하기 시작했다. "일을 더 잘해야 했는데. 더 열심히 하고, 더 늦게까지 일해야 했는데!"

공황 상태에 빠지면 아직 나오지 않은 결과를 예상하기 시작한다. 두려움은 우리를 소설가로 만든다. 하나의 전제, 아이디어, 두려움에서 시작된 생각은 '만약에 …라면 어떻게 하나'를 거치면서 점점 더 증폭되고, 우리는 가능성 있는 온갖 시나리오를 써본다. 미래에 일어날 일을 미리 짐작하려고 하면 두려움이 발목을 잡아 결국은 상상 속에 갇혀버린다. 고대 로마의 스토아학파 철학자 세네카 Seneca는 이렇게 말했다. "두려움의 종류가 위험의 종류보다 더 많다. 우리는 현실보다 상상 속에서 더 크게 고통받는다."

그때그때 거리를 유지한다면 극심한 스트레스도 감당할 수 있다. 중국 도교에 오래된 우화가 있다. 어느 농부가 키우던 말이 도망을 갔다. 농부의 형은 "정말 재수가 없구먼!"이라고 했다. 그런데 농부는 어깨를 으쓱해 보였다. "좋은 일일지, 나쁜 일일지 누가 알겠어." 일주일 후 집 나간 말이 돌아왔다. 윤기 나는 갈기털에 건강해 보이는 암말 한 마리와 함께였다. "정말 잘되었군!" 새로 생긴 말에 감탄한 농부의 형이 부러움에 가득 차서 말했다. 이번에도 농부는 동요하지 않았다. "좋은 일일지, 나쁜 일일지 누가 알겠어." 며칠 뒤 농부의 아들이 야생마를 길들여보려고 암말에 올라탔다. 말은 뒷다리를 거칠게 차올리며 날뛰었고 땅바닥에 내팽개쳐진 농부의 아들은 그만 다리가 부러졌다. 농부의 형은 약간은 고소하다는 듯이 "정말 재수가 없구먼!"이라고 말했다. 이번에도 농부는 "좋은 일일지, 나쁜 일일지 누가 알겠어"라고 대답했다. 다음 날 마을 청년들이 전부 병역에 징집되었다. 하지만 다리가 부러진 농부의 아들은 징집에서 면제되었다. 농부의 형은 크게 놀라 이렇게 좋은 일이 있을 수가 있냐고 말했다. 하지만 농부는 이번에도 "좋은 일일지, 나쁜 일일지 누가 알겠어"라고 말했다. 이야기에 나오는 농부는 '만약에'라는 단어 속에 길을 잃지 않았다. 그는 '현재'에 초점을 맞췄다. 승려 교육에서 우리는 이렇게 배웠다. '일희일비하지 마라.'

똑같은 조언을 실직한 친구에게 들려준 적이 있다. 어떤 순간에든 일희일비할 것이 아니라 자신의 상황을 받아들이고 결과가 어찌되든 자신이 제어할 수 있는 사항에 초점을 맞춰야 했다. 나는 그가 마음을 느긋하게 먹고 자신이 처한 상황을 인정할 수 있도록 옆에서 도왔다. 그는 직장을 잃었다. 단지 그게 전부였다. 거기서부터는 그에게 선택권이 있었다. 그는 공황 상태에 빠지거나 얼어붙을 수도 있었고, 아니면 이번 일을 기회로 두려움에 새롭게 대처할 수도 있었다. 두려움을 자신에게 정말로 중요한 것이 무엇인지 알려주는 지표로 삼아 어떤 새로운 기회가 가능할지 생각해 볼 수도 있었다.

내가 그에게 가장 걱정되는 일이 무엇이냐고 물었더니 그는 가족을 돌볼 수 없을까 봐 걱정된다고 했다. 나는 조금 더 구체적으로 말해보라고 그를 독려했다. 그는 돈이 걱정이라고 했다. 나는 그에게 가족을 뒷받침할 다른 방법은 없냐고 했다. 아내가 일하고 있었기 때문에 그의 가정에 수입이 전혀 없는 것은 아니었다. 길바닥에 나앉을 상황은 아니었다. 거기까지 이야기가 이어지자 그가 말했다. "시간, 이제 아이들과 보낼 시간이 생겼네요. 등하교도 시켜주고 숙제도 도와주고요. 애들이 학교에 있을 때는 새로운 직장을 찾아볼 시간도 있겠네요. 더 좋은 직장이요." 마음을 느긋하게 먹고 두려움을 받아들이자 그는 상황을 더 분명하게 볼 수 있었다. 그는 공황 상태를 가라앉혔고 자신의 두려움이 실제로는 새로운 기회가 왔음을 알려주고 있다는 사실을 눈치챘다. 시간은 또 다른 형태의 재산이다. 그는 자신이 비록 직장을 잃었지만 아주 귀중한 것을 얻었다는 사실을 깨달았다. 새로 얻은 시간을 가지고 그는 자녀들의 삶에 참여할 수 있었을 뿐만 아니라 결국에는 더 좋은 직장을 다시 얻었다. 상황을 새로운 시각으로 보자 그는 더 이상 부정적인 생각에 에너지를 빼앗기지 않고 긍정적인 쪽으로 에너지를 활용할 수 있었다.

미지의 미래가 온몸과 머릿속을 태풍처럼 휩쓸고 지나가는데, 그 순간에 일희일비하지 않고 새로운 기회에 마음을 여는 것은 쉬운 일이 아니다. 때로는 생각할 겨를도 없이 공황 상태에 빠지거나 얼어붙어서 판단을 보류하려는 시도조차 어려워진다. 두려움과 공황 상태를 바꾸는 데 도움이 될 몇 가지 전략을 살펴보자.

두려움을 단절시켜라

다행히도 우리에게는 공황 상태에서 벗어날 수 있는, 간단하면서도 강력한 도구가 늘 함께한다. 바로 호흡이다. 강연하기 전에 무대 뒤에서 사회자가 나를 소개하는 소리를 듣고 있으면, 나도 심장 박동이 빨라지고 손바닥이 축축해진다. 나는 대형 경기장에서 시합을 펼치거나 매일같이 회의에서 프레젠테이션하는 사람들을 자주 코칭한다. 그들도 우리처럼 몸으로 두려움을 느낀다. 시합 경기에 대한 불안이든, 취업 면접이나 파티 참석과 같은 사회적 상황에서의 두려움이든, 두려움은 온몸으로 나타나고, 이런 신체 신호는 곧 두려움이 엄습할 거라는 첫 번째 신호다. 우리가 공황 상태에 빠지거나 그 자리에서 얼어붙는 것은 몸과 마음의 연결이 끊어지기 때문이다. 몸이 고도의 경계 태세에 들어가면서 정신적 과정보다 훨씬 앞서 나가버리거나 아니면 마음은 마구 달려나가는데 몸이 서서히 멈춰버리는 현상이다. 승려일 때 나는 몸과 마음을 재정비하고 두려움을 중지시키는 데 도움이 되는 간단한 호흡법을 배웠다. 지금도 나는 대형 강연을 해야 하거나 압박감이 심한 회의에 들어가거나 잘 모르는 사람들이 가득한 방에 들어서기 전에 매번 이 호흡법을 사용한다.

직접 해보기: 공황 상태에 빠지려고 할 때마다 호흡법을 이용해서 몸과 마음을 재정비하라

'진정과 이완을 부르는 호흡법' 명상(161쪽 참조)

1. 천천히 숨을 들이마시며 넷을 센다.
2. 그대로 멈춘 채로 넷을 센다.
3. 천천히 숨을 내쉬며 넷 혹은 그 이상을 센다.
4. 심장박동이 느려졌다고 느껴질 때까지 반복한다.

언제 어디에서든 누구나 손쉽게 실천할 수 있는 방법이다. 심호흡을 하면 신경 체계에서 미주 신경이라는 부분이 활성화되어 온몸의 이완 반응이 자극된다. 호흡을 조절하는 이 간단한 행동은 마치 스위치를 켜고 끄는 것처럼 우리의 신경 체계를 교감신경, 즉 투쟁-도주 상태에서 부교감신경, 즉 휴식과 소화 상태로 바꿔 몸과 마음이 다시 동기화될 수 있게 한다.

이야기 전체를 보라

그 자리에서 즉각 사용하기에는 호흡법이 유용하다. 하지만 호흡법만으로는 떨쳐내기 어려운 두려움도 있다. 시험이나 면접이 있다는 사실을 알고 있을 때는 결과가 두렵다. 그 순간에는 큰 그림이 보이지 않는다. 그러다가 스트레스를 받는 기간이 지나고 나면 절대로 뒤를 돌아보지 않아서 그 경험에서 무언가를 배우지 못한다.

삶은 무관한 여러 사건의 집합이 아니다. 삶이란 과거와 미래까

지 걸쳐 있는 하나의 이야기다. 우리는 타고난 스토리텔러다. 그런데 그 성향이 나에게 해롭게 작용할 수도 있다. 가능성 있는 미래의 사건에 관해 끔찍한 이야기를 지어낸다면 말이다. 삶을 뚝뚝 끊어진 조각들이 아니라 하나로 길게 연결된 서사로 보도록 노력하라. 어느 직장에 취업이 되었다면 잠시 시간을 내어 이 승리가 있기까지 잃어버렸던 모든 직장과 실패한 면접들을 떠올려보라. 그 사건들은 지금 여기까지 오는 과정에서 꼭 필요했던 도전이었다. 인생의 기간이나 경험들을 서로 분리하지 않고 더 큰 이야기 속 하나의 막幕이나 장場으로 볼 수 있다면, 살면서 균형 감각을 잃지 않고 두려움에 대처할 수 있을 것이다.

직접 해보기: 그 순간을 확장하라

나에게 일어났던 멋진 일을 하나 떠올려보라. 아이가 태어난 일 혹은 원하던 직장에 들어간 일일 수도 있다. 잠시 그 순간의 기쁨을 만끽하라. 이제 바로 그 앞에 일어났던 일들을 회상해 보라. 아이가 태어나기 전 혹은 그 직장에 취업이 되기 전 내 삶에는 무슨 일이 벌어졌는가? 아마도 몇 달간 임신을 시도하다가 실패했거나 지원했던 다른 직장에 줄줄이 떨어졌을 것이다. 이제 당신의 삶 전체를 단일한 하나의 이야기로 바라보라. 그러면 나쁜 일에서 좋은 일로 사건이 하나씩 진전된다. 마음을 열고 이렇게 생각해 보라. 힘든 시기에 일어났던 일들은 지금 축하하는 바로 그 일을 위한 길을 터주었거나 그 이후의 경험들이 더 행복하게 느껴지도록 만들었을 것이다. 이제 지난 고난에 감사를 표하고 그것들을 내 삶이라는 이야기의 일부로 만들어라.

우리는 일이 다 지나간 후에야 기념하기 위해 최선을 다한다. 실제로 난관을 겪고 있을 때는 스스로 '이게 결과적으로는 좋은 일이 될 수도 있어!'라고 말하기가 쉽지 않다. 그러나 백미러를 보며 내가 겪은 힘든 시기에 감사하는 마음을 갖도록 계속해서 노력한다면 우리 안에 프로그래밍된 것을 바꿀 수 있다. 그러면 고통과 감사 사이의 간격은 점점 더 짧아질 것이고, 힘든 시기에 느끼는 두려움도 점점 작아질 것이다.

장기적인 두려움을 다시 보라

공황 상태나 그 자리에서 얼어붙는 현상은 호흡법이나 새로운 시각을 장착하는 것으로 해결할 수 있다. 하지만 이는 단기적인 두려움에 대한 반응이다. 두려움으로부터 시선을 돌리기 위해 우리가 사용하는 장기적인 전략 두 가지, 즉 '묻어버리기'와 '도망치기'는 통제하기가 훨씬 더 어렵다. 이들 전략의 원리를 이해할 때 내가 가장 많이 쓰는 방법은 집에 불이 났다고 가정하는 것이다. 한밤중에 잠이 깼는데 연기 탐지기에서 경보가 삐삐 울리고 있다고 생각해 보자. 당신은 즉시 두려운 마음이 들 테고, 당연히 그래야 한다. 우리의 주의를 사로잡는 게 바로 그 경보가 해야 할 일이다. 연기 냄새를 맡은 당신은 가족과 반려동물들을 데리고 집 밖으로 뛰쳐나갈 것이다. 그렇지 않은가? 이게 바로 두려움을 가장 잘 활용하는 행동이다.

그런데 만약 연기 탐지기의 경보음을 들은 당신이 재빨리 상황을 파악하고 논리적으로 취해야 할 다음 조치를 실행하는 대신에 탐지기로 달려가 기기에서 배터리를 빼버리고 다시 잠을 청한다면 어떻게 될까? 상상이 가겠지만 문제는 걷잡을 수 없이 커질 것이다. 그런데도 우리는 가끔 두려움 앞에서 바로 이렇게 행동한다. 상황을 파악하고 대응하는 대신에 상황을 부정하거나 유기해 버린다. 우리가 회피라는 '해결책'을 흔히 사용하는 경우가 바로 남녀관계다. 여자친구와 심각한 갈등이 생겼다고 가정해 보자. 마주 앉아 무슨 일인지 이야기를 나누거나(불을 끄는 것) 헤어져야 한다는 결론을 내리는(안전하고 차분하게 모든 사람을 집 밖으로 내보내는 것) 대신에 당신은 아무 일도 없는 척한다(불길은 계속 번져서 모든 것을 파괴한다).

두려움을 부정하면 문제는 계속 우리 뒤를 졸졸 따라다닌다. 그리고 점점 더 커져서 결국에는 우리가 대처하지 않을 수 없게 만든다. 그리고 아무것도 통하지 않으면 마지막에는 고통이 제대로 우리의 주의를 사로잡는다. 문제를 경고해 주는 신호에서 무언가를 배우지 못한다면, 결국에는 문제가 초래한 결과를 통해 배울 수밖에 없다. 이는 훨씬 바람직하지 못한 일이다. 반대로 두려움을 직면한다면 (문제를 떠나지 않고, 불길을 해결하고, 힘든 대화를 나눈다면) 결과적으로 우리는 더 강해진다.

『바가바드 기타』가 알려주는 첫 번째 교훈이 바로 두려움에 대처하는 방법이다. 전투가 시작되기 직전 두려움에 압도당한 아르주나는 두려움으로부터 도망치거나 두려움을 묻어버리지 않고 두려움과 대면한다. 『바가바드 기타』에 따르면, 아르주나는 용감하고 유능한 전사다. 그러나 생전 처음으로 아르주나를 성찰하게 만든 것은 두려움이었다. 그대로 있는 것의 두려움이 변화의 두려움보다 더 커질 때가 우리가 변화하는 순간이라고 한다. 아르주나는 도움을 청하여 통찰과 이해를 얻는다. 도움을 청하는 행동 자체가 이미 그는 더 이상 두려움에 조종당하는 게 아니라 두려움을 이해하는 쪽으로 옮겨가고 있는 것이다. 『파이트 클럽』의 작가 척 팔라닉 Chuck Palahniuk은 『인비저블 몬스터』에서 이렇게 말했다. "도망치면 칠수록 그것은 당신 곁에 더 오래 머물 뿐이다. 당신이 가장 두려워하는 것을 찾아내어 거기에 가서 살아라."

그날 아슈람의 지하실에서 나는 깊숙한 곳에 간직해 오던 부모님과 관련된 두려움에 내 마음을 열었다. 나는 공황 상태에 빠지거나 그 자리에 얼어붙는 경우는 거의 없었지만, 그렇다고 해서 나에게 두려움이 없는 것은 아니었다. 그저 억누르고 있었을 뿐이다. 스승님은 이렇게 말씀하셨다. "두려움을 묻어버리면 거기에 매달리게 된다. 그러면 모든 것이 긴장되게 느껴진다. 내가 한 번도 놓아주지 못한 것들에 짓눌리고 있기 때문이다." 억누르든 도망치든, 두려움과 문제는 그대로 나와 함께 있고, 계속 축적된다. 예전에는 환경을 돌보지 않고 쓰레기를 그냥 매립해도 상관없다고 생각했다. 눈에 보이지 않거나 냄새를 맡을 수 없으면 어떻게든 처리될 거라 믿었던 것이다. 규제가 시행되기 전까지 쓰레기 매립지는 주변 식수원을 오염시켰다. 이는 지금까지도 미국에서 메탄가스를 가장 많이 만들어내는 원인이다. 마찬가지로 두려움을 묻어버리는 것은 눈에 보이지는 않지만 내면의 풍경이 오염되는 대가를 치르게 만든다.

두려움을 인정하는 과정을 지나, 내가 두려움에 대처하는 패턴을 관찰하고, 그 패턴을 바꾸는 것은 두려움을 보는 관점을 다시 프로그래밍하는 데 도움이 된다. 두려움을 본래의 부정적인 것에서 중립적인 신호로, 심지어 하나의 기회를 알려주는 지표로 볼 수 있게 된다. 두려움을 재분류하고 나면 가려져 있던 연기를 뚫고 진짜 스토리를 볼 수 있다. 그렇게 발견하는 깊고 의미 있는 진실은 우리에게 새로운 사실을 알려주고 새로운 능력을 부여한다. 집착과 관련된 두려움을 확인하고 초연함을 키우면 더 큰 자유와 즐거움을 느끼며 살 수 있다. 두려움에 사용하는 에너지를 봉사하는 데로 돌리면 충분히 갖지 못할까 하는 두려움은 줄어들고 더 큰 행복과 충족을 느끼며 주변 세상과의 유대감을 높일 수 있다.

두려움은 동기를 제공한다. 때로는 내가 원하는 것을 향해 나아갈 동기를 주지만, 조심하지 않는다면 '안전'이라는 미명하에 두려움이 내 한계로 작용할 수도 있다.

다음 장에서는 우리에게 가장 큰 동기를 부여하는 것들(두려움은 네 가지 중 하나다)을 살펴보고, 어떻게 하면 그것들을 의식적으로 사용해서 충만한 삶을 건설할 수 있을지 알아보자.

04 의도
황금에 눈이 멀면

◆

머리와 가슴과 결의가 조화를 이룬다면
불가능한 것은 없다.
- 『리그베다』

우리의 머릿속에는 이상적으로 생각하는 삶의 이미지가 있다. 남녀관계는 어때야 하고, 일이나 여가에 시간은 어떻게 써야 하고, 뭘 이루고 싶은지에 관한 이미지가 있다. 외부 영향력이라는 소음이 없더라도 우리를 사로잡는 목표가 있고, 그 목표를 성취하는 방향으로 삶을 설계한다. 그게 나를 행복하게 만들어줄 거라 믿기 때문이다. 4장에서는 그런 야망을 부추기는 것이 무엇인지 알아보자. 그것들이 정말로 우리를 행복하게 만들어줄지, 심지어 행복이 제대로 된 목표이긴 한 것인지도 살펴보자.

수업에서 윤회 개념을 토론한 어느 날이었다. 나는 지도 스님 한 분과 몇몇 학생과 함께 조용한 아슈람 내부를 거닐고 있었다. 내가 속한 아슈람은 두 곳으로 나뉘었는데, 뭄바이에 있는 수도원과 지금 내가 있는 팔가 인근 시골의 개발터가 그것이었다. 개발이 끝나면 주변에 아름다운 건물들이 세워지겠지만, 지금은 미개간지 위에 세워진 별 특징 없는 간소한 건물 몇 채가 전부였다. 풀밭 위에는 사람들이 걸어서 생긴 흙길이 나 있었다. 여기저기에서 승려들이 짚으로 된 매트를 깔고 앉아 책을 읽거나 공부를 했다. 본관 건물은 사방이 뚫려 있어서 내부에서 일하는 승려들의 모습이 보였다. 스님은 우리가 걸으며 지나치고 있는 몇몇 승려가 이룬 것들에 관해 이야기했다. 한 사람은 여덟 시간 동안 중단 없이 명상을 할 수 있고, 다른 한 명은 "연속으로 이레 동안 단식을 하는 분"이라고 말했다. 몇 분 뒤 또 한 명을 가리키며 말했다. "저기 나무 아래 앉아 계시는 분 보이지요? 경전에 나오는 구절을 모두 외울 수 있는 분입니다."

내가 감탄하며 말했다. "저도 그랬으면 좋겠네요."

스님은 걸음을 멈추더니 나를 돌아보며 물었다. "할 수 있기를 바라시는 겁니까, 아니면 할 방법을 배우고 싶으신 겁니까?"

"무슨 말씀이신지요?" 이때쯤 나는 수업시간이 아니라 이런 순간에 배울 수 있는 멋진 교훈들도 있다는 걸 알고 있었다.

스님이 말했다. "본인의 동기가 무엇인지 생각해 보세요. 경전을 모두 외는 것이 인상적인 일이라서 외고 싶으신 겁니까, 아니면 경전을 공부한 경험을 갖고 싶으신 겁니까? 전자의 경우라면 오로지 결과를 바라시는 겁니다. 후자라면 그 과정에서 뭘 배울 수 있을지 호기심을 가진 것이겠지요."

나에게는 새로운 개념이었다. 나는 일순간 멍해졌다. 결과를 바라는 게 나에게는 늘 합리적인 일이었다. 그런데 스님은 그 결과에 이르는 데 필요한 과정을 왜 겪고 싶은지 묻고 있었다.

네 가지 동기

◆◆◆◆◆

아무리 어수선한 사람일지라도 누구나 계획이 있다. 앞으로 내가 달성해야 하는 게 뭔지 알고 있다. 우리는 올해 무슨 일이 일어날지, 나는 뭘 이루고 싶은지 대략 알고 있으며, 미래에 대한 꿈을 가지고 있다. 그 생각 하나하나에 동기가 있다. 집세를 내고 싶은 것부터 전 세계를 여행하고 싶은 것까지 말이다. 힌두교 철학자 바크티비노다 타쿠라Bhaktivinoda Thakura는 네 가지 근본적 동기를 다음과 같이 설명한다.

1. **두려움**: 병, 빈곤, 지옥에 대한 두려움 혹은 죽음에 대한 두려움에 휘둘리는 것
2. **욕망**: 성공이나 부, 기쁨을 통해 개인적 만족을 추구하는 것
3. **의무**: 감사, 책임, 옳은 일을 하고 싶은 욕구가 동기가 되는 것
4. **사랑**: 타인에 대한 관심과 그들을 돕고 싶은 충동이 시키는 것

이 네 가지 동기가 우리가 하는 모든 일의 원동력이다. 예를 들어 우리가 어떤 선택을 내리는 것은 직장을 잃을까 봐 두려워서, 친구들의 감탄을 사고 싶어서, 부모의 기대를 충족시키고 싶어서, 남들이 더 좋은 삶을 살기를 바라서다.

이 동기들을 하나씩 이야기하면서 각각이 우리의 선택을 어떻게 결정짓는지 이해해 보자.

두려움은 지속 가능하지 않다

3장에서 두려움에 관해 이야기했다. 그러니 여기서는 두려움에 관한 얘기를 길게 하지 않을 것이다. 두려움이 동기가 되어 무언가(승진, 남녀관계, 내 집 마련)를 성취하려고 할 때는 그게 나에게 안전과 안정감을 가져다줄 거라고 믿기 때문이다.

두려움은 우리에게 불을 붙이며 경고 신호를 보낸다. 이 경고의 불꽃은 유용하다. 앞서 이야기한 것처럼 문제가 무엇인지 알려주고 때로는 동기를 제공하기 때문이다. 예를 들어 해고의 두려움이 우리가 계획적으로 일하는 동기가 될 수도 있다.

그런데 두려움의 문제점은 지속 가능하지 않다는 점이다. 장기간 두려움 때문에 행동하다 보면 내가 가진 능력을 최고로 발휘할 수 없다. 잘못된 결과가 나올까 하는 걱정이 너무 크기 때문이다. 극도의 흥분 상태가 되거나 마비 상태가 되어 상황을 객관적으로 평가할 수도, 꼭 필요한 위험을 감수할 수도 없다.

성공이라는 망상

두 번째 동기는 욕망이다. 욕망은 개인적 만족을 추구하는 것이다. 모험, 기쁨, 안락을 향한 길은 종종 물질적 목표라는 형식을 취한다. '100억짜리 집을 갖고 싶어. 경제적 자유를 얻고 싶어. 으리으리한 결혼식을 하고 싶어.' 사람들에게 목표를 적어보라고 하면 남들이 성공이라고 여기는 것을 답으로 내놓는 경우가 자주 있다.

우리는 성공이 곧 행복이라고 생각한다. 그러나 이는 착각에 불과하다. 산스크리트어로 '착각'을 '마야maya'라고 한다. 사실이 아닌 것을 믿는다는 뜻이다. 뭔가를 달성하고 취득하는 것이 내 앞길을 결정하게 놔두면 행복은 외적인 척도의 성공에서 비롯된다는 착각 속에 살게 될 것이다. 그러나 성공하여 마침내 내가 바라던 것을 손에 넣었는데 결국 행복으로는 이어지지 않는 경우가 너무나 많다.

미국의 영화배우 짐 캐리Jim Carrey는 이렇게 말했다. "모든 사람이 부자가 되고 유명해져서 꿈꾸던 일을 죄다 해봤으면 좋겠어요. 그러면 그게 답이 아니란 걸 알게 될 테니까요."

성공이라는 망상은 소득과 소유뿐만 아니라 의사가 되는 것, 승진하는 것 혹은 경전을 외는 것과 같은 목표 달성과도 묶여 있다. 앞서 소개한 내 욕망(경전에 나오는 구절을 모두 다 외는 것)은 물질적 욕망의 승려 버전이다. 이렇게 무언가를 '원하면' 나의 포부는 외적 결과 중심이 된다. '저 승려처럼 뛰어난 학식을 갖는 것'처럼 말이다.

워싱턴 D. C.에 있는 '인사이트 명상 커뮤니티'의 설립자이자 미국의 영적 선구자인 타라 브랙Tara Brach은 이렇게 말했다. "행복을 자꾸만 내 삶의 외적 사건에 결부시키는 한, 삶은 계속해서 바뀌기 때문에 우리는 늘 기다리는 처지가 될 것이다."

승려로 지낼 때 나는 인도 남부의 3대 성지 중 하나인 스리랑감을 방문한 적이 있다. 거기서 한 작업자가 높은 비계에 올라가 사원 천장의 정교한 장식에 금칠을 하는 것을 발견했다. 처음 보는 광경이었다. 나는 걸음을 멈추었다. 눈부신 황금빛에 넋을 놓고 올려다보는데, 휘휘 날리던 금가루가 내 얼굴 위로 떨어져 눈에 들어갔다. 얼른 밖으로 나와 눈을 씻고 다시 돌아갔다. 이번에는 적당히 떨어져 거리를 유지했다. 이 일은 내게 마치 경전에서 찢어낸 교훈처럼 다가왔다. 금가루는 아름답지만 너무 가까이 가면 시야를 흐린다.

사원에 사용된 도금은 금덩어리가 아니라 그 가루를 섞어 액체로 만든 것이다. 알다시피 이 액체로 돌멩이를 덮어서 마치 금덩어리처럼 보이게 만든다. 이는 마야, 즉 착각이다. 마찬가지로 돈이나 명예도 겉치레에 불과하다. 우리가 찾는 것은 사물이 아니라 그 사물이 나에게 줄 거라고 생각하는 어떤 감정이기 때문이다. 우리는 모두 이 사실을 이미 알고 있다. 우리는 부유하거나 유명한 사람 중에 '모든 걸 다 가진' 것처럼 보이지만 사랑에 계속 실패하거나 우울증으로 고생하는 사람들을 본다. 성공이 그들에게 행복을 가져다주지 않은 것은 명백하다. 이는 우리 중에 부자이거나 유명하지 않은 사람들에게도 마찬가지다. 우리는 금세 자신의 스마트폰에 질려서 새로운 모델을 갖고 싶어 한다. 보너스를 받으면 처음에는 흥분

되지만 내 생활이 나아지지 않으면 그 흥분은 놀랍도록 빠르게 퇴색된다. 우리는 새 스마트폰을 사면, 혹은 더 큰 집이 생기면 기분이 나아질(더 근사하게 느껴지거나 만족할) 거라고 생각하지만 실제로는 더 많은 것을 바라는 나 자신을 발견하게 된다.

물질적 만족은 외적인 것이고 행복은 내적인 것이다. 행복에 관해 이야기할 때 승려들은 사향노루에 관한 얘기를 들려준다. 15세기 인도의 신비주의자 시인 카비르Kabir의 시에 나오는 이야기다. 숲속에서 거부할 수 없는 향기를 맡은 사향노루는 냄새를 쫓아 숲속을 뒤지고 다닌다. 그러면서도 정작 그 냄새가 자신의 땀구멍에서 나오는 것임은 깨닫지 못한다. 사향노루는 그렇게 헛되이 평생을 헤매고 다닌다. 우리도 행복을 찾아다니지만, 행복은 쉽게 발견되지 않는다. 실제로 행복은 우리 안에서 발견될 수 있는데 말이다.

행복과 만족은 내 마음의 주인이 되어 나의 혼과 연결될 때만 느낄 수 있다. 성공이 행복을 보장해 주지 않을뿐더러, 성공이 행복의 요건도 아니다. 두 가지가 서로 도움이 될 수도 있고, 둘을 동시에 가질 수도 있지만, 서로 얽혀 있는 관계는 아니다. 프린스턴대학교 연구팀은 건강과 행복에 관한 갤럽 조사를 분석한 후, 기본적 필요와 그 외 약간의 것이 충족된 후에는 돈으로 행복을 살 수 없다고 공식 결론을 내렸다. 돈이 더 많으면 전체적인 삶의 만족도가 올라가지만, 이 효과는 연봉 8500만 원 근처에서 멈춘다. 다시 말해 돈이 내 삶의 질에 미치는 영향에 관한 생각은 미국의 중산층이나 제프 베이조스Jeff Bezos나 별 차이가 없다는 뜻이다.

성공이란 돈을 벌고, 일에서 존경받고, 프로젝트를 원활히 수행하고, 찬사를 받는 것이다. 행복이란 나 자신을 기분 좋게 느끼고, 친밀한 인간관계를 맺고, 세상을 더 좋은 곳으로 만드는 것이다. 그러나 대중문화는 그 어느 때보다 성공의 추구를 찬양한다. TV 프로그램은 과거에 비해 청년들이 이미지와 돈, 명성에 더 초점을 맞추게 유도한다. 대중음악과 서적은 공동체의 유대나 집단의 소속감, 자기 인정보다는 개인의 업적을 홍보하는 언어를 사용한다. 1970년대 이후 미국의 성인들 사이에서 행복도가 꾸준히 하락한 것도 놀랄 일이 아니다. 그리고 이는 단지 소득만의 문제가 아니다. '지속 가능한 개발 센터Center for Sustainable Development'의 이사이자《세계 행복 리포트World Happiness Report》의 편집자인 제프리 색스Jeffrey Sachs는《워싱턴 포스트》와의 인터뷰에서 이렇게 지적했다. "전 세계적으로 사람들의 평균소득이 그들이 느끼는 행복감에 영향을 미치는 것은 사실이지만, 그걸로 모든 게 설명되지는 않는다. 다른 개인적 혹은 사회적 요인들도 건강과 행복을 결정하는 아주 중요한 요소다." 색스는 2005년 이후로 미국인의 소득은 일반적으로 증가했으나 행복은 감소했다면서 이는 정부나 동료 미국인에 대한 신뢰 감소, 사회연결망의 약화 등이 원인이 되었다고 말했다.

의무와 사랑

두려움은 우리를 제한하고, 성공도 우리를 만족시키지 못한다면 의무와 사랑이 더 많은 것을 줄 거라고 짐작했을 것이다. 누구나 목표는 달라도 바라는 것은 똑같다. 우리는 기쁨과 의미가 가득한 삶을 바란다. 수도자들은 그중 기쁨, 즉 행복이나 즐거움은 추구하지 않는다. 대신에 의미 있는 삶을 사는 데서 오는 만족에 초점을 맞춘다. 행복은 잡히지 않을 수 있다. 높은 수준의 기쁨을 계속 유지하기는 어렵다. 그러나 '의미'를 느끼는 것은 내 행동에 목적이 있음을 보여준다. 이는 가치 있는 결과로 이어진다.

우리는 스스로 긍정적인 흔적을 남기고 있다고 믿는다. 내가 하는 일이 중요하기 때문에 내가 중요하다. 나쁜 일은 일어나고, 지루한 집안일도 해야 하는 등 삶이 온통 행복과 이상으로 가득 찬 것도 아니다. 그러나 의미를 찾는 것은 언제나 가능하다. 사랑하는 사람을 잃었는데 누군가 긍정적인 점을 찾아보라고, 행복하라고, 인생의 좋은 점에 초점을 맞추라고 한다면, 그 사람 얼굴에 주먹을 날리고 싶을 것이다. 그러나 상실의 와중에도 '의미'를 찾음으로써 최악의 비극을 견뎌낼 수 있다. 공동체에 무언가를 기부해 사랑했던 사람을 기릴 수도 있다. 새롭게 시작하는 삶에 감사하는 마음을 나를 응원하는 사람들에게 전할 수도 있다. 결국에는 행동하는 가운데 찾을 수 있는 어떤 가치가 나에게 의미를 느끼게 한다.

『아타르바 베다Atharva Veda』에 따르면, "돈과 저택만이 재산이 아니다. 영혼의 재산을 쌓아라. 인성이 재산이다. 선행이 재산이다. 영적 지혜가 재산이다".

진정한 만족은 성공이 아니라 목적과 의미에서 얻을 수 있다. 이

점을 이해하면 의무나 사랑이 동기부여가 될 때의 가치를 알 수 있다. 의무나 사랑에서 우러난 행동을 할 때는 내가 가치 있는 일을 하고 있다는 사실을 스스로도 안다.

이기적인 욕구를 충족시키려는 행동에서 봉사와 사랑을 토대로 한 행동으로 업그레이드가 될수록 더 많은 것을 이룰 수 있다. 켈리 맥고니걸Kelly McGonigal은 『스트레스의 힘』에서 우리가 불편함을 받아들일 때 어떤 목표나 목적 혹은 아끼는 사람과 연상시키면 그 불편함에 더 잘 대처할 수 있다고 말한다. 예를 들어 아이의 생일파티를 계획한다면 부모는 밤늦게까지 수고를 무릅쓰는 점도 기꺼이 잘 견뎌낼지 모른다. 자녀를 사랑하는 부모로서의 만족감이 잠 못 자는 괴로움을 상쇄시키기 때문이다. 하지만 싫어하는 일을 하느라 밤늦게까지 일해야 한다면 어떨까? 비참한 기분이 들 것이다.

우리는 사랑하는 사람을 위한 일이나 내가 믿는 어떤 목적을 위한 일이라면 많은 고통을 감내할 수 있다. 이는 성공을 통해 행복을 찾을 수 있을 거라는 잘못된 생각에서 비롯되는 수고와는 다르다. 내가 하는 일이 중요하다는 확신을 갖고 어떤 일을 한다면 삶을 치열하게 살 수 있다. 앞으로 나아가야 할 이유가 없다면 추진력은 생기지 않는다. 내가 하는 일이 왜 중요한지 명확한 인식을 가지고 내 의도에 맞춰 살 때 삶은 의미를 갖고 만족이 온다. 의도는 자동차에 기름을 채워준다.

이유의 사다리

◆◆◆◆◆

모든 의도의 뿌리는 두려움, 욕망, 의무, 사랑이다. 산스크리트어로 '의도'는 '상칼파sankalpa'라고 한다. 나는 상칼파를 누군가의 가슴과 머리에서 형성된 어떤 이유, 목표를 위해 분투하는 이유라고 생각한다. 우리는 동기라는 뿌리에서 의도를 개발해 추진력으로 삼는다. 의도란, 목적을 갖고 행동하고 내가 하는 일이 의미 있다고 느끼기 위해서 '나는 이런 사람이 되겠어'라고 계획한 내용이다.

예를 들어 내 동기가 두려움이라면, 의도는 가족을 보호하는 것이다. 내 동기가 욕망이라면, 의도는 전 세계적으로 인정받는 것이다. 내 동기가 의무라면, 의도는 내가 아무리 바빠도 친구를 도와주는 것이다. 내 동기가 사랑이라면, 의도는 나를 가장 필요로 하는 곳에서 봉사하는 것이다.

특정 동기에 특정 의도를 부여하는 데 어떤 규칙은 없다. 좋은 인상을 주기 위해서 봉사할 수도 있다(사랑이 아니라 욕망). 두려움이 아니라 사랑에서 우러나 가족을 부양할 수도 있다. 봉사를 실천하고 싶어서 부자가 되고 싶을 수 있다. 동기나 의도를 단 하나만 가진 사람은 없다. 크고 작은 선택을 의도적으로 내리는 방법을 배워야 한다. 성공이라는 산을 끝없이 올라가는 대신에 진정한 나 자신이라는 계곡으로 내려와 잘못된 믿음들을 뿌리 뽑아야 한다.

의도적으로 살려면 '내가 원하는 것의 이면에 있는 가장 깊은 이유'를 파고들어야 한다. 그러려면 잠시 멈춰서 내가 '왜' 그것을 원

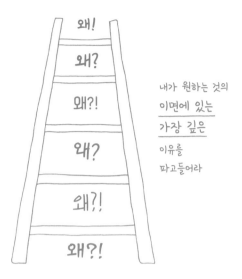

내가 원하는 것의
이면에 있는
가장 깊은
이유를
파고들어라

하고, 내가 누구이며 그걸 얻으려면 어떤 사람이 되어야 하고, 그런 사람이 되는 게 과연 나에게 호소력을 갖는 일인지 생각해야 한다.

사람들은 대부분 답을 먼저 찾는 데 익숙하다. 수도자들은 질문에 초점을 맞춘다. 내가 가진 두려움에 가까워지려고 애쓸 당시 나는 '내가 두려워하는 게 무엇인가?'를 묻고 또 물었다. 욕망의 뿌리를 찾고자 할 때도 '왜?'라는 질문으로 시작하면 된다.

의도에 대한 이런 수도자식 접근법은 극히 세속적인 목표에도 적용할 수 있다. 예를 들어 다음과 같은 목표가 있다. '나는 혼자서 전 세계를 항해하고 싶다.'

내가 이 목표를 고른 이유는 아슈람에서는 한 번도 생각해 보지 않았을 목표이면서 이면의 의도가 명백하지 않기 때문이다.

당신은 왜 전 세계를 항해하고 싶은가?

'재미있을 것이기 때문이다. 여러 명소에 가볼 수 있고, 내가 훌륭한 항해사라는 점을 나 자신에게 증명할 수 있을 것이다.'

이 경우에는 당신 자신을 만족시키는 것이 의도이므로 당신의 동기는 '욕망'이다.

그런데 이 질문의 답이 다음과 같다면 어떨까?

'전 세계를 항해하는 것은 아버지의 오랜 꿈이었다. 아버지를 위해 그 꿈을 이루고 싶다.'

이 경우에서 의도는 당신의 아버지를 기리는 것이고, 동기는 '의무와 사랑'이다.

'나는 자유로워지고 싶어서 전 세계를 항해하고 싶다. 나는 누구에게도 책임을 질 필요가 없을 것이다. 모든 책임을 내려놓고 떠날 수 있다.'

이 경우 의도는 탈출이고, 동기는 '두려움'이다.

이제 더 흔한 바람을 살펴보자.

'내가 가장 원하는 것은 돈이다. 아마도 제이 셰티는 친절하고 연민 있는 사람이 되라고 말하겠지만, 그런 말은 내게 그닥 도움이 되지 않을 것이다.'

부자가 좋아서 부자가 되고 싶은 것에는 아무 문제 없다. 하지만 이는 물질적 만족이라는 카테고리에 속하기에 절대로 내면의 만족을 주지 않는다. 그런데도 물질적 안락함이 우리가 삶에서 바라는 것 중 일부라는 사실은 결코 부정할 수 없다. 쉽게 무시하지 말고 이 목표의 뿌리가 무엇일지 생각해보자.

당신이 바라는 결과는 부자가 되는 것이다. 왜인가?

'다시는 돈 걱정을 하고 싶지 않다.'

당신은 왜 돈을 걱정하는가?

'형편이 어려워 내가 꿈꾸는 휴가를 가지 못한다.'

당신은 왜 그런 휴가를 원하는가?

'소셜 미디어에서 다른 사람들이 근사한 곳으로 여행 가는 것을 봤다. 그들은 할 수 있는데 나는 왜 안 되는가?'

당신은 왜 남들이 원하는 것을 원하는가?

'그 사람들은 내 무료한 주말보다 훨씬 즐겁게 지내고 있다.'

아하! 이제 우리는 당신이 원하는 것의 뿌리에 도달했다. 당신은 주말이 만족스럽지 않다. 뭐가 빠져 있는가?

'나는 내 삶이 좀 더 신났으면 좋겠다. 좀 더 모험이 넘치고 짜릿하길 바란다.'

좋다. 당신의 의도는 삶을 더 신나게 만드는 것이다. 이게 '나는 돈을 원한다'와 얼마나 다른지 한번 보라. 여전히 당신의 의도는 개인적 만족이라는 욕망이지만, 이제는 새롭게 두 가지를 알게 되었다. 첫째, 돈을 쓰지 않아도 지금 당장 당신의 삶에 모험을 추가할 방법은 있다. 둘째, 이제 당신은 그게 당신이 열심히 노력하고 싶은 사항인지 명확한 이해를 바탕으로 판단할 수 있다.

누가 내 스승님을 찾아가서 "나는 그냥 부자가 되고 싶습니다"라고 말한다면 스승님은 이렇게 물을 것이다. "봉사하고 싶어서입니까?" 스승님이 그렇게 묻는 이유는 욕망의 뿌리를 찾기 위해서다.

만약 이 사람이 "아니요. 좋은 집에 살고, 여행을 하고, 원하는 건 무엇이든 사고 싶습니다"라고 말한다면, 그의 의도는 자신이 즐길 수 있는 경제적 자유를 갖는 것이다.

그러면 스승님은 이렇게 말할 것이다. "좋습니다. 자신에게 정직한 것은 좋은 일입니다. 계속하세요. 부자가 되세요. 그래도 결국 봉사하게 될 겁니다. 5년, 10년이 걸릴 수도 있지만 똑같은 답에 이르게 될 겁니다." 수도자들은 이 남자가 큰돈을 번다고 한들 만족할 수 없을 것이고 계속해서 의미를 찾는다면 답은 언제나 봉사가 될 거라고 믿는다.

당신의 의도에 솔직하라. 바라는 것은 물질적 성공뿐이면서 스스로 자신의 행동이 봉사에서 나온 것인 척하는 게 최악이다. 이유를 따라갈 때는 계속해서 파고들어라. 한 번 대답할 때마다 더 깊은 질문을 할 수 있다. 때로는 하루쯤 심지어 일주일쯤 질문을 마음 한 구석에 담아두는 것도 도움이 된다. 당신이 궁극적으로 찾는 것은 내면의 감정(행복, 안정감, 자신감 등)임을 발견할 것이다. 혹은 당신의 행동이 사실은 어떤 긍정적 감정이 아니라 질투에서 나온 것임을 발견할지도 모른다. 이는 당신이 뭔가 채워야 할 욕구가 있다는 훌륭한 경고다. 그렇게 발견한 경고에 호기심을 가져라. 나는 왜 질투를 느끼는가? (모험을 추가하는 것처럼) 지금 당장 노력할 수 있는 목표가 있는가? 이렇게 하다 보면 당신이 원하는 외적인 것도 더 많이 얻을 수 있을 것이다. 아직도 그 외적인 것이 중요하다면 말이다.

씨앗과 잡초

◆◆◆◆◆

수도자는 씨앗과 잡초의 비유를 통해 의도를 명확히 하는 법을
배운다. 씨앗을 심으면 자라서 커다란 나무가 되어 모든 사람에게
열매와 그늘을 제공할 수 있다. 이는 사랑, 연민, 봉사와 같은 폭넓
은 의도가 할 수 있는 일이다. 의도의 순수함은 당신이 어떤 커리어
를 택하느냐와는 전혀 관련이 없다. 교통경찰은 자신의 힘을 과시
하기 위해 과속 딱지를 뗄 수도 있고, 자녀에게 불장난하지 말라고
타이르는 부모와 같은 연민으로 속도를 내지 말라고 지시할 수도
있다. 은행 직원이라면 간단한 거래도 따뜻한 태도로 진행할 수 있
다. 그러나 의도가 복수이거나 내가 만든 동기일 경우는 우리는 잡
초를 키우게 된다. 잡초는 흔히 자존심, 탐욕, 질투, 분노, 우월감, 경

쟁심, 스트레스 등에서 자라난다. 이것들은 처음에는 평범한 식물처럼 보이지만 절대로 근사한 것으로 성장하지 못한다.

전에 만나던 사람이 나와 헤어진 것을 후회하게 해주겠다는 생각에 근사한 몸을 만들려고 체육관에 다닌다면 잡초를 심은 것이다. 이는 당신이 원하는 것에 대한 제대로 된 접근법이 아니다(당신은 이해받고 사랑받고 싶었을 가능성이 가장 크다. 그렇다면 분명히 다른 접근이 필요하다). 몸이 튼튼해지고 운동을 통해 건강은 좋아지겠지만 당신의 성공 여부는 외적 요소와 연동된다. 헤어진 사람을 도발하는 것 말이다. 만약 헤어진 그 사람이 눈치채지 못하거나 신경 쓰지 않는다면 당신은 여전히 좌절하고 외로움을 느낄 것이다. 그러나 헤어진 후에 몸을 건강하게 단련하기 위해 체육관에 다니기 시작했다면, 혹은 운동을 하는 과정에서 당신의 의도가 그렇게 바뀌었다면, 당신은 멋진 몸매도 갖고 '동시에' 감정적으로도 만족할 것이다.

잡초의 또 다른 예는 훌륭한 의도에 나쁜 목표가 붙을 때다. 나의 의도가 자신감을 쌓는 것이라고 해보자. 이를 위해 가장 좋은 방법은 승진하는 것이라고 정했다. 나는 열심히 일해서 상사에게 깊은 인상을 남기고 승진했다. 하지만 승진하고 보니 더 높은 자리가 있었고 나는 여전히 불안한 기분이 들었다. 외부의 목표는 내부의 공허함을 채울 수 없다. 외부의 그 어떤 직책명이나 업적도 나에게 진정한 자신감을 줄 수는 없다. 자신감은 내 안에서 찾아야 한다. 어떻게 하면 그렇게 내면을 바꿀 수 있는지는 2부에서 이야기할 것이다.

착한 사마리아인

◆◆◆◆◆

정원에 아름다운 꽃을 잔뜩 심어도 가만히 두면 저절로 잘 자랄 수는 없다는 사실을 승려들은 알고 있다. 우리는 삶의 정원사가 되어야 한다. 좋은 의도라는 씨앗을 심고, 그것들이 어떻게 자라는지 지켜보고, 불쑥불쑥 나타나서 거슬리는 잡초를 제거해야 한다.

1973년에 '예루살렘에서 예리코까지'라는 실험이 있었다. 연구진은 신학대학 학생들에게 성직자가 된다는 것이 어떤 의미인지에 관해 짧은 발표를 준비하라고 했다. 일부 학생에게는 발표를 돕기 위해 착한 사마리아인에 관한 우화가 적힌 자료를 주었다. 우화에서 예수는 아무도 도우려 하지 않는 곤경에 처한 사람을 도와준 어느 여행자의 이야기를 들려준다. 그런 다음 연구진은 핑계를 만들어서 학생들에게 방을 바꾸어야 한다고 했다. 방을 바꾸는 동안 복도에는 도움이 필요해 보이는 배우가 벽에 기대어 있었다. 착한 사마리아인의 자료를 받았는지의 여부는 학생들이 이 배우를 도와주는 데 아무런 영향을 주지 않았다. 연구진이 발견한 것은 학생들이 뭔가에 바쁠 경우 다른 사람을 도와줄 가능성이 훨씬 낮다는 사실뿐이었다. "심지어 착한 사마리아인의 우화에 관해 발표하러 가는 학생 중에는 너무 급한 나머지 불쌍한 사람을 보고도 말 그대로 몸을 돌려 피해서 가기도 했다!"

학생들은 눈앞의 과제에 몰두한 나머지 본인의 더 깊은 의도를 잊어버렸다. 학생들은 연민을 가지고 남을 도우려는 의도로 신학대학에서 공부하고 있었을 것이다. 하지만 이 순간에는 발표를 잘해야 한다는 욕망, 불안이 끼어들어 있었다. 베네딕트회 수사 로런스 프리먼Laurence Freeman은 『사랑의 여러 측면Aspects of Love』에서 이렇게 말했다. "빨래, 아침 식사, 회의, 운전, TV를 시청하거나 책을 읽는 것에 이르기까지 하루 중 당신이 하는 모든 일은 당신의 영적인 삶이다. 이런 평범한 것들을 얼마나 의식적으로 하느냐의 차이일 뿐이다."

의도에 맞춰 살아라

◆◆◆◆◆

물론 의도가 있는 것만으로는 충분하지 않다. 그 씨앗들이 잘 자라도록 돕기 위해서는 행동을 취해야 한다. 나는 무언가를 믿기만 하면 그 일이 일어난다는 식의 사고에는 동감하지 않는다. 진정한 의도가 있다고 해도 가만히 앉아서 결과가 뚝 떨어지기를 바라서는 안 된다. 혹은 누가 갑자기 나타나 내가 얼마나 훌륭한지 발견하고 세상 속의 내 자리를 손에 쥐여주리라 기대해서도 안 된다. 아무도 나 대신 내 삶을 만들어주지 않는다. 마틴 루서 킹 주니어Martin Luther King Jr.는 이렇게 말했다. "평화를 사랑하는 사람들은 전쟁을 사랑하는 사람들만큼이나 조직적으로 움직이는 법을 배워야 합니다." 나는 조언을 구하러 오는 사람들이 끊임없이 '…이면 좋겠어요. …이면 좋겠어요. …이면 좋겠어요.'라고 말하는 소리를 듣는다.

"배우자가 더 신경을 써줬으면 좋겠어요.""지금 하는 일을 하면서 더 많은 돈을 벌면 좋겠어요.""그 사람과 더 진지한 사이가 되면 좋겠어요."

"내가 더 체계적으로 활동하고 집중했으면 좋겠어요. 그 일을 이룰 만큼 힘든 일도 해낼 수 있으면 좋겠어요"라고 말하는 사람은 없다. 우리는 원하는 것을 가지려면 실제로 무엇이 필요한지 얘기하지 않는다. **'…이면 좋겠어요'는 '내 행동은 아무것도 바꾸고 싶지 않아요'와 같은 말이다.**

사실인지 아닌지는 모르지만, 우리가 무언가를 이루는 데 필요한 노력과 인내를 얼마나 우습게 보는지 잘 알려주는 파블로 피카소Pablo Picasso의 일화가 있다. 한 여자가 시장에서 피카소를 발견했다. 여자는 피카소에게 다가가 이렇게 말했다. "저한테 뭐라도 하나 그려주시겠어요?"

"그러죠." 피카소는 그렇게 말하고 30초 후에 놀랄 만큼 아름다운 조그만 스케치를 그녀에게 건네주었다. "3000만 원이에요." 피카소가 말했다.

"어떻게 그렇게 큰 금액을 부르실 수가 있어요? 30초밖에 안 걸렸잖아요!" 여자가 말했다.

피카소가 말했다. "부인, 30년 걸린 겁니다."

예술작품이라면 무엇이든 적용할 수 있는 일화다. 실은 훌륭하게 수행된 모든 일이 그렇다. 뒤에 숨은 노력은 보이지 않는다. 아슈람에서 모든 경전을 술술 외던 스님은 그것을 암기하는 데 수년을 투자했다. 내가 그걸 목표로 삼고 싶었다면 그게 어떤 삶일지 그 노력을 생각해야 했다.

나 자신을 설명할 때 우리는 흔히 직업을 말한다. "회계사예요." "변호사입니다." "주부예요." "운동선수예요." "선생님이에요." 때로는 처음 만난 사람과 대화를 원활히 시작하는 유용한 방편으로 이렇게 말하기도 한다. 그러나 내가 이룬 성과가 아니라 의도를 가지고 나 자신을 정의한다면 삶이 더 의미 있을 것이다. 나 자신을 내 직업이라고 정의했는데 직업을 잃었다면? 나 자신을 운동선수라고 정의했는데 다쳐서 커리어가 끝난다면, 나는 내가 누구인지 모르게 된다. 직업을 잃는다고 정체성이 파괴되면 안 된다. 실제로는 이런 일이 자주 일어난다. 의도를 가지고 살아간다면 우리는 계속해서 삶의 목적과 의미를 느낄 수 있고, 이는 내 업적이 아니라 나의 정체성과 연동될 것이다.

남을 돕는 것이 당신의 의도라면 친절하고, 열린 마음을 갖고, 혁신적인 사람이 되어서 그 의도를 구현해야 한다. 사람들의 장점을 알아보고, 약점을 도와주고, 이야기를 들어주고, 그들이 성장하도록 돕고, 저 사람이 나에게 뭘 필요로 하는지 파악하고, 그게 언제 바뀌는지 알아채야 한다. 가족을 뒷받침하는 게 당신의 의도라면 관대하고, 늘 주의를 기울이고, 열심히 일하고, 체계적인 사람이 되겠다고 결심할 수도 있다. 열정에 따라 사는 것이 당신의 의도라면 헌신적이고, 에너지 넘치고, 진실한 사람이 되어야 할지 모른다. (1장에서 우리는 내 가치관을 더 분명히 볼 수 있게 외부 소음을 제거했었다. 내 의도를 확인하면 나의 가치관이 드러난다. 남을 돕고 봉사하겠다는 '의도'는 봉사를 '가치 있게' 생각한다는 뜻이다. 가족들을 뒷받침하겠다는 '의도'는 가족을 '가치 있게' 생각한다는 뜻이다. 별로 복잡할 것은 없지만, 종종 같은 자리에 사용되는 용어라서 어떻게 겹치고 연결되는지 알아두면 도움이 될 것이다.)

의도에 맞춰 산다는 것은 의도가 내 행동에 스며들게 한다는 뜻이다. 예를 들어 목표가 애인이나 배우자와의 관계를 개선하는 것이라면, 데이트 계획을 짜고 배우자에게 선물을 하고 더 멋있게 보이도록 머리를 자를 수도 있다. 그러면 지갑은 얇아지고 헤어스타일은 더 좋아지겠지만, 애인이나 배우자와의 관계는 개선될 수도 있고 아닐 수도 있다. 그런데 의도에 맞게 살도록 내면을 변화시키면 어떻게 될지 한번 보라. 관계를 개선하기 위해 더 침착해지고, 더 많이 이해하고, 상대에게 더 많은 관심을 가질 것이다. (그러면서 체육관에도 가고 머리를 자를 수도 있다.) 내면의 변화를 꾀한다면 당신은 기분이 좋아질 뿐만 아니라 더 나은 사람이 될 것이다. 애인이나 배우자와의 관계가 개선되지 않더라도 여전히 남는 게 있을 것이다.

숙제를 하라

◆◆◆◆◆

내가 원하는 것 이면의 '이유'를 알았다면, 원하는 것 이면의 '노력'을 생각해보라. 그 좋은 집과 멋진 차를 가지려면 뭐가 필요할까? 당신은 그런 노력에도 관심이 있는가? 기꺼이 노력하겠는가?

빠르게 성공하지 못하거나 영영 성공하지 못한다고 해도, 노력 그 자체만으로 만족감을 느끼겠는가? 나에게 왜 경전을 모두 외고 싶냐고 물었던 스님은 다른 스님의 초인 같은 능력에 매혹되어 괜한 허영심에 경전을 외기를 바라지 않았다. 스님은 내가 그 작업 자체에 관심이 있는지 알고 싶어 했다. 그런 삶을 살고 싶은지, 그런 사람이 되고 싶은지, 경전을 공부하는 과정에서 내가 찾게 될 의미에 관심이 있는지 말이다. 중요한 것은 과정이지 결과가 아니었다.

'광야의 교부들Desert Fathers'은 중동 사막의 은둔처에 살던 초기 기독교 수도사들이다. 수도사들은 이렇게 말했다.

"발전이 없는 이유는 자신이 얼마나 할 수 있는지 모르기 때문이다. 시작한 일에 흥미를 잃고, 노력도 하지 않고 잘하기를 바란다."

진지한 관심이 없으면 그 일을 추구하는 과정에 모든 것을 쏟아부을 수 없다. 제대로 된 이유가 없다면 제아무리 목표를 달성하고, 원했던 것을 모두 얻고, 누구의 기준으로 보나 성공했다고 하더라도 여전히 길을 잃고 단절된 기분이 들 것이다. 반면에 하루하루 과정을 사랑한다면 깊이와 진정성을 가지고 세상을 더 좋은 곳으로 만들겠다는 욕망으로 일을 추진할 것이다. 어느 쪽을 택하든 똑같이 성공할 수도 있겠으나, 의도에 따른 것이라면 기쁜 마음이 들 것이다.

직접 해보기: '해야 할 일'에 '되고 싶은 사람'을 추가하라

'해야 할 일' 목록 외에 '되고 싶은 사람' 목록을 작성한다. 좋은 소식은 목록이 더 길어지지는 않을 거라는 점이다. 이 목록은 '완료'했다고 하나씩 체크할 수 있는 종류의 목록이 아니다. 이 연습을 하는 이유는 의도를 가지고 목표를 달성한다는 것은 그 목표의 추진력이 된 가치관에 맞게 사는 일임을 잊지 않기 위해서다.

사례 1: 목표가 경제적 자유일 때
'해야 할 일' 목록
– 가진 기술을 활용해서 돈을 많이 벌 수 있는 직장을 찾는다.
– 이력서를 새로 쓰고, 일자리 정보를 얻을 수 있는 미팅을 마련한다.
– 연봉 요구사항을 충족하는 모든 일자리에 지원한다.

'되고 싶은 사람' 목록
– 성실한 사람
– 목표가 분명한 사람
– 열정적인 사람

사례 2: 목표가 애인이나 배우자와의 만족스러운 관계일 때
'해야 할 일' 목록
– 데이트 계획을 세운다.
– 상대가 좋아할 만한 일들을 한다.
– 외모를 가꾼다.

'되고 싶은 사람' 목록
– 더 침착한 사람
– 더 이해심 많은 사람
– 상대의 일상과 감정에 더 관심을 갖는 사람

각 단계를 내가 왜 밟고 있는지 분명하게 알고 있다면 실패해도 이내 회복할 것이다. 실패는 내가 무가치한 사람이라는 뜻이 아니다. 실패는 의미 있는 목표를 이루기 위해서 내가 다른 경로를 찾아야 한다는 뜻이다. 내가 하는 일의 가치를 믿을 때 만족이 온다.

롤 모델

◆◆◆◆◆

의도를 실현하려면 어떤 노력이 필요할까? 이를 가장 잘 알아볼 방법은 롤 모델을 찾는 것이다. 부자가 되고 싶다면 당신이 우러러보는 부자들이 어떤 사람이고, 지금 무엇을 하고 있는지 조사하라 (스토킹하라는 얘기가 아니다!). 그들이 어떻게 부를 얻었는지 알려주는 책을 읽어라. 특히 그들이 나와 같은 단계에 있을 때 무엇을 했기에 지금에 이를 수 있었는지에 초점을 맞춰라.

기업가의 사무실을 방문하거나 아보카도 농장을 방문한 후 이게 과연 내가 원하는 것인지 결정할 수도 있다. 하지만 그렇게 해서는 거기까지 이르는 과정에 대해서는 전혀 알 수가 없다. 배우가 된다는 것은 영화나 잡지에 나오는 게 전부가 아니다. 배우에게 중요한 것은 감독이 원하는 것을 얻을 때까지 60번이라도 똑같은 장면을 연기할 수 있는 인내력과 창의성이다. 누군가 앉아서 명상하는 모습이 멋지게 보인다고 해서 승려가 될 수 있는 것은 아니다. 승려가 되려면 승려와 같은 시간에 일어나고, 승려와 같은 방식으로 살아보고, 승려가 보여주는 자질을 흉내 내보아야 한다. 누군가 일하는 모습을 일주일 동안 그림자처럼 따라다녀 보면 그 사람에게 힘든 부분이 무엇인지, 그게 나도 감수하고 싶은 부분인지 어느 정도 감을 잡을 수 있다.

일하는 모습을 관찰할 때는 똑같은 의도를 달성하는 데 여러 길이 있을 수도 있다는 사실을 기억하라. 예를 들어 두 사람이 모두 지구를 구하는 것을 의도한다고 치자. 한 사람은 비영리단체 어스저스티스Earthjustice와 함께 일하면서 법률가로 그 의도를 실현하는 반면, 다른 한 사람은 패션 디자이너로 그 의도를 실현할 수도 있다. 비건 레더vegan leather라고 하는 비동물성 가죽, 즉 인조 가죽을 대중화하는 데 앞장선 스텔라 매카트니Stella McCartney처럼 말이다. 나에게 가장 잘 맞는 방법으로 의도를 추구하는 것에 관해서는 다음 장에서 이야기하겠지만, 이 사례는 의도를 가지고 시작하면 목표에 도달하는 방법에 여러 가지 옵션이 생긴다는 사실을 보여준다.

전 세계를 항해하고 싶다던 사람의 경우에서 보았듯이 똑같은 행동도 배후의 의도는 전혀 다를 수 있다. 예를 들어 두 사람이 같은 자선단체에 큰 금액을 기부한다고 치자. 한 사람은 자선단체에 깊은 관심이 있어서(더 큰 의도), 다른 한 사람은 인맥을 쌓고 싶어서(작은 의도)다. 두 사람 모두 기부에 대해 칭찬을 받을 것이다. 정말로 세상을 바꾸고 싶었던 사람은 행복감, 자부심, 의미를 느낄 것이다. 인맥을 쌓고 싶었던 사람은 오직 자신의 커리어나 사회적 지위에 유용한 사람을 만났는지에만 신경을 쓸 것이다. 두 사람의 의도는 다르지만 자선단체에 한 일은 다를 게 없다. 어느 쪽이든 세상에는 좋은 일이다. 하지만 내적인 보상은 전혀 다르다.

완전히 순수한 의도는 없다는 사실을 잊지 말아야 한다. 내가 자선사업에 참여하는 행위는 타인을 돕고 싶은 의도가 88퍼센트, 나자신에게 뿌듯함을 느끼고 싶은 의도가 8퍼센트, 함께 자선사업을하는 친구들과 즐거움을 나누고 싶은 의도가 4퍼센트일 수도 있다. 의도가 불분명하거나 여러 측면을 갖고 있다 해도 그 자체로 잘못된 것은 없다. 우리는 의도가 덜 순수하면 (우리를 성공하게 만들 수는 있을지언정) 우리를 행복하게 만들 가능성은 줄어든다는 사실만 기억하면 된다. 원하는 것을 손에 넣었는데 전혀 행복하지 않은 사람들은 잘못된 의도로 그 일을 했기 때문이다.

놓아주고 성장하라

◆◆◆◆◆

더 큰 의도를 가진 사람은 다른 사람을 응원하고 돕기 위해 노력한다. 부모는 가족 식탁에 음식을 올리기 위해 야근한다. 자원봉사자들은 대의를 위해 헌신한다. 직원들은 고객을 위한 서비스 정신으로 일한다. 우리는 마주치는 사람들에게서 이런 의도를 감지한다. 그 상대는 정말로 나에게 꼭 맞는 헤어스타일을 찾아주고자 하는 헤어 디자이너일 수도 있고, 일부러 시간을 내 안부를 물어보는 의사일 수도 있다. 마음 넉넉한 의도를 가진 사람들에게서는 그 의도가 밖으로 뿜어져 나오고, 이는 그 자체로 아름답다. 외적인 결과를 위해 일해서는 결코 행복해지지 않는 경우들을 우리는 수없이 목격한다. 올바른 의도, 봉사하려는 의도가 있으면 매일 의미와 목적을 느낄 수 있다.

의도를 가지고 산다는 것은 외적 목표에서 한 걸음 물러나 성공에 대한 세상의 정의를 놓아주고 나의 내면을 들여다보는 것이다. 호흡법과 함께 명상하는 습관을 들이면 바로 이 의도를 자연스럽게 뒷받침할 수 있다. 내 정체성, 내가 원하는 것과는 도무지 어울리지 않는 의견이나 생각을 씻어내고 싶다면, 내가 정한 시간에서 나만의 속도로 살아가는 것을 잊지 않도록 수시로 호흡법을 활용해 보기 바란다. 호흡법은 나에게는 나만의 길이 있고 또 당연히 그래야한다는 것을 이해하도록 도와준다.

몸을 위한 명상: 호흡법

몸으로 하는 호흡법은 머리에서 딴생각을 몰아내도록 도와준다. 호흡법은 마음을 진정시켜 주지만 실천하기가 늘 쉬운 것만은 아니다. 그렇기 때문에 노력하는 동안 마음이 가라앉는 효과도 있다.

나는 말린 소똥으로 만든 바닥에 앉아 있었다. 바닥은 놀랄 만큼 차가웠는데, 불편하지는 않았지만 그렇다고 편안한 것도 아니었다. 발목이 아팠다. 등을 똑바로 펼 수도 없었다. 세상에. 이렇게 어려울 수가. 20분이 지났는데도 나는 마음을 비우지 못했다. 호흡을 의식해야 하는데, 나는 런던에 있는 친구들을 생각하고 있었다. 몰래 옆에 있는 승려를 훔쳐보았다. 그는 똑바로 앉아 있었다. 명상을 너무 잘해 내고 있었다. "호흡을 찾으세요." 안내자가 말했다. 나는 숨을 들이쉬었다. 느리지만 아름답고 마음이 평온해지는 경험이었다.

아, 잠깐. 아, 그래. 이제 내 호흡을 의식하고 있어.

들이쉬고… 내쉬고…

어, 된다…

오, 좋은데…

흥미롭군…

좋아.

이게…

되는구먼…

잠깐, 등이 가려운데…

들이쉬고… 내쉬고.

차분하게.

내가 처음 아슈람에 머문 시간은 2주였다. 나는 아침마다 두 시간씩 가우랑가 다스와 함께 명상했다. 두 시간, 때로는 훨씬 길게 앉아 있는 것은 불편하고 지치고 종종 지루한 일이었다. 설상가상으로 원치 않는 생각과 감정이 머릿속으로 쏟아져 들어왔다. 나는 내가 제대로 앉아 있지 못한 게 아닐까, 스님들이 날 우습게 보지 않을까 걱정했다. 좌절감이 들면서 자존심이 고개를 들었다. 나는 최고의 명상가, 아슈람에서 가장 똑똑한 사람, 영향력 있는 사람이 되고 싶었다. 승려답지 못한 생각이었다. 명상은 생각대로 진행되지 않았다. 명상 때문에 나는 나쁜 놈이 되고 있었다!

나는 충격을 받았다. 솔직히 내 안에 그토록 많은 해결되지 않은 부정적 생각이 있는 것을 보고 실망했다. 명상은 나에게 자존심, 분노, 욕정, 고통만을 보여주었다. 나 자신 중에서 내 마음에 들지 않는 부분들 말이다. 이게 문제인가… 아니면 이게 바로 핵심인가?

나는 스승님들께 내가 뭔가 잘못하고 있는 것은 아닌지 물었다.

한 분이 이런 얘기를 해주었다. 스님들은 매년 푸리에 있는 군디차 사원Gundicha Temple을 구석구석 꼼꼼히 청소한다. 청소하면서 마음이 깨끗해지는 이미지를 떠올린다. 청소를 끝낼 때쯤이면 사원은 다시 더러워진다. 스승님은 그게 바로 명상의 느낌이라고 설명했다. 그것은 해야 할 일이고, 끝나지 않는 일이다.

명상은 나를 나쁜 놈으로 만들고 있는 게 아니었다. 나는 매력적이지 않은 현실도 똑같이 직면해야 했다. 조용하고 고요한 가운데 이미 내 안에 있던 것들이 증폭되었다. 내 마음속 어두운 방에 명상이 불을 켠 것이다.

당신을 원하는 곳으로 데려가는 가운데, 명상은 당신이 보고 싶지 않은 것을 보여줄지도 모른다.

많은 사람이 명상에서 도망치는 이유는 어렵고 불쾌하기 때문이다. 『법구경』에서 부처님은 이렇게 말씀하셨다. "낚시에 걸려 모래 위에 던져진 물고기가 고통에 몸부림치듯이, 명상으로 훈련하는 마음은 온몸을 부들부들 떤다." 그러나 명상의 목적은 명상이 왜 어려운지 점검하는 것이다. 명상은 단순히 하루 15분 눈을 감는 것 이상의 의미가 있다. 나 자신에게 반성하고 평가할 수 있는 공간을 내주는 연습이다.

지금까지 나는 아름다운 명상을 많이 했다. 나는 웃음을 터뜨리고, 울부짖었으며, 상상도 못 했던 만큼의 살아 있음을 느꼈다. 결국에 가면 마음이 고요해지면서 두둥실 떠 있는 듯한 더 없는 행복감이 찾아온다. 명상이라는 과정은 그 결과만큼이나 즐겁다.

몸과 마음을 위한 호흡법

◆◆◆◆◆

이미 알고 있겠지만 감정에 따라 호흡이 변한다. 집중할 때는 숨을 죽이고, 초조하거나 불안할 때는 숨이 가빠진다. 이런 것은 본능적인 반응일 뿐, 우리에게 도움이 되지는 않는다. 즉 숨을 죽이는 것은 집중할 때 도움이 안 되고, 숨이 가빠지는 것은 불안할 때 실제로 증상을 더 악화시킨다. 반면에 호흡을 가다듬으면 즉시 스스로를 안정시킬 수 있다. 그 자리에서 즉각 나의 에너지를 바꿀 수 있는 유용한 휴대용 도구인 셈이다.

요가하는 사람들은 수천 년간 호흡법('프라나야마prānāyāma'라고 한다)을 사용해서 치유를 촉진하고, 에너지를 높이고, 지금 이 순간에 집중했다. 『리그 베다Rig Veda』는 호흡이 자아를 넘어 의식에 도달하는 길이라고 설명한다. 또한 호흡은 "내 자식과 같은 생명 그 자체"라고 말한다. 스와미 니르말라난다 기리Swami Nirmalananda Giri라고도 알려진 애벗 조지 버크Abbot George Burke는 호흡을 "우리 내면 가장 깊은 곳에 있는 생명의 연장"이라고 한 바 있다.

『대념처경』에서 부처님은 깨달음을 얻는 방법의 하나로 '아나파나사티ānāpānasati'('의식적인 호흡' 정도로 번역할 수 있다)를 설명한다. 프라나야마의 수많은 효능에 대해서는 현대 과학도 뒷받침하고 있는데, 심혈관 건강 개선, 전반적인 스트레스 감소, 심지어 시험 성적까지 올려준다고 한다.

이 책에 나오는 명상법들은 전 세계적으로 심리치료, 코칭, 다른 명상 등에 널리 사용되는 방법이다.

호흡을 가다듬으면 그 어떤 감정이 몰아쳐도 자기 자신을 추스르는 법을 알게 된다. 흥분된 마음을 가라앉히고, 중심을 잡고, 스트레스를 덜 수 있다.

하루에 한두 번 호흡을 위한 시간을 따로 마련해 두라. 호흡법은 마음을 진정시킬 수 있는 효과적인 방법이기 때문에 나는 하루 중에 언제라도 호흡이 짧아지거나 숨을 죽이고 있다고 느끼면 바로 호흡법을 사용하고 타인에게도 추천한다. 긴장이 이완되는 장소에 있어야만 명상을 할 수 있는 것은 아니다(물론 명상을 처음 하는 사람이라면 그런 장소가 도움이 되고 적절할 것이다). 명상은 어디서나 할 수 있다. 파티 장소의 화장실에서, 비행기 안에서, 프레젠테이션하거나 낯선 사람을 만나기 직전에도 할 수 있다.

직접 해보기: 호흡법

내가 매일 하는 효과가 아주 큰 호흡법이다. 어딘가에 집중하고 싶거나 마음을 가라앉히고 싶을 때 활용한다.

■ 호흡 준비

마음을 가라앉히고 에너지를 높이는 호흡법을 시행할 때는 다음과 같이 시작하라.

1. 편안한 자세를 취한다. (의자에 앉거나 쿠션을 사용해 똑바로 앉거나 눕는다.)

2. 눈을 감는다.

3. 시선은 아래를 향한다. (눈을 감은 상태에서도 그렇게 할 수 있다.)

4. 이 자세에서 마음을 편안히 한다.

5. 어깨를 뒤로 젖힌다.

6. 다음의 것들을 자각한다.

- 차분함
- 균형
- 느긋함
- 고요함
- 평화로움

마음이 딴 길로 벗어나면 언제든지 부드럽게 마음을 다시 데려와 다음의 것들에 집중한다.

- 차분함
- 균형
- 느긋함
- 고요함
- 평화로움

7. 이제 자연스러운 호흡 패턴에 주목한다. 호흡에 압박감을 느끼거나 억지로 호흡하지 않는다. 그냥 자연스러운 호흡 패턴에 주목한다. 아슈람에서는 복식호흡을 가르친다. 복식호흡을 하려면 한 손은 배 위에, 다른 손은 가슴 위에 올리고 다음과 같이 한다.

- 코로 숨을 들이마시고 입으로 내뱉는다.
- 들이마실 때 배가 확장하는 것을 느낀다(가슴과 반대).
- 내뱉을 때 배가 수축하는 것을 느낀다.
- 내가 정한 나만의 속도로 계속해서 이렇게 호흡한다.
- 들이마실 때 긍정적이고 기분 좋은 에너지를 빨아들임을 느낀다.
- 내뱉을 때 부정적이고 해로운 에너지를 모조리 내보냄을 느낀다.

8. 왼쪽 귀를 왼쪽 어깨로 내리고 숨을 들이마신다… 다시 중앙으로 가져오면서 숨을 내쉰다.

9. 오른쪽 귀를 오른쪽 어깨로 내리고 숨을 들이마신다… 다시 중앙으로 가져오면서 숨을 내쉰다.

10. 서두르거나 억지로 하지 말고 나만의 공간에서 내가 원하는 대로 정말로 호흡을 느낀다.

■ 진정과 이완을 부르는 호흡법

위의 호흡 준비를 마친 후 다음과 같이 한다.

내가 정한 나만의 속도로 넷을 세면서 코로 숨을 들이마신다.

숨을 멈추고 넷을 센다.

넷을 세면서 입으로 숨을 내쉰다.

위 과정을 열 번 반복한다.

■ 에너지와 집중을 위한 호흡법[카팔라바티(kapalabhati)]

위의 호흡 준비를 마친 후 다음과 같이 한다.

코로 숨을 들이쉬면서 넷을 센다.

1초 내로 코로 강하게 숨을 내쉰다(폐에서 일종의 엔진이 가열되는 게 느껴질 것이다).

다시 코로 숨을 들이쉬며 넷을 센다.

위 과정을 열 번 반복한다.

■ 수면을 위한 호흡법

4초 동안 숨을 들이쉰다.

4초 이상의 시간 동안 숨을 내쉰다.

잠이 들거나 잠이 올 때까지 반복한다.

PART 2

오직 당신 안에서 시작될 때
진정한 변화가 가능하다

05 목적
전갈의 본성

◆

당신이 다르마를 보호하면
다르마도 당신을 지켜준다.

– 『마누법전』 8장 15절

외부에서 보면, 수도자는 기본적으로 놓아주는 게 가장 중요한 사람들처럼 보인다. 머리를 밀고, 법복을 입고, 잡생각을 모두 떨쳐 내니까 말이다. 하지만 금욕은 그 자체가 목적이라기보다는 목적지에 도달하기 위한 하나의 수단이다. 놓아주면 마음이 열린다.

아슈람에서 우리는 하루하루 봉사하며 보냈다. 이것 역시 마음을 확장하기 위해 고안된 방법이었다. 그렇게 봉사를 할 때는 내가 선호하는 방식에 끌려서는 안 되고, 언제 어떤 식으로든 도움이 필요한 곳을 도와야 했다. 우리는 한 가지 역할을 골라 전문가가 되는 것이 아니라 요리, 청소, 정원일, 소 키우기, 명상, 공부, 기도, 지도 등등 다양한 노동과 활동을 번갈아 했다. 자신의 의지와 유연성을 경험하고 강조하기 위해서였다. 나는 모든 활동을 정말로 동등하게 바라보는 데 시간이 걸렸다. 나는 소똥을 치우는 일보다는 공부하는 게 훨씬 더 좋았다. 하지만 우리는 사회를 인체의 장기처럼 보라고 배웠다. 인체에서 다른 장기보다 더 중요한 장기란 없다. 모든 장기는 서로 화음을 맞추며 작동하고, 인체에는 각각의 장기가 모두 필요하다. 공평한 공생에도 불구하고 시간이 지나자 우리는 각자 태생적으로 잘 맞는 일이 있다는 것을 알게 되었다. 동물을 돌보는 데 끌리는 사람(나는 아니다!)도 있었고, 요리를 즐거워하는 사람(역시 나는 아니다. 나는 그냥 살기 위해 먹는 사람에 가깝다), 정원 일에서 큰 만족을 느끼는 사람도 있었다. 그렇게 폭넓은 활동을 하면서, 비록 내가 열정을 느끼는 특정 활동을 추구할 수는 없었지만, 내 열정이 어디에 있는지 관찰하고 성찰할 수는 있었다. 우리는 새로운 능력을 실험하고, 연구하고, 그 능력을 개선했을 때 어떤 기분인지 지켜보았다. 나는 뭘 좋아하나? 어떤 일이 자연스럽고 보람차게 느껴지나? 왜 그럴까?

예를 들어 소똥을 치우는 일이 불편하게 느껴지면, 그냥 외면하는 것이 아니라 내 불편함의 뿌리에 놓인 감정이 무엇인지 이해하려고 노력했다. 가장 일상적인 몇몇 일을 내가 싫어하는 이유는 자존심 문제라는 걸 금세 알 수 있었다. 나는 그 일들을 시간 낭비라고 생각했다. 그 시간에 다른 무언가를 배울 수도 있는데 말이다. 일단 이 사실을 인정하고 나니 청소가 나에게 뭔가 도움이 될 수는 없을지 다방면으로 궁리할 수 있었다. 대걸레에서 뭘 배울 수는 없을까? 감자를 심으며 산스크리트어 경전을 외워볼까? 잡일을 하면서 보니 대걸레는 머리가 완전히 구부러져야 구석구석에 들어갈 수 있었다. 빗자루처럼 뻣뻣한 것은 잘할 수 없는 일이 있었다. 수도자의 마음으로 보니 거기에도 의미 있는 교훈이 있었다. '구석구석 배우고 성장하기 위해서는 유연성이 필요하다.' 감자를 심으면서는 리듬을 타는 그 동작이 경전을 외는 데 도움이 되는 걸 발견했다. 경전을 외고 있으면 감자 심기가 신나는 일로 변했다.

아슈람이라는 자급자족 공동체에서 내 장단점을 탐구하다 보니, 우리는 각자 자신의 '다르마dharma'에 도달할 수 있었다. 많은 산스크리트어가 그렇듯이 다르마도 한 단어로 정의할 수는 없지만, 가까운 의미를 찾자면 '이게 너의 소명이다'쯤 된다. 내가 다르마를 이렇게 정의하는 이유는 오늘날 우리 삶에도 유용한 정의가 되기를 바라서다. 나는 다르마를 '바르나varna'와 '세바seva'의 결합으로 본다. 바르나(역시나 복합적인 뜻을 가진 단어다)는 '열정과 능력'이라고 보면 된다. 세바는 '세상의 필요를 이해하고 사심 없이 타인에게 봉사하는 것'이다. 타고난 재능과 열정(바르나)이 우주가 필요로 하는 것(세바)과 이어지면, 그래서 그게 당신의 목적이 되면, 당신은 다르마를 따라 살게 된다. 다르마를 따라 사는 데 시간과 에너지를 사용하면 내가 가장 잘하는 것으로 세상에 중요한 일을 한다는 만족감이 생긴다. **다르마를 따라 사는 것은 충만한 삶을 사는 확실한 방법이다.**

1부에서는 우리가 충만한 삶을 살지 못하게 만드는 외부 영향력과 정신적 방해 요소들을 자각하고 놓아주는 것에 관해 이야기했다. 이제 우리의 길잡이가 될 가치관과 가장 깊은 곳에 있는 의도를 중심으로 삶을 재건할 차례다. 이 성장의 시작이 바로 다르마다.

두 스님이 냇가에서 발을 씻고 있었다. 그때 전갈 한 마리가 물에서 허우적거리는 것을 한 스님이 알아챘다. 스님은 전갈을 건져서 뭍에 올려주었다. 스님이 잽싸게 움직인다고 움직였는데도 그새 전갈은 스님의 손에 독침을 쏘았다. 스님은 다시 아무렇지 않은 듯 발을 씻었다. 다른 스님이 말했다. "스님, 보세요. 저 멍청한 전갈이 금세 또 물에 빠졌어요." 스님은 몸을 굽혀 다시 전갈을 구해주었고 또 독침에 쏘였다. 다른 스님이 물었다. "형제님, 전갈은 타고나기를 쏘는 동물인 줄 알면서 왜 구해주십니까?" 스님이 답했다. "왜냐하면 저는 타고나기를 구해주는 사람이라서요."

이 스님은 겸손이 무엇인지 몸소 보여주고 있다. 스님은 자신의 고통이 전갈의 생명보다 중요하다고 생각하지 않았다. 여기서 더 중요한 교훈은 '구해주는 것'이 스님의 본성 중에 워낙에 중요한 부분이어서 전갈이 다시 쏠 것을 알면서도 전갈을 구해줄 수밖에 없었고, 또 만족했다는 점이다. 스님은 자신의 다르마에 깊은 신념을 가지고 있었기에 다르마를 실천하기 위해서라면 고통도 감내할 의향이 있었다.

다르마 발견하기

◆◆◆◆◆

처음으로 아슈람에서 여름을 보낸 때였다. 나는 화장실 청소를 하고,

감자 카레를 만들고, 양배추를 뽑았다. 내 옷은 직접 손으로 빨았는데, 쉬운 일이 아니었다. 우리가 입는 법복은 침대 시트만큼이나 큰 천이어서, 풀물이 들거나 음식 얼룩이 진 부분을 문질러 씻으려면 하루치 크로스핏을 하는 정도의 힘이 들었다.

어느 날 내가 열정에 넘치는 수행자답게 냄비를 박박 문질러 씻고 있는데 노스님 한 분이 다가와 이렇게 말했다.

"이번 주에는 행자님께서 수업을 이끌어주셨으면 합니다. 주제는 『바가바드 기타』에 나오는 다음 구절입니다. '그 어떤 행동이든 훌륭한 사람이 수행하면 평범한 이들은 그 발자취를 따르고, 그 어떤 기준이든 훌륭한 사람이 모범을 보여 세워놓으면 온 세상이 그 기준을 추구한다'."

나는 그러겠다고 대답하고 다시 냄비를 씻으며 무슨 말을 할지 생각했다. 경전의 요지가 무엇인지는 알고 있었다. '모범을 보여서 가르쳐라.' 내가 어떤 사람인지 결정하는 것은 내가 하는 '말'이 아니라 내 '행동'이라는 것을 이미 알고 있었다. 흔히 '아시시의 성 프란체스코'(프란체스코 수도회의 창시자 - 옮긴이)가 한 말이라는 문구가 떠올랐다. "언제나 복음을 전하라. 필요하면 말을 사용하라."

나도 그렇지만, 대부분의 수행자는 다섯 살에 아슈람에 들어간 게 아니었다. 수행자들은 학교에 다니고, 여자 친구나 남자 친구를 사귀고, TV와 영화를 보는 등의 세속적인 경험이 있었다. 수행자들이 경전의 의미를 이해하는 데 어려움이 있지는 않을 것이다. 다만 뭔가 참신하고 아슈람 밖에서 했던 경험에 와닿는 방식으로 교훈을 전할 방법을 기꺼운 마음으로 고민했다.

아슈람 도서관의 낡은 컴퓨터들은 괴로울 만큼 인터넷이 느렸다. 그 곳은 인도의 시골 중 시골이었고, 이미지 하나 내려받는 데 한 시간이 걸렸다. 대학 도서관의 초고속 컴퓨터로 검색하던 나는 기다림이 괴롭다는 사실을 깨달았다. 지금 부엌에는 다른 수행자들이 물이 끓기를 끈질기게 기다리고 있을 것이다. 그들처럼 나도 이 '과정'을 존중하려고 노력했다.

자료 조사를 하다가 나는 의사소통의 심리학에 매료되었다. 앨버트 머레이비언Albert Mehrabian의 연구는 우리가 나누는 의사소통의 55퍼센트가 보디랭귀지로, 38퍼센트는 어조로 전달되고, 실제로 말을 통해 전달되는 것은 7퍼센트에 불과하다는 사실을 보여주었다. (이는 개괄적인 기준에 불과하지만, 퍼센트는 바뀌더라도 의사소통 대부분이 비언어적 수단이라는 사실은 그대로다.) 나는 우리가 메시지와 가치관을 어떻게 전달하는지 탐구하는 데 정신없이 빠져들었다. 다양한 리더들은 어떤 의사소통 스타일을 가졌는지 분석했고, 이것들이 합쳐져 삶에 어떤 시사점을 주는지 연구했다. 그러던 와중에 한 번도 리더가 될 의도가 없었던 제인 구달Jane Goodall에 관한 글을 읽었다. 구달이 처음으로 탄자니아 야생 환경으로 들어간 것은 1960년 침팬지를 연구하기 위해서였다. 그녀의 계속된 연구는 자연 보호 개념을 크게 바꿔놓았고, 여러 여성을 해당 분야로 끌어들였을 뿐만 아니라 수십만 명의 젊은이가 자연 보호 운동에 참여하는 계기를 마련했다.

함께 수업을 듣는 사람들은 중간 크기의 방에 모여 있었다. 나는 살짝 높게 마련된 방석 위에 자리를 잡고, 학생들은 내 앞에 놓인 방석에 앉았다. 그저 방석이 조금 높을 뿐, 내가 그들보다 손톱만큼도 더 뛰어나다고 생각하지 않았다. 수행자들은 늘 스승인 동시에 학생이 될 수 있다는 사실을 이미 안다.

나는 준비한 이야기를 무사히 전달했다. 조사하면서 즐거웠던 것만큼 내 생각을 나누는 일도 즐거웠다. 사람들은 내게 고마워했고, 내가 들려준 사례가 좋았다며 그 덕분에 고대 경전이 아주 가까운 얘기처럼 느껴진다고 했다. 한두 사람은 내게 준비 과정을 물었다. 내가 얼마나 많은 노력을 들였는지 알아챈 사람들이었다. 스스로도 흠뻑 만족하면서 다른 학생들이 고마워하는 것을 보고 있으니 내 다르마가 무엇인지 알 것 같았다. 나의 다르마는 연구하고, 지식을 실험하고, 내 깨달음을 사람들에게 강연하는 것이었다.

사람은 누구나 정신물리학적으로 타고난 본성이 있어서 그에 따라 어디에서 더 빛이 나고 더 능력을 발휘할 수 있는지가 결정된다. 다르마란 이렇게 타고난 성향과 내가 잘하는 것, 내가 능력을 발휘할 수 있는 상태를 활용해 타인에게 봉사하는 것이다. 과정이 즐겁고 실행이 매끄러우면 열정을 느끼게 된다. 타인의 반응이 긍정적이라면 내 열정에 목적이 있다는 뜻이다. 이게 바로 다르마를 위한 마법의 공식이다.

열정 + 전문성 + 유용성 = 다르마

타인이 칭찬을 늘어놓을 때만 내가 한 일에 기쁨을 느낀다면, 일 자체에 열정이 있는 것은 아니라는 신호다. 자신의 관심사와 능력을 아무리 추구해도 거기에 반응하는 사람이 없다면 열정에는 목적이 없는 것이다. 한쪽이라도 없다면 다르마에 따라 사는 게 아니다.

사람들은 종종 뭘 하고 싶고 어떤 사람이 되고 싶은지 공상하면서 그게 다르마에 적합한지 알 수 있을 만큼 충분히 조사하지는 않는다. 사람들은 '돈이 되니까' 금융업에 종사하려고 한다. 혹은 '존경도 받고 명예로운' 직업이니까 의사가 되려고 한다. 그러면서 해당 직업이 나에게 잘 맞을지 어떨지 모르는 채로 일을 진행한다. 내가 그 과정이나 환경을 좋아할지, 일이 주는 에너지가 마음에 들지, 그 일을 잘 해낼 수 있을지 전혀 모르는 채로 말이다.

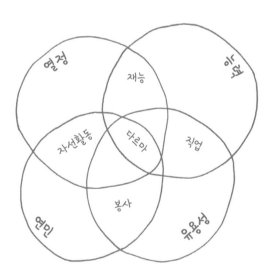

있는 그대로

◆◆◆◆◆

사람들이 자라면서 종종 듣는 거짓말이 두 가지 있다. 첫 번째는 "넌 결국 아무것도 못 할 거야", 두 번째는 "넌 원하는 대로 뭐든 될 수 있어"다. 그러나 실제로는,

우리는 원하는 대로 될 수는 없다.
그러나 있는 그대로일 수는 있다.

수도자는 여행자와 같다. 그의 여행은 내면으로의 여행이다. 가장 진실하고, 자신감 넘치고, 강력한 자아에 더없이 가까이 갈 수 있는 여행이다. 나의 열정과 목적을 찾기 위해 꼭 '1년간 시골에서 살기'를 실제로 추진해야 하는 것은 아니다. 열정과 목적이 어디 먼 땅에 묻혀 있는 보물이어서 발견되기만 기다리고 있는 것은 아니기 때문이다. 당신의 다르마는 이미 당신 안에 있다. 늘 그랬다. 다르마는 당신이라는 존재에 녹아 있다. 우리가 계속해서 마음을 열고 호기심을 유지한다면 다르마는 스스로 나타날 것이다.

그런데도 나 자신의 다르마를 찾는 데는 오랜 세월이 걸릴 수도 있다. 현대인의 가장 큰 난관은 지금 당장 대단한 일을 해내야 한다는 압박감이다. 페이스북의 설립자 마크 저커버그Mark Zukerberg 나 스냅챗의 공동 설립자 에번 스피걸Evan Spiegel 혹은 챈스 더 래퍼 Chance the Rapper, 벨라 하디드Bella Hadid 같은 유명인들의 이른 성공

때문에 많은 사람이 20대에 소명을 발견하고, 자기 분야에서 최고에 오르지 못하면 실패한 것이라고 느낀다.

일찌감치 뭔가를 이뤄야 한다는 압박감은 스트레스일 뿐만 아니라 실제로 성공을 방해할 수도 있다. 《포브스》 발행자 리치 칼가아드Rich Karlgaard는 『늦게 피는 꽃들Late Bloomers』에서 대다수의 사람은 그렇게 일찍 제 기량을 발휘하지 못한다고 말한다. 그런데도 사회의 초점은 시험 점수와 '일류대' 입학에 맞춰져 있고, (수십억 원에 이르는 회사를 운영하려고 대학을 중퇴한 경우가 아닌 이상) 대학 학위도 받기 전에 수백만 명이 사용할 앱을 개발하고 판매해야 할 것처럼 이야기한다. 그 바람에 스물네 살 이전에 세계를 정복하지 못한 사람들뿐만 아니라 이미 상당한 업적을 남긴 사람들조차 높은 수준의 불안과 우울을 경험한다. 일찍 무언가를 이룬 사람 중에서도 그 정도의 성과를 계속해서 내야 한다는 어마어마한 압박감에 시달리는 사람이 적지 않다.

그러나 칼가아드의 지적처럼 인생 후반기에 제 기량을 발휘해 멋진 성공을 일군 사람들은 얼마든지 있다. 토니 모리슨Toni Morrison의 첫 번째 소설 『가장 푸른 눈』은 그녀가 서른아홉이던 해에 나왔다. 디트리히 마테슈츠Dietrich Mateschitz도 대학에서 10년을 보내고 스키 강사로 한동안 일한 후 나이 마흔이 되어서야 초대형 히트를 기록한 에너지 드링크 회사 레드불을 만들었다. 당신도 주의를 기울이고, 자각하고, 강점을 살린다면 당신의 길을 찾을 것이다. 당신의 다르마를 찾으면 그때부터는 그 길을 좇아라.

타인의 다르마

◆◆◆◆◆

『바가바드 기타』는 남의 다르마를 완벽하게 따르느니 불완전하더라도 자신의 다르마를 좇으라고 말한다. 다른 표현을 찾아보면, 2005년 스티브 잡스는 스탠퍼드대학교 졸업 축하연설에서 이렇게 말했다. "당신의 시간은 제한되어 있으니 남의 삶을 사느라 그 시간을 낭비하지 마라."

앤드리 애거시Andre Agassi는 자서전에서 전 세계 사람들에게 폭탄 발언을 했다. 한때 세계 1위의 테니스 선수로 그랜드슬램을 여덟 번이나 달성하고 올림픽 금메달까지 땄던 애거시는 "테니스가 싫었다"라고 고백했다. 애거시는 아버지 때문에 어쩔 수 없이 테니스를 했고 믿기 어려울 만큼 기량이 뛰어났지만, 테니스 경기에 나가는 것을 싫어했다. 그가 어마어마한 성공을 거두고 큰돈을 번 것은 중요하지 않다. 테니스는 그의 다르마가 아니었다. 이후 애거시는 경기장에서의 성공을 자신의 진짜 열정으로 옮겨 왔다. 코트에서 멋진 서브를 넣는 대신 타인을 위해 봉사하는 삶을 선택한 것이다. '앤드리 애거시 재단'은 그의 고향인 네바다주에서 아동들에게 꼭 필요한 여러 봉사 활동을 하며 형편이 어려운 젊은이들이 대학에 진학할 수 있도록 초중등학교를 운영 중이다.

우리 사회는 강점을 키우기보다는 약점을 강화하는 쪽에 치우쳐 있다. 학교에서 A 학점 세 개와 D 학점 한 개를 받으면 주변의 모든 어른이 D 학점에 초점을 맞춘다. 학교 성적도, 표준화된 시험 점수도, 인사고과도, 심지어 자기계발에서도 내가 부족한 부분에 주목하고 그 부분을 개선하라고 한다. 그러나 그런 약점을 실패라고 생각하지 않고 '내가 아닌 다른 누군가의 다르마'라고 생각하면 어떨까? 베네딕트회 수녀 조앤 치티스터Joan Chittister는 다음과 같이 썼다. "자신의 한계를 믿으면 마음이 열리고, 남의 재능을 믿으면 안심할 수 있다. 내가 모든 걸 다 할 필요는 없다는 것, 다 할 방법도 없다는 것, 내가 못하는 일은 다른 누군가의 재능이며 책임이라는 것을 깨닫게 된다. … 나의 한계는 다른 사람의 재능을 위한 공간을 마련한다." 약점에 주목하기보다는 강점을 키워 그것을 삶의 중심으로 만들 방법을 찾아야 한다.

여기서 반드시 주의할 점이 두 가지 있다. 첫째, 내 다르마를 따른다고 해서 뭐든 괜찮다는 뜻은 아니다. 능력과 관련해서라면 강점을 갈고닦아야 한다. 하지만 내 약점이 공감이나 연민, 친절, 관용처럼 감성적인 부분이라면 결코 계발을 멈추어서는 안 된다. 연민이 없다면 기술계의 마법사가 된다 한들 아무 의미가 없다. 유능하다고 해서 재수 없는 사람이 될 필요는 없다.

둘째, 특정 과목의 성적이 나쁘다고 해서 그 과목을 통째로 포기할 필요는 없다. 우리는 경험이 없는 것과 약점을 혼동하지 말아야 한다. 내 다르마가 무엇인지 알아내지 못해 다르마를 벗어나 사는 사람도 있다. 우리는 여러 선택지를 거부하기 전에 폭넓은 실험을 거치는 것이 중요하다. 실험은 대개 어린 시절 학교나 그 외의 곳에서 이루어진다.

나는 지극히 불쾌하다고 느낀 몇몇 경험에서 다르마를 발견했다. 아슈람 수업 이전에 나는 사람들 앞에서 말하는 것을 싫어했다. 일고여덟 살 때쯤 자신의 문화적 전통을 공유하는 학교 행사가 있었다. 어머니는 나를 인도 왕처럼 보이게 하려고 잘 맞지도 않는 사리(sari, 인도 여성들이 주로 입는 한 장의 천으로 몸을 휘감는 스타일의 옷 - 옮긴이) 비슷한 것으로 내 온몸을 칭칭 감았고, 그걸 입은 나는 어정쩡하고 어색하기 짝이 없었다. 내가 무대에 오른 순간부터 아이들은 웃음을 터뜨리기 시작했다. 기를 써도 나오지 않는 목소리로 음역된 산스크리트어 기도문을 노래하기 시작하자 다들 웃음을 못 참고 말았다. 2분도 지나지 않아 500여 명의 아이와 모든 선생님이 나를 보며 깔깔댔다. 가사가 기억나지 않아 내 앞의 종이를 내려다보았으나 눈물이 앞을 가려서 글자를 읽을 수 없었다. 담임선생님이 무대로 올라와 팔로 나를 감싸 안은 채 무대 밖으로 데리고 나가야 했고, 그러는 동안에도 사람들은 웃음을 멈추지 않았다. 굴욕적인 사건이었다. 그때부터 무대를 싫어했다. 열네 살이 되었을 때 부모님은 나를 억지로 방과 후 웅변, 드라마 수업에 집어넣었다. 일주일에 세 번, 세 시간씩 4년간 수업을 듣고 나니 나는 무대에 설 수 있는 기술이 생겼지만, 할 얘기가 없었고 무대에 서는 게 즐겁지도 않았다. 그때도 그렇고 지금도 그렇고 나는 부끄러움이 많은 편이지만, 그 웅변 수업은 내 인생을 바꿔놓았다. 나의 다르마와 연결된 그 기술이 강력한 무기가 되었기 때문이다.

아슈람에서의 첫 여름이 끝났을 때 아직 정식 승려는 아니었다.

다시 대학으로 돌아간 나는 연습 삼아 남을 가르쳐보기로 하고, '소리 내어 생각하라'라는 동호회를 만들었다. 매주 사람들이 나를 찾아오면 철학, 영성, 과학 등의 주제에 관해 내가 먼저 이야기하고 다 함께 토론하는 자리였다. 첫 모임의 주제는 '물질의 문제, 영적인 해결책'이었다. 나는 우리가 다 같은 인간으로 살면서 동일한 고난, 시행착오를 겪고 있고, 영적인 공부가 문제의 답을 찾는 데 도움이 될 수 있다는 얘기를 할 계획이었다. 아무도 나타나지 않았다. 작은 방이 그대로 비어 있는 것을 보고 속으로 생각했다. '나는 대체 여기서 뭘 배울 수 있을까?' 그래서 계획한 것을 그대로 하기로 했다. 나는 빈방에 대고 모든 에너지를 쏟아 강연했다. 그럴 만한 가치가 있는 주제였다. 그날 이후 나는 이런저런 매체를 통해 같은 일을 이어오고 있다. 대화의 시작은 늘 우리가 누구고, 일상의 여러 어려움에 어떻게 해결책을 찾을 수 있을지에 관한 것이다.

다음번 '소리 내어 생각하라' 모임에는 포스터도 붙이고 전단도 나눠준 효과가 있어서 열 명 정도가 찾아왔다. 두 번째로 시도한 모임도 주제는 동일하게 '물질의 문제, 영적인 해결책'이었다. 나는 코미디언 크리스 록Chris Rock의 영상을 보여주는 것으로 대화를 시작했다. 록은 제약업계가 실은 우리가 병이 낫는 것을 바라지 않는다고 말했다. 제약업계는 우리가 '계속해서' 약을 필요로 하기를 바란다는 것이다. 나는 이를 우리가 진정으로 성장하려고 노력하기보다는 즉각적 해결책을 찾고 있다는 토론으로 연결시켰다. 나는 언제나 시의성이 있으면서 재미난 사례를 가지고 수도자들의 철학을 일상생활과 연결하는 것을 좋아했다. 동호회는 남은 대학 3년 동안 계속되었다. 내가 졸업할 때쯤 동호회는 가입자 100명에, 매주 세 시간씩 실시하는 워크숍으로 성장해 있었다.

우리는 누구나 특별한 천재성을 가지고 있다. 그 천재성은 내 눈앞에 펼쳐진 길 위에 놓여 있지 않을 수도 있다. 어쩌면 눈에 보이는 길 자체가 전혀 없을 수도 있다. 나의 다르마는 내가 다니던 학교에서는 흔히 생각할 수 없는 일에 속했다. 나는 아슈람에서 우연히 하게 된 숙제에서 힌트를 얻었고, 이후에 만든 동호회에서 내 다르마를 찾았다. 다르마가 일부러 숨는 것은 아니지만 때로는 내 다르마를 알기 위해 끈질긴 노력이 필요할 수 있다. 연구자 안데르스 에릭슨Anders Ericsson과 로버트 풀Robert Pool이 『1만 시간의 재발견』에서 강조한 것처럼, 무언가에 통달하려면 의도적 연습, 그것도 '많은' 연습이 필요하다. 하지만 좋아하면 노력하게 된다. 피카소는 여러 형태의 예술을 실험했지만 초점은 늘 회화에 있었다. 마이클 조던은 한동안 야구를 했지만 정말로 빛을 발한 것은 농구였다. 잘하는 분야에서 열심히 하라. 그러면 삶에서 깊이, 의미, 만족을 얻게 된다.

열정을 따르라

◆◆◆◆◆

내 다르마가 무엇인지 밝히려면 내 열정이 뭔지 알아야 한다. 내가 좋아하면서 자연스럽게 잘하는 일 말이다.

잠재력의 사분면

Ⅱ. 잘하고 열정도 있다	Ⅰ. 잘하지만 열정은 없다
Ⅲ. 잘 못하고 열정도 없다	Ⅳ. 잘 못하지만 열정은 있다

질문: 어떻게 하면 내 시간과 에너지를 2사분면, 즉 내가 잘하면서 좋아하는 일 쪽으로 더 많이 이동시킬 수 있을까?

'잠재력의 사분면'을 보면 왼쪽 위의 2사분면, 즉 내가 잘하면서 좋아하는 일에 최대한 많은 시간을 할애해야 하는 게 분명하다. 하지만 인생이 꼭 그런 식으로 펼쳐지는 것은 아니다. 많은 사람이 1사분면, 즉 잘하지만 좋아하지 않는 일을 하며 커리어를 쌓는다.

남는 시간이 있으면 4사분면으로 점프해서 좋아하는 취미나 과외 활동을 실컷 한다. 비록 그것들을 내가 원하는 만큼 잘하게 될 시간은 없지만 말이다. 누구나 3사분면에서는 최대한 적은 시간을 보내고 싶다는 데 동의할 것이다. 내가 좋아하지도 않고 잘하지도 못하는 일을 하며 3사분면에서 시간을 보내는 것은 너무나 우울한 일이다. 그렇다면 질문 사항은 이것이다. 어떻게 하면 내가 잘하고 좋아하는 일을 할 수 있는 2사분면으로 더 많은 시간을 옮길 수 있을까? 우리가 원하는 것을 절반씩 제공하는 1사분면과 4사분면부터 보자.

1사분면: 잘하지만 좋아하지 않는 일

1사분면에서 2사분면으로 가는 것은 말은 쉽지만 실제로는 쉽지 않다. 당신이 지금 하는 일을 좋아하지 않는다고 치자. 내가 좋아하는 일에 갑자기 뛰어들었는데 기적적으로 연봉까지 좋을 수는 없다. 2사분면으로 가는 더 현실적인 방법은 기존의 내 직업 속에서 2사분면으로 옮겨 갈 참신한 방법을 찾아내는 것이다. 내가 지금 있는 곳에서 나의 다르마를 가져올 방법은 무엇이 있을까?

아슈람을 떠난 후 내가 처음으로 가진 직업은 글로벌 경영컨설팅회사인 액센추어Accenture의 컨설턴트였다. 숫자, 데이터, 금융 상태를 다루는 일로 엑셀에 재능이 있으면 잘할 수 있는 일이었다. 그러나 아무리 노력해도 엑셀을 억지로 잘할 수는 없었다. 그냥 흥미가 느껴지지 않았다. 나에게는 엑셀이 외양간 청소보다 못한 일이었다. 나는 어떻게 하면 내가 잘하는 걸 보여줄 수 있을까 고민했다. 내가 열정을 가진 분야는 명상이나 마음챙김처럼 삶을 위한 여러 도구와 지혜였다. 그래서 직장 동료들에게 마음챙김의 기술을 가르쳐주겠다고 했다. 관리팀장은 내 아이디어를 아주 좋아했다. 수업이 얼마나 인기가 있었던지 관리팀장은 각지의 애널리스트와 컨설턴트들이 모두 모이는 사내 행사에서 마음챙김과 명상에 관해 강의해 달라고 했다. 나는 영국 럭비 국가대표팀의 홈경기장인 트위크넘 스타디움에 모인 천 명의 사람들 앞에서 강연을 하게 됐다.

경기장에 도착해 보니 내 순서가 회사의 CEO와 전설적인 럭비선수 윌 그린우드Will Greenwood의 연설 사이로 정해져 있었다. 객석에 앉아 식순을 듣고 있으니 '젠장. 다들 날 비웃을 거야. 내가 왜 이걸 한다고 했지?' 하는 생각이 들었다. 그날의 다른 강연자들은 자기 분야에서 최고의 위치에 있는, 누가 봐도 다 아는 사람들이었다. 나는 미리 생각해 둔 이야기에 의구심이 들기 시작했다. 그래서 호흡법을 쓰며 나 자신을 진정시켰다. 무대에 오르기 2초 전 이렇게 생각했다. '그냥 있는 그대로 나 자신을 보여주자.' 남의 다르마를 시도하느니 내 다르마를 완벽하게 실천하기로 했다. 나는 무대에 올랐고, 내가 좋아하는 이야기를 했고, 더할 나위 없이 좋은 반응을 얻었다. 행사를 조직한 관리팀장은 이렇게 말했다. "컨설턴트와 애널리스트들이 잔뜩 모여 있는데 핀 떨어지는 소리까지 들릴 만큼 조용했다는 건 한 번도 들어보지 못한 얘기예요." 관리팀장은 영국에 있는 회사 전 지점에서 마음챙김을 가르쳐달라고 제안했다.

그게 결정적 계기가 되었다. 나는 내가 3년간 배운 내용이 아슈람 밖과는 무관한, 수도자들에게만 해당하는 괴상한 철학이 아니라는 사실을 깨달았다. 내가 배운 모든 것을 실천할 방법이 있었다. 나는 현대사회에서 내 다르마를 실현했다.

여러분도 커리어의 대단한 변화를 꾀하지 않고도 나 같은 방법을 시도해 볼 수 있다. 당신이 가진 삶에서 당신이 좋아하는 것을 할 기회를 찾아보라. 그 끝이 어떻게 될지는 아무도 모른다. 리어나도 디캐프리오Leonardo DiCaprio는 연기나 영화 제작을 포기한 적은 없지만 환경 운동에도 상당한 에너지를 쏟고 있다. 그게 그의 다르마의 일부이기 때문이다. 평범한 회사 직원이 자원봉사 활동으로 디자인 작업을 할 수도 있다. 바텐더가 소소한 경연을 열 수도 있다. 함께 일했던 변호사 중에는 TV 쇼에 나오는 제빵사가 되는 게 진짜 열정인 사람도 있었다. 그녀는 이 목표가 비현실적으로 느껴지자 같은 TV 프로그램을 좋아하는 동료들을 모아서 '베이킹 먼데이즈Baking Mondays'라는 모임을 시작했다. 월요일마다 한 명씩 자신이 만든 빵을 가져오는 모임이었다. 비록 그녀는 자기 일이 생각보다 지루하다는 걸 알게 되었지만, 여전히 그 일을 열심히 했고 성과도 좋았다. 자신의 열정을 사내에서 공동의 관심사로 만들자 팀원들은 더 돈독해졌고, 그녀도 더 힘을 낼 수 있었다. 아이가 둘에 주택담보대출까지 있어서 직장을 그만둘 형편이 아니라면 이 변호사처럼 해보라. 당신의 다르마에서 나오는 에너지를 회사로 가져갈 방법을 찾는 것이다. 아니면 그 에너지를 취미, 가정생활, 사교 등 삶의 다른 측면으로 가져올 방법을 찾을 수도 있다.

당신이 당신의 강점을 좋아하지 않는 이유에 대해서도 생각해보라. 그 강점을 좋아할 방법은 없을까? 회사 일을 잘할 수 있는 모든 기술을 갖고 있는데도 일이 의미 없다고 생각하는 사람이 많다. 어떤 경험에 의미를 추가할 최선의 방법은 그 일이 미래에 어떤 식으로 이바지할지 찾아보는 것이다. 자신에게 '나는 지금 글로벌 기업에서 일하는 요령을 배우는 중이야' 혹은 '언젠가 내 가게를 열면 필요할 예산 관리법을 몽땅 습득하는 중이야'라고 말할 수 있다면, 당신의 첫 번째 선택이 아닌 것에도 열정을 지닐 수 있을 것이다. 당신이 느끼는 열정을 배움과 성장이라는 경험으로 연결시켜라.

예일대학교 경영대학원의 심리학자 에이미 프제스니에프스키 Amy Wrzesniewski 팀은 병원에 따라서 청소부들이 자기 일을 어떤 식으로 경험하는지 연구했다. 한 병원의 청소부들은 자기 일이 특별히 만족스럽지 않고, 대단한 기술이 필요하지도 않다고 했다. 자신이 하는 일을 설명할 때는 마치 인사팀 매뉴얼에 있는 직무 설명서를 읊는 것 같았다. 그런데 연구원들은 다른 병원의 청소부들과 대화를 나누면서 깜짝 놀라고 말았다. 두 번째 병원의 청소부들은 자기 일을 즐기고 있었고, 그 일이 깊은 의미가 있다고 생각했으며, 대단한 기술이 필요한 일이라고 설명했다. 직무 내용을 설명하는 과정에서 왜 이 사람들이 첫 번째 병원 청소부들과 이토록 크게 다른지가 분명해졌다. 두 번째 병원의 청소부들은 늘 해야 하는 청소 업무 외에도 환자들에 관한 이야기를 했다. 이들은 어느 환자가 특별히 슬퍼 보이는지, 방문객이 줄었는지 알아차리고, 그들과 더 자주 대화하려 하고, 안부를 묻는다고 했다. 나이 많은 방문객들이 길을 잃지 않게 주차장까지 데려다준 일도 언급했다(엄밀히 말하면 청소부의 업무는 아니므로 해고 사유가 될 수도 있었다). 한 청소부는 병실 사이에 걸려 있는 그림을 주기적으로 바꿔준다고 했다. 그게 업무에 포함되느냐고 묻자 그녀는 이렇게 대답했다. "내 일은 아니죠. 하지만 나는 그런 사람이에요."

후속 연구를 통해 프제스니에프스키 팀은 '잡 크래프팅Job Crafting'이라는 말을 만들어냈다. 이는 "일에 대한 몰입과 직무 만족도, 회복탄력성, 성장성을 높이기 위해 자신의 직무를 재설계하는 일"을 가리킨다. 연구진에 따르면 우리는 업무, 인간관계, 심지어 일에 대한 지각(청소부들이 자신을 '치유자'나 '홍보대사'로 생각했던 것처럼)까지 재설계할 수 있다고 한다. 어떤 의도를 가지고 일을 대하느냐는 일을 통해 얻는 의미와 개인적인 목적의식에 큰 영향을 미친다. 지금 당장 의미를 찾는 법을 배워라. 평생 도움이 될 것이다.

4사분면: 잘 못하지만 좋아하는 일

열정을 가진 일이 돈이 되지 않으면 우리는 그 일을 우선순위에서 뒤로 미룬다. 그다음 내가 어떤 일을 좋아하는데 충분히 잘하거나 자주 할 수 없다고 좌절한다. 기술을 향상하는 가장 확실한 방법은 시간이다. 당신은 좋아하는 일을 더 잘하기 위해서 수업을 듣거나, 훈련을 받고 있는가?

당신은 이렇게 말할 것이다. "불가능해요. 그럴 시간이 있었다면 분명히 했을 겁니다." 없는 시간을 어떻게 찾아내는지는 다음 장에서 이야기하겠지만, 이 장에서는 이 말만은 할 수 있다. '누구나 시간은 있다.' 누구나 통근하고, 요리하고, TV를 본다. 세 시간은 없을 수도 있지만, 누구나 10분 시간을 내서 팟캐스트를 듣거나 유튜브로 새로운 기술을 배울 수 있다. 다르마를 좇다 보면 저절로 시간이 만들어지기도 한다. 내가 처음 영상을 만들었을 때는 퇴근 후 집에서 작업했다. 5분짜리 영상을 편집하는 데 일주일에 닷새, 다섯 시간씩 집중해야 했다. 오랫동안 투자 대비 효과는 미미했지만 내 능력을 최대한 활용해 보기 전에 포기할 생각은 없었다.

이후 몇 년간 사람들이 이상한 것으로 수익을 창출하는 모습들을 목격했다. 엣시Etsy(미국의 전자상거래 사이트 - 옮긴이)에 들어가 보면 얼마나 많은 사람이 자신의 열정을 활용해서 돈 벌 방법을 찾아냈는지 깜짝 놀랄 것이다. 하지만 세상으로부터 당신의 열정을 필요하거나 원하지 않는다는 강력한 메시지를 받게 된다면, 괜찮다. 받아들여라. 축구는 세상에 '꼭' 필요하지만, '내가' 축구 경기를 할 필요는 없다. 액센추어에서 내가 조직한 축구 경기는 나의 일주일 중 하이라이트였다. 나의 다르마가 아니더라도 여전히 내게 기쁨을 줄 수 있다.

3사분면: 잘 못하고 좋아하지도 않는 일

영혼을 갉아먹는 3사분면에서 빠져나올 수 있도록 할 수 있는 일은 모두 다 해라. 즐겁지 않은 잡일은 늘 있겠지만 그게 당신 삶에서 가장 큰 부분이 되어서는 안 된다. 혹시 가능하다면 3사분면에 있는 일들은 아웃소싱해야 한다. 기억하라. 당신이 싫어한다고 해서 모든 사람이 그 일을 싫어하는 것은 아니다. 서로 가장 싫어하는 일을 친구나 동료와 바꿔서 할 수는 없는가?

잡일을 덜어낼 수 없다면 내가 아슈람에서 배웠던 교훈을 기억하라. 모든 일은 인체에 꼭 필요한 장기와 같다. 그중에 더 중요하고 덜 중요한 일은 없다. 우리 중에 누구도 잡일을 할 수 없을 만큼

'중요한' 사람은 없다. 나는 이 일을 하기에는 너무 훌륭한 사람이라 생각한다면, 최악의 자기중심적 충동에 굴복하는 것이고, 잡일을 하는 사람을 하찮게 보는 것이다. 자신의 다르마를 따르며 만족하는 사람은 시기하거나 자존심을 내세우지 않고, 나와 다른 기술에 능한 사람들을 인정한다. 나는 엑셀을 다룰 수 있는 사람들에게 대단한 존경심을 갖고 있다. 다만 내가 직접 그 일을 하고 싶지는 않을 뿐이다. 나는 그 어떤 커리어를 가진 사람을 만나든, '대단하다. 놀랍다. 하지만 내가 할 수 있는 일은 아냐'라고 생각한다.

직접 해보기: 잠재력의 사분면을 확인하라
잠재력의 사분면에 관한 부분을 읽으면서 머릿속으로 이 연습을 해보았을 수도 있다. 그래도 이 연습을 해보기 바란다. 현재 당신이 당신의 다르마에 얼마나 가까이 살고 있는지 알 수 있을 것이다.

- 내 일을 좋아하는가?
- 내 일을 사랑하는가?
- 내 일을 잘하는가?
- 남들이 내 일을 인정하고 필요로 하는가?
- 내가 가장 잘하는 일 혹은 열정을 쏟는 일이 내 직업과 무관한가?
- 그게 어떤 일인가?
- 그 일을 직업으로 만드는 것을 꿈꾸는가?
- 어쩌면 내 열정을 직업으로 만들 방법이 있다고 생각하는가?

당신의 열정을 세상으로 가져올 아이디어가 있다면 적어보라.

2사분면: 베다 성격

우리는 재능을 사용해 좋아하는 일을 하면서 시간을 보낼 수 있는 2사분면에 살고 싶다. 만약 2사분면에 있지 않다면 수도자의 방식으로 문제를 점검해야 한다. 내가 개발한 특정 기술이나 내가 좋아하는 특정 일을 살필 것이 아니라 그 너머에 있는 문제의 뿌리를 보아야 한다.

『바가바드 기타』는 다르마를 생각하면서 우리를 '바르나'라고 하는 네 가지 성격 유형으로 나눈다. 나의 바르나를 알면 타고난 본성과 능력을 알 수 있다. 비교적 최근이라고 할 수 있는 19세기 영국의 지도자들이 경직된 사회 계급 제도를 인도 사회에 도입하면서 바르나가 갑자기 카스트제도의 근간으로 등장했다. 직업의 계급을 나눈 카스트제도가 바르나에 기초한 것은 사실이지만, 이는 경전을 잘못 해석한 것이다. 여기서 카스트제도를 이야기하려는 것은 아니다. 나는 모든 사람이 동등하다고 믿는다. 다만 서로 다른 재능과 기술을 가졌을 뿐이다. 바르나와 관련해서 내가 하고 싶은 얘기는 어떻게 하면 우리가 이 재능과 기술을 잘 활용해 잠재력을 최대한 펼치며 살 수 있을까 하는 점이다. 네 가지 성격 유형은 인체의 장기처럼 하나의 공동체 내에서 서로 협동하게 되어 있다. 모두 중요하고 어느 하나도 다른 것보다 우월하지 않다.

바르나는 출생으로 정해지지 않는다. 바르나는 나의 진정한 천성과 성향을 이해하는 데 도움이 되라고 만든 것이다. 부모가 창의적이라는 이유만으로 자식도 창의적인 것은 아니다.

바르나 중에 어느 하나가 다른 것보다 훌륭하지 않다. 우리는 누구나 서로 다른 일과 재미와 사랑과 봉사를 추구한다. 여기에 위계 서열이나 차별은 없다. 두 사람이 모두 자신의 다르마를 최선으로 따르며 타인을 위해 봉사하고 있다면, 두 사람 중에 더 나은 사람과 못한 사람은 없다. 암 전문의가 과연 소방관보다 더 훌륭할까?

직접 해보기: 베다 성격 테스트

간단한 테스트 하나로 성격 유형이 결정되는 것은 아니다. 그러나 나의 다르마를 찾는 데 도움이 될 것이다.
부록의 '베다 성격 테스트'를 참조하라.

네 가지 바르나

◆◆◆◆◆

네 가지의 바르나는 길잡이, 리더, 창안가, 제작자다. 이름이 바로 특정 직업이나 활동과 연결되는 것은 아니다. 물론 어떤 활동이 나의 다르마를 실현해 주기 때문에 기쁨을 줄 수도 있지만, 다르마에 따라 사는 방법에는 여러 가지가 있다. 길잡이는 지식을 배우고 공유하려고 한다. 그렇다면 선생님이나 작가가 될 수도 있을 것이다. 리더는 영향력을 행사하고 필요한 것을 준비하기를 좋아한다. 그렇다고 해서 꼭 CEO나 군인이 되어야 하는 것은 아니다. 리더는

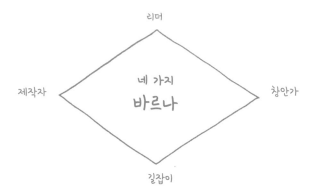

다르마 프로필

리더

네 가지
바르나

제작자

창안가

길잡이

교장 선생님이나 매장 매니저일 수도 있다. 창안가는 어떤 일이 일어나게 만드는 것을 좋아한다. 그 일은 스타트업이 될 수도 있고, 주민 모임이 될 수도 있다. 제작자는 눈에 보이는 구체적인 것이 만들어지는 것을 좋아한다. 제작자는 프로그래머일 수도 있고, 간호사일 수도 있다.

앞서 이야기한 '구나'를 기억할 것이다. 타마스, 라자스, 사트바는 각각 무지, 충동, 선의를 뜻했다. 각각의 바르나에 대해 나는 그들의 행동이 구나의 어떤 모드와 비슷한지를 설명할 것이다. 우리는 무지에서 벗어나 열정을 추구하고, 선으로 봉사하여 사트바에 이르려고 노력한다. 사트바에서 더 많은 시간을 보낼수록 더 효과적이고 만족하는 사람이 될 수 있다.

창안가

- 과거: 상인, 비즈니스맨
- 현재: 마케팅 전문가, 세일즈맨, 엔터테이너, 프로듀서, 기업가,
  최고경영자CEO
- 기술: 브레인스토밍, 인맥 형성, 혁신

- 일이 일어나게 만든다.
- 어떤 일이든 자기 자신도, 타인도 설득할 수 있다.
- 세일즈, 협상, 설득에 능하다.
- 돈, 즐거움, 성공에 크게 좌우된다.
- 매우 근면하고 결연하다.
- 거래, 상업, 금융업에 뛰어나다.
- 늘 분주하다.
- 열심히 일하고, 열심히 논다.

무지 모드
- 부패를 저지르고, 아무 가치가 없는 것을 판다. 무언가를 팔기
  위해 거짓말하고, 속이고, 훔친다.
- 실패해 녹초가 된다.
- 과로해 극도로 피곤하고, 우울하고, 침울하다.

충동 모드

- 지위에 좌우된다.

- 역동적이고, 카리스마가 넘치고, 사람을 사로잡는다.

- 야바위꾼, 목표 지향적, 지칠 줄 모른다.

선의 모드

- 더 큰 일을 위해 돈을 쓴다.

- 만들어낸 제품과 아이디어로 돈도 벌고 타인도 이롭게 한다.

- 사람들을 위해 일자리와 기회를 제공한다.

제작자

- 과거: 예술가, 뮤지션, 크리에이티브 종사자, 작가
- 현재: 사회복지사, 심리치료사, 의사, 간호사, 목수, 요리사, 최고운영책임자COO, HR팀장, 예술가, 뮤지션, 엔지니어, 프로그래머
- 기술: 발명, 지원, 실행

무지 모드

- 실패해 우울하다.

- 발목이 잡힌 기분이고 스스로 무가치하다고 느낀다.

- 불안하다.

충동 모드

- 새로운 아이디어를 탐구하고 실험한다.
- 너무 많은 일을 동시에 처리한다.
- 전문성과 보살핌에 집중하지 못하고, 결과에 초점을 맞춘다.

선의 모드

- 안정성과 안전을 중시한다.
- 현 상태에 대체로 만족한다.
- 의미 있는 목표를 선택해서 추구한다.
- 가족에게 헌신하고 일을 열심히 하며 삶의 균형을 맞춘다.
- 누군가의 가장 훌륭한 오른팔이다.
- 모임을 주도한다.
- 어려움에 처한 사람을 도와준다.
- 몸을 쓰는 직업에서 기술이 매우 뛰어나다.

관계

- 제작자와 창안가는 서로를 보완한다.
- 제작자는 창안가가 디테일, 품질, 감사, 만족에 초점을 맞추게 지원한다.
- 창안가는 제작자가 더 크게 생각하고 목표지향적이 되도록 돕는다.

길잡이

- 과거와 현재: 교사, 가이드, 구루, 코치, 멘토
- 기술: 학습, 연구, 지식 나눔, 지혜

- 역할에 관계없이 코치이자 멘토다.
- 사람들에게서 최선의 모습을 끌어내고자 한다.
- 명성, 권력, 돈, 안전보다 지식과 지혜를 중시한다.
- 성찰하고 학습할 시간과 공간을 갖고 싶어 한다.
- 사람들이 의미와 만족, 목적을 찾도록 도와주고 싶어 한다.
- 혼자 작업하는 것을 좋아한다.
- 여가 시간에는 독서, 토론, 논의 등 지적인 추구를 즐긴다.

무지 모드

- 입으로만 떠들고 실천하지 않는다.
- 리더의 모범을 보이지 않는다.
- 실행에 애를 먹는다.

충동 모드

- 논쟁을 좋아하고 타인의 주장을 박살낸다.
- 지식을 힘과 권력을 위해 사용한다.
- 지적인 호기심이 많다.

선의 모드

- 지식을 이용해 사람들이 목적을 찾을 수 있게 돕는다.
- 더 많이 베풀기 위해 출세하려고 한다.
- 지식은 혼자만 사용하는 것이 아니고 봉사하기 위한 것임을 깨닫는다.

리더

● 과거: 왕, 전사
● 현재: 군인, 법관, 경찰, 정치
● 기술: 통치, 의욕 고취, 타인을 사로잡는 힘

- 사람, 운동, 단체, 가족의 타고난 리더다.
- 용기, 힘, 결의를 따른다.
- 불리한 처지에 있는 사람들을 보호한다.
- 고고한 도덕규범, 가치관을 따르고 그것을 전 세계에 전파하려고 한다.
- 사람들이 성장할 수 있는 체계와 틀을 제공한다.
- 팀을 이루어 일하는 것을 좋아한다.
- 조직, 집중, 미션에 대한 헌신에 능하다.

무지 모드

- 부패와 위선 때문에 변화를 포기한다.

- 부정적이고 비관적인 관점을 발달시킨다.

- 권력을 얻기 위해 도덕적 방향성을 상실한다.

충동 모드

- 의미가 아니라 명성이나 돈을 위해 체계와 틀을 짠다.

- 자신의 재능을 인류가 아니라 자기 자신을 위해 사용한다.

- 자신을 위한 단기 목표에 집중한다.

선의 모드

- 고고한 도덕규범, 윤리, 가치관을 위해 싸운다.

- 의욕을 고취하여 사람들이 협동하게 만든다.

- 사회를 뒷받침할 장기 목표를 세운다.

관계

- 길잡이와 리더는 서로를 보완한다.

- 길잡이는 리더에게 지혜를 제공한다.

- 리더는 길잡이에게 체계를 제공한다.

바르나의 핵심은 나 자신을 더 잘 이해하고 가장 잘하는 기술과 성향에 집중할 수 있게 돕는 것이다. 자각은 선택과 집중을 더 잘하게 해준다. 나는 길잡이의 성향을 지녔다. 이런 내 성향을 보고 있으면 전략에 집중할 때 성공하는 것이 이해가 된다. 창안가와 제작자는 실행에 능하므로 나는 이 부분에서 나를 도와줄 수 있는 사람들을 가까이 둔다. 음악가는 안전을 중시하는 제작자일 수도 있다. 음악가가 성공하려면 전략가들을 곁에 두어야 할지도 모른다. 당신의 강점에 투자하고 모자란 부분을 채워줄 수 있는 사람들을 가까이 둬라.

당신의 바르나(나의 열정과 기술)를 알고 그것으로 봉사하면, 그게 바로 당신의 다르마가 된다.

직접 해보기: 최선의 내 모습 성찰하기

1. 당신을 잘 아는 사람들을 골라 그룹을 만들어라. 친구, 가족, 동료 등 다양한 사람들로 구성하라. 세 명 이상이면 되지만 10~20명이면 더 좋다.
2. 그들에게 내가 최고의 모습이었던 순간을 적어달라고 하라. 구체적으로 적어달라고 하라.
3. 패턴이나 공통 테마가 있는지 찾아보라.
4. 피드백을 모아서 마치 내가 아닌 것처럼 나의 프로필을 작성하라.
5. 어떻게 하면 내가 가장 잘하는 기술을 행동으로 바꿀 수 있을지 생각해보라. 그 기술들을 이번 주에는 어떻게 사용할까? 다른 환경이나 다른 사람들에게는 어떻게 활용할까?

당신의 바르나를 시운전해 보라

◆◆◆◆◆

베다 성격 테스트는 당신의 바르나를 볼 수 있게 도와준다. 그러나 점성술과 마찬가지로 바르나도 내일 무슨 일이 일어날지는 말해 주지 않는다. 탐구와 실험을 통해 이 바르나를 현실 세계에서 테스트해 보는 것은 당신에게 달렸다. 당신의 바르나가 리더라면 직장에서 리더의 역할을 맡거나 자녀의 생일파티를 조직해 보라. 리더의 임무를 수행하는 과정에서 정말로 기쁨을 느끼는가?

우리가 무언가를 먹을 때의 자각 수준을 생각해 보라. 나의 감각을 확인해서 내가 이 음식을 좋아하는지 판단할 수 있고, 누가 물어본다면 1~10 사이의 점수를 매기는 것도 어렵지 않을 것이다. 내일은 전혀 다른 맛을 느낄 수도 있다. (만약 내가 좋아하는 초콜릿 브라우니 아이스크림을 일요일 저녁에 먹는다면 아주 행복하겠지만, 월요일 아침이라면 내 몸에 집어넣기에 가장 좋은 음식이라 생각하지 않을 것이다.) 즉각적 혹은 장기적 성찰을 통해 우리는 해당 음식을 정기적으로 먹을 것인지를 두고 복잡한 의견을 만든다. 음식에 관해서는 누구나 이렇게 하고 있고, 극장을 나올 때도 마찬가지이며("재미있었어?"), 혹자는 옐프Yelp(지역 식당, 병원 등의 리뷰를 공유하는 플랫폼 - 옮긴이)에서도 그렇게 할 것이다. 그러나 우리는 시간을 쓰는 방법이나 취향에 대해서는 이런 성찰을 시도하지 않는다. 나에게 힘을 주는 것이 무엇인지 확인하는 습관을 기른다면 나에 대해 그리고 내가 삶에서 뭘 원하는지 더 잘 이해할 수 있다. 바르나에 대한 이해를 갈고닦기 위해서 우리가 할 일이 바로 이것이다.

바르나를 탐구할 때 가장 먼저 물어보아야 할 가장 중요한 질문은 이것이다.

'내가 과정을 즐겼는가?'

바르나에 대한 설명을 당신의 경험과 비교해 당신이 정확히 어떤 점을 즐겼는지 집어내라. "나는 사진 찍는 걸 좋아해"라고 말하지 말고, 그 뿌리가 무엇인지 찾아내라. 가족들이 멋진 크리스마스 카드를 만들도록 도와주는 게 좋은가?(길잡이) 인간의 고난이나 의미 있는 상황을 기록으로 남겨 변화를 촉진하는 것이 좋은가?(리더) 조명, 초점, 필름 현상 등 기술적인 측면이 좋은가?(제작자) 승려로 지낼 때 생각 연습을 하나 끝낼 때마다 다음과 같이 자문했다.

이 일의 어떤 점이 좋았는가? 이 일을 내가 잘하는가? 이 일에 관한 글을 읽고, 이 일을 더 많이 배우고, 이 일을 하는 데 더 많은 시간을 쓰고 싶은가? 더 잘하고 싶은가? 내 마음을 편하게 또는 불편하게 만드는 요소는 무엇인가? 불편했다면 긍정적인 방식(나를 성장하게 하는 도전)인가, 아니면 부정적인 방식인가?

이런 자각을 통해 우리는 내가 무엇을 잘하는지에 관해 훨씬 더 복합적인 시각을 가질 수 있다. 이런 자각은 우리를 유일무이한 경로 위에 올려놓는 대신, 열정을 사용할 수 있는 새로운 길을 열어준다.

다르마를 받아들여라

◆◆◆◆◆

머리는 최선의 선택만을 내렸다고 나를 설득하려 들 수도 있다. 그러나 진정한 본성인 열정과 목적은 머릿속에 있는 것이 아니라 가슴속에 있다. 사실 머리는 종종 우리의 열정에 방해가 된다. 우리가 마음을 닫아버리기 위해 사용하는 핑계들을 예로 들면 아래와 같다.

지금 와서 내 사업을 시작하기에 나는 나이가 너무 많아.

이런 변화를 꾀한다면 내가 무책임한 사람이 되는 거지.

나는 이걸 할 만한 금전적 여유가 없어.

전부터 알고 있었어.

나는 늘 이런 식으로 해왔어.

저쪽 길은 나에게는 효과가 없을 거야.

시간이 없어.

거짓된 혹은 자기기만적인 과거의 신념이 슬그머니 발전을 가로막는다. 우리는 두려움 때문에 새로운 것을 시도하지 못한다. 자존심 때문에 새로운 정보를 배우거나 성장할 기회에 마음을 열지 못한다. (더 자세한 내용은 8장에서 다룬다.) 지금까지 변화를 꾀할 시간이 있었던 사람은 아무도 없다. 그러나 나의 다르마를 적극적으로 받아들이면 기적이 일어난다.

조지프 캠벨Joseph Campbell에게는 어린 시절 자신의 다양한 관심사에 맞는 커리어 모델이 없었다. 1900년대 초 어린아이였던 캠벨은 아메리카 원주민 문화에 매료되어 구할 수 있는 자료란 자료는 닥치는 대로 공부했다. 대학 시절에 가톨릭의 각종 상징과 의식에 도취되었다. 해외 유학을 하면서는 관심사가 칼 융Carl Jung과 지그문트 프로이트Sigmund Freud 이론으로 확장되었고, 현대 미술에도 관심을 가졌다. 컬럼비아대학교로 돌아온 캠벨은 논문 지도교수에게 성배에 관한 고대 이야기와 예술, 심리학에 나타난 아이디어를 엮어보고 싶다고 했다. 지도교수는 안 된다고 했다. 캠벨은 논문 작업을 포기했다. 1949년부터는 세라로런스대학교에서 문학 교수로 재직하며 수백 편의 논문과 책을 출판했다. 캠벨은 특히 인도의 고대 신화와 철학에 깊이 빠져들었는데, 저서인 『천의 얼굴을 가진 영웅』에서 자신이 '영웅의 여행'이라고 부르는 획기적 아이디어를 처음으로 이야기했다. 이 아이디어는 캠벨을 신화학과 인간 정신에 관한 세계적 권위자로 만들어주었다. 그러고 보면 자신의 다르마를 좇았던 캠벨이 '행복을 따라가라'는 조언을 최초로 내놓은 사람이라는 사실은 놀랄 일도 아니다. 그는 이렇게 썼다.

> 내가 행복에 대해 이렇게 생각하게 된 이유는, 전 세계에서 영적으로 가장 훌륭한 언어인 산스크리트어로 '초월의 바다로 뛰어들기 직전'을 가리키는 단어가 세 가지이기 때문이다. '사트Sat, 치트Chit, 아난다Ananda.' 사트는 '존재'를 의미한다. 치트는 '의식'을 뜻한다. 아만다는 '지복至福' 또는 '희열'을 가리킨다. 나는 이렇게 생각했다. '나는 내 의식이 참된 의식인지 아닌지 모르겠다. 나라는 존재에 대해 내가 아는 것이 참된 나인지 아닌지 모르겠다. 하지만 내 희열이 어디에 놓여 있는지는 안다. 그러니 희열에 매달리자. 그러면 나의 의식도, 존재도 찾을 수 있을 것이다.' 나는 이게 효과가 있었다고 생각한다.

그는 우리가 행복을 따라간다면 "다른 누구에게도 열리지 않았던 문이 열릴 것"이라고 했다. 보호 본능은 우리의 발목을 잡거나 현실적 결정을 내리게 만든다(캠벨도 38년간 문학을 가르쳤다). 그러나 뭘 찾아야 하는지 알고 있다면 우리는 그 본능 너머의 것을 볼 수 있고 다르마를 좇을 수 있다.

다르마는 신체적인 것이다

◆◆◆◆◆

우리는 마음에 귀를 기울일 것이 아니라 어느 생각이나 활동을 내 몸이 어떻게 느끼는지에 주목해야 한다. 먼저, 무얼 하고 있을 때의 나를 떠올리면 기쁜 감정이 드는가? 그걸 생각하면 설레는가? 내가 실제로 그 활동을 할 때 내 몸은 어떻게 반응하는가? 나에게 딱 맞는 것을 하고 있으면 몸이 먼저 느낀다.

1. 살아 있는 느낌

어떤 사람들은 다르마를 따르고 있다고 느끼면 차분하고 확신에 차 만족한다. 또 어떤 사람들은 기쁨과 흥분의 전율을 경험한다. 어느 쪽이 되었든 살아 있는 느낌, 연결된 느낌을 받으며 얼굴에 미소가 떠오른다. 불이 탁 켜진다.

2. 몰입

다르마를 따르면 자연스럽게 가속이 붙는다. 저항하는 파도에 맞서 싸우는 느낌이 아니라 물살을 따라 수영하는 느낌이 든다. 정말로 다르마와 딱 맞는 길을 가면 몰입을 경험할 수 있다. 내가 내 머리 밖으로 나온 느낌이고, 시간이 어떻게 가는지도 모른다.

3. 안정감

다르마를 따르면, 내가 혼자라거나 어울리지 않는 곳에 와 있다는 느낌이 들지 않는다. 오가는 사람이 누구든, 내가 지금 어디에 있든, 그곳이 딱 맞는 곳으로 느껴진다. 심지어 내가 딱 맞는다고 느끼는 공간이 전 세계를 옮겨 다닌다고 해도 말이다. 나는 스릴을 즐기지 않지만 내 친구는 빠른 차와 제트스키를 좋아한다. 실제 위험(최악의 시나리오)은 우리에게 동일하지만, 친구에게는 그게 감수할 만한 위험이거나 혹은 위험 자체가 곧 기쁨이다. 관객 앞에 서면 나는 편안하지만, 그대로 얼어붙는 사람도 있을 것이다.

4. 일관성

쉬는 날 스노클링을 하면서 멋진 시간을 보냈다고 해서 스노클링이나 휴가가 당신의 다르마인 것은 아니다. 다르마는 반복해도 빛이 바래지 않는다. 실은 하면 할수록 더 좋아진다. 그러나 한 번의 사건도 내가 어떤 에너지를 좋아하고, 언제 어떤 식으로 살아 있음을 느끼는지에 대한 단서가 될 수 있다.

5. 긍정적 생각과 성장

내 강점을 알고 있으면 더 자신감이 생기고, 타인의 능력을 귀하게 여기게 되며, 경쟁심을 덜 느낀다. 나를 남과 비교하고 싶은 마음이 완전히 사라지지 않을 수도 있지만, 그런 마음이 크게 줄어든다. 왜냐하면 내 전문 분야에 있는 사람들과만 비교하게 되기 때문이다. 거절을 당하거나 비난을 들어도 모욕처럼 느껴지지 않는다. 내 발전에 도움이 되는가에 따라 받아들여도 되고 거부해도 되는 정보처럼 느껴진다.

다르마는 책임이다

◆◆◆◆◆

내 다르마가 무엇인지 느끼고 나면, 다르마에 따라 살도록 인생을 정비하는 것은 오로지 당신에게 달렸다. 모든 장소와 상황에서 남들이 내 다르마를 인정하고, 내가 다르마를 실현할 수 있게 열성적으로 도와주지는 않을 것이다. 누구나 겪어본 적이 있겠지만 상사가 늘 직원의 잠재력을 활용하려는 것은 아니다. 5장을 읽으며 '우리 팀장은 다르마를 이해할 필요가 있어. 그렇다면 날 승진시켜주겠지'라고 생각한다면 핵심을 잘못 파악한 것이다. 모든 사람이 끊임없이 자신의 다르마를 따르며 살고, 가끔 상사가 전화해서 정말로 너의 다르마가 실현되었냐고 보살펴주는, 그런 평화로운 세상에 사는 일은 절대로 없을 것이다.

다르마를 증명하고 보호하는 것은 우리 책임이다. 『마누법전』에 이르길, 다르마는 자신을 지켜주는 사람을 지킨다고 했다. 다르마는 안정과 평화를 가져온다. 내가 어디에 가면 잘해낼 수 있는지 확신이 있으면, 우리는 그걸 증명할 기회를 찾아낸다. 그러면 선순환이 이뤄진다. 다르마를 꿋꿋이 지키려고 하면, 내가 잘해낼 수 있는 장소에 가려고 끊임없이 노력한다. 내가 잘해내면 사람들이 그걸 알아보고, 그러면 나는 다르마의 결과를 수확할 수 있다. 이는 내가 다르마를 계속 따르는 데 도움이 된다. 다르마는 당신의 기쁨과 목적의식을 지켜주고 당신이 성장하도록 돕는다.

다르마를 확장하라

◆◆◆◆◆

다르마에 따라 살고 있지 않은 사람은 물 밖에 나온 물고기와 같다. 물고기에게 세상의 모든 부富를 가져다줘도 이내 죽을 것이다. 물로 다시 돌아가지 않는 이상에는 말이다. 당신의 다르마를 찾고 나면, 삶의 모든 측면에서 다르마에 맞는 역할을 하도록 최선을 다하라. 직장에서는 열정을 따르라. 똑같은 기술을 활용해서 공동체 문제에 참여하라. 가족과 있을 때도, 운동할 때도, 연애할 때도, 친구들을 만날 때도 다르마를 따르라. 나의 다르마가 리더라면 가족 휴가 계획을 세우는 사람은 내가 되어야 한다. 나는 그 역할을 의미 있게 느낄 것이다. 다르마가 리더인데 그 임무를 수행하지 않는다면, 스스로 하찮은 기분이 들고 좌절할 것이다.

당신은 이렇게 생각할 것이다. '작가님, 다르마를 고수하라는 건 말이 안 돼요. 스스로를 닦달하고, 새로운 것을 시도하고, 편안한 영역을 벗어나 모험을 해야 한다는 건 어린아이도 아는 사실이라고요.' 다르마란 자연스러운 상태지만, 내 다르마의 범위는 내가 편안하게 느끼는 영역보다 훨씬 멀리까지 뻗어 있다. 예를 들어 당신의 다르마가 강연가가 되는 것이라면, 관객 열 명에서 100명으로 규모를 늘려가며 당신의 영향력도 키워갈 수 있다. 지금은 학생들 앞에서 강연하고 있다면, 앞으로는 CEO들 앞에서도 강연할 수 있다.

다르마를 확장하는 것 역시 중요하다. 나도 그렇게 외향적인 사람은 아니지만 내가 행사와 미팅을 하러 가는 이유는 사람들과 소통하는 것이 내 목적에 도움이 된다는 사실을 알기 때문이다. 다르마에 역행하는 것은 롤러스케이트를 타는 것과 비슷하다. 균형이 잘 잡히지 않고, 약간은 내 뜻대로 되지 않는 기분이 들며, 끝나고 나면 지친다. 그러나 나 자신에 대한 이해가 늘어가면 발밑은 더 단단해진다. 더 높은 목적을 위해 의식적으로 스케이트를 타고 새로운 방향으로 나아갈 수도 있다. 다르마를 이해하면 언제 어떻게 다르마를 내려놓아야 할지도 알 수 있다.

다르마는 나와 함께 진화한다. 영국인으로 홍콩에 살았던 엠마 슬레이드Emma Slade는 글로벌 은행의 투자자로 1조 원 이상의 계좌를 관리했다. 슬레이드는 "정말 좋았다"라고 말한다. "빠르고, 신나고… 아침 식사로 대차대조표를 먹었죠." 1997년 9월 슬레이드는 인도네시아 자카르타로 출장을 갔다. 그곳에서 무장 강도가 슬레이드의 가슴에 총구를 겨누고 그녀를 호텔 방에 인질로 잡는 사건이 벌어졌다. 그녀는 바닥에 웅크리고 누워 사람의 목숨이 얼마나 귀한지 알게 되었다. 다행히 경찰이 도착해 슬레이드는 무사히 구출되었다. 나중에 경찰이 슬레이드에게 사진 한 장을 보여줬는데, 강도가 호텔 벽에 고꾸라져 있고 사방에 핏자국이 튄 사진이었다. 충격을 받은 슬레이드는 슬픔과 함께 강도에게 연민을 느꼈다. 그 감정이 슬레이드를 떠나지 않았고, 결국 슬레이드는 자신의 진짜 목적이 무엇인가 하는 질문을 좇게 되었다.

슬레이드는 회사를 그만두고 마음의 본질과 요가를 탐구하기 시작했다. 2011년 부탄을 여행하던 슬레이드는 지워지지 않는 깊은 인상을 남긴 한 승려를 만났다(나도 이게 뭔지 안다!). 2012년 슬레이드(지금은 페마 데키Pema Deki로도 알려져 있다)는 여승이 되었고 마침내 평화를 찾은 기분이었다. 그러나 자신을 공격했던 강도에게 느꼈던 연민의 감정은 다시 돌아왔다. 슬레이드는 자신의 연민을 행동으로 옮기기 위해 무언가 해야 한다는 것을 깨달았다. 2015년 슬레이드는 '부탄에 마음을 열어주세요Opening Your Heart to Bhutan'라는 영국 기반의 자선단체를 설립했다. 이 단체는 부탄 동부 시골 지역에 사는 사람들에게 기초 생활을 지원한다. 슬레이드는 여승이 된 것에 만족했으나 남은 평생 동굴에 앉아 명상하는 것은 그녀의 다르마가 아니었다. 현재 슬레이드는 자신이 가진 재무 분야의 수완을 발휘해 자기 자신과 타인들을 더 풍요롭게 만들고 있다.

슬레이드는 이렇게 말한다. "옛날에 갖고 있던 기술은 지금 내가 아주 의미 있고 행복한 삶을 사는 데 크게 유용했다." 슬레이드는 자신의 경험을 연꽃에 비교한다. 연꽃은 진흙 속에서 시작되어 빛을 찾아 물을 뚫고 올라온다. 불교에서 연꽃은 삶의 난관이라는 진창이 우리가 성장할 수 있는 비옥한 토대가 될 수도 있다는 생각을 대표한다. 연은 자라면서 물을 뚫고 올라와 결국에는 꽃을 피운다. 부처님은 이렇게 말씀하셨다. "붉은색, 푸른색, 흰색의 연이 물에서 태어나 물에서 자라고, 물을 뚫고 올라와 물에 얼룩지지 않고 서 있듯이, 세상에서 태어나 세상에서 자라고 세상을 극복한 나도 세상에 얼룩지지 않은 채로 살아간다."

"자카르타가 저에게는 진흙이었습니다." 테드 강연에서 슬레이드는 그렇게 말했다. "하지만 자카르타는 미래의 내가 될 수 있는 씨앗이기도 했습니다."

다르마의 전체 공식을 기억할 것이다. 다르마는 단순히 열정과 기술이 아니다. 다르마는 타인에게 도움이 되는 열정이다. 열정은 당신을 위한 것이고, 목적은 타인을 위한 것이다. 당신의 열정을 타인을 위해 사용하면 그게 목적이 된다. 당신의 다르마는 세상의 필요를 채워야 한다. 앞서 말했듯이 수도자들은 더 높은 목적을 위해서라면 무엇이든 할 의향이 있어야 한다고 믿는다(수도자들은 이에 충실하게 산다). 수도자가 아닌 사람들은 이렇게 생각하면 된다. 내가 열정을 가진 일을 할 때 느끼는 즐거움의 양은 타인이 느끼는 감사의 양과 같아야 한다. 타인이 내가 효과적이지 않다고 생각하면, 내 열정은 내 삶을 풍부하게 만들어줄 '취미'다.

다르마 외의 모든 활동이 시간 낭비라는 뜻은 아니다. 능력을 키우는 활동이 있고, 인성을 키우는 활동이 있다. 처음으로 강연 요청을 받았을 때, 나는 내 다르마 안에서 능력을 키웠다. 하지만 쓰레기를 내다 버리라는 요구를 받았을 때는 인성을 키웠다. 인성을 등한시하고 능력만 키우면 자기도취적인 사람이 되고, 능력은 개발하지 않고 인성만 키우면 아무 영향력을 가질 수 없다. 두 가지 모두에 힘써야만 내 영혼과 더 고귀한 목적에 도움이 된다.

매일매일 시간과 에너지를 현명하게 사용하면 내 목적을 알고 그것을 이루는 게 더 쉬워지고 더 많은 결실을 이룰 수 있다. 다음 장에서는 하루를 어떻게 시작하는 게 최선이고, 거기서부터 남은 하루는 또 어떻게 살아야 하는지 이야기해 보자.

06 루틴
장소에는 에너지가 있고, 시간에는 기억이 있다

◆

매일 잠에서 깨면 생각하라. 오늘 살아 있어 행운이다.
나에게는 인간으로서 소중한 삶이 있다.
나는 그 삶을 낭비하지 않을 것이다.

- 달라이 라마

열두 명 남짓이던 우리는 각자 바닥에 얇은 요가 패드를 깔고 천 하나를 덮고 잤다. 소똥을 다져 만든 벽은 거친 회반죽 느낌이 났고, 온 방에 불쾌하지 않은 흙냄새 비슷한 것을 풍겼다. 마감 처리를 하지 않은 돌바닥은 닳아서 반질반질했지만, 메모리폼과는 거리가 멀었다. 이 건물에 꽉 닫히는 창문은 하나도 없었다. 우리가 있는 안쪽 방은 우기에도 젖지 않게 해주었고 환기를 위해 많은 문이 달려 있었다.

매일 밤 이곳에서 잠을 잤지만 '내 방'이라고 여길 만한 공간은 없었다. 우리는 '소유'를 피했다. 개인 소지품도 없고, 물질에 집착하지 않았다. 지금 이곳은 동굴처럼 캄캄했지만, 밖에서 울리는 날카로운 새소리로 보아 새벽 4시라는 것을 몸은 알고 있었다. 일어날 시간이었다. 30분 후면 단체 기도 시간이었다. 우리는 한마디도 하지 않고 라커룸으로 이동해 일부는 샤워하고, 일부는 법복을 입었다. 줄을 서서 기다린 다음 함께 쓰는 네 개의 세면대 중 하나에서 양치를 했다. 바깥세상 사람은 우리 생활을 목격할 수 없었지만, 누가 보았다면 한 무리의 사람들이 푹 잘 쉬고 나서 이렇게 이른 시간에 일어나는 것에 다들 완벽하게 만족하는 것처럼 보였을 것이다.

늘 그렇게 쉬웠던 것은 아니다. 아침마다 내 머리는 조금이라도 더 잠들어 있으려고 필사적으로 싸웠고, 늦잠을 자야 할 새로운 핑계를 생각했다. 하지만 나는 새로운 루틴을 받아들이려고 기를 썼다. 이 과정을 꼭 이겨내기로 결심했기 때문이다. 이 과정이 힘들다는 건 그 자체로 이 여정에서 중요한 부분이었다.

결국 나는 일찍 일어나는 요령을 익혔다. '더 일찍 자야 했다.' 다른 방법은 없었다. 나는 평생 하루하루를 한계치까지 밀어붙이며 살았다. 오늘 무언가를 놓치고 싶지 않아서 내일을 희생했다. 하지만 이런 태도를 놓아주고 일찍 잠들기 시작하자 새벽 네 시에 일어나는 일은 점점 쉬워졌다. 그리고 일찍 일어나는 게 점점 쉬워지면서 내 몸과 그것을 둘러싼 자연 외에 아무 도움 없이도 일찍 일어날 수 있다는 사실을 알게 되었다. 그 누구의 도움도, 그 어떤 기기의 도움도 필요 없었다.

이 경험은 나에게 많은 것을 알려주었다. 나는 평생 단 한 번도 깜짝 놀라지 않고 하루를 시작해 본 적이 없다는 사실을 깨달았다. 10대 시절에는 "제이, 일어나!"라고 외치는 어머니의 목소리가 아침마다 나를 깨웠다. 나이가 들어서는 알람시계가 이 달갑잖은 임무를 대신했다. 이전에는 내 인생의 모든 날이 갑작스럽고 거슬리는 '침범'으로 시작되었다. 그러나 이제는 새소리에, 바람에 바스락거리는 나무 소리에, 물 흐르는 소리에 잠을 깨고 있었다. 자연의 소리에 잠을 깼다.

마침내 나는 그 가치를 이해했다. 일찍 일어나는 것은 우리를 괴롭히려고 만든 규칙이 아니었다. 평화롭고 고요하게 하루를 시작하기 위한 것이었다. 새소리, 징 소리, 흐르는 물소리. 아침 루틴은 절대로 바뀌는 법이 없었다. 단순하고 체계적인 아슈람의 아침 덕분에 복잡한 의사결정이나 여러 가지 변화에 따른 스트레스를 겪을 필요가 없었다. 아침을 단순하게 시작하는 것은 정신적 샤워와 마찬가지였다. 이는 전날의 고난을 씻어내고, 탐욕을 후한 인심으로, 분노를 연민으로, 상실감을 사랑으로 바꿀 수 있는 여유와 에너지를 주었다. 그리고 하루 동안 실천해야 할 목적을 인식하고 결의를 다지게 해주었다.

아슈람에서는 생활의 작은 부분 하나하나도 우리가 연습하려는 습관이나 의식에 맞게 설계되어 있다. 예컨대 법복이 있으니 아침에 일어나면 뭘 입을지 생각할 필요가 없다. 기본적으로 똑같은 옷을 입는 것으로 알려진 스티브 잡스나 버락 오바마Barack Obama, 아리아나 허핑턴Arianna Huffington과 마찬가지로 수도자들은 의복을 단순화해서 옷 고르는 데 들어가는 에너지와 시간의 낭비를 막는다. 우리는 입고, 빨고 할 수 있도록 각자 두 벌의 법복을 갖고 있었다. 마찬가지로 새벽 일찍 일어나는 규칙도 올바른 정신으로 하루를 시작하기 위한 것이었다. 가혹한 시간대였지만 영적으로 깨달음을 얻을 수 있는 시간대였다.

'나라면 절대로 그렇게 일찍 일어나지는 않을 거야'라고 생각할지 모른다. '하루를 시작하는 최악의 방법이야' 하고 말이다. 그런 관점도 이해한다. 내가 바로 그렇게 느꼈기 때문이다! 대부분의 현대인이 하루를 시작하는 방법을 한번 생각해 보자. 수면 연구자들에 따르면, 출근하는 사람들의 85퍼센트는 잠에서 깨기 위해 알람이 필요하다고 한다. 몸이 준비되기 전에 잠에서 깨면 수면 조절을 돕는 멜라토닌 호르몬이 아직 작용한다. 우리가 계속 '다시 울림' 버튼을 누르는 데는 그런 이유도 있다.

안타깝게도 '생산성' 중심의 현대사회는 그렇게 살도록 부추긴다. '브레인 피킹스Brain Pickings'라는 블로그의 운영자로 잘 알려진 마리아 포포바Maria Popova는 이렇게 썼다. "우리는 잠을 적게 자고 버티는 능력이 직장인의 성실함을 증명하는 명예훈장이라도 되는 양 생각하는 경향이 있다. 실제로 그것은 심각한 자기 존중 결여이고, 우선순위 배분에 완전히 실패한 것이다."

수면이 부족한 네 명 중의 한 명은 그다음 발자국도 잘못 떼면서 하루를 시작한다. '잠에서 깨자마자 휴대전화에 손을 뻗는' 것이다. 휴대전화 사용자 중 절반 이상이 10분 이내에 휴대전화 메시지를 확인한다고 한다. 우리는 매일 아침 멍한 상태에서 곧장 산처럼 쌓인 정보 처리 단계로 넘어간다.

시속 0킬로미터에서 시속 100킬로미터까지 2초 안에 돌파할 수 있는 자동차는 여섯 종뿐이다. 대다수의 자동차처럼 인간도 정신적으로나 신체적으로 갑작스러운 변속에 적합하게 만들어져 있지 않다. 방금 잠에서 깬 사람이 절대로 피해야 할 것이 바로 뉴스 헤드라인에 나오는 온갖 비극과 고통, 출근길 정체를 푸념하는 친구의 메시지를 보는 것이다. 아침에 일어나자마자 가장 먼저 휴대전화를 보는 것은 마치 샤워와 양치를 하고 머리를 손질하기도 전에 내가 잘 모르는 수다스러운 사람 100명을 안방에 들이는 것과 같다. 알람이 울리고 '손안의 세상'을 보는 사이 당신은 즉각 스트레스, 압박감, 불안에 압도된다. 그 상태로 일어나서 즐겁고 생산적인 하루를 가질 수 있다고 생각하는가?

아슈람에서는 내가 계획한 하루에 맞게 매일 아침을 시작했고, 온종일 신중하게 계획을 따르고 초점을 잃지 않는 훈련을 했다. 물론 일과가 기도, 명상, 공부, 봉사, 잡일 정도라면 이렇게 사는 것도 좋다. 하지만 바깥세상은 그보다 복잡하다.

일찍 일어나기

◆◆◆◆◆

첫 번째 내 조언은 이것이다. '지금보다 한 시간 일찍 일어나라.'

말도 안 된다고 생각하는가. '뭐 하러 지금보다 더 일찍 일어나겠어? 지금도 잠이 부족하다고!' 끝까지 들어보라. 피곤에 절어서 출근했다가 하루가 끝날 때쯤이면 '더 많은 업무를 처리할 수 있었는데' 하고 후회하고 싶은 사람은 아무도 없을 것이다. 아침에 느끼는 에너지와 기분은 온종일 지속된다. 그러니 삶을 더 의미 있게 만들고 싶다면 거기서부터 시작해야 한다.

우리는 회사, 수업, 운동에 가야 할 시간 혹은 자녀를 학교에 데려다줘야 할 시간 직전에 일어나는 것에 익숙하다. 샤워를 하고 아침 식사를 하고 가방을 싸기에 딱 맞을 정도의 시간만 남겨둔다. '딱 맞을 시간'은 시간이 '충분하지 않다'는 뜻이다.

우리는 종종 지각을 한다. 아침을 거른다. 침대를 정리할 시간이 없다. 여유 있게 샤워를 즐기고, 양치를 제대로 하고, 아침 식사를 끝내고, 나중에 돌아왔을 때 말끔히 정돈된 집으로 돌아올 수 있게 물건을 치울 시간이 없다. 허겁지겁 서둘러야 한다면 목적을 가지고 주의 깊게 그 일을 할 수가 없다. 압박감이 심한 스트레스 상태에서 아침을 시작한다면, 대화를 나누든, 회의에 참석하든, 약속에 나가든, 남은 하루도 계속 그런 상태로 활동하게끔 몸을 프로그래밍하고 있는 것이다.

일찍 일어나면 더 생산적인 하루를 살 수 있다. 성공한 사업가들은 이미 그렇게 생활하고 있다. 애플의 CEO 팀 쿡Tim Cook은 새벽 3시 45분에 하루를 시작한다. 버진그룹Virgin Group의 창업자 리처드 브랜슨Richard Branson은 5시 45분에 일어난다. 미셸

오바마Michelle Obama는 4시 30분에 일어난다. 주목할 점은 영향력 있는 이들이 아침 일찍 일어나는 것 외에도 최고 경영자들 사이에 '수면을 되찾자'는 운동이 일고 있다는 점이다. 아마존의 CEO 제프 베이조스는 매일 밤 여덟 시간 자는 것을 최우선으로 생각한다. 그는 잠을 줄이면 일할 시간은 더 있을지 몰라도 업무의 질이 떨어진다고 말한다. 일찍 일어날 거라면 밤 동안 충분히 숙면할 수 있는 시간에 잠자리에 들어야 한다.

자녀가 있고 야간에도 일한다면 생활은 더 복잡해질 것이다. 이런저런 상황으로 한 시간 일찍 일어나는 것이 도저히 불가능하더라도 실망할 필요는 없다. 실천 가능한 선에서 시작하라(뒤에 나오는 '직접 해보기' 참조). 내가 여러분에게 특정 시간을 정해주지 않았다는 사실에 유의하라. 새벽 4시에 일어나라는 얘기가 아니다. 심지어 꼭 새벽일 필요도 없다. 우리의 목표는 의도를 가지고 움직이며 무언가를 완수하기에 충분한 시간을 나 자신에게 주는 것이다. 그 기분이 온종일 유지될 것이다.

하루를 시작할 때 완충장치가 될 시간 여유를 마련하지 않는다면 종일 그 여유를 찾아다닐 것이다. 장담하건대 낮 동안에는 결코 이런 여유 시간을 만들 수 없을 것이다. 아침잠을 훔쳐서 그 잠을 밤에 돌려주라. 그리고 무엇이 바뀌는지 지켜보라.

시간을 내라

◆◆◆◆◆

아침에 여유 시간을 만들면 그 시간은 온전히 내 것이 된다. 내가 그 시간을 어떻게 사용할지는 아무도 간섭하지 못한다. 직장, 가족에게 의무적으로 사용해야 하는 시간이 얼마나 많은지를 고려하면, 이 자유 시간은 나 자신에게 줄 수 있는 가장 큰 선물 중에 하나다. 늘 하던 일을 그대로 할 수 있지만 늘어난 시간 덕분에 여유 있고 느긋한 느낌이 들 것이다. 시간이 있으니 출근길에 커피를 사 가는 게 아니라 집에서 직접 커피를 만들 수도 있을 것이다. 아침 식사를 하며 대화를 나눌 수 있고, 신문을 읽을 수도 있고, 새로 생긴 시간으로 운동을 할 수도 있다. 명상한다면 감사하는 마음을 떠올리는 연습을 하며 하루를 시작할 수도 있다. 혹은 건강 전문가들이 추천하듯이 회사에서 먼 곳에 주차하고 좀 걸을 수도 있다. 여유 시간을 만들면 그동안 가장 부족했던 것이 그 자리를 채운다는 걸 깨닫게 될 것이다.

바로 '나를 위한 시간' 말이다.

직접 해보기: 새로운 아침 루틴

매일 아침, 다음을 위한 시간을 만들어보라.

- 감사: 어떤 사람, 장소, 물건에 대해 매일 감사를 표현하라. 생각하고, 글로 쓰고, 다른 사람과 나누는 것도 포함된다(9장 참조).
- 통찰: 신문이나 책을 읽거나 팟캐스트를 들으며 통찰을 얻어라.
- 명상: 호흡법을 사용하거나 이미지를 떠올리거나 소리를 들으며 15분 동안 혼자 시간을 보내라(소리를 이용한 명상에 관해 더 자세한 내용은 3부 마지막 부분 참조).
- 운동: 승려인 우리는 요가를 했지만 여러분은 기본적인 스트레칭이나 다른 운동을 하면 된다.

감사Thankfulness, 통찰Insight, 명상Meditation, 운동Exercise. 앞글자를 따면 '시간TIME'이 된다. 아침에 새로운 시간을 만들어보자.

저녁 루틴

◆◆◆◆◆

아침은 저녁에 결정된다는 걸 나는 아슈람에서 배웠다. 우리가 매일 아침을 새로운 시작으로 생각하는 건 자연스러운 일이지만, 실제 하루하루는 저절로 순환한다. 우리는 아침에 알람을 맞추는 게 아니라 전날 저녁에 맞춰놓는다. 아침에 의도를 가지고 일어나고 싶다면, 건강하게 쉴 수 있는 저녁 루틴을 먼저 확립해야 한다. 그렇게 하면 아침 시간에 쏟은 관심이 하루 전체로 확장된다.

한 시간 일찍 일어날 시간은 '절대로' 없다면서, TV를 켜고 프로그램 한두 개를 보다가 결국은 자정을 넘기고 잠자리에 든 적이 얼마나 많은가? 당신이 TV를 보는 이유는 '긴장을 풀어야' 하기 때문이다. 당신은 다른 무언가를 하기에는 너무 지쳐 있다. 그러나 일찍 잔다면 컨디션이 더 좋아질 수 있다. 인간에게는 성장호르몬이 매우 중요하다. 성장호르몬은 성장, 세포 수리, 신진대사에 핵심적인 임무를 수행한다. 성장호르몬이 없다면 수명이 줄 수도 있다. 성장호르몬의 75퍼센트가 잠을 잘 때 분비되며, 연구에 따르면 보통 밤 10시에서 자정 사이에 가장 많이 분비된다고 한다. 이 시간에 깨어 있다면 성장호르몬을 교란하는 셈이다. 자정 너머까지 일하는 직업을 갖고 있거나 어린아이가 있어서 잠을 못 잔다면 내 말을 무시해도 좋다. 그러나 여러 요구가 밀려들기 전에 일어나기 위해서 숙면을 희생할 수는 없다. 밤 10시에서 자정 사이에 진짜 휴식을 취한다면 아침에 그 정도 시간을 찾아내는 것은 어렵지 않을 것이다.

아슈람에서는 저녁에 독서와 공부를 하고 밤 8~10시 사이에 잠자리에 든다. 전자기기 하나 없이 칠흑 같은 암흑 속에서, 티셔츠와 반바지를 입고 잤다. 법복을 입은 채로 자는 일은 절대로 없었다. 법복은 깨어 있는 시간의 에너지를 지니고 있기 때문이다.

아침은 하루의 분위기를 결정하지만, 잘 계획된 저녁은 아침을 준비하게 한다. 리얼리티 프로그램 「샤크 탱크Shark Tank」의 스타 케빈 올리리Kevin O'Leary는 CNBC 메이크잇Make It과의 인터뷰에서 저녁 루틴을 소개했다. 그는 잠들기 전에 다음 날 (아침에 가족을 제외한 그 누구와도 대화하기 전에) 먼저 하고 싶은 일 세 가지를 미리 써놓는다. 올리리처럼 당신도 잠들기 전에 내일 가장 먼저 이루고 싶은 일이 무엇인지 생각하라. 가장 먼저 뭘 해야 하는지 알면, 아침이 단순해진다. 그러면 이제 겨우 준비운동 중인 머릿속을 닦달할 필요가 없어질 것이다. (게다가 내일 내가 그 일을 처리할 거라는 사실을 알고 있으면 늦게까지 깨어 있을 필요가 없다.)

다음으로는 여러분만의 '법복', 즉 매일 아침 입을 똑같은 옷을 정해라. 지금은 나도 옷이 많아졌다. 나는 색상만 다른 비슷비슷한 옷들을 좋아한다. 핵심은 아침부터 골치 아픈 일을 없애는 것이다. 하찮은 일처럼 보일 수도 있지만 뭘 먹고, 뭘 입고, 어떤 일을 먼저 할지 결정하느라 아침 시간을 보낸다면, 그런 선택들이 누적되어 모든 게 불필요하게 복잡해진다.

40년 경력에 미국 국가대표 체조팀 코치까지 지낸 크리스토퍼 소머Christopher Sommer는 선수들에게 의사결정의 개수를 제한하라고 말한다. 매번 내리는 의사결정이 곧 길을 벗어날 기회가 되기 때문이다. 하찮은 의사결정에 아침 시간을 쓴다면 그만큼의 에너지를 낭비하게 된다. 패턴을 정해놓고 의사결정은 전날에 내려두면 아침에 곧장 무엇이든 시작할 수 있고, 온종일 좀 더 집중해서 의사결정을 내릴 수 있을 것이다.

끝으로, 잠들기 전에 나는 마지막으로 어떤 생각을 하는지 생각해 보라. 혹시 '졸려서 눈이 자꾸 감기는데 휴대전화를 끄는 편이 낫겠어' '엄마한테 생신 축하드린다고 말하는 걸 잊었네' 같은 것인가? 나쁜 에너지와 함께 잠에서 깨도록 스스로를 프로그래밍하지 마라. 나는 매일 나 자신에게 이렇게 말한다. '나는 편안하고, 활력이 넘치고, 집중하고 있다. 나는 차분하고, 열정에 넘치고, 생산적이다.' 이렇게 글로 써놓으니 무슨 요가 로봇 같지만, 나에게는 이게 효과가 있었다. 나는 에너지와 확신을 가지고 잠에서 깨도록 스스로를 프로그래밍한다. **당신이 아침에 일어날 때 느끼는 감정은 전날 잠이 들 때 느꼈던 감정일 가능성이 가장 크다.**

길 위의 돌멩이

◆◆◆◆◆

이 모든 준비는 온종일 의도를 갖고 생활하는 것을 목표로 한다. 누구에게나 집을 나서는 순간 예상 못 할 일은 더 많이 펼쳐질 것이다. 그렇다면 아침 내내 키운 에너지와 집중력이 필요하다.

직접 해보기: 내일을 위한 떠올려보기

발명가가 무언가를 만들기 전에 머릿속으로 먼저 구상하듯 우리도 원하는 삶을 떠올려볼 수 있다. 아침이 어떤 모습이기를 바라는가?

호흡법으로 마음을 가라앉힌 다음, 내 최고의 모습, 예를 들면 잘 쉬고 나서 건강하고 활력이 넘치는 모습으로 일어난 내 모습을 떠올려보라. 창으로 햇빛이 비치는 모습을 상상하라. 일어나서 발이 땅에 닿는 순간 당신은 또 하루가 시작되었음에 감사함을 느낀다. 정말로 그 감사를 느껴보고 마음속으로 이렇게 말하라. '나는 오늘 하루에 감사합니다. 나는 오늘 하루가 신납니다. 나는 오늘 하루가 기쁩니다.'

양치를 할 차례다. 여유 있게 치아 하나하나를 꼼꼼히 닦는 모습을 그려보라. 다음으로 차분하고, 균형 잡히고, 고요하게 샤워를 하는 모습을 그려보라. 샤워를 끝내고 나오면 뭘 입을지 어제 골라놓았기 때문에 옷 입는 일이 귀찮지 않다. 이후 오늘의 의도를 글로 쓰는 모습을 그려보라. '오늘 나의 의도는 집중하는 것이다. 오늘 나의 의도는 원칙을 지키는 것이다. 오늘 나의 의도는 봉사하는 것이다.'

다시 한번 처음부터 끝까지 아침 전체를 최대한 생생하게 머릿속으로 그려보라. 운동이나 명상 같은 것을 추가해도 좋다. 그대로 믿어라. 그대로 느껴라. 내 인생의 일부로 받아들여라. 상쾌하고 힘이 나는 기분을 느껴라. 이번에는 최선의 모습으로 남은 하루를 살아가는 모습을 떠올려보라. 타인의 기운을 북돋워주고, 타인을 이끌고, 길을 알려주고, 타인과 나누고, 얘기를 들어주고, 타인에게 배우고, 타인의 의견과 생각에 마음을 여는 모습을 그려보라. 이렇게 역동적인 환경에서 최선을 다해 주고받는 모습을 그려보라.

퇴근하고 귀가하는 모습을 떠올려보라. 나는 피곤하지만 행복하다. 당장 앉아서 쉬고 싶지만, 먼저 내가 가진 것들에 감사한다. 직장, 생활, 가족, 친구, 집. 나보다 덜 가진 사람이 많다. 저녁 시간의 내 모습을 그려보라. 스마트폰을 사용하거나 TV를 보는 모습이 아니라 그 시간을 의미 있게 보낼 수 있는 새로운 아이디어를 떠올려보라.

적절한 시간에 잠자리에 드는 내 모습을 떠올릴 때는 천장을 보면서 이렇게 말하는 모습을 그려보라. '오늘 하루에 감사합니다. 건강하게 잘 쉬고 에너지가 가득 찬 기분으로 일어날 것입니다. 감사합니다.' 그런 다음 몸 구석구석을 살피며 오늘 하루 나를 도와준 신체 각 부분에 감사하는 모습을 떠올려보라. 준비가 되면, 내 속도에 맞춰 내가 원할 때 천천히 그리고 부드럽게 눈을 떠라.

• 주의 사항: 계획은 어긋나게 마련이다. 내가 떠올린 그대로 내일이 흘러가지는 않을 것이다. '떠올려보기'는 내 삶을 바꿔주는 게 아니라 내가 삶을 보는 '시각'을 바꿔준다. 우리는 우리가 상상한 이상향으로 계속해서 다시 되돌아가는 방식으로 삶을 꾸릴 수 있다. 삶이 흐트러졌다고 느낄 때마다 '떠올려보기'를 통해 다시 바로잡아라.

수도자들에게는 아침 루틴과 저녁 루틴만 있는 게 아니다. 우리는 하루 중 매 순간 시간과 장소에 대한 루틴을 갖고 있다. 앞서 말했던 베네딕트회 수녀 조앤 치티스터는 이렇게 말한다. "도시나 교외에 사는 사람들은… 삶의 방식을 선택할 수 있지만, 대부분은 그 점을 알지 못한다. 왜냐하면 늘 뭔가를 계속하고 있어야 하기 때문이다… 속세의 사람들이 수도원의 일과에 견줄 만한 뭔가를 가진다면, 미국이 어떤 모습이 될지, 우리가 얼마나 평온할지 한번 상상해보라. 일과는 기도하고, 일하고, 재충전할 시간을 정해준다."

루틴은 우리가 뿌리내릴 수 있게 한다. 두 시간의 명상은 나머지 스물두 시간의 내 하루를 도와준다. 그 스물두 시간이 내 명상에 영향을 미치는 것처럼 말이다. 둘은 공생관계다.

아슈람에서는 하루에 한 번 이상 똑같은 길로 30분간 산책을 한다. 스님은 어제도 지나갔고, 그 전날도 지나갔고, 그 전전날도 지나갔던 이 길에서 뭔가 달라진 것은 없는지, 전에 보지 못한 것은 없는지 눈을 크게 뜨라고 했다.

익숙한 길에서 매일 뭔가 새로운 것을 발견하라는 말은 산책에 주의를 집중하고, 매번의 '루틴'에서 새로움을 보고, 깨어 있으라는 뜻이다. 눈에 들어온다고 해서 거기에 그게 있다는 걸 아는 것은 아니다. UCLA 연구진은 한 실험에서 심리학과 교수진, 직원, 학생들에게 가장 가까운 소화기가 어디에 있는지 아느냐고 물었다. 그 위치를 기억하는 사람은 24퍼센트밖에 되지 않았다. 92퍼센트의 참가자가 설문지를 작성한 바로 그곳에서 몇 발짝 떨어진 곳에 소화기가 있었는데도 말이다(보통은 자신의 사무실 혹은 자주 가는 강의실에 소화기가 있었다). 교수 중의 한 명은 25년간 자신이 사용한 사무실에서 몇 센티미터 떨어진 곳에 소화기가 있다는 사실도 몰랐다.

주변에 무엇이 있는지 진정으로 아는 것은 뇌가 '자동 조종' 모드로 바뀌는 것을 막아준다. 아슈람에서 우리는 매일 하는 산책 중에 이 훈련을 했다.

나는 그 길을 벌써 수백 일째 산책했다. 날씨는 더웠지만 법복을 입어 불쾌할 정도는 아니었다. 숲은 잎이 무성해 시원했고, 흙길은 발밑을 편안하게 해주었다. 오늘 지도 스님 한 분이 우리에게 전에 보지 못한 새로운 돌멩이 하나를 찾아보라고 했다. 나는 약간 실망했다. 지난 일주일 동안 매일 새로운 꽃을 찾아보라는 말씀을 들었다. 그래서 나는 어제오늘 새로운 꽃 한 송이를 더 찾았다. 파란색의 조그만 꽃이었는데 이슬 한 방울을 머금은 모습이 마치 내 계획에 동참하겠다며 윙크를 건네는 것처럼 보였다. 스님은 그새 내 계획을 눈치채기라도 한 것처럼, 우리가 찾아야 할 대상을 바꿔버린 것이다. 보물찾기가 시작되었다.

수도자들은 루틴이 마음을 자유롭게 해주지만, 자유를 가장 크게 위협하는 것은 단조로움이라는 것을 알고 있다. 우리는 기억력이 나쁘다고 불평하지만, '기억'이 문제가 아니라 '집중'이 문제일 때도 있다. 새로운 것을 찾으려고 노력하면 뇌에 집중하라고 할 수 있다. 만물에는 배울 게 있다는 사실을 인정하도록 뇌를 훈련할 수 있다. 삶은 우리 생각만큼 확실하지 않다.

어떻게 루틴을 만들면서 동시에 새로운 것을 찾으라고 할까? 이것들은 모순되는 것 아닌가? 하지만 익숙한 일을 하면 새로운 것을 발견할 수 있는 여유가 생긴다. 고인이 된 농구계의 전설 코비 브라이언트Kobe Bryant는 이 점을 알고 있었다. 그는 창의성을 발휘해서 책과 영상 시리즈를 만들었다. 내 팟캐스트 〈온 퍼포스〉에 출연한 그는 일에서 루틴이 아주 중요하다고 말했다. "창의성은 체계에서 나오죠. 한계와 체계가 있으면 그 안에서 창의적이 될 수 있어요. 체계가 없으면 목적 없이 계속 이것저것 하게 되죠." 역설적이게도 규칙과 루틴은 인지적 부담을 덜어주어 창의성을 발휘할 여유를 준다. 체계는 즉흥성을 높인다. 그리고 발견은 루틴에 새로운 활기를 불어넣는다. 이렇게 하면 작은 일에도 기뻐할 수 있다. 우리는 휴가, 승진, 생일파티처럼 삶의 큰 사건들을 손꼽아 기다린다. 우리는 이런 사건이 기대에 부응해야 한다고 압력을 가한다. 그러나 작은 기쁨을 찾는다면, 달력에 기쁜 사건이 등장하기만 기다릴 필요가 없다. 오히려 기쁜 일이 매일매일 우리를 기다리고 있다. 우리가 그것들을 찾아볼 시간만 낸다면 말이다.

찾았어요! 여기요. 신기한 귤색 돌이 있네요. 어제는 분명히 없었는데 갑자기 어디서 나타났는지 모르겠어요. 나는 손바닥 위에서 돌을 뒤집어 보았다. 발견은 돌멩이를 찾아낸 것으로 끝이 아니었다. 우리는 돌을 깊이 관찰했다. 돌을 이해하고 제대로 알기 위해 색깔과 모양을 묘사하며 푹 빠져들었다. 그다음에는 그 돌을 온전히 경험했는지 확인하는 차원에서 다시 한번 그 돌을 설명했다. 이건 연습이 아니라 실제였다. 깊은 경험이었다. 나는 미소를 지으며 돌을 다시 길가에 돌려놓았다. 반쯤 숨겨서, 하지만 다른 사람도 찾을 수 있게 내려놓았다.

늘 가던 길을 걸으며 새로운 돌을 찾는 것은 마음을 여는 일이다.

음료는 씹어 먹고 음식은 들이마셔라

◆◆◆◆◆

단순히 새로운 것을 발견하는 것만이 승려 수업의 전부는 아니었다. 익숙한 일들을 자각을 가지고 하는 것이 중요했다.

어느 오후에 지도 스님이 우리에게 말했다. "오늘은 침묵하며 점심을 먹어볼 겁니다. 음료는 씹어 먹고, 음식은 마시는 걸 잊지 마세요."

"그게 무슨 뜻인가요?" 내가 물었다.

스님이 말했다. "우리는 음식을 제대로 먹기 위해 시간을 들이지 않아요. 주스를 예로 들어봅시다. 오렌지주스를 마시려면 오렌지 과육을 갈아서 액체로 만들어야 하지요. 음료를 꿀떡꿀떡 삼키는 게 아니라 씹어 먹으려면, 조금씩 마실 때마다 맛을 음미해야 하는 소량의 음식이라고 생각해야 합니다."

직접 해보기: 오래된 것에서 새로운 것을 찾아라

이미 가진 루틴 속에서 새로운 것을 찾아보라. 출퇴근 시간에 그동안 한 번도 알아채지 못한 것은 무엇인가? 자주 보지만 말을 섞어본 적이 없는 사람과 대화를 시도해 보라. 매일 한 명씩 새로운 사람에게 대화를 시도하며 내 삶이 어떻게 바뀌는지 지켜보라.

승려가 물 한 모금도 생각하며 마신다면 나머지 일상은 어떨지 한번 상상해 보라. 여러분의 일상을 재발견할 방법이 뭘까? 운동할

때 달리는 길을 평소와 다르게 바라보거나 체육관의 리듬을 다르게 느낄 수는 없을까? 매일 똑같은 사람이 개를 산책시키는 걸 목격하는가? 그 사람에게 목례를 할 수는 없을까? 마트에서 식품을 고를 때 공들여 완벽하게 생긴 사과를, 혹은 가장 이상하게 생긴 사과를 고를 수는 없을까? 계산원과 인사를 나눌 수는 없을까?

내 공간 안에서 물건들을 새롭게 볼 방법은 없을까? 집이나 회사에는 기분이 좋아지라고 놓아둔 물건이 사방에 있다. 사진, 장식품, 예술품들을 자세히 들여다보라. 정말로 나를 기쁘게 만드는 물건이 맞는가? 내가 좋아하는 물건 중에 익숙한 주위 환경을 새롭게 만들어줄 주목할 가치가 있는 다른 물건은 없을까? 꽃병에 꽃을 꽂거나 가구의 구조를 바꾸어서 익숙한 물건을 새롭게 보고 새로운 목적을 찾아보라. 이메일 수신함을 바꾸는 것만으로 잡동사니 같던 우편함을 정돈된 삶의 일부로 바꿀 수 있다.

무언가를 바꾸어 익숙한 집을 새롭게 할 수도 있다. 배우자의 퇴근 시간에 음악을 틀어놓아라. 그게 늘 하던 일이 아니라면 말이다. 거꾸로 집에 와서 늘 음악이나 팟캐스트를 틀었다면 이번에는 정적을 시도해 보라. 괴상한 과일 하나를 사 와서 저녁 시간 식탁 한가운데에 놓아보라. 저녁을 먹을 때 새로운 대화 주제를 꺼내거나, 돌아가며 하루 중에 있었던 놀라운 순간을 세 가지씩 말해보라. 전구를 부드러운 색이나 선명한 색으로 바꿔보라. 침대 매트리스를 뒤집어라. 침대에서 '잘못된' 방향으로 자보라.

일상을 새롭게 보는 것은 일상 활동에서 가치를 찾아낼 때만큼 많은 변화가 필요하지 않다. 틱낫한은 『지금 이 순간이 나의 집입니다』에 이렇게 썼다.

"설거지가 즐겁지 않다는 것은 오직 설거지하고 있지 않을 때만 드는 생각인 듯하다… 만약 내가 설거지를 기쁘게 할 수 없다면, 설거지를 빨리 끝내고 디저트를 먹거나 차를 마셔야겠다고 생각한다면, 디저트나 차를 눈앞에 두었을 때도 역시나 그것들을 즐길 수 없을 것이다… 자각하고 보면, 모든 생각, 모든 행동이 신성하다. 이렇게 보면, 사원과 속세의 경계란 존재하지 않는다."

직접 해보기: 지루한 일들을 지루하지 않게 만들어라

설거지처럼 일상적인 일도 우리가 원하면 얼마든지 달라질 수 있다. 음악을 트는 대신 설거지에 모든 감각을 집중하라. 더러운 표면이 깨끗해지는 것을 보고, 주방세제 냄새를 맡고, 뜨거운 물에서 올라오는 김을 느껴보라. 가득 차 있던 싱크대가 텅 비어가는 모습을 보는 게 얼마나 만족스러운지 관찰하라. 이런 선문답이 있다. "깨닫기 전에 나무를 하고 물을 길어라. 깨달은 후에 나무를 하고 물을 길어라." 우리가 아무리 성장해도 집안일이나 루틴에서는 벗어날 수 없다. 깨달음이란 그것을 온전히 받아들이는 것이다. 겉은 같아 보일지 몰라도, 나의 내면이 바뀌어 있다.

하루의 모든 순간

◆◆◆◆◆

앞서 일상적이고 익숙한 순간을 새롭게 보는 방법을 이야기했다. 현재에 집중하는 능력을 한 차원 높은 수준으로 끌어올리려면 그 순간들을 연결해서 특정한 산책로나 설거지가 특별하지 않게 만들어야 한다. 즉 매 순간의 자각을 매 순간 높여야 한다.

'현재에 집중한다'는 개념에 대해서는 누구나 익숙하다. 만약 자동차 경주를 하는 중이라면 3킬로미터 지점으로 되돌아가 속도를 바꿀 수는 없다는 사실을 쉽게 알 수 있다. 성공할 단 한 번의 기회는 그 순간뿐이다. 직장에서 회의하든, 친구와 저녁을 먹든, 내가 나누는 대화, 내가 선택한 어휘에 똑같은 기회는 다시 오지 않는다. 과거는 바꿀 수 없고 미래를 결정하는 중이므로 우리는 현재에 충실해야 한다. 5세기의 위대한 산스크리트어 작가 칼리다사Kālidāsa는 이렇게 썼다.

"어제는 꿈에 불과하다. 내일은 상상에 불과하다. 그러나 오늘을 잘 살면 모든 어제가 행복한 꿈이 되고, 모든 내일이 희망찬 상상이 된다."

현재를 살아야 한다는 말이 일리가 있다는 데 모든 사람이 동의할지도 모른다. 그러나 현실에서 우리는 오직 '선택적 현재'만을 살려고 한다. 어떤 때(좋아하는 TV 프로그램을 보거나, 요가 수업을 받거나, 혹은 원래는 지루하지만 내가 더 좋은 경험으로 만들겠다고 '선택한' 일을 할 때)는 기꺼이 현재를 살려고 하지만, 때로는 한눈을 판다. 우리는 직장에 있을 때 휴가를 꿈꾼다. 정작 해변에 도착하면 그토록 마시고 싶던 술을 손에 들고서도 일 생각을 멈출 수 없어 짜증이 난다. 승려들은 이 두 가지 시나리오가 서로 연결되어 있다고 배운다. 직장에서 내가 원했던 '딴생각'은 휴가지에서 내가 원하지 않는 '딴생각'에 영향을 미친다. 점심시간에 했던 딴생각은 오후 업무에 영향을 준다. 우리는 내 마음이 지금 내가 있는 곳이 아닌 딴 곳에 가 있도록 마음을 훈련시킨다. 공상하는 나 자신을 그대로 내버려 둔다면 늘 딴생각을 할 것이다.

현재에 집중하는 것은 진정으로 풍요롭고 충만한 삶을 살 수 있는 유일한 길이다.

장소에는 에너지가 있다

◆◆◆◆◆

루틴이 왜 도움이 되는지 이해하고, 그 가치를 안다면 현재에 집중하는 일이 더 쉬워질 것이다. 그리고 평소에도 온종일 현재에 집중하는 것이 왜 중요한지 쉽게 알 수 있을 것이다. 루틴에서 중요한 것은 행동만이 아니다. 그 행동이 일어나는 장소 또한 중요하다. 도서관에서 공부가 더 잘되고, 사무실에서 일이 더 잘되는 데는 이유가 있다. 뉴욕시에 가면 나도 함께 부산스러워지고, LA에 가면 나도 함께 느긋해진다. 대도시든, 작은 방 한구석이든, 환경에는 저마다의 에너지가 있다. 장소마다 다른 느낌을 자아내고, 내 다르마가 더 잘 발휘되는(혹은 흔들리는) 환경이 따로 있다.

우리는 끊임없이 다양한 활동과 환경을 경험한다. 그러나 그중에 어느 것이 나에게 가장 매력적인지 잠시 멈춰서 고민해 보지는 않는다. 나는 북적대는 환경에서 능률이 오르는가, 아니면 혼자 있을 때 능률이 오르는가? 아늑한 구석 자리의 안전한 느낌이 좋은가, 아니면 널찍한 도서관이 좋은가? 자극이 되는 예술품이나 음악이 흐르는 환경이 좋은가, 아니면 고적하고 단순한 곳이 집중하는 데 도움이 되는가? 아이디어에 대해 타인의 반응을 보는 게 좋은가, 아니면 일을 끝낸 뒤 피드백을 받는 게 좋은가? 익숙한 것이 좋은가, 풍경이 바뀌는 게 좋은가? 이를 자각하고 있으면 다르마에 도움이 된다. 취업 면접을 볼 때 내가 이 일을 잘할 수 있을지, 나와 이곳이 잘 맞을지 알 수 있다. 데이트 계획을 세울 때 나에게 가장 편안한 장소를 고를 수 있다. 내가 가진 능력 내에서 여러 가지 커리어를 고려할 때, 어느 것이 내 감수성에 가장 잘 맞을지 파악할 수 있다.

개인적 공간을 뚜렷한 하나의 목적에 할당할수록 다르마를 실현할 수 있고, 기분이나 생산성 측면에서도 큰 도움이 될 것이다. 승려들의 수면 공간이 오직 잠자는 것을 위해 설계된 것처럼, 아슈람에서는 모든 공간이 단 하나의 활동에 할당되어 있다. 우리는 잠자는 곳에서 책을 읽거나 명상하지 않으며, 식당에서 일하지 않는다.

아슈람 밖 세상은 사정이 다르다. 침실에서 넷플릭스를 보거나 음식을 먹는 것은 침실이라는 공간의 에너지를 교란한다. 침실에 휴식 외의 에너지를 들이면, 침실에서 잠자는 게 힘들어진다. 작은 아파트라고 해도 각각의 공간에 서로 다른 활동을 할당할 수 있다. 모든 집에는 식사 장소가 따로 있어야 한다. 잠자는 장소가 있어야 한다. 차분한 느낌이 드는 경건한 장소와 화가 났을 때 위안이 되는 장소가 있어야 한다. 의도에 맞는 에너지를 불러오는 장소를 만들어라. 침실은 한눈팔 거리가 없어야 하고, 차분한 색상에 은은한 조명이어야 한다. 가능하다면 침실에는 업무 공간이 없는 게 이상적이다. 반면에 업무 공간은 조명이 밝고, 잘 정돈되어 있고, 여러 작업이 용이하며, 좋은 자극이 되는 예술품이 있어야 한다.

나에게 좋은 공간이 어디인지 확인할 때는 그런 기회를 확대하는 것에 초점을 맞춰라. 만약 한가한 시간에 클럽의 에너지에 끌리는 사람이라면, 활기 넘치는 커리어를 택했을 때 더 잘해낼 수 있지 않을까? 록 음악을 하는 음악가인데 조용한 환경에서 일이 더 잘된다면, 나는 연주보다는 작곡을 해야 하지 않을까? 집에서 일하는데 '최적화된 직업'을 가지고 있지만 사무실에서 활동하는 게 더 좋은 사람이라면, 일을 카페나 공유 업무 공간으로 가져갈 수도 있을 것이다. 중요한 것은 내가 어디서 일이 더 잘되는지, 어디서 최고의 모습이 발휘되는지를 알고, 그 장소에서 최대한 많은 시간을 보낼 방법을 찾는 것이다.

누구나 이상적이지 않은 환경에서 좋아하지 않는 활동을 해야 할 때가 있다. 특히 일이 그렇다. 그런 활동이 만들어내는 부정적 에너지를 누구나 경험해 본 적이 있다. 자각 수준이 높아지면 무엇이 나를 안달 나게 하고, 스트레스를 주고, 내 기운을 빼놓는지 이해할 수 있다. 그리고 딱 맞는 환경에서 딱 맞는 에너지를 가지고 다르마에 따라 사는 것이 어떤 모습인지 지침을 만들 수 있다. 이게 장기적인 목표가 되어야 한다.

직접 해보기: 환경을 자각하라

이번 주에 내가 시간을 보낸 환경을 살펴보고 다음을 질문하라. 가능하다면 해당 경험 직후에 이 질문들을 해보고, 주말에 다시 한번 물어보라.

- 이 공간의 핵심 특징은 무엇인가?
- 조용한가, 시끄러운가?
- 큰가, 작은가?
- 활기가 넘치는가, 단조로운가?
- 사용 공간의 한가운데인가, 멀리 떨어진 곳인가?
- 다른 사람과 가까운가, 고립된 장소인가?
- 이 공간에서 나는 어떤 느낌을 받았는가? 생산적인가? 느긋한가? 딴 생각이 나는가?
- 내가 하고 있던 활동이 장소와 잘 맞았는가?
- 내가 하려던 일을 하기에 가장 좋은 마음가짐이었는가, 내가 계획했던 일을 완수하기에 더 편안한 다른 장소가 있는가?

생활의 소리를 디자인하라

내가 있는 장소와 내 감각은 서로 대화를 주고받는다. 우리가 매일 마주치는 소리를 떠올리면 이 점이 분명해진다. 승려 생활을 할 때 우리가 듣는 소리는 우리가 하는 일과 직접적으로 연관된다. 우리는 새소리와 바람 소리를 들으며 잠에서 깬다. 명상에 들어갈 때 만트라를 외는 소리가 들린다. 고통스러운 소음은 전혀 없다.

현대사회는 점점 더 시끄러워지고 있다. 머리 위로는 비행기가 굉음을 내며 지나가고, 개가 짖고, 드릴 소리가 울린다. 우리는 온종일 나의 통제를 벗어난 소리에 노출되어 있다. 우리는 매일 들리는 경적과 크고 작은 소음을 무시하고 있다고 생각하지만, 이 모든 게 인지 부하를 늘린다. 우리가 의식적으로 어느 소리를 듣고 있지 않아도 뇌는 머릿속에서 그 소리를 처리한다. 많은 사람이 집에서는 조용한 시간을 보낸다. 그러다 보니 우리는 극단적 정적과 소음을 오가며 살고 있다.

생활 속의 소음을 꺼버리는 대신에 소리를 디자인하라. 먼저 세상에서 가장 좋은 알람 소리를 골라라. 나를 행복하게 만들어주는 소리로 하루를 시작하라. 출근길에는 인기 있는 오디오북, 좋아하는 팟캐스트, 혹은 힘들 때 듣는 플레이리스트를 들어라. 더 행복해지고, 건강한 기분이 드는 소리를 고른다면, 아슈람 같은 환경을 복제하기가 더 쉬울 것이다.

시간에는 기억이 있다

◆◆◆◆◆

구체적 목적에 따라 맞춤식으로 장소를 고르면 딱 맞는 에너지와 집중력을 소환하기가 더 쉽다. 시간대도 마찬가지다. 어떤 일을 매일 같은 시간에 하면, 그 일을 해야 한다는 사실을 기억하기 쉽고, 그 일을 반드시 하게 되고, 더 요령 있고 편하게 할 수 있다. 매일 아침 같은 시간에 체육관에 가는 게 익숙할 때 변화 삼아 저녁에 한번 가본다면, 그게 얼마나 어려운지 알 것이다.

어떤 일을 매일 같은 시간에 하면, 시간이 우리 대신 그 일을 기억해 준다. 시간이 습관을 유지해 주고, 시간이 공간을 절약해 준다. 루틴 속에 명상이나 독서 같은 새로운 습관을 추가하고 싶을 때, 시간이 날 때마다 하겠다고 생각하면 오히려 하기 어려워진다. 매일 같은 시간에 그 일을 집어넣어라. 내 친구는 매일 일정 속에 요가를 넣고 싶어서 침대 옆에 매트를 깔아두었다. 그렇게 하자 말 그대로 침대를 빠져나오면 곧장 요가를 하게 되었다. 습관을 서로 짝지어두면 핑계를 대지 않게 된다.

장소에는 에너지가 있고, 시간에는 기억이 있다.

어떤 일을 매일 같은 시간에 하면, 그 일이 더 쉽고 자연스러워진다.

어떤 일을 매일 같은 장소에서 하면, 그 일이 더 쉽고 자연스러워진다.

한 번에 하나씩

◆◆◆◆◆◆

시간과 장소는 우리가 순간을 최대로 활용할 수 있게 도와준다. 현재에 온전히 집중하기 위해 꼭 필요한 요소가 하나 더 있다. 바로 '한 번에 하나씩' 하는 것이다. 연구에 따르면 멀티태스킹을 효과적으로 할 수 있는 사람은 2퍼센트밖에 되지 않는다고 한다. 대부분은 멀티태스킹 능력이 형편없다. 특히 집중해야 하는 작업이 하나라도 포함되어 있다면 말이다.

우리는 멀티태스킹을 하고 있다고 생각하지만, 실제로는 몇 가지 일 사이를 빠르게 오가거나 '시리얼 태스킹serial tasking'(연쇄 작업)을 하는 경우가 보통이다. 이렇게 집중력이 쪼개지면 실제로 집중할 수 있는 능력이 감퇴해서 한눈파는 일 없이 한 번에 한 가지 일만 하는 게 어려워진다.

스탠퍼드대학교 연구진은 학생들을 모아 두 집단으로 나누었다. 미디어(예컨대 이메일, 소셜 미디어, 머리기사 등)를 자주 바꿔가면서 보는 학생들과 그렇지 않은 학생들이었다. 학생들에게 문자의 순서를 기억하거나 특정 색깔의 모양에만 집중하고 다른 색깔은 무시하는 것과 같은, 집중력과 기억력이 필요한 과제를 내주었다. 멀티태스킹을 하는 학생들이 계속해서 좋지 못한 성적을 냈다. 멀티태스킹을 자주 하는 학생들은 심지어 몇 가지 과제를 바꿔가면서 할 때도 더 나쁜 점수를 기록했다.

한 번에 하나씩 하는 것을 더 쉽게 만들려고 나는 '노 테크 존no

tech zone'과 '노 테크 타임no tech time'을 만들었다. 아내와 나는 침실이나 저녁 식탁에서는 전자기기들을 사용하지 않으며, 저녁 8시에서 아침 9시 사이에도 사용하지 않으려고 노력한다. 이 습관을 강화하려고 지루한 일을 할 때도 '한 번에 하나씩' 원칙을 실천하려고 한다. 전에는 생각 없이 양치를 했다. 내 치아는 매우 하얗고 건강해 보였다. 그러다가 치과 의사에게 잇몸이 손상되었다는 얘기를 들었다. 그 뒤로 양치할 때 나는 치아 한 개당 4초씩 쓴다. 머릿속으로 '하나, 둘, 셋, 넷'을 세니까 할 일이 생긴다. 양치하며 이전과 동일한 시간을 쓰고 있지만, 더 효과적으로 양치하고 있다. 내가 만약 양치나 샤워를 하면서 일 생각을 한다면 몸이 회복되고 재충전되는 기분은 들지 않을 테고 잇몸 따위에는 신경을 쓰지 않을 것이다. 양치할 때는 양치만 해라. 샤워할 때는 샤워만 해라.

매번 모든 일에 레이저 광선처럼 집중할 필요는 없다. 음악을 틀어놓고 욕실 청소를 하거나 배우자와 식사하면서 대화를 나누어도 된다. 어떤 악기들은 함께 연주하면 훌륭한 소리가 나는 것처럼, 어떤 습관들은 상호보완적이다.

최대한 한 번에 하나씩만 일을 처리한다면, 뇌가 한 번에 하나에 집중하는 습관을 갖게 될 것이다. 이런 능력을 키우려면 루틴 속에서 할 일을 정해두어야 한다. 개 산책시키기, 스마트폰 사용(한 번에 앱 하나만!), 샤워, 빨래 개기처럼 말이다.

끝까지 해내라

◆◆◆◆◆

무언가를 몰입해서 해봤다면 루틴이 더 쉬워진다. 생활 속에 새로운 기술을 추가하고 싶다면 단기간에 초집중하는 상태로 그 일을 시작해 볼 것을 권한다. 만약 내가 매일 한 시간씩 탁구를 한다면, 탁구를 더 잘 치게 될 것이다. 앞으로 매일 명상을 하고 싶다면, 일주일간 먼 곳으로 떠나 오직 명상에만 집중해 보라. 그러면 명상을 지속해 나갈 수 있는 튼튼한 기초가 만들어질 것이다.

이 책 곳곳에서 나는 여러분이 생활 속에 만들 수 있는 변화를 제안했다. 하지만 모든 걸 다 바꾸려고 한다면 어느 하나에 크게 우선순위를 둘 수가 없을 것이다. 정말로 무언가를 바꾸고 싶다면 작게 시작하되 우선순위를 두어야 한다. 바꾸고 싶은 것 하나를 정해서 그것을 최우선순위로 놓고 끝까지 해낸 다음에만 그다음 것으로 넘어가라.

승려들은 매사에 몰입하려고 노력한다. 우리는 점심을 먹을 때 말을 하지 않는다. 명상할 때는 길게 한다. 우리가 5분만 하는 일은 아무것도 없었다. (샤워는 예외였다. 샤워를 몰입해서 하지는 않았다.) 우리에게는 시간이 넉넉했고, 그래서 한 가지 일을 몇 시간 동안 이어서 했다. 현대사회에서 이런 수준의 몰입은 가능하지 않다. 하지만 많이 투자할수록, 돌아오는 것도 많다. 어떤 일이 중요하다면, 깊이 있게 경험해 볼 가치가 있다. 그리고 중요하지 않은 일은 없다.

누구나 할 일을 나중으로 미루고 한눈을 판다. 수도자들도 마찬가지다. 자신에게 시간을 더 준다면 딴생각을 하다가도 다시 집중할 수 있다. 아침 루틴에 시간이 넉넉하지 않다는 말은 전화가 한 통만 걸려오거나 커피만 쏟아도 지각한다는 뜻이다. 새로운 기술을 배우거나 어떤 개념을 이해하거나 이케아 가구를 하나 조립하는데 좌절감이 든다면 본능적으로 그만두고 싶어질 것이다. 하지만 올인all-in하라. 그러면 스스로 가능하다고 생각했던 것보다 더 많은 일을 완수할 것이다. (이케아 가구 중에 가장 조립하기 어렵다고들 하는 헴네스 서랍장도 완성할 수 있을 것이다.)

깊이 집중하는 시간을 갖는 것은 뇌 건강에도 좋다. 강박적으로 여러 작업을 번갈아서 하면(스탠퍼드대학교 연구에서 멀티태스킹을 하는 학생들이 기억력과 집중력이 낮았던 것처럼), 집중하는 능력이 감퇴한다. 또한 도파민(보상) 채널을 과도하게 자극한다. 이는 중독으로 가는 길이기도 해서, 같은 정도의 좋은 기분을 느끼려면 계속해서 더 많은 자극을 주어야 하고, 결국 더 주의를 집중하지 못하게 된다. 아이러니하게도 도파민의 기분 좋은 느낌은 불쾌감을 일으킨다. 도파민이 너무 많이 분비되면 신체가 만족을 관장하는 화학물질인 세로토닌을 만들거나 처리하지 못하기 때문이다. 온종일 전화를 걸고 받거나, 이 회의 저 회의에 참석하거나, 아마존에서 이 책을 주문했다가 스냅챗에서 저 내용을 확인해 본 사람이라면, 모든 게 끝난 후의 그 기진맥진한 기분을 알 것이다. 그게 바로 '도파민 숙취dopamine hangover'다.

명상, 업무 집중 시간, 그림 그리기, 낱말 맞히기 퍼즐, 정원의 잡초 뽑기 등 한 가지 일만 계속하는 사색적 작업을 통해 몰입을 경험해 보면, 생산성이 더 높아질 뿐만 아니라 실제로 기분도 좋아진다.

하루 5분 명상을 해보라고 권하는 기사나 휴대전화 앱이 많다. 이에 반대 입장은 아니지만, 이것들이 아무 도움이 되지 않는다고 해도 놀라지는 않을 듯하다. 하루 5~10분을 투자하는 게 흔한 일이지만, 실제로는 5분으로 이룰 수 있는 일은 많지 않다. 나는 이렇게 불평하는 친구들을 여럿 보았다. "제이, 7개월째 하루 5분씩 명상을 하고 있는데 아무 효과가 없어."

예를 들어 당신이 매력을 느끼는 사람과 한 달 동안 하루 5분씩 시간을 보낼 수 있다고 치자. 한 달이 지나도 당신은 상대에 대해 알 수 없을 것이다. 사랑에 빠지는 일은 결코 없을 것이다. 우리가 사랑에 빠질 때 누군가와 밤새 이야기를 나누고 싶은 데는 이유가 있다. 때로는 순서가 거꾸로일 수도 있다. 우리가 사랑에 빠지는 것은 그 사람과 밤새 이야기를 '나누었기 때문'일 수도 있다. 바다는 보물로 가득하지만, 수면에서만 헤엄치고 있다면 그것들을 다 볼 수는 없다. 즉각 마음을 비울 수 있을 거라 생각하고 명상을 시작한다면, 얼마 지나지 않아 몰입에도 시간과 연습이 필요하다는 사실을 알게 될 것이다.

내가 처음 명상을 시작했을 때는 몸이 준비되는 데 족히 15분이 걸렸고, 머릿속 목소리들을 진정시키는 데 또다시 15분이 걸렸다. 나는 13년째 하루 한두 시간씩 명상하고 있지만, '아직도' 생각을 끄는 데 10분이 걸린다. 하루 두 시간씩 13년을 해야 명상이 효과가 있다는 얘기가 아니다. 핵심은 그게 아니다. 어떤 과정이든 몰입해서 한다면 분명히 효과가 있을 것이다. 장벽을 깨고 온전히 몰입하면 효과를 경험하기 시작한다. 시간이 가는 줄도 모른다. 온전히 몰입한 느낌이 너무나 만족스러워서 종종 멈출 때가 되었는데도 다시 그 경험으로 돌아가고 싶어진다.

나는 정기적 연습의 시작으로 혹은 정기적 연습에 새로운 활력을 불어넣고 싶을 때 몰입의 경험을 활용하라고 권한다. 하루 5분 명상에 좌절한 친구에게 나는 이렇게 말했다. "무슨 말인지 알겠어. 시간을 내기가 힘들지. 하지만 그걸로 충분하지 않다 싶으면 한 시간짜리 수업을 들어봐. 그다음에 10분 연습으로 다시 돌아가는 거야. 그러면 명상에 효과가 생길 수도 있어. 원하면 하루쯤 어디 먼 곳에 가서 명상해도 좋고." 나는 친구에게 사랑에 빠지는 것에 관해 이야기하며, 결국에는 밤새 이야기하고 싶은 충동은 일지 않는다고 말했다. 이제 상대를 알게 되었기 때문이다. 결혼하고 나면 5분간 훨씬 많은 얘기를 나눌 수 있다. 나는 친구에게 말했다. "명상이랑 단둘이 로맨틱한 휴가를 떠나봐."

루틴은 우리가 상식적으로 생각하는 것과는 다른 결과를 가져온다. 반복적이어서 지루해지는 것이 아니라 같은 곳에서, 같은 시간에, 같은 일을 하면 창의성을 발휘할 여지가 만들어진다. 장소의 에너지와 시간의 기억을 일관되게 활용한다면 현재에 집중하기 더 쉽고, 딴생각하거나 좌절하는 대신에 한 가지 일에 깊이 몰두할 수 있다. 루틴을 만들어 수도자들처럼 훈련을 해보면 집중력이 생기고 깊은 몰입을 경험할 수 있다.

집중을 방해하는 외적 요소들을 잠재우고 나면, 가장 미묘하면서도 강력한 방해꾼인 머릿속 잡다한 목소리들을 상대할 수 있다.

07 마음
마부의 딜레마

◆

오감과 생각이 고요해지고, 추론하는 지성이 조용히 쉬면,
그때 가장 고귀한 길이 시작된다.

— 『카타 우파니샤드Katha Upanishad』

비가 왔다. 장마철이 끝난 9월인데도 비가 심하게 쏟아졌다. 나는 아침 명상을 하기 전에 샤워하고 싶은 마음이 간절했다. 나를 비롯한 100여 명의 승려는 뭄바이에서 출발해 이틀간 기차를 타고 인도 남부인 이곳에 어젯밤 도착했다. 우리는 제일 싼 티켓을 끊었고, 낯선 사람들과 딱 붙어 잠을 잤다. 화장실이 너무 더러워서 남은 여행 기간 화장실에 가지 않도록 굶기로 했다. 우리는 순례 여행 중이었고 해변과 가까운 창고 같은 건물에 머물렀다. 아침 명상이 끝나면 곧장 수업에 들어갈 것이다. 그러니 샤워를 하려면 지금뿐이었다.

샤워장의 방향을 물어보니 누군가 낮은 관목들 사이로 나 있는 진창 길을 알려줬다. "20분 정도 걸어가면 돼요." 그가 말했다.

나는 끈으로 된 슬리퍼를 내려다보았다. 젠장. 샤워장으로 가는 동안 내 발은 지금보다 더러워질 것이다. 그럼 무슨 소용이 있나?

그때 머릿속에서 또 다른 목소리가 들려왔다. '게으름 피우지 마. 아침 명상을 해야지. 가서 샤워해.'

나는 고개를 푹 숙이고 길을 걷기 시작했다. 쩍쩍 들러붙는 진창길을 걸으며 미끄러지지 않으려고 조심했다. 발걸음을 뗄 때마다 불쾌했지만 그건 꼭 길의 상태 때문만이 아니라 머릿속에 들리는 첫 번째 목소리가 계속 기운을 빼놓았기 때문이다. '봤지? 샤워장으로 가는 동안에도 더러워지고, 돌아오는 길에 또 더러워질 거야.'

두 번째 목소리가 계속 가라고 재촉했다. '잘하고 있어. 네 결심을 존중하라고.'

마침내 샤워장에 도착했다. 흰색 샤워 부스가 줄지어 있었다. 그중 한 칸의 문을 열고 위를 올려다보았다. 아직도 캄캄한 하늘에서 비가 퍼붓고 있었다. 샤워실은 지붕이 없었다. 이러기야? 나는 안으로 들어서서 굳이 수도꼭지를 돌리지도 않았다. 어차피 찬물에 샤워할 텐데, 빗물과 다를 바가 없었다.

샤워 부스 안에 서서 내가 대체 여기서 뭘 하고 있나 생각했다. 샤워 같지도 않은 비참한 샤워, 어제의 그 더러운 기차와 이 여행, 이 생활. 나는 런던에 있는 근사한 아파트에서 뽀송뽀송하고 따뜻하게 1년에 5만 파운드를 벌 수 있었다. 훨씬 더 쉽게 살 수 있었다.

하지만 돌아가는 길에 다시 나타난 두 번째 목소리는 방금 내가 한 일의 가치에 대해 새로운 아이디어를 주었다. 빗속에 샤워장을 간 일이 대단한 성취는 아니었다. 육체적 힘이나 용기가 필요한 일도 아니었다. 하지만 외적 어려움을 감내하는 내 능력을 테스트했다. 이 일은 내가 하루아침에 어느 정도의 실망감을 감당할 수 있는지 알려주었다. 샤워장을 다녀온 것으로 내가 더 깨끗해지거나 상쾌해진 것은 아니지만, 이 일은 내게 더 큰 의미를 주었다. 내 결심을 공고하게 해준 것이다.

원숭이 같은 마음

◆◆◆◆◆

나라야나Nārāyana가 쓴 인도 고대 경전 『히토파데샤Hitopadeśa』에서는 우리의 마음을 전갈에 물리고 귀신에 쫓기는 술 취한 원숭이에 비유한다.

인간은 하루에 대략 7만 개의 다른 생각을 한다. 독일의 심리학자이자 신경과학자인 에른스트 푀펠Ernst Pöppel은 마음이 현재에 집중할 수 있는 시간은 한 번에 약 3초밖에 안 된다는 사실을 연구로 보여주었다. 그뿐만 아니라 뇌는 빨리 감기와 되감기를 하면서 과거에 내가 겪은 것을 바탕으로 현재의 생각을 채우고 미래를 예측한다. 『감정은 어떻게 만들어지는가』의 저자 리사 펠드먼 배럿Lisa Feldman Barrett은 어느 팟캐스트에서 이렇게 말했다. "당신의 뇌는 세상의 사건에 반응하고 있는 게 아니라 다음에 무슨 일이 일어날지 끊임없이 추측하며 예측한다."

『상응부相應部』에서는 생각을 나뭇가지로, 우리의 마음을 원숭이로 보아, 종종 원숭이가 이 나무에서 저 나무로 정처 없이 옮겨다닌다고 설명한다. 그냥 재미있으라고 하는 말처럼 들릴 수 있지만, 이는 절대 재미로 하는 얘기가 아니다. 흔히 그 '생각'이란 두려움, 걱정, 부정적 생각, 스트레스다. 이번 주에 회사에서는 무슨 일이 일어날까? 저녁에는 뭘 먹을까? 올해는 휴가비가 충분히 모았나? 5분이 지났는데 데이트 상대가 왜 안 오지? 나는 왜 여기에 있나? 모두 답이 필요한 진짜 질문이 맞지만, 우리가 나뭇가지와 나뭇가지, 생각과 생각 사이를 오가는 한, 그 어느 질문에도 답이 나오지 않는다. 이게 훈련되지 않은 마음이 만들어내는 정글이다.

『법구경』은 아마도 부처님의 제자들이 수집했을 것으로 짐작되는 경전 모음집이다. 『법구경』에서 부처님은 이렇게 말한다.

"물 대는 사람이 물길을 원하는 곳으로 이끌듯이, 궁수가 화살을 똑바로 만들듯이, 목수가 목재를 깎듯이, 현명한 사람은 마음의 모양을 잡는다."

우리가 진정으로 성장하기 위해서는 마음을 이해하는 것이 필요하다. 마음은 모든 경험의 필터이자 판사이고 책임자다. 그러나 내가 샤워장으로 가는 길에 느꼈던 갈등이 보여주듯이, 마음이 늘 하나인 것만은 아니다. 마음과의 관계를 더 많이 평가하고, 이해하고, 훈련하고, 강화할수록 삶을 헤쳐나가고 어려움을 극복하는 일이 더 쉬워진다.

마음속 전쟁의 주제는 일상의 아주 작은 선택(지금 당장 일어나야 할까?)에서 아주 큰 선택(헤어져야 할까?)까지 다양하다. 하루도 빠짐 없이 모든 사람이 매일매일 이 전투를 치른다.

언젠가 스님 한 분이 우리가 고통받는 딜레마와 관련해 늙은 체로키 인디언의 이야기를 들려주었다.

할아버지가 손자에게 말했습니다. '인생의 모든 선택은 내면에 있는 늑대 두 마리의 싸움이다. 한 마리는 분노, 질투, 탐욕, 두려움, 거짓말, 불안, 자존심을 담당하고, 다른 한 마리는 평화, 사랑, 연민, 친절, 겸손, 긍정적 생각을 담당하지. 둘은 서로 우위를 차지하려고 싸우고 있어.' '어느 늑대가 이겨요?' 손자가 물었습니다. '네가 밥을 주는 놈이 이긴단다.' 할아버지가 대답했습니다.

"밥은 어떻게 주는 건가요?" 내가 스님에게 물었다.

스님이 말했다. "우리가 읽고 듣는 것으로 밥을 줍니다. 누구와 시간을 보내는지로 밥을 줍니다. 시간을 어디에 쓰는지, 에너지와 관심을 어디에 집중시키는지로 밥을 줍니다."

『바가바드 기타』에 따르면 "마음을 정복한 사람에게 마음은 가장 친한 친구지만, 그러지 못한 사람에게는 자신의 마음이 가장 큰 적이다". 머릿속 반대 목소리를 가리키는 데 '적'은 너무 센 표현으로 보일지도 모른다. 하지만 '적'이라는 단어의 정의를 보면 맞는 표현임을 알 수 있다. 『옥스퍼드 영어사전』에 따르면 '적'이란 "어떤 사람 또는 사물에 대해 적극적으로 반대하거나 적대적인 사람"

과 "무언가를 약화하거나 해치는 것"이다. 가끔은 내 마음이 나에게 불리하게 작용할 때가 있다. 마음이 시켜서 뭔가를 했는데 저지르고 나면 죄책감이나 후회가 남는다. 이럴 때는 내 가치관이나 도덕관에 어긋나는 일을 한 경우가 많다.

프린스턴대학교와 워털루대학교 합동 연구팀은 잘못된 의사결정의 '무게'가 단순히 은유적인 표현이 아니라는 사실을 보여주었다. 연구팀은 일부 참가자들에게 비윤리적인 일을 저질렀던 때를 기억하게 한 다음, 본인의 체중이 몇 킬로그램일 것 같은지 말해보라고 했다. 비윤리적인 행동을 기억하도록 요구받은 참가자들은 중립적인 기억을 떠올리도록 요구받은 참가자들보다 본인의 무게가 더 많이 나갈 거라고 느꼈다. 또 다른 경우를 보면, 나는 무언가(회사 프로젝트, 예술 활동, 집수리, 새로운 취미활동)에 집중하고 싶은데 마음이 나를 내버려두지 않을 때가 있다. 우리가 뭔가를 미룰 때를 들여다보면 나에게 이로운 일이니까 내가 해야 한다고 느끼는 것, 즉 연구자들이 '규범 자아should-self'라고 부르는 것과 그 순간 당장 내가 하고 싶은 것, 즉 '욕구 자아want-self'가 서로 충돌하고 있다. "그 사업 제안서를 작성'해야' 하는 건 아는데 US오픈 준준결승전을 보고 '싶어'."

승려가 되기 전 내가 좋아하는 일을 하지 못하게 나를 막았던 것은 내 마음이었다. 너무 위험하다는 이유였다. 내 마음은 내가 하루 1리터의 탄산음료와 초콜릿을 먹는 것을 허락했다. 건강해지고 싶었는데 말이다. 내 마음은 나 자신의 성장에 집중하는 대신 타인과 나를 비교하게 했다. 내가 상처를 준 사람들에게 손을 내밀지 못하게 나 자신을 가로막았다. 약하게 보이고 싶지 않았다. 나는 내가 사랑하는 사람들에게 화내는 것을 허용했다. 좋은 사람이 되는 것보다 옳은 사람이 되는 게 나한테 더 중요했다.

에크낫 이스워런은 그가 번역한 『법구경』의 소개말에 이렇게 썼다. 매일 소용돌이치는 생각 속에서 "우리는 삶이 정말로 어떤 것인지에 대해 알을 깨고 나오기 전의 병아리만큼도 알지 못한다. 흥분과 우울, 행운과 불운, 즐거움과 고통은 우리가 존재의 전부라고 생각하는 아주 작고 개인적인 껍데기 속 왕국의 폭풍에 불과하다". 부처님이 마침내 "생각이 전혀 미칠 수 없는 영역"에 도달했을 때 껍데기를 깨고 나오는 병아리 같은 기분이라고 말씀하신 것도 이해가 간다.

아슈람에서 내가 배운 것 중에 이 위험하고 자기 파괴적인 생각들을 억제하는 데 늘 중요한 역할을 해준 말씀이 있다. 생각은 지나가는 구름과 같다. 자아는 태양처럼 늘 그 자리에 있다. 나는 내 마음이 아니다.

부모와 자녀

◆◆◆◆◆

스승님들의 설명처럼 마음을 나와 별개의 것으로 생각하면 마음과의 관계를 정리하는 데 도움이 된다. 마음과의 만남을 마치 친구를 사귀거나 적과 평화협상을 벌이는 것처럼 생각해도 좋다.

모든 대화가 그렇듯이 마음과의 소통이 얼마나 원활히 이루어지느냐는 마음과 내가 그동안 쌓아온 관계에 달려 있다. 마음과 나는 성급하게 뛰어드는 전투조인가, 아니면 고집스럽고 교전을 싫어하는가? 마음과 나는 똑같은 논쟁을 계속 반복하는가, 아니면 서로의 말을 들어주고 타협하는가? 대부분은 이런 내적 관계의 역사를 모른다. 한 번도 시간을 내어 성찰해 본 적이 없기 때문이다.

원숭이 같은 마음은 어린아이의 마음이고, 수도자의 마음은 어른의 마음이다. 어린아이는 원하는 것을 손에 넣지 못하면 이미 가진 것은 무시한 채 울부짖는다. 어린아이는 진짜 가치를 알아보지 못해서 사탕 몇 개에 기꺼이 주식 증서를 내준다. 무언가 어려움에 부닥치면 어린아이 같은 마음은 즉각 반응을 보인다. 모욕받은 느낌에 얼굴을 찌푸리거나 자기를 방어하기 시작한다. 무의식적으로 보이는 이런 반사 반응은 누군가 칼을 꺼내든 경우라면 이상적인 반응이다. 겁을 내고 도망치는 게 맞다. 하지만 누군가 듣고 싶지 않은 말을 해서 방어적인 감정이 된 것이라면 이상적인 반응이 아니다. 우리는 그 어떤 경우에도 무의식적인 반사 반응에 휘둘리고 싶지 않지만, 그렇다고 어린아이 같은 마음을 몽땅 없애버리고 싶지는 않다. 어린아이 같은 마음은 우리를 즉흥적이고 창의적이고 역동적으로(가치를 따질 수 없을 만큼 소중한 자질들) 만들어주지만, 그게 우리를 지배할 때는 몰락의 이유가 될 수 있다.

충동적이고 욕망에 휘둘리는 어린아이의 마음을 눌러주는 것이 판단력 있고 실용적인 어른의 마음이다. 어른의 마음은 '너한테 좋은 일이 아냐' 혹은 '조금만 기다렸다가 해'라고 말한다. 어른의 마음은 잠시 멈춰서 큰 그림을 생각하라고 한다. 시간을 갖고 습관적 반응을 따져보고 적절한지 판단해서 다른 선택을 제안하라고 한다. 영리한 부모는 자녀에게 필요한 것과 자녀가 원하는 것을 구분할 줄 알고, 장기적 관점에서 자녀에게 좋은 방향으로 결정을 내린다.

내면의 갈등을 이런 식으로(부모와 자녀의 관계로) 파악하고 보면, 아이 같은 마음이 모든 걸 장악했다는 것은 수도자의 마음이 아직 개발되지 않았거나 다져지지 않았거나 목소리를 낸 적이 없다는 뜻도 된다. 아이가 실망하여 짜증을 부리면 우리는 금세 항복한다. 그래놓고 나중에 가서 나 자신에게 화를 낸다. '내가 왜 이러는 거야? 난 대체 뭐가 문제야?'

똑똑한 목소리는 부모의 목소리다. 훈련만 잘 시키면 부모의 목소리는 자제력과 논리적 사고력을 갖추고 있고, 늘 논쟁의 승자가 된다. 그러나 부모의 목소리는 오직 우리가 밥을 준 만큼만 힘을 쓸 수 있다. 지치고 배고프고 무시하면 부모의 목소리는 약화된다.

지켜보는 부모가 없으면 어린아이는 쿠키 단지에 손을 뻗으려고 뜨거운 난로 옆 작업대에 올라갔다가 사고를 낸다. 반면에 부모가 너무 빡빡하게 통제하면 아이는 억울한 마음과 원망을 품고 위험을 회피한다. 모든 부모 자식 관계가 그렇듯이 딱 맞는 균형점을 찾는 것은 하나의 도전이다.

이게 바로 마음을 이해하는 첫 번째 단계다. 내 안에 서로 다른 목소리가 있다는 사실을 '자각'하는 것 말이다. 나에게 들리는 목소리를 구분할 수만 있어도 더 좋은 의사결정을 내리는 데 당장 도움이 된다.

마음이라는 마차를 운전하라

◆◆◆◆◆

머릿속 여러 목소리를 분류하다 보면 그 갈등 수준에 깜짝 놀랄 수도 있다. 도저히 말이 안 된다. 내 마음은 '당연히' 나에게 최선인 방향으로 작동해야 하는 거 아냐? 대체 왜 내가 내 길을 방해하겠어? 문제가 복잡해지는 이유는 다른 출처에서 나온 의견의 경중을 따져보기 때문이다.

오감은 지금 이 순간 가장 끌리는 것을 알려준다. 기억은 과거에 겪은 일을 소환한다. 지성은 장기적으로 최선의 선택인 것을 종합하고 평가한다.

부모-자녀 모형 말고도 수도자들의 가르침 중에는 머릿속에서 경쟁하는 여러 목소리에 대한 비유가 하나 더 있다. 『우파니샤드』를 보면 마음의 작용을 다섯 마리의 말이 끄는 마차에 비유한다. 이 비유에서 마차는 몸이고, 말은 오감이며, 고삐가 마음, 마부는 지성이다. 그렇다. 이 설명이 더 복잡하다. 하지만 참고 들어보기 바란다.

훈련되지 않은 상태라면, 마부(지성)는 일을 안 하고 잠이 들어버린다. 그래서 말들(오감)이 고삐(마음)의 주인이 되어 몸을 아무 데나

내키는 대로 끌고 다닌다. 마차의 주인이 된 말들은 주변에 있는 것들에 반응한다. 맛있어 보이는 풀밭이 있으면 그쪽으로 방향을 꺾는다. 깜짝 놀랄 일이 있으면 잔뜩 겁을 먹는다. 마찬가지로 우리의 오감도 그때그때 나타나는 음식, 돈, 섹스, 권력, 영향력 등등에 의해 활성화된다. 말들이 주인이면 마차는 일시적 쾌락과 순간적 만족을 따라 휙휙 길을 벗어난다.

훈련된 상태라면 마부(지성)는 깨어 있고, 자각하고, 정신을 바짝 차리고 있어서 말들이 이끄는 것을 허용하지 않는다. 마부는 마음이라는 고삐를 이용해 올바른 길을 따라 조심스럽게 마차를 몬다.

오감을 극복하라

◆◆◆◆◆

제멋대로인 다섯 마리 말을 생각해보라. 게으른 마부가 탄 마차에 매인 채로 못 참겠다는 듯이 코를 힝힝거리며 머리를 흔들어대고 있다. 이것이 오감을 나타낸다는 사실을 기억하라. 오감은 늘 우리가 외부와 접촉하는 최접점에 있다. 감각은 우리에게 욕망과 집착을 불러일으키고, 충동과 열정, 쾌락이 있는 쪽으로 우리를 잡아끌고, 마음을 불안정하게 만든다. 수도자들은 마음을 진정시키기 위해 감각을 진정시킨다. 페마 초드론의 말처럼 "당신은 하늘이다. 다른 모든 것은 그저 날씨에 불과하다".

소림사 승려들은 우리가 마음을 어떻게 훈련하면 감각을 억누를 수 있는지 보여주는 훌륭한 예다. (주의사항: 나는 한 번도 소림사 승려들처럼 살거나 훈련을 받아본 적은 없다. 한 번쯤 시도해 보고 싶다!)

중국의 소림사는 1500년 이상의 역사를 거슬러 올라가는 곳으로 소림사 승려들은 불가능한 것을 자주 보여준다. 칼날 위에서 균형을 잡고, 머리로 벽돌을 깨고, 못과 칼로 된 침대에 눕기도 한다. 눈에 띄는 노력이나 부상 없이 말이다. 얼핏 마술처럼 보이지만 사실 엄격한 육체적·정신적 방법론을 통해 자신의 한계를 밀어붙인 결과다.

아이들은 세 살 때부터 소림사에서 공부를 시작하기도 한다. 아이들은 훈련과 명상으로 긴 시간을 보낸다. 소림사 승려들은 여러 가지 호흡법과 고대의 치유 기술인 '기공氣功'을 통해 초인간적 힘을 내고, 공격에서 부상에 이르기까지 불편한 상황을 견딜 수 있는 능력을 키운다. 그들은 내면의 차분함을 키워 정신적·물리적·감정적 스트레스를 물리친다.

믿기지 않는 감각 제어를 보여주는 모범 사례는 소림사 승려들만이 아니다. 연구자들은 여러 집단의 수도자들과 함께 명상을 한 번도 해보지 않은 사람들을 대상으로 팔목에 열 자극기(강렬한 열로 고통을 유발하는 장치)를 채웠다. 열판은 천천히 뜨거워지다가 최대 온도에서 10초간 지속된 후 열이 식었다. 실험에서 열판이 가열되기 시작하자마자 수도자가 아닌 사람들의 뇌에 나타나는 고통 지표는 미친 듯이 불을 뿜기 시작했다. 마치 열판이 이미 최고 온도에 도달한 것처럼 보였다. 연구자들은 이를 '예기 불안anticipatory anxiety'이라고 부른다. 수도자들에게는 이런 모습이 전혀 없었다. 열판이 가열되어도 수도자들의 뇌 활동은 거의 변함이 없었다. 열판이 최고 온도에 도달하자 수도자들의 뇌 활동 역시 치솟았지만 신체 고통을 담당하는 부분에서만 그런 현상이 나타났다. 알다시피 대부분은 고통을 이중으로 느낀다. 일부는 신체적으로, 일부는 정서적으로 말이다. 수도자들에게도 열은 고통스러운 것이었으나 그들은 이 경험에 부정적 감정을 할당하지 않았다. 수도자들은 '정서적 고통'을 전혀 느끼지 않았다. 또한 수도자들의 뇌는 명상하지 않는 사람들에 비해 신체적 고통에서 빠르게 회복됐다.

놀라운 수준의 감각 제어다. 대부분은 이 정도까지 제어 능력을 개발할 생각은 하지 않는다. 수도자들은 감각을 마음으로 가는 통로라고 생각한다. 삶은 우리가 보고, 듣고, 냄새 맡고, 만지고, 맛보는 것에 의해 지배된다. 좋아하는 디저트 냄새가 풍기면 먹고 싶어진다. 해변 사진을 보면 휴가를 상상하게 된다. 어떤 말을 들으면 불현듯 그 말을 늘 사용하던 사람의 기억이 난다.

원숭이 같은 마음은 자극에 반응하지만, 수도자의 마음은 상황을 주도한다. 유튜브 영상을 보다 보면 토끼굴에 빠지고 만다. 귀여운 동물 영상을 보다가 어느새 상어 공격 편집본을 보고 있고, 스스로 깨닫기도 전에 유튜브 스타 숀 에번스Sean Evans가 유명인 게스트와 핫소스를 먹는 모습을 보고 있다. 감각은 신중하지 못해서 어느새 내 마음을 내가 바라는 곳이 아닌 딴 곳으로 옮겨놓는다. 감각을 괜히 자극하지 마라. 실패할 게 뻔한 길을 가지 마라. 수도자는 스트립클럽에서 시간을 보내지 않는다. 수도자는 자극에 반응하려는 마음의 성향을 최소로 줄이려고 한다. 제일 쉬운 길은 지성이 선제적으로 감각을 자극에서 먼 곳으로 데려가는 것이다. 마음이 자극에 반응하는 것을 조종하기는 힘들기 때문이다. 말들의 눈에 먹음직스럽게 보일 풀밭을 지날 때 마부가 그렇게 하는 것처럼, 언제 내가 취약해질지를 알고 고삐를 바싹 죄는 것은 지성에 달렸다.

감각에 입력되는 것은 무엇이든 감정을 불러일으킬 수 있다. 무언가 유혹적이거나 화를 부르거나 슬픈 일이 떠오르게 하는 자극은 거친 말들이 마부가 선택한 길을 벗어나고 싶게 만든다. 소셜 미디어는 우리가 다른 데에 쓰고 싶은 시간을 뺏어가 버릴지도 모른다. 사진 한 장에 죽은 친구가 생각날 수도 있다. 슬퍼할 시간이 없을 때 말이다. 이별한 애인의 티셔츠 한 장에 가슴이 다시 무너져 내릴 수도 있다. 합리적인 범위 내에서는 원치 않는 자극을 불러일으킬 수 있는 물건들은 집에서 치울 것(혹은 앱 자체를 지울 것)을 추천한다. 마음에서도 그것들을 치우는 내 모습을 떠올려보라. 원치 않는 정신적 자극을 받았을 때도 똑같이 할 수 있다. 부모님에게 듣던 말이라든가, 과거에 듣던 음악 같은 것 말이다. 그런 정신적 자극도 물건을 치울 때와 똑같이 내 인생에서 지우는 모습을 떠올려보라. 정신적·물질적 자극을 치우면 다시는 그것들에 굴복하지 않아도 된다. 당연히 모든 감각과 자극을 없애버리는 것은 불가능하고, 우리가 원하지도 않을 것이다. 우리의 목표는 마음을 침묵시키는 것도, 심지어 잠잠하게 만드는 것도 아니다. 우리가 원하는 것은 생각의 의미를 파악하는 것이다. 그래야 놓아줄 수 있다. 내 마음과의 관계를 강화하는 동안에는 보고, 듣고, 읽고, 흡수하는 것을 조정함으로써 자극적인 장소나 사람을 피하는 것도 하나의 방법이다.

수도자의 시각에서 보면 가장 큰 능력은 자제력이다. 그래야 내 마음과 에너지를 훈련하고, 다르마에 집중할 수 있다. 이상적으로 보자면 우리가 똑같은 균형 감각과 평정심을 가진다면, 아무리 힘들고 어려워 보이는 일 혹은 재미나게 보이는 일도 고통에 지나치게 기죽거나 즐거움에 지나치게 흥분하는 일 없이 잘 헤쳐나갈 수 있다.

평소 우리의 뇌는 반복적으로 입력되는 것들의 볼륨을 줄여버린다. 마음을 훈련하면 주의력을 분산시키는 것들과 관계없이 원하는 것에 집중하는 능력을 키울 수 있다.

명상은 감각에 입력되는 것들을 통제하게 해주는 중요한 도구다. 하지만 어린아이 마음과 어른 마음 사이의 관계를 튼튼히 하는 것으로도 마음을 훈련할 수 있다. 부모가 "방 청소 좀 해"라고 하면 아이는 하지 않는다. 마치 수도자의 마음이 "방향을 바꿔"라고 했을 때 원숭이 같은 마음이 "아냐, 됐어. 난 그냥 헤드폰에서 울리는 시끄러운 음악이나 들을래"라고 말하는 것과 같다. 부모가 아이에게 화를 내며 "방 좀 치우라고 했잖아! 왜 아직 안 치운 거야?"라고 하면 아이는 더 멀리 도망간다. 결국 아이가 부모의 명령을 따를 수도 있지만, 그런 말은 교감을 형성하거나 대화로 이어지지 못한다.

좌절한 부모와 심통 난 자녀가 많이 싸울수록 멀어졌다고 느끼게 된다. 내면의 전쟁을 치를 때 원숭이 같은 마음은 나의 적이다. 하지만 원숭이 같은 마음을 협업자로 보면, 전쟁에서 유대로, 거부당한 적에서 믿는 친구로 옮겨 갈 수 있다. 유대감이 있어도 어려움은 있다. 여전히 의견이 불일치할 수 있기 때문이다. 그러나 양쪽이 원하는 결과는 같을 것이다.

그런 협업을 가르치려면 지성이 마음의 자동적이고 본능적인 반응 패턴, 흔히 '무의식'이라고도 말하는 것에 면밀한 관심을 기울여야 한다.

고집스러운 무의식

◆◆◆◆◆

마음에는 우리가 의식적으로 선택한 적이 없는 본능적 패턴이 있다. 예를 들어 휴대전화로 매일 아침 같은 시간에 울리게 알람을 설정했다고 치자. 평일에는 아주 훌륭한 시스템이지만 휴일에도 알람은 여전히 울릴 것이다. 이 알람이 바로 우리의 무의식과 같다. 무의식은 이미 프로그래밍이 끝나서 매일매일 똑같은 생각과 행동에 정해진 형태로 반응한다. 우리는 삶의 많은 부분에서 좋으나 싫으나 늘 가던 길을 따르며 산다. 이런 생각과 행동은 적극적으로 나 자신을 다시 프로그래밍하지 않은 이상 절대로 바뀌지 않을 것이다.

세계적인 바이올리니스트 조슈아 벨Joshua Bell은 아침 러시아워 시간에 워싱턴 D.C.의 어느 지하철 역사 밖에서 버스킹을 하기로 마음먹었다. 희귀한 악기로 연주하는 그는 모금통 겸 바이올린 케이스를 열어놓고, 가장 어렵다고 회자되는 몇 곡을 연주했다. 45분 동안 음악을 듣거나 돈을 내려고 멈춘 사람은 거의 없었다. 조슈아 벨은 3만 원 정도를 벌었다. 사흘 전에 그가 보스턴 심포니 홀에서 똑같은 바이올린으로 연주했을 때는 웬만한 좌석 하나가 11만 원이었다.

사람들이 뛰어난 음악가의 연주를 들으려고 멈춰 서지 않았던 데는 여러 이유가 있다. 그중에는 분명 붐비는 사람들 사이를 밀치는 사람들이 '자동조종 모드'였기 때문이라는 이유도 있을 것이다. 디폴트 상태에 있을 때 우리는 얼마나 많은 걸 놓칠까?

"정신 이상이란 똑같은 일을 계속 반복하면서 결과가 달라지기를 바라는 것이다."(흔히 아인슈타인의 말이라고 인용되지만, 그가 한 번이라도 이 말을 했다는 증거는 없다.) 얼마나 많은 사람이 매년 똑같은 일을 하면서 인생이 달라지기를 바랄까?

생각은 마음속에서 되풀이되며 나 자신에 대한 믿음을 강화한다. 이를 편집해야 할 의식은 깨어 있지 않다. 머릿속에서 울리는 내레이션은 연애, 돈, 나에 대한 느낌, 내가 해야 할 행동에 대한 나 자신의 믿음에 갇혀 있다. 누군가 "오늘 좋아 보인다"라고 했을 때 무의식적으로 '그렇지 않아. 그냥 저 사람이 친절하니까 하는 말이지'라고 반응한 경험이 누구나 있을 것이다. 누군가 "너는 충분히 자격이 있어"라고 말해도 당신은 속으로 '아냐. 또 해낼 자신이 없어'라고 말할 것이다. 이런 습관적 반응은 하루에도 수없이 쏟아진다. 변화의 시작은 당신 머릿속에 있는 '말'이다. 우리는 내 생각을 듣고, 조율하고, 선택하고, 바꾸는 작업을 해볼 것이다.

직접 해보기: 무의식을 깨워라

머릿속으로 매일 들리는 소음을 몽땅 적어보라. 듣고 싶지 않은 소음 말이다. 내 문제점을 나열하라는 얘기가 아니다. 다음과 같이 마음이 나에게 보내는 부정적이고, 자기 파괴적인 메시지들을 써보라.

⟮예⟯
– 너는 충분히 훌륭하지 않아.
– 너는 할 수 없어.
– 너는 이걸 할 만큼 똑똑하지 않아.

이게 바로 마부가 마차에서 잠들어 있을 때 벌어지는 일이다.

의식적인 마음에 투자하라

◆◆◆◆◆

나는 내 마음이 아닌 것과 마찬가지로 내 생각도 아니다. 내가 나 자신에게 '나는 사랑받을 자격이 없어' 혹은 '내 인생은 형편없어'라고 말한다고 해서 그게 사실이 되는 것은 아니다. 그러나 자멸적인 생각은 뜯어고치기가 쉽지 않다. 직업이 무엇이든 누구나 고통받고, 가슴이 찢어지고, 도전에 맞서야 했던 역사가 있다. 어떤 일을 다 겪어내고 그게 안전한 과거가 되었다고 해서 그 일이 끝난 것은 아니다. 오히려 다른 형태(종종 자멸적인 생각의 형태)로 그 일은 끈질기게 이어질 수 있다. 내가 뭘 바꿔야 하는지 교훈을 얻을 때까지는 말이다. 부모와의 관계를 치유하지 못했다면, 해결되지 않은 그 부분을 똑같이 보여주는 배우자에게 계속 흠을 잡을 것이다. 일부러 마음가짐을 바꾸지 않는다면 이미 겪은 그 고통을 되풀이하고 재생산하게 마련이다.

멍청한 소리처럼 들릴지 몰라도 머릿속에 있는 그 목소리를 다른 목소리로 덮는 최고의 방법은 그 목소리에 말을 거는 것이다. '글자 그대로' 말이다.

당신 자신에게 매일 말을 걸어라. 당신 이름을 사용해서 얼마든지 자신에게 말을 걸어보라. 장소만 괜찮다면 (그러니 첫 데이트나 취업 면접 장소는 아닐 것이다) 큰 소리로 자신에게 말을 걸어보라. 소리에는 힘이 있어서 내 이름을 부르면 나 자신의 주의를 집중시킬 수 있다.

마음이 "너는 못 해"라고 말한다면, 스스로에게 "너는 할 수 있어. 너는 그럴 능력이 돼. 너는 그럴 시간도 있어"라고 말하는 것으로 답하라.

나 자신에게 프로젝트나 과제에 대해 끝까지 얘기해 주면 집중력이 높아진다. 그렇게 하는 사람은 더 효율적으로 일한다. 일련의 조사에서 연구자들은 자원자들에게 여러 장의 사진을 보여주고 사진에 나온 특정 물건의 위치를 찾게 했다. 참가자의 절반은 혼잣말로 물건의 이름을 큰 소리로 계속 부르면서 찾게 하고, 나머지 절반은 말을 하지 않게 했다. 물건의 이름을 반복적으로 불렀던 참가자들이 침묵했던 참가자들보다 눈에 띄게 빨리 물건을 찾아냈다. 연구진은 혼잣말하는 것이 기억력을 높일 뿐만 아니라 집중하는 데도 도움을 준다고 결론 내렸다. 심리학자 린다 새퍼딘Linda Sapadin은 자기 자신과 대화를 하는 것이 "생각을 정리하고, 중요한 일에 집중하고, 어떤 의사결정이든 지금 고민 중인 사안에 대해 마음을 굳히는 데 도움이 된다"라고 했다.

새로운 시각을 발견해서 마음을 생산적인 방향으로 옮길 수 있는 몇 가지 방법을 생각해 보자.

프레임을 새로 짜라

◆◆◆◆◆

당신도 보통의 인간과 비슷하다면, 지성은 당신의 마음에 일이 잘못될 방향에 대해 열성적으로 떠들어대고, 일이 잘될 방향에 대해서는 주로 침묵한다. 대체 어느 부모가 그런 식으로 아이를 키울까?

아무것도 좋아지지 않을 거야.

아무도 나를 이해하지 못해.

나는 충분히 훌륭하지 않아.

나는 충분히 매력적이지 않아.

나는 충분히 똑똑하지 않아.

우리는 내 안의 최악의 모습을 찾아다니며 절대로 바뀌지 않을 거라고 자신에게 말한다. 이는 기운을 북돋는 접근 방식이 아니다. 행복에 이르는 길은 세 가지가 있는데 그 중심에는 지식이 있다. 그 세 가지는 바로 '학습, 발전, 성취'다. 성장하고 있을 때면 우리는 항상 행복한 기분이 들고, 물질적 갈망에서 자유로워지는 것을 느낀다. 만족하지 못하거나, 스스로를 비난하고 있거나, 절망적인 기분이 들더라도 주춤하지 마라. 내가 어떤 점에서 발전하고 있는지 찾아라. 그러면 지금 하는 일의 가치를 눈으로 보고, 온몸으로 느끼고, 제대로 평가할 수 있다.

자기 비난을 벗어나 지식의 이름으로 새롭게 프레임을 짜라. 나자신이 "나는 지루해. 나는 느려. 나는 이거 못해"라고 말하는 게 들리면, "노력 중이야. 좋아지고 있어"라고 답하라. 내가 조금씩 발전하고 있다는 사실을 다시 한번 자신에게 상기시키는 것이다. 그 비관적인 어린아이의 목소리와 관계를 구축하라. 읽어내고, 조사하고, 적용하고, 테스트하면 어른의 목소리가 단단해질 것이다. 마음이 제대로 한 일을 인정할 때는 볼륨을 높여라. 실패를 확대하지 말고 발전을 확대하라. 어찌어찌해서 7일 중에 이틀을 일찍 일어났다면, 막 변화하기 시작한 어린아이에게 하듯이 자기 자신을 격려하라. 계획한 것의 절반을 완료했다면, 물 잔에 물이 반이나 찼다고 말하라.

성장을 확대하는 것 외에도 우리는 '긍정적 지시'를 이용해서 원치 않는 생각의 프레임을 다시 짤 수 있다. 원숭이 같은 마음은 종종 "나는 이거 못해" 같은 말을 재잘거린다. 그럴 때는 다음과 같이 '…만 하면 할 수 있어'라고 표현을 바꿔보라.

'나는 이거 못해'를 '나는 …만 하면 할 수 있어'로 바꿔라.

'나는 여기에 소질이 없어'를 '나는 더 좋아지려고 필요한 시간을 투자 중이야'로 바꿔라.

'나는 사랑받을 수 없어'를 '나는 새로운 인연을 만들기 위해 새로운 사람들과 연락하고 있어'로 바꿔라.

'나는 못생겼어'를 '나는 가장 건강한 상태가 되기 위해 단계를 밟고 있어'로 바꿔라.

'내가 모든 걸 다 처리할 수는 없어'를 '나는 우선순위를 정해서 완료한 것들은 목록에서 지우고 있어'로 바꿔라.

해결책 중심으로 표현을 바꾸면, 그저 바람만 가지고 괴로워할 것이 아니라 주도적으로 책임을 져야 한다는 사실을 스스로 일깨울 수 있다.

마음 상태의 프레임을 새로 짜기 위해서 말을 이용하는 방법 외에 행동도 취할 수 있다. 이를 극복하는 간단한 방법은 매일 한 가지씩 새로운 것을 배우는 것이다. 대단한 것일 필요는 없다. 컴퓨터 프로그래밍이나 양자역학을 배워야 하는 게 아니다. 어떤 사람, 도시, 문화에 관한 글을 읽어도 자존감이 폭발하는 것을 느낄 것이다. 누군가와 대화하게 되면 나도 할 말이 생겼기 때문이다. 새로운 단어를 하나 배워도 된다. 이누이트족의 말 중에서 '이크추아르포크 iktsuarpok'라는 단어가 있다. 손님을 기다리며 이제나저제나 도착할까 계속 창밖을 살필 때 느끼는 기대감을 가리키는 말이다. 대화 속에 새로운 단어만 하나 공유해도 저녁 식탁이 풍요로워진다.

우리가 겪는 많은 좌절감을 축복으로 볼 수도 있다. 그 좌절감들이 우리의 성장과 발전을 재촉하기 때문이다. 부정적인 생각이나 환경을 하나로 죽 이어진 스펙트럼 위에 놓고 보라. 의사들이 통증을 평가할 때처럼, 개인적인 걱정을 1~10 사이로 점수를 매겨보라. 10점은 세상에서 가장 나쁜 일이다. "가족이 모두 죽을까 봐 걱정이에요." 정도로 끔찍한 걱정 말이다. 사실 이 걱정은 아마 11점일 것이다.

온갖 종류의 문제가 다 10점을 받아야 할 것 같은 기분이 들 수도 있다. 특히 한밤중이라면 말이다. 승진하지 못한 것도 10점처럼

관점의 균형을 잡아주는 척도

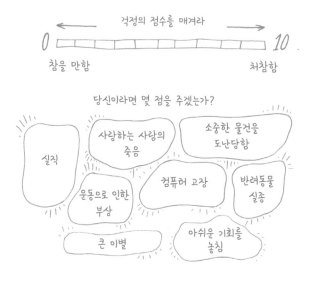

걱정의 점수를 매겨라

0 _____ 10

참을 만함 ······················· 처참함

당신이라면 몇 점을 주겠는가?

실직

사랑하는 사람의 죽음

소중한 물건을 도난당함

운동으로 인한 부상

컴퓨터 고장

반려동물 실종

큰 이별

아쉬운 기회를 놓침

느껴진다. 보물처럼 아끼는 시계를 잃어버린 것도 10점이다. 그러나 사랑하는 사람을 잃은 고통을 한 번이라도 느껴본 적이 있다면 (대부분 경험이 있거나 그게 아니면 앞으로 하게 될 것이다) 점수는 달라질 것이다. 관점 자체가 달라질 것이다. 갑작스런 실직이 좋은 일은 아니어도 참을 만한 일이 될 것이다. 시계는 사라졌지만 그건 물건에 불과하다. 내 몸이 비록 완벽하지는 않아도 이 몸 덕에 훌륭한 경험도 꽤 했다. 깊은 고통이 정말로 무엇인지에 대한 자각을 이용하라. 그러면 작은 혼란들을 더 균형 있게 볼 수 있을 것이다. 그리고 정말로 처참한 10점을 마주친다면, 그 일을 내 것으로 인정하라. 시간을 가지고 치유하라. 모든 부정적 경험의 충격을 줄이자는 얘기가

아니다. 부정적 경험을 더 똑똑히 보자는 얘기다. 그리고 종종 10점은 줄일 수 없는 딱 10점의 고통이다.

속도를 늦춰라

◆◆◆◆◆

프레임을 새로 짤 때 글로 써보면 효율을 높일 수 있다. 원숭이 한 마리가 이 나뭇가지에서 저 나뭇가지로 정신없이 옮겨다니는 것을 상상해 보라. 원숭이의 이목을 사로잡아 집중하게 만들려면 노력이 필요하다. 마음이 불안하고 두근두근하면, 계속 같은 생각을 반복하고 비생산적인 생각을 하고 있으면, '정지' 버튼을 눌러야 할 것 같은 기분이 들면, 15분간 시간을 내서 마음에 들어오는 모든 생각을 글로 적어보라.

어느 연구에서 대학생들에게 하루 15분씩 나흘 동안 본인 인생의 가장 상처가 되는 경험에 대해 '가장 깊은 곳에 있는 생각과 감정'을 글로 쓰도록 했다. 학생들은 이 경험이 귀중했다고 말했을 뿐만 아니라 98퍼센트의 학생들이 다시 해보고 싶다고 했다. 학생들은 글로 쓰는 것을 즐기기만 한 것이 아니라 이 경험을 통해 건강이 개선되었다. 상처가 된 경험을 글로 썼던 학생들은 이 연구 이후에 교내 병원 방문 횟수가 줄었다. 연구진은 학생들이 최악의 경험을 앞뒤가 있는 한 편의 내러티브로 만든 점이 이 글쓰기의 이점 중 하나라고 결론 내렸다. 그 순간과 거리를 두면 그 경험을 객관적으로 볼 수 있고, 해피엔딩을 그려볼 수도 있기 때문이다.

작가 크리스타 맥그레이Krysta MacGray는 비행기를 타는 게 너무나 무서웠다. 그녀는 두 주먹을 꽉 쥐고 참아보려 했다. 논리적으로 생각해 보기도 했다. 술을 몇 잔 마셔보기까지 했다. 그러나 비행기를 탈 일이 생길 때마다 맥그레이는 비행기가 추락해서 불타면 아이들의 인생은 어떻게 될까 몇 주 전부터 상상했다. 그녀는 객관적 시각을 얻기 위한 노력의 하나로 이 두려움에 대해 블로그를 쓰기 시작했다. 그리고 그때 깨달았다. 자신이 할머니의 전철을 밟고 있다는 사실 말이다. 할머니는 비행기를 타지 않으려 했고 그 때문에 많은 것을 놓쳤다. 맥그레이는 본인의 인생에서 비행기를 탈 가치가 있을 만큼 자신이 간절히 원하는 일들을 목록으로 작성했다. 아직도 맥그레이는 두려움을 완전히 정복하지 못했지만, 버킷 리스트에 있던 이탈리아 휴가를 남편과 함께 다녀오는 데 성공했다. 글을 쓰는 것만으로 모든 문제가 해결되지는 않는다. 그러나 해결책 찾기에 유용한 시각을 얻는 데 도움이 될 수 있다.

글 쓰는 것을 좋아하지 않는다면 휴대전화에 말을 녹음한 다음 오디오 파일을 재생하거나 오디오 파일의 스크립트를 읽는 방법도 있다(요즘 휴대폰에는 말을 글로 바꿔주는 기능이 있다). 내 목소리를 녹음해서 들으면 관찰자의 마음이 되어 나 자신을 좀 더 객관적으로 상대할 수 있다.

또 한 가지 방법은 승려들이 사용하는 것인데, 머릿속으로 고대 사무라이의 격언 '내 마음을 내 친구로 만들어라'를 계속 반복하는 것이다. 같은 말을 반복하면 뇌에서 '디폴트 모드 네트워크default mode network'라고 하는 부분(마음이 방황하면서 나 자신에 관해 생각하는 것과 관련된 부분)이 조용해진다. 원숭이도 어쩔 수 없이 팔을 멈추고 귀를 기울일 수밖에 없다.

자기 연민을 찾아라

◆◆◆◆◆

불안한 원숭이 같은 마음이 말을 잘 듣지 않으려고 하면, 자기 연민으로 내면의 독백을 바꿔볼 수 있다. 불안한 생각이 떠오르면 그대로 내버려두지 말고 연민으로 대응하라. "걱정되고 화난다는 것 알아. 감당 못 할 것처럼 느껴지겠지. 하지만 넌 강해. 할 수 있어." 기억하라. 중요한 것은 비난하지 않고 감정을 관찰하는 것이다.

브랜드전략 전문회사 셰어러빌리티Shareability에 있는 친구들과 함께 나는 10대 소녀와 소녀의 자매들과 한 가지 연습을 해본 적이 있다. 나는 소녀들에게 자신의 자존감에 영향을 주는 부정적 생각들을 적어보라고 했다. 소녀들은 '너는 겁먹었어' '너는 아무짝에도 쓸모없어' '너는 중요한 사람이 아냐' 같은 말을 적었다. 나는 소녀들에게 자신이 쓴 내용을 언니나 여동생에게 마치 그들에 관해 쓴 것인 양 읽어주라고 했다.

소녀들은 하나같이 거절했다. "좋은 행동이 아니에요." 한 소녀는 머릿속에서는 아무렇지 않은 말이었는데 입 밖으로 내보니 전혀 다르다고 말했다.

---

1. 나 자신에게 하는 부정적인 말을 목록으로 작성하라. 각 목록 옆에는 그 생각을 내가 아끼는 사람에게 표현한다면 어떻게 말할지 적어보라. 예컨 대, 아래는 소녀들이 자신에 관해 쓴 부정적인 생각과 그 생각을 언니나 여동생에게 표현한다면 어떻게 말할지 쓴 것이다.

'너는 겁먹었어.'	"겁이 나도 괜찮아. 내가 어떻게 도와줄까?"
'너는 아무짝에도 쓸모없어.'	"네가 쓸모없게 느껴지는구나? 너의 좋은 점들을 얘기해 보자."
'너는 중요한 사람이 아니야.'	"이런 것들은 네가 중요한 사람이 아니라고 느끼게 만드는구나? 그걸 어떻게 바꿀지 얘 기하기 전에, 네가 중요한 사람이라고 느끼 게 만드는 목록을 먼저 만들어보자."

2. 자녀 혹은 가장 친한 친구나 사촌, 또는 아끼는 누군가가 이혼 절차를 밟고 있음을 알게 되었다고 상상해보자. 나의 첫 반응은 무엇일까? 그 에게 뭐라고 말할까? 어떤 조언을 줄까? "어쩌니? 힘들겠다" 혹은 "축 하해. 힘든 일이 많다는 거 알아. 하지만 이혼하고 나서 후회하는 사람은 거의 본 적이 없어"라고 말할 수도 있을 것이다. 사랑하는 사람에게는 절대 다음과 같이 말하지 않을 것이다. "너는 바보 천치야. 그런 머저리 같은 인간이랑 결혼한 걸 보면 너도 머저리가 틀림없어." 우리는 아끼는 사람들에게 사랑과 응원을 전하며, 가끔은 아이디어나 해결책을 제시할 수 있다. 우리 자신에게도 바로 그런 식으로 말해야 한다.

우리는 내가 사랑하는 사람에게는 결코 하지 않을 말을 나 자신에게 한다. '황금률'이 무엇인지 누구나 알고 있다. '네가 남에게 대접받고 싶은 대로 남을 대하라.' 나는 여기에 하나를 덧붙이고 싶다. **타인에게 보여주고 싶은 것과 똑같은 사랑과 존경으로 스스로를 대하라.**

매일 우리가 나 자신을 위해 쓰는 내러티브가 나를 규정한다. 당신의 내러티브는 기쁨, 끈기, 사랑, 친절의 이야기인가, 아니면 죄책감과 책망, 쓰라림, 실패의 이야기인가? 당신이 가지고 살고 싶은 감정과 기분에 맞는 새로운 어휘를 찾아내라. 당신 자신과 사랑으로 이야기하라.

현재에 집중하라

◆◆◆◆◆

원숭이 같은 마음이 과거에 머물러 있거나 미래만 보고 있다면 무슨 말을 해야 할지 알기 어려울 수도 있다. 리처드 로Richard Rohr 신부님은 말했다. "모든 영적인 가르침은 (지나치게 단순화해서 하는 말이 아니라) 어떻게 하면 현재에 집중할 수 있느냐에 관한 것이다. … 문제는 우리가 항상 딴 곳에 있다는 점이다. 우리는 과거를 다시 살고 있거나 미래를 걱정한다."

누구나 자주 떠올려보는 행복한 순간이 있고, 놓아주지 못하는 고통스러운 기억이 있다. 그러나 향수도 회한도 덫이 될 수 있다.

새로운 경험을 하지 못하게 우리를 닫아버리고, 해결되지 않은 과거나 좋았던 추억 속에 우리를 가둔다. 과거를 바꿀 수 없는 것과 마찬가지로 미래는 알 수 없다. 어느 정도 유용하고, 다양한 시나리오를 준비하는 것도 좋지만, 그런 생각이 반복적인 불안이나 걱정, 비현실적인 열망으로 이어진다면 더는 생산적이지 않다.

세상이 무너져 내리는 기분이든, 그저 회사에서 힘든 하루였든 현재에 집중할 수 없게 만드는 요소는 넘쳐난다. 현실적으로 보면 당신이 백 퍼센트 늘 현재에 집중하는 일은 일어나지 않을 것이다. 그것은 우리의 목표가 아니다. 무엇보다 좋았던 시절을 생각하거나 과거에 배운 귀중한 교훈을 생각하고 미래를 위한 계획을 세우는 것은 우리가 가진 정신적 능력을 훌륭하게 사용하는 것이다. 우리가 원하지 않는 것은 후회나 걱정에 시간을 낭비하는 것이다. 현재에 집중하는 연습을 하는 것은 영적 스승 램 다스Ram Dass의 조언처럼 "지금 당장 여기 있는 것"에 도움이 된다.

마음이 자꾸만 과거나 미래의 생각으로 되돌아간다면 현재에서 단서를 찾아보라. 내 마음은 나를 방어하는 중인가, 아니면 내 주의를 분산시키는 중인가? 과거에 중요했던 일이나 미래에 혹시 일어날지도 모를 일을 생각하는 대신에, 부드럽게 마음을 다시 현재로 인도하라. 자신에게 지금 당장에 관한 질문을 하라.

지금 빠진 것은 무엇인가?
오늘 불쾌했던 일은 무엇인가?

내가 바꾸고 싶은 것은 무엇인가?

나 자신에게 현재를 이야기할 때 과거의 부정적 요소와 긍정적 요소를 돌아보며 비록 불완전하지만, 나를 지금 있는 곳(내가 받아들이는 삶이자 여전히 더 성장할 수 있는 삶)으로 데려다준 길이라고 생각한다면 이상적일 것이다. 미래 역시 현재라는 맥락에서 생각한다면 이상적일 것이다. 오늘의 약속을 현실로 만들 기회라고 말이다.

아무것도 나를 소유할 수 없다

◆◆◆◆◆

어린아이의 마음과 어른의 마음이 싸우는 것을 관찰할 때처럼, 나 자신에게 이야기할 때 사랑하는 사람에게 말하듯이 할 수 있다면, 나와 내 마음 사이에 거리를 만들어서 상황을 더 명확하게 볼 수 있다. 이 방법을 앞서 이야기했다. 스님들은 감정적으로 반응하지 않고 상황에서 한발 뒤로 물러나 객관적 관찰자가 되는 방식으로 균형 있는 시각을 얻는다고 했다. 3장에서 우리는 두려움에서 한발 뒤로 물러나는 것에 관해 이야기했고, 이 행동을 '초연해지기'라고 불렀다.

두루미는 물속에 가만히 서서 작은 물고기들이 지나치는 것을 무시한다. 덕분에 두루미는 더 큰 물고기를 잡을 수 있다.

초연해지기는 자제력의 한 형태다. 자제력은 이 책에서 이야기한 모든 자각의 수많은 이점을 가지고 있지만, 그 출처는 언제나 마음이다. 『바가바드 기타』는 초연해지기를 그 자체로 옳은 일로 규정한다. 왜냐하면 성공하든 실패하든, 초연해지기는 꼭 해야 하기 때문이다. 쉽게 들리지만, 그 자체로 옳은 일을 하려면 무엇이 필요할지 한번 생각해 보라. 이 말은 이기적인 이해관계, 내 말이 맞다고 말하는 것, 특정한 방식으로 보이는 것, 내가 지금 당장 원하는 것에서 초연해진다는 뜻이다. 초연해진다는 것은 나를 장악한 감각, 세속적인 욕망, 물질적 세상에서 벗어난다는 뜻이다. 객관적 관찰자의 시각을 취한다는 뜻이다.

오직 초연해질 때 우리는 진정으로 마음을 제어할 수 있다.

나는 선종에 나오는 이야기들을 우리에게 더 와닿도록 새로운 인물을 추가해 각색했다. 그중 하나가 궁전 입구에 도착한 어느 스님의 이야기다. 여승이 경지에 이르렀다는 얘기를 들은 왕이 그녀를 궁전으로 불렀다. 그리고 무엇을 원하는지 물었다. 스님은 이렇게 말했다. "오늘 밤 이 호텔에서 자고 싶습니다."

왕은 예상치 못한 무례한 대답에 깜짝 놀랐다. "여기는 호텔이 아니다. 여기는 궁전이야!" 왕이 거들먹거리며 말했다.

스님이 물었다. "이전에는 이곳이 누구의 것이었습니까?"

왕은 팔짱을 끼고 선언했다. "내 아버지의 것이었지. 내가 그 왕위를 계승한 것이고."

"그분이 지금 여기 계십니까?"

"안 계시지. 돌아가셨으니까. 이게 다 무슨 뜻이냐?"

"그러면 아버님 이전에는 누구의 것이었습니까?"

"그분의 아버지의 것이었지." 왕은 소리를 질렀다.

스님은 고개를 끄덕였다. 그리고 말했다. "아, 그러면 이곳에 오는 사람들은 한동안 여기에 머물다가 다시 자기 길을 떠나는군요. 그러면 호텔이 맞는 것 같은데요."

이 이야기는 우리가 가지고 사는 '영원'에 대한 착각을 엿보게 한다. 그런 착각을 엿보게 해준 것으로는 넷플릭스 시리즈 〈설레지 않으면 버려라〉가 있다. 이 프로그램에서 세계적인 정리 컨설턴트인 곤도 마리에近藤 麻理惠는 사람들이 삶을 '정리'하도록 도와준다. 매회 마지막에 가면 사람들은 그처럼 많은 것을 없앴다는 데 기쁨과 안도감의 눈물을 흘린다. 왜냐하면 자신이 '집착'했던 것들의 수를 극적으로 줄였기 때문이다. 집착은 고통을 가져온다. 무언가가 내 것이라거나 내가 뭐라도 된다고 생각하면, 그게 나에게서 사라졌을 때는 고통이 된다.

선지자 무함마드의 사위이자 사촌인 알리가 남긴 말은 초연해지기에 대한 수도자들의 생각을 가장 잘 설명한다. "초연해진다는 것은 아무것도 소유하지 않는다는 뜻이 아니라, 아무것도 '나를' 소유해서는 안 된다는 뜻이다." 초연해지기를 흔치 않은 방식으로 설명하고 있어서 나는 이 말을 좋아한다. 보통 사람들은 초연함을 모든 것을 제거한 상태, 무심한 상태라고 생각한다. 곤도 마리에는 사람들에게 관심을 끊으라고 말하고 있는 것이 아니다. 그녀는 사람들에게 기쁨을 찾아보라고 말한다. 사실 가장 훌륭한 형태의 초연함은 모든 것에 가까이 가되 그게 나를 잡아먹거나 소유하게 두지 않는 것이다. 그게 진짜 강인함이다.

수도자들의 수련이 대부분 그렇듯이 초연해지기도 우리가 도달해야 할 목적지가 아니라 끊임없이 의식적으로 수행해야 하는 과정이다. 승려들이 자기 생각과 정체성 외에는 가진 것이 없는 아슈람에서도 초연해지기는 쉬운 일이 아니다. 그렇다면 현대사회에서 초연해지기가 힘든 과정인 것이 당연하고(특히나 논쟁 중이거나 의사결정을 내려야 하는 것과 같은 어려운 상황이라면), 아주 잠깐이라도 초연해질 수 있기를 바라야 할 것이다.

집에서는 시도하지 마라

◆◆◆◆◆

수도자들은 초연해지기 위해 극단적인 방편을 동원한다. 여러분이 이런 방편을 동원하기를 기대하는 것은 아니다. 원리를 먼저 살펴본 다음에 초연해지기와 그 이점을 실험할 수 있는 실용적이고 심지어 재미있는 방법을 이야기하겠다.

단식, 묵언, 춥거나 더운 곳에서의 명상, 우리가 이야기한 여러 고행은 우리가 몸에 초연해지게 만든다. 고행은 불편함이 얼마나 마음에 달린 것인지 깨닫게 만들기 때문이다. 승려들이 초연해지기를 시험한 다른 방법 중에 아무것도 지니지 않고 여행하는 것이 있었다. 음식도, 잘 곳도, 돈도 없이 말이다. 우리는 혼자서 모든 것을 해결해야 했고, 정말 적은 것만 가지고 살아갈 수 있다는 사실을 깨달았다. 우리가 가진 모든 것에 감사하는 마음을 가질 수 있었다. 이 모든 수련은 나 자신을 정신적, 육체적 한계까지 밀어붙이게 만들며 결의와 회복력, 기개氣概를 쌓고 자제력을 키우게 해주었다.

처음으로 음식이나 물 없이 종일 단식했을 때, 처음 몇 시간 동안 극심하게 배가 고팠다. 단식 기간에는 낮잠을 잘 수 없다. 단식의 목적은 배고픔을 경험하는 것이지, 잠을 통해 회피하는 것이 아니기 때문이다. 나는 지성을 사용해서 나 자신을 달래야 했다. 배고프다는 생각을 놓아주려면 더 고차원적인 무언가에 온전히 몰입해야 했다.

시간이 지나면서 몸이 뭘 먹을지 생각할 필요도, 식사 준비를 할 필요도, 음식을 먹거나 소화할 필요도 없다 보니 오히려 다른 에너지가 더 많아졌다는 사실을 깨달았다.

단식하면 내 몸에 초연해질 뿐만 아니라 몸이 요구하는 것들을 챙기는 데 쓰는 시간도 남게 된다. 먹지 않으면 배고픔, 포만감, 고통과 쾌락, 실패와 성공을 놓아줄 수 있다. 에너지와 관심의 방향을 바꿔 마음에 초점을 맞출 수 있다. 이후 단식에서 나는 그 에너지를 공부, 연구, 메모, 강연 준비 등에 사용하는 습관이 생겼다. 단식은 집중을 방해하는 것들에서 자유로운 창의적인 시간이 되었다.

단식이 끝났을 때 육체적으로 피곤함을 느꼈으나 정신적으로는 더 강해진 기분이었다. 내 몸이 의지하던 무언가 없이 활동을 해보니 마음에 존재하던 한계를 깰 수 있었다. 나는 유연성, 적응력, 상황

대처능력이 생겼다. 단식의 경험은 남은 인생 전체에 영향을 미쳤다.

단식은 지성이 주도하는 육체적 도전이다. 장기간의 묵언은 전혀 다른 문제를 대두시켰다. '타인과 분리된 나는 대체 어떤 사람인가?'

30일간의 묵언 수행 중 아흐레를 보내던 나는 내가 미쳐가는 게 아닐까 생각했다. 이전까지 한 달은커녕 하루도 입을 닫아본 적이 없었다. 이제 나와 같은 시기에 아슈람에 들어온 다른 스님들과 일주일 이상 말을 하지도, 무언가를 보지도, 소리를 듣지도, 그 어떤 방식의 소통도 하지 않았다. 나는 말이 많은 편이었다. 남의 경험을 듣는 것도 좋아하고 공유하는 것도 좋아했다. 침묵 속에서 내 마음은 고삐 풀린 망아지 같았다. 머릿속으로 다음과 같은 생각들이 줄줄이 떠올랐다.

- 한동안 듣지 않았던 랩의 가사
- 승려학교에서 내가 읽고 배워야 할 모든 것
- 대체 남들은 이걸 어떻게 견디나?
- 언젠가 옛 여자 친구와 나누었던 별 의미 없는 대화
- 며칠이 지나야 입을 뗄 수 있는지 세고 있는 승려가 되는 대신 취직을 했더라면 지금 이 순간 나는 뭘 하고 있을까?

모두 채 10분도 안 되는 시간 동안 떠올랐던 생각들이다.

한 달간 지속된 묵언 수행의 출구는 없었다. 나는 내면으로 파고드는

수밖에 없었다. 내 안의 원숭이 같은 마음과 대면하고 대화를 시작해야 했다. 나는 이렇게 물어보았다. 내가 왜 대화를 해야 하지? 왜 그냥 내 생각 속에 있으면 안 되지? 다른 어디서도 얻을 수 없는, 하지만 침묵 속에서 얻을 수 있는 게 뭐지? 마음이 정처 없이 헤매면 다시 내 질문으로 돌아갔다.

처음 깨달은 것은 침묵과 정적이 있으면 익숙한 루틴 속에서도 소소하게 새로운 것들을 발견하게 된다는 사실이었다. 차츰 더 많은 것들을 알게 되었다. 말을 통해서가 아니라 경험을 통해서였다. 나는 내가 온몸 구석구석을 느낄 수 있다는 것을 깨달았다. 피부에 닿는 공기도 느껴졌고, 숨이 온몸을 도는 것도 느껴졌다. 마음이 비워졌다.

시간이 지나자 다른 질문이 떠올랐다. 나는 대화에 참여하고 싶었다. 왜지? 사람들과 소통하고 싶었다. 왜지? 나는 친구가 그리웠다. 장기적인 위안을 위해서가 아니라 지금 당장 친구가 그리운 이유가 뭐지? 내 자아는 친구를 내가 선택한 것을 지지해 주는 용도로 사용하고 있었다. 나는 내 자아에 뭔가 개선이 필요하다는 사실을 깨달았다.

텅 빈 가운데서 나는 이렇게 말했다. '너의 마음을 네 친구로 만들어.' 그런 다음 우리가 인맥 형성 모임에 참석한 모습을 상상했다. 시끄럽고 북적대고 많은 일이 벌어지고 있었지만 친분을 쌓을 수 있는 유일한 방법은 대화를 시작하는 것이었다. 그게 내가 할 일이었다.

단식을 비롯해 수도자들이 사용하는 여러 금욕의 수단은 우리가 생각보다 힘든 일도 견딜 수 있다는 사실, 자제력과 결심을 통해 오감의 요구를 극복할 수 있다는 사실을 일깨워 준다. 믿음의 종류와 관계없이 대부분의 수도자는 결혼하지 않고, 매우 제한된 음식만을 먹으며, 주류 사회와 떨어져서 산다. 더 극단적인 경우들도 있다. 자이나교 승려 슈리 한스라트나 비자이지 마하라지 사헤브Shri Hansratna Vijayji Maharaj Saheb는 423일간 단식했다(중단 기간 몇 번 포함). '소쿠신부츠即身仏'란 일본에서 승려가 솔잎, 나무껍질, 송진만을 먹다가 이후 음식과 물을 포기하고 계속 주문을 외며 결국은 자신의 몸을 석화시키는, 즉 스스로 미라가 되는 것을 일컫는다.

솔잎만 먹거나 그러겠다고 맹세해야만 한계를 탐구할 수 있는 것은 아니다. 불가능을 이룰 수 없게 우리를 가로막는 것은 불가능하다는 믿음 자체인 경우가 많다. 1850년(트랙의 길이가 정확히 측정된 경기장이 처음으로 만들어진 해) 이후 1954년까지 1마일 달리기(약 1.6킬로미터)의 기록은 4분의 벽을 깨지 못했다. 아무도 이 벽을 깨지 못했기 때문에 할 수 없는 일이라고 여겨졌다. 그러다가 1954년 영국의 올림픽 출전 선수 로저 배니스터Roger Bannister가 그 일을 해냈다. 그는 1마일을 3분 59초 4에 뛰며 최초로 4분의 벽을 깼다. 이후 달리기 선수들은 훨씬 빠른 속도로 기록을 경신했다. 한계가 없다는 걸 알게 되자 사람들은 점점 한계를 밀어붙였다.

평범한 사람들도 금욕을 이용해 성과를 높이곤 한다. 극단을 실험함으로써 일상에서 더 조심하게 되고, 더 긍정적으로 변했다는 사람들을 본다. 금욕을 활용해 초연해질 수 있는 방법들을 한번 살펴보자.

초연해지는 방법

◆◆◆◆◆

지금까지 우리가 마음 수련에 관해 이야기했던 내용은 모두 초연해지기와 관련된다. 머릿속에서 경쟁하는 여러 목소리의 객관적인 관찰자가 되고, 의식적인 마음과 새로운 대화를 나누어 생각의 프레임을 다시 짜고, 나에 대한 연민을 발견하고, 현재에 집중하는 것 모두가 마찬가지다. 본능적으로 내가 원하는 것을 하기보다는 선제적으로 상황을 평가하고 옳은 일을 해야 한다.

금욕을 초연해지기 특별 캠프라고 생각하라. 나에게 한계를 긋는 생각들과 절연하고 새로운 가능성에 마음을 열어라. 전투 훈련을 받는 병사처럼 지성이 강인해지는 것을 알게 될 것이다. 평소에 생각했던 것보다 내가 많은 일을 할 수 있다는 걸 알게 될 것이다.

우리가 시도해 볼 수 있는 금욕이나 도전의 방법은 무한하다. TV나 스마트폰, 단 음식, 술을 포기할 수도 있고 가십이나 불평, 비교하지 않기로 마음먹을 수도 있다. 내 경우 가장 효과가 컸던 것은 추위나 더위 속에서 명상하는 것이었다. 그 추위를 벗어나는 길은 오직 내면으로 들어가는 것뿐이었다. 신체적 불편에 쏠려 있는 내 관심을 마음과 대화하는 쪽으로 돌리는 법을 배워야 했다. 지금도 나는 이 방법을 체육관에서 활용한다. 나는 크런치를 할 때면 몸에서 아프지 않은 곳을 의식한다. 심리적인 고통에는 이 방법을 추천하지 않는다. 나는 금욕주의자가 아니기 때문이다! 그러나 육체적 고통에서 나를 놓아주는 기술을 익히면 고통을 긍정적으로 생각하며 견딜 수 있다. 고통이 어떤 가치를 지닌다는 사실을 알면(체육관에서 몸을 단련하고 있다거나 몹시 더운 날 아이들에게 음식을 만들어주고 있을 때처럼) 나 자신을 정신적으로나 육체적으로 더 밀어붙일 수 있다. 불편함에 마음을 빼앗기는 대신 중요한 것에 집중할 수 있다.

시작은 자각이다. 집착을 찾아내라. 당신은 언제 그걸 경험하는가? 당신은 언제 그것에 가장 취약한가? 당신이 초연해지고 싶은 것이 전자기기라고 치자. 당신이 그걸 사용하는 것은 지루해서인가? 게을러서인가? 뭔가를 놓칠까 봐 두려워서인가? 외로워서인가? 술을 그만 마시고 싶다면, 얼마나 자주, 하루 중에 어느 때에 술을 마시는지 살펴보라. 당신이 그걸 사용하는 이유는 긴장을 풀기 위해서인가? 소통하고 싶어서인가? 자신에게 보상을 주기 위해서인가? 뭔가를 확인하고 싶어서인가?

당신의 집착이 무엇인지 찾아냈다면 다음 단계는 잠시 멈춰서 다시 생각해 보는 것이다. 당신이 추가하고 싶은 것은 무엇이고, 빼고 싶은 것은 무엇인가? 당신이 전자기기에 할당하고 싶은 시간은 어느 정도인가? 어떤 형태로 즐기고 싶은가? 완전히 제거하고 싶은 앱이 있는가? 아니면 스마트폰을 사용하는 시간 자체를 제한하고 싶은가? 술이 문제라면 완전히 끊어야 할지, 아니면 한 달 동안 금주해서 나 자신에 관해 좀 더 알아볼지, 아니면 스스로 제한을 걸지 생각해 볼 수 있다.

세 번째 단계는 새로운 행동으로 바꾸는 것이다. 일반적으로 내가 추천하는 두 가지 방법이 있다. 각자 자신에게 더 잘 맞는 방법을 선택하면 된다. 수도자의 방법은 올인하는 것이다. 몰입하거나 극단적인 방법이 잘 맞는 사람이라면 일주일 혹은 한 달 동안 소셜 미디어를 완전히 제거한다. 아니면 위에서 말한 것처럼 한 달간 금주한다. 천천히 차근차근 반복하는 게 효과가 있는 사람이라면 작은 변화를 주어서 조금씩 그 변화를 늘려갈 수도 있다. 전자기기가 문제라면 스스로 온라인 사용 시간을 제한하거나 아니면 완전히 제거하지는 않더라도 특정 앱의 사용 시간을 제한한다.

그렇게 해서 생긴 시간을 어떻게 사용하고 싶은지 결정하라. 유튜브 사용 시간을 최소화하고 싶다면 긴장이나 압박감을 풀 다른 방법을 찾아보라. 내가 가장 먼저 활용하는 것은 명상이다. 소셜 미디어 사용 시간을 줄이는 중이라면 온라인이 아니라 오프라인에서 친구들과 교류하는 데 시간을 사용하고 싶은가? 어쩌면 인스타그램에 있는 사진 중에서 앨범이나 벽에 붙일 사진들을 골라보기로 스스로 과제를 정할 수도 있을 것이다. 새로 생긴 시간으로 똑같은 욕구를 충족시키거나 아니면 늘 미루던 일이나 프로젝트를 완수하는 데 사용하라.

처음에는 무언가 변화를 주었을 때 마음이 저항할 수 있다. 과도기를 쉽게 넘길 방법을 찾아보라. 만약에 내가 설탕을 줄이고 싶다면, 설탕과 암의 연관성을 밝혀놓은 글을 읽는다면 지식도 늘어나고 설탕에 저항하고 싶은 동기도 더 강화될 것이다. 아내는 내가 '최악의 간식 서랍'이라고 부르는 것을 만들었다. 그 서랍 안에는 '나쁜' 음식은 하나도 없고 정크푸드도 전혀 없다. 내 오감은 간식과 접촉할 일 자체가 없다. 또한 나는 내 욕구를 억제할 수 있는 자연스러운 습관도 찾아본다. 나는 내가 체육관에 다녀오면 설탕을 덜 먹는다는 사실을 발견했다. 내 경우에는 체육관에 가는 게 마부의 잠을 깨우는 셈이다. 에너지를 높이고 기분을 좋게 하려고 설탕을 찾는다는 사실을 깨달은 나는 비슷한 효과가 있는 더 건강한 방법을 모색한다.

처음의 강렬한 욕구가 잦아들면 초연해지기의 이점을 몸으로 느낄 것이다. 모든 게 더 또렷이 보이고 균형 감각이 생길 것이다. 원숭이 같은 마음을 더 잘 조절할 뿐만 아니라, 조절할 수 없는 것들을 조절하려고 시도하지 않을 것이다. 마음이 잠잠해질 테고, 두려움이나 자존심, 질투, 탐욕이 없이 의사결정을 내릴 것이다. 자신감이 생기고 착각에서 자유로워질 것이다. 여전히 삶은 완벽하지 않겠지만, 그 사실을 있는 그대로 받아들이고 발전할 수 있는 명확한 길을 볼 것이다.

마음 간수

◆◆◆◆◆

초연함은 내 몸과 마음을 완전히 무시한다는 뜻이 아니다. 몸은 무언가를 담는 그릇이다. 몸은 우리를 담고 있고 그래서 중요하다. 우리는 몸을 잘 지키고, 잘 먹이고, 건강하게 유지해야 한다. 하지만 그릇은 용기에 불과하다. 진짜 가치가 있는 것은 그 그릇에 담긴 내용물이다. 앞서 이야기했듯이 마음은 지성의 조절과 제약에 대해 균형을 잡아주는 평행추 역할을 한다. 마차와 말, 고삐가 없다면 마부가 선택할 수 있는 것은 많지 않다. 마부는 느리다. 혼자서는 멀리까지 이동할 수 없다. 가는 길에 지친 여행자를 태워서 도와줄 수도 없다. 내 머릿속에 울리는 목소리나 그것을 담고 있는 몸을 완전히 제거하는 것은 우리가 원하는 사항이 아니다. 우리는 그저 그것들을 옳은 방향을 이끌고 싶을 뿐이다. 그렇다면 마부는 끝없이 일해야 한다.

아침에 일어나면 피곤하고 입 냄새도 난다. 우리는 매일 아침 양치와 샤워를 해야 한다는 사실을 있는 그대로 받아들인다. 씻어야 한다고 해서 내가 나를 비난하는 일은 없다. 배가 고플 때 이렇게 말하는 사람은 없다. '세상에, 난 최악이야. 어떻게 또 배가 고플 수가 있어?' 그런 인내심과 이해심을 동기부여가 저하되거나, 집중력이 흐트러지거나, 불안하거나, 혼란스럽거나, 마부가 약해졌을 때도 발휘해야 한다. 마부를 깨우는 것은 샤워하거나 밥을 먹는 것처럼 매일 해야 하는 일이다.

'세상에서 가장 행복한 사람' 마티유 리카르는 우리가 내면의 평화를 하나의 기술처럼 개발해야 한다고 했다. 그는 나에게 이렇게 설명했다. "슬픔이나 부정적 생각을 곱씹으면 슬픔과 부정적 생각이 강화됩니다. 반면에 연민과 기쁨, 내면의 평화를 계발하면 일종의 회복력이 강화되어서 삶을 자신 있게 마주할 수 있지요." 어떻게 해야 그런 기술을 개발할 수 있냐고 물었더니 그는 이렇게 말했다. "뇌를 훈련해야 합니다. 바깥세상을 행복이나 비참함으로 번역하는 건 결국 내 마음이니까요."

좋은 소식은, 마음의 주파수를 맞추는 연습은 하면 할수록 노력이 덜 든다는 점이다. 운동을 규칙적으로 했을 때 근육이 튼튼해지는 것처럼 이 기술도 점점 더 튼튼하고 안정적으로 바뀐다. 우리가 매일 내 생각을 정화하고, 도움이 되지 않는 생각은 부드럽게 방향을 바꾸어준다면, 마음은 순수하고 차분해지고 성장을 위한 준비를 마칠 것이다. 새로운 난관이 나타나도 그 난관이 감당할 수 없는 수준으로 커지기 전에 대처할 수 있을 것이다.

『바가바드 기타』는 이렇게 조언한다.

참지식을 구분할 수 있는 식별력을 키우고 지혜를 연습하라. 그러면 참과 거짓, 진실과 착각, 거짓 나와 참된 나, 신성한 것과 악마적인 것, 지식과 무지의 차이를 알게 될 것이다. 참지식이 어떻게 빛을 내고 우리를 자유롭게 하는지, 무지가 어떻게 내 지혜를 가리고 나를 구속하는지 알게 될 것이다.

참지식을 얻지 못하고 마음이 충동과 느낌 쪽으로 기우는 게 종종 자존심 때문일 때가 있다. 다음 장에서는 자존심이 마음에 어떤 영향을 주는지, 어떻게 하면 자존심을 원래 크기로 줄일 수 있는지 알아보자.

08 자존심
잡을 테면 잡아봐

◆

이기적인 욕망을 모두 버리고 '나'와 '내 것'이라는
자아의 새장을 깨고 나간 사람은 영원히 자유롭다.

- 『바가바드 기타』 2장 7절

산스크리트어로 '비나얌vinayam'은 '겸손' '겸허함'을 뜻한다. 겸
손해지면 배움에 마음이 열린다. 내가 모르는 게 얼마나 많은지 알
기 때문이다. 그렇다면 배움의 가장 큰 장애물은 내가 '다 안다'고
생각하는 것이다. 이 잘못된 자신감은 '자존심'에 뿌리를 두고 있다.

『바가바드 기타』는 자아와 잘못된 자아를 명확히 구분한다. 진
정한 자아는 우리의 본질이다. 우리가 자각하고 현실에 대해 깨어
있게 해주는 '의식'이다. 잘못된 자아는 내가 가장 의미 있고, 중요
하며, 내가 모든 걸 안다는 생각을 보호하려고 인위적으로 만들어
낸 정체성이다. 나를 보호하려고 잘못된 자아를 신뢰한다면, 스스
로는 쇠로 만든 갑옷을 입고 있다고 생각하지만 실제로는 종이로

된 갑옷을 입은 것이나 마찬가지다. 그런 사람은 갑옷이 나를 지켜주리라 자신하며 전장으로 나가지만, 버터 칼에도 쉽게 상처를 입고 만다. 『사마 베다Sama Veda』에 따르면, "부에 대한 자부심은 부를 파괴하고, 힘에 대한 자부심은 힘을 파괴하며, 똑같은 방식으로 지식에 대한 자부심은 지식을 파괴한다."

자존심은 가면이다

◆◆◆◆◆

단속하지 않으면 자존심은 우리에게 해를 끼친다. 우리는 가장 훌륭하고 똑똑한 모습으로 타인에게 나를 보여주고 싶은 열망이 너무 큰 나머지, 진짜 본성을 숨긴다. 앞서 우리가 세상에 내놓는 페르소나에 관해 이야기했다. 페르소나는 내가 누구이고, 어떤 사람이 되고 싶고, 어떤 모습으로 보이고 싶은지(1장에서 이야기했다)와, 주어진 순간에 내가 느끼는 것들이 복합적으로 섞여 있다. 우리는 집에 있을 때, 혼자 있을 때의 '나'가 있고, 세상에 내세우는 또 다른 버전의 '나'가 있다. 둘 사이의 차이점이 사람들 앞에 내세우는 페르소나가 혼자 있을 때의 페르소나보다 더 배려심 있고, 자상하고, 마음 넉넉한 사람이 되려고 더 많이 노력한다는 점뿐이라면 이상적일 것이다. 하지만 가끔은 자존심이 그 자리를 침범하고 들어온다. 불안정한 우리는 내가 특별한 사람이라고 나 자신과 세상 모두를 설득하고자 한다. 그래서 우리는 더 많이 알고, 더 많이 이루고,

더 자신감 있는 사람처럼 보이려고 정직하지 못한 버전의 '나'를 만들어낸다. 우리는 이렇게 부풀려진 자아를 타인 앞에 내놓고, 그걸 지키려고 기를 쓴다. 타인이 이렇게 인식해 줬으면 하는 '나'를 위해서 말이다. '고독한 에바그리우스'라고도 알려진 4세기의 수도사 에바그리우스 폰티쿠스Evagrius Ponticus는 자존심이 "영혼의 가장 위험한 추락 원인"이라고 했다.

허영과 자존심은 동일 선상에 있다. 우리는 세상에 내보이는 자아의 외관을 꾸미는 데 엄청난 노력을 투입한다. 우리가 옷을 입고 몸단장을 하는 것은 편안하고 적합한(어떤 옷을 자주 입는 이유가 주로 이것이다) 기분을 느끼고 싶기 때문이다. 심지어 우리는 특정한 옷의 색상과 스타일까지 고려한다. 자존심은 더 많은 것을 원한다. 외모를 통해 관심을 받고 싶어 하고 큰 반응과 칭찬을 얻고 싶어 한다. 타인에게 멋진 인상을 남기면 자신감도 생기고 기쁘다. 워런 버핏 Warren Buffet과 빌 게이츠Bill Gates가 나란히 서 있는 모습이 만들어 낸 밈meme도 있다. 하단 설명에는 이렇게 쓰여 있다. "사진 한 장에 약 18조 원이 들어 있지만 구찌 벨트는 보이지 않는다." 나는 구찌 벨트에 아무 유감이 없지만, 핵심은 정체성에 만족하는 사람은 내 가치를 남에게 증명할 필요가 없다는 사실이다.

당신과 당신의 페르소나의 차이를 숙고해 보고 싶다면 혼자 있을 때, 당신을 비난할 사람이 없고 당신이 멋진 인상을 남기고 싶은 사람도 없을 때, 당신이 내리는 선택들을 생각해 보라. 명상할지 넷플릭스를 볼지, 낮잠을 잘지 달리기를 하러 갈지, 운동복을 입을지

명품 옷을 입을지, 선택은 오직 당신만이 알고 있다. 샐러드를 먹을지, 쿠키 한 박스를 다 먹을지는 당신만이 안다. 주변에 아무도 없을 때, 멋진 인상을 주어야 할 사람이 없을 때, 나에게 무언가를 제공할 사람이 없을 때 나타나는 '나'를 생각해 보라. 그게 바로 진정으로 당신이 누구인지를 살짝 엿보게 해준다. 다음의 경구처럼 말이다. '아무도 보고 있지 않을 때의 내가 진짜 나다.'

자존심은 우리를 거짓말쟁이로 만든다

◆◆◆◆◆

가끔은 타인에게 멋진 인상을 주려고 자존심이 너무 열심히 일한 나머지 나 자신을 과장하는 수준을 넘어설 때가 있다. 자존심은 우리가 거짓말을 하게 만든다. 그리고 비생산적이게도 그 모든 노력은 우리를 더 못나 보이게 만든다. 길거리에서 아무나 붙잡고 인터뷰를 나누는 지미 키멀Jimmy Kimmel의 「거짓말 목격 뉴스Lie Witness News」 중 한 편을 보면, 키멀은 카메라 팀을 뮤직 페스티벌로 유명한 코첼라에 보내서 가짜로 만든 밴드들 사이에 사람들을 데려온다. 그리고 인터뷰하는 사람이 젊은 두 여성에게 이렇게 말한다. "올해 제가 가장 좋아하는 밴드 중의 하나가 닥터 슐로모Dr. Schlomo와 지아이 클리닉GI Clinic인데요."

"네, 정말 대단하더라고요." 두 여성 중 한 명이 말한다.

다른 한 여성은 이렇게 덧붙인다. "네, 라이브로 볼 수 있다니 정말 기대되네요. 라이브를 정말 잘하는 밴드 중 하나가 될 것 같아요."

"롤라팔루자에서 공연하는 거 보셨나요?"

"아뇨, 못 봐서 정말 아쉬웠어요."

다음에는 인터뷰하는 사람이 세 명의 일행에게 묻는다. "세 분도 저만큼 오비시티 에피데믹Obesity Epidemic이 기대되시나요?"

그중 한 명이 열성적으로 이렇게 답한다. "그분들 스타일 자체가 너무 좋아요. 그쪽 장르 전체가 대단한 거 같아요. 혁신적이고 정말 새로워요."

자존심은 시선, 인정, 칭찬을 갈구한다. 내가 옳은 사람이거나 더 대단한 사람이 되고 싶고, 타인을 깎아내리고, 나를 치켜세우고 싶다. 자존심은 더 훌륭해지고 싶은 것이 아니라 더 훌륭하게 '보이고' 싶은 것이다. 살면서 내 본모습이 아닌 사람을 가장하며 허세를 부리면 결국에는 진짜 나보다 더 못한 모습이 되고 만다.

프랭크 애버그네일Frank Abagnale의 회고록 『캐치 미 이프 유 캔』과 동명의 영화에 담긴 이야기는 잘못된 자아가 어떻게 작동하는지를 극명하게 보여준다. 애버그네일은 소질 있는 사기꾼이다. 그는 신분을 위조해서 비행기 조종사도 되고, 외과 의사도 된다. 그가 노력해서 얻은 것도, 직무를 해낼 수도 없는 직업들이다. 자존심에 휩싸인 그는 타고난 능력을 저급하고 이기적인 목적에 사용하며 자기 자신을 상실한다. 그러나 감옥에서 풀려난 그는 똑같은 기술과 재능을 사용해 보안 컨설턴트로 일하며 정직한 삶을 산다. 진정한 자아(건강한 자기 이미지)는 나의 다르마를 가장 높은 목적을 위해 실천할 때 나타난다. 아마도 감옥에서 보낸 시간은 애버그네일에게 자신을 성찰하고 겸손함을 찾을 기회를 주었고, 그는 더 높은 목적에 이르는 길을 찾아냈다.

자존심은 가짜 위계서열을 만든다

◆◆◆◆◆◆

잘못된 자아가 자기 자신과 세상 모두에게 내가 훌륭하다고 설득하는 전략 중에는 자신감 있고 많이 아는 듯한 겉모습을 구축하는 것만 있는 게 아니다. 잘못된 자아는 타인을 깎아내리는 데도 엄청난 공을 들인다. 왜냐하면 타인이 나보다 '못하다'면 내가 분명히 특별한 사람일 것이기 때문이다. 그래서 자아는 신체 특성, 교육 수준, 자산, 인종, 종교, 민족, 국적, 자동차, 옷 등을 바탕으로 나와 남들의 순위를 매긴다. 우리는 타인이 나와 다르다는 이유만으로 그들을 평가절하할 수많은 방법을 찾아낸다.

사용하는 치약의 종류에 따라 사람들을 차별한다고 상상해 보라. 말도 안 되는 구분인 것이 분명하다. 신체 요소나 태어난 지역을 기준으로 사람들을 차별하는 것 역시 똑같이 잘못된 구분이다. 혈액형보다 피부색이 더 중요할 이유가 무엇인가? 우리는 다들 똑같은 세포에서 나왔다. 달라이 라마는 이렇게 말했다. "밝은 태양 아래 서로 다른 언어, 서로 다른 복식服飾, 서로 다른 믿음을 가진 많은 사람이 한자리에 모였습니다. 우리는 모두 인간이라는 점에서 같습니다. 우리는 특이하게도 '나'에 대한 생각이 있고, 행복을 원하고, 고통을 피하고 싶다는 점에서 모두 같습니다."

5장에서 인도 카스트제도에 있는 바르나가 잘못 사용되었다고 이야기했다. 출생으로 결정되는 브라만 계급이 다른 계급보다 우월하고, 정부 고위직을 차지해야 한다는 생각은 바르나를 자존심이 해석한 것이다. 겸손한 현자는 만물을 동등하고 소중하게 여긴다. 승려들이 육식하지 않는 이유가 이것이다. 『바가바드 기타』에 따르면, "완벽한 요가 수행자란 행복할 때나 괴로울 때나 만물이 자기 자신과 진정으로 동등함을 아는 자다."

내가 성공했다는 생각이 들면 우리는 모든 사람이 동등하다는 사실을 잊는다. 당신이 누구이든, 무엇을 이뤘든, 당신이 생각하는 '내 지위' 때문에 특별한 대우를 요구하거나 기대하고 있지는 않은지 잘 살펴라. 삶이라는 극장에서 더 좋은 좌석을 차지할 자격을 가진 사람은 아무도 없다. 티켓이 판매되기 전날 밤 줄을 서서 몇 시간 기다리거나, 더 가까운 좌석을 위해 돈을 더 내거나, 극장 후원에 대한 감사의 표시로 더 좋은 자리를 받을 수는 있을지 모른다. 아니면 좋은 좌석을 희망하는 마음만 품고 있을 수도 있다. 그러나 당신이 더 좋은 좌석을 받을 '자격이 있다'고 느껴지거든 그 감정을 더 파고들어라. 다른 관객들보다 당신이 더 훌륭한 이유가 대체 무엇인가? **오만한 자존심은 존경을 욕망하고, 겸손한 노력가는 존경을 '불러일으킨다'.**

나는 어떻게 해야 모든 사람이 서로를 세상의 시민으로 볼 수 있을까 생각해 본다. 일전에 나는 '사랑에는 꼬리표가 없다Love Has No Labels'라는 공익사업 캠페인의 하나로 공익광고협의회용 영상을 두 개 촬영한 적이 있다. 올랜도에서 펄스 나이트클럽 총기 난사 사건의 여파에 관한 연설을 했다. 이 참사 이후 어떻게 서로 힘을 합칠 수 있었는지 다양한 지역사회 구성원들의 이야기를 들었다. 그날 내가 만났던 테리 스티드 피어스Terri Steed Pierce 목사님은 펄스 인근에서 성 소수자들이 많이 다니는 교회에 계셨고, 조엘 헌터Joel Hunter 목사님은 주로 백인 이성애자들이 많이 다니는 교회에 계신 분이었다. 두 분은 총기 난사 사건 이후 서로 협력하며 친구가 되었다. 피어스 목사님은 이렇게 말했다. "우리가 대화를 나눈다는 사실만으로도 희망을 품는 사람들이 있을 겁니다." 헌터 목사님이 덧붙였다. "그게 미래를 바꿀 겁니다." 피어스 목사님의 말처럼 두 분은 "세상에 좋은 변화를 일으키고 싶은 아주 비슷한 생각을 가진 두 사람"이었다.

이 아름다운 우정이 우리에게 불러일으키는 질문은 이것이다. **'왜 우리는 참사가 일어나야만 힘을 합칠 수 있는가?'** 자존심은 '나와 비슷하다'고 인식하는 사람들 그리고 나 자신에게 더 많은 가치를 부여하는 길을 가게 한다. 우리는 왜 불도저가 휩쓸고 지나갈 때까지 그 길을 계속 걸어가는가? 동등하다는 생각은 자존심을 억누른다. 언제든지 누가 나보다 지위나 가치 면에서 '못하다'는 생각이 들거든, 시선을 돌려 자신을 바라보라. 그리고 이유를 찾아보라. 당신의 자존심이 왜 위협받는다고 느꼈는지 말이다. 모든 사람을 동등한 존중과 존경으로 대하는 것이 수도자들에게는 핵심 중의 핵심이다.

평가의 이유

◆◆◆◆◆

차별하지 않아도, 대놓고 순위를 매기지 않아도, 남을 배척하지 않아도, 우리는 타인을 평가해서 나 자신을 더 높이려고 한다. 그 타인에는 동료, 친구, 가족도 포함된다. 선종에 네 명의 승려에 관한 이야기가 있다. 승려들은 7일 동안 묵언 수행을 하기로 했다. 첫날 오후까지는 잘 지나갔다. 저녁이 되자 첫 번째 승려는 점점 화가 끓어오르기 시작했다. 등불을 켜는 것을 담당한 승려가 미동도 없이 그대로 앉아 있었기 때문이다. 마침내 첫 번째 승려가 참지 못하고 폭발했다. "이봐! 등불을 켜라고, 얼른!"

두 번째 승려가 그를 돌아보며 소리를 질렀다. "자네, 묵언을 깼잖아!"

세 번째 승려가 끼어들었다. "바보들! 이제 둘 다 묵언을 깼잖나!"

그들을 돌아보는 네 번째 승려의 얼굴에 자부심 가득한 미소가 피어나더니 이렇게 자랑했다. "저런, 저런, 저런. 묵언을 지킨 사람은 나뿐인 것 같구면."

이야기에 나오는 승려들은 하나같이 다른 승려가 묵언을 깼다고 질책하고, 그러느라 자신도 똑같은 죄를 저지르고 만다. 이게 바로 평가의 본질이다. 남을 평가하면 어떤 식으로든 나에게 돌아온다. 타인이 더 높은 기준에 부응하지 못했다고 비난하는 행동 자체가 우리 스스로 가장 높은 기준에 부응하지 못하게 한다.

우리가 남을 평가하는 이유는 타인의 관심을 돌리거나 혹은 내눈에 보이는 내 단점에서 나의 주의를 돌리기 위해서다. 내가 나와 상대하고 싶지 않은 감정이나 기분을 다른 사람에게 투영하는 성향을 심리학 용어로 '투사Projection'라고 한다. 투사는 정말 많이 일어난다! 그러니 남을 평가하기 전에 잠시 멈춰서 이렇게 물어보라. '나는 지금 내 불안에서 나나 다른 사람의 관심을 돌리려고 남의 흠을 잡는 것인가? 내가 지금 내 약점을 남에게 투영하고 있나? 두 경우 다 아니라고 해도, 내가 지금 비난하는 그 사람보다 조금이라도 더 나은가?' 앞의 두 질문의 답은 때에 따라 다를 것이므로 내가 뭐라 말할 수 없다. 하지만 분명하게도 세 번째 질문의 답은 언제나 '아니다!'이다.

자존심은 성장의 장애물이다

◆◆◆◆◆

이런 술수는 우리를 무지하게 만든다. 실제로 비행기 조종사나 의사가 되려고 노력하지 않았던 프랭크 애버그네일처럼 인상 깊은 겉모습을 만들어내려는 우리의 노력은 오히려 배움이나 성장에서 멀어지게 한다. 사기꾼이 아닌 우리도 많은 것들을 놓치게 된다. 사람들 사이에 앉아 있을 때 근사한 내 얘기를 늘어놓거나 위트 넘치는 답변을 달려고 상대의 말이 끝나기만을 기다리고 있다면, 지금 들려오는 얘기의 핵심은 흡수하지 못한다. 내가 얼마나 똑똑하고 재미난 사람인지 보여주려고 자존심이 안달이 나 있기 때문이다.

나 자신에게 그리고 타인들에게 내가 뭐든 다 안다는 것을 보여주고 싶은 욕망 때문에 성급한 결론에 이르거나, 친구의 얘기에 귀기울이지 못하거나, 혹시 가치가 있을 수도 있는 새로운 관점을 놓친다. 일단 한번 관점이 정해지면 바꾸기는 쉽지 않다. 「우리는 왜 내가 틀렸을 때도 옳다고 생각하는가Why You Think You're Right Even When You're Wrong」라는 유명한 테드 강연에서 팟캐스트 '합리적으로 말하기Rationally Speaking'의 진행자 줄리아 갈레프Julia Galef는 그런 경직성을 '병사의 마음가짐'이라고 불렀다. 병사의 임무는 자기 편을 방어하고 지키는 것이다. 이와 반대로 '정찰병의 마음가짐'이라는 것이 있다. 갈레프는 "정찰병의 마음가짐이란 마음에 들지 않더라도 있는 것을 최대한 정확히 보는 것"이라고 말한다. 병사는 이미 대의를 위해 몸 바치기로 했기 때문에 연속성을 중시한다. 정찰병은 여러 가지 선택지를 조사 중이므로 진실을 중시한다. 병사의 마음가짐은 부족주의와 방어에 뿌리를 두고 있고, 정찰병의 마음가짐은 호기심과 흥미에 뿌리를 두고 있다. 병사는 옳은 편에 서는 것을 중시하고, 정찰병은 객관적인 것을 중시한다. 갈레프에 따르면, 내가 병사인가 정찰병인가는 나의 지능이나 교육 수준과는 별 관련이 없고, 오히려 삶의 태도와 관련된다.

내가 무언가를 틀렸다는 사실을 발견했을 때 부끄러워하는가, 아니면 다행스러워하는가? 내가 믿고 있는 무언가와 모순되는 정보를 발견했을 때 나는 방어적인가, 흥미를 느끼는가? 열린 마음을 갖지 않는다면 우리는 배우고, 성장하고, 변화할 기회를 거부하는 셈이다.

제도 속의 자존심

◆◆◆◆◆

자존심 때문에 균형 감각을 잃는 것은 비단 개인에게만 해당하는 얘기가 아니다. 정부나 학교, 단체도 리더의 마음이 닫혀 있으면 이미 알고 있는 것 이상을 보지 못하고, 자아 중심의 문화가 형성된다. 선출직 공무원들은 유권자와 후원자만을 위해 싸우고, 지지자 이외의 세상이나 우리가 모두 가버린 후에 올 세대에 대해서는 걱정하지 않는다. 교과서는 승자의 관점에서 역사를 이야기한다. 기업은 보수적인 사고방식에 갇혀서 주변 변화에 대응하지 못한다. 넷플릭스의 공동 설립자 리드 헤이스팅스Reed Hastings는 2000년에 DVD 대여업체 블록버스터에 지분 49퍼센트를 팔겠다고 제안했지만 거절당했다. 10년 후 블록버스터는 파산했고, 현재 넷플릭스의 가치는 약 113조 원이 넘는다. "늘 이런 식으로 해왔어"라든가 "이미 알고 있어" 같은 말은 이미 위험을 내포한다.

블록버스터와 넷플릭스의 스토리는 기술업계에서는 잘 알려졌다. 70여 명의 마케팅 팀장들이 자리한 어느 콘퍼런스에서 이 이야기를 들려준 다음 이렇게 물었다. "여기 계신 분 중에 제가 이 이야기를 꺼냈을 때 무슨 말을 할지 다 안다고 생각한 분은 몇 분이나 되나요?" 절반 정도가 손을 들었다. 나는 그들에게 내가 알아야 할 것을 이미 다 알고 있다고 생각하는 바로 그 확신이 두 회사의 문제였다고 말해주었다. 내가 이미 안다고 생각하는 것은 그 무엇도 넘어 들어올 수 없는 장벽을 쌓는 일이고, 이는 잠재된 배움의 기회를 놓치는 일이다. 이 이야기에 아직 내가 듣지 못한 부분이 있다면 어쩔 것인가?(이게 바로 그 듣지 못한 부분이었다.) 익숙한 것을 그냥 무시할 수도 있고 더 깊은 성찰의 기회로 삼을 수도 있다. 어떤 이야기를 이미 안다고 생각하더라도 매번 새로운 경험으로 받아들이도록 노력하라.

선종의 스승 난인Nan-in에게 선종에 관해 물어보려고 대학교수 한 명이 찾아왔다. 차를 대접하던 난인은 손님의 잔이 가득 찼는데도 계속 차를 부었다. 차가 넘치는 것을 본 교수는 마침내 참지 못하고 이렇게 말했다. "가득 찼습니다. 더는 들어가지 않아요!"

난인이 말했다.

"이 잔처럼 교수님의 마음은 본인의 의견과 짐작으로 가득 차 있습니다. 교수님이 잔을 비우지 않는다면 제가 어떻게 선종을 보여드릴 수 있겠습니까?"

두고두고 도움이 될 경험과 지식을 내 안에 채워 넣으려면 먼저 나 자신을 비워야 한다.

자존심은 우리를 고립시킨다

◆◆◆◆◆

로마 장군들은 전투에서 이기고 돌아올 때 뒤에 서 있는 노예에게 "당신도 사람임을 기억하세요"라고 속삭이게 했다고 한다. 그가 아무리 잘 싸웠고 칭송받는 리더라고 해도 다른 모든 사람처럼 평범한 사람임을 잊지 않게 하기 위해서다. 자기 분야의 최고에 선 사람이라면 조심해야 한다. 자존심은 당신을 고립시킨다. 나는 너무 특별한 사람이니 시간을 내줄 만한 사람이 있고, 그렇지 않은 사람이 따로 있다고 생각해서는 안 된다.

어느 인터뷰에서 영화배우 로버트 다우니 주니어Robert Downey Jr.도 그런 지혜의 현대판을 보여주었다. 집에 있을 때 로버트 다우니 주니어는 아이언맨이 아니다. 그는 이렇게 말했다. "제가 집에 들어가면 가족들이 '우와!'라고 말하는 게 아니라 아내가 이렇게 말해요. '당신 몬티 밖에 내놨어요? 고양이 내보냈어요?' 그러면 제가 그러죠. '몰라.' 그러면 아내가 말해요. '집에 없는 거 같아요. 나가서 좀 찾아봐요.'" 이런 대화는 스타 영화배우도 자기 집에서는 그저 한 사람에 불과하다는 사실을, 그에게 또 우리에게 일깨워준다. 당신이 스스로 아이언맨이라고 생각한다면 실제로 아이언맨이 하는 걸 할 수 있어야 한다. 사람들이 자꾸 당신에게 특별 대접을 하려 한다면, 사람들이 당신에게 고마움을 느끼기 때문이다. 하지만 스스로 그런 대접을 받을 자격이 있다고 생각하거나 그런 대접을 요구한다면 당신은 존경받을 자격이 없는 사람이다.

자존심은 양날의 검이다

◆◆◆◆◆

잘못된 자아는 우리를 과대포장하기 쉬운 만큼이나 우리를 쉽게 산산조각 낸다. 약점이 노출되고 나면 내가 똑똑하고, 성공했다고 말해주던 자존심은 더 이상 방어할 말이 없다. 페르소나, 거짓말, 편견이 없다면 나는 아무것도 아니다. 프랭크 애버그네일이 체포될 때도 틀림없이 그런 기분이었을 것이다. 자부심이 가면을 벗으면 종종 자존감이 낮은 모습으로 돌변한다. 두 경우 모두 우리는 '나 자신' 혹은 '타인이 지각하는 나'에 지나치게 파묻혀 있다.

당신이 중요하다는 거짓된 믿음을 계속 유지하는 데는 한계가 있다. **스스로 자존심을 깨고 나오지 못하면 삶이 대신 그 자존심을 깨줄 것이다.**

나는 벌써 3년째 아슈람 생활을 해왔고, 건강이 나빠졌다. 내가 곧 내 몸인 것은 아니지만 그래도 나는 이 몸속에 살아야 했다. 결국 나는 지치고 방향을 잃은 채 병원 신세를 지게 되었다.

나는 두 달째 인도의 전통의학인 아유르베다 치료를 받고 있었다. 스님들이 찾아와 글을 읽어주곤 했지만 나는 혼자였고, 혼자 있으니 두 가지가 떠올랐다.

첫째, 나는 내가 살려고 하는 삶과 육체적으로 잘 맞지 않는다. 둘째, 이게 더 충격적이었는데, 어쩌면 아슈람에 사는 것이 내 소명이 아닐 수도 있다. 지혜를 전파하고 싶은 나의 욕구는 승려라는 틀에 완벽히

맞아 들어가지 않았다. 나는 현대적인 방식으로 사상과 철학을 공유하고 싶었다. 어쩌면 이게 나의 다르마일 수도 있는데, 승려의 목표라고는 할 수 없었다. 종교에서 행하는 일은 아니었다.

나는 이게 내 길인지 알 수 없었다.

그런 생각이 들자 나는 크게 당황했다. 아슈람을 떠나는 내 모습은 상상조차 할 수 없었다. 그리고 지금 몸이 안 좋아서 이런 의구심이 드는 것인가 싶었다. 과연 내가 지금 의사결정을 내려도 될 만큼 제대로 된 마음 상태인가?

병원을 나와서 치료를 더 받기 위해 런던으로 갔다. 라다나스 스와미와 차를 타고 갈 때였다. 나는 그동안 생각하고 있던 것을 그에게 들려주었다. 스와미는 한동안 내 얘기를 들어주고, 몇 가지 질문을 하더니 생각에 잠겼다. 마침내 이렇게 말했다.

"대학에 간 사람 중에 일부는 교수가 되고 일부는 기업가가 되지요. 어느 쪽이 더 훌륭한가요?"

"훌륭한 쪽은 없습니다." 내가 말했다.

"스님은 교육을 마쳤습니다. 이제 다음 단계로 넘어가는 것이 최선일 것 같군요."

나는 깜짝 놀랐다. 나는 그가 이렇게 빨리 그리고 단정적으로, 어느 한쪽으로 결론을 내릴 줄은 몰랐다. 그가 나를 낙오자로 보지 않는다는 것을 분명히 알 수 있었다. 그런데도 스스로 그런 생각이 드는 것은 어쩔 수 없었다. 나는 실패했고, 스승님은 이제 나와 헤어지려 하는구나. 마치 애인에게 이런 말을 듣는 기분이었다.

"당신 때문이 아니야. 나 때문이야. 도저히 안 될 것 같아."

그렇지 않아도 나를 이끌어준 분들과 내가 세운 계획, 내 꿈을 포기해야 한다는 생각에 심란했는데, 스승님의 말은 내 자존심에 크나큰 상처였다. 나는 이곳과 이 세상에 나 자신의 너무나 많은 부분을 바쳤고, 내 모든 장래 계획이 그 결정에 기초하고 있었다. 그런데 이게 내 길이 아니라는 것을 알았고, 스승님들도 내 길이 아님을 알고 있었다. 나는 내가 하려고 시작한 일을 이루지 못할 것이다. 게다가 내 가족과 친구, 내가 아는 모든 이들에게 이 길을 선언한 일은 나로서는 엄청난 결정이었다. 자존심은 내가 만약 실패한다면 그들이 날 어떻게 생각할지를 걱정했다. 아슈람에 들어온 것은 지금까지 내가 내린 결정 중 가장 힘든 결정이었고, 떠나는 것은 더 힘든 일이었다.

나는 아무것도 없이 다시 부모님 댁으로 들어갔다. 목적 없이 상심한 상태로 실패에 사로잡혀 있었고, 약 3000만 원의 학자금 대출이 남아 있었다. 초콜릿을 살 수 있었던 건 잠깐 신나는 일이기도 했지만, 나의 실존적 위기에 비하면 지엽적인 해결책이었다.

집을 떠날 때 나는 내가 세상을 바꿀 줄 알았다. 다시 런던에 돌아오니 내가 뭘 했는지 아는 사람도, 그 가치를 이해하는 사람도 없었다. 부모님은 나와 어떻게 대화해야 할지, 자신들의 친구에게는 뭐라 해야 할지 알지 못했다. 친척들은 부모님에게 내가 정신이 돌아온 것이냐고 물었다. 대학 동창들은 내가 '진짜' 직업을 가질 것인지 궁금해했다. 이런 식의 반응이었다.

'승려가 되지 못했어? 아무 생각도 안 하는 것에 실패했다고?'

가장 큰 꿈이 파괴되었고, 자존심에 큰 타격을 입은 게 느껴졌다. 내 인생에서 가장 힘들고, 창피하고, 참담한 경험이었다. 그리고 가장 중요한 경험 중 하나였다.

스님들은 더 훌륭할 수 없을 만큼 나와 내 결정을 응원해 주었으나 아슈람을 떠난 일은 나의 정체성과 내가 하는 일에 대한 믿음을 송두리째 흔들었다. 내 세상이 흔들리고 있었다. 자존감이 추락했다. 자존감이 낮다는 것은 뒤집어서 말하면 자존심이 그만큼 부풀려져 있었다는 뜻이다. 내가 세상 전부가 아니라면 나는 아무것도 아닌 존재다. 고귀한 의도와 깊은 영성을 가진 그 남자가 아니라면 나는 그냥 낙오자였다. 내가 위대하지 않다면 나는 끔찍한 게 틀림없다. 양극단은 모두 문제가 된다. 종종 부풀려진 자아가 스스로를 어떻게 생각했는지 알려면 쪼그라든 자아가 필요하다. 나는 겸손을 배웠다.

겸손: 자존심을 고치는 묘약

◆◆◆◆◆

자존심은 두 얼굴을 갖고 있다. 방금 내가 모든 것을 훌륭하게 잘한다고 말했다가, 다음 순간 내가 최악이라고 말한다. 어느 쪽이 되었든 우리는 내가 어떤 사람인지 현실을 보지 못한다. 진정한 겸손이란 양극단 사이에 놓인 것을 보는 것이다. '내가 잘하는 것도 있고, 잘 못하는 것도 있어. 의도는 훌륭하지만 완벽하지 않아.' '모 아니면 도'라는 식의 자존심이 아니라 겸손함을 지닐 때 우리는 나의 약점이 무엇인지 알고 그것을 개선할 수 있다.

『스리마드 바가바탐Srimad-Bhagavatam』 10장에서 창조의 신 브라마Brahma는 최고신 크리슈나에게 기도를 올리며 크리슈나에게 사과한다. 세상을 만드는 과정에서 자신의 능력에 꽤 감탄했기 때문이다. 그러다가 크리슈나를 만나고 자신은 반딧불이 같은 존재임을 고백한다.

반딧불이는 밤에 빛을 내며 생각한다. '나는 정말 밝아. 정말 대단해! 내가 온 하늘을 밝히고 있어!' 그러나 낮이 되면 아무리 밝은 빛을 낸다 한들 보이지 않거나 약한 빛을 낼 뿐이다. 반딧불이는 자신이 하찮은 존재임을 깨닫는다. 브라마는 자신이 세상을 밝히고 있다고 생각했지만, 크리슈나가 태양을 꺼내자 자신은 반딧불이나 다름없는 존재임을 깨닫는다.

자존심의 어둠 속에서 우리는 내가 특별하고 강력하고 중요한 존재라고 생각한다. 그러나 거대한 우주라는 맥락에서 보면 나는 작은 부분을 담당하고 있을 뿐이다. 진정한 겸손을 찾으려면 반딧불이처럼 태양이 있을 때 나 자신을 보아야 한다. 그러면 분명한 나 자신을 볼 수 있다.

겸손을 실천하라

◆◆◆◆◆

아슈람에서 겸손으로 가는 가장 빠른 길은 단순 노동이다. 그 일을 하는 그 누구도 주목받지 못하는 하찮은 일 말이다. 거대한 솥을 호스로 씻고, 채소밭에서 잡초를 뽑고, 최악의 재래식 화장실을 청소했다. 해야 할 일이라서 하는 것만은 아니었다. 단순 노동은 우리가 오만해지지 않게 해주었다. 그런 작업 중에 내가 참기 힘들어했던 몇몇 일을 앞서 이야기했다. 내가 왜 쓰레기를 주우며 전문 지식을 낭비해야 하나? 스님들은 내가 핵심을 보지 못한다고 했다. 일중에는 능력을 키워주는 일이 있고, 인성을 키워주는 일이 있다. 아무 생각이 필요 없는 일은 나를 화나게 했지만, 결국 정신력을 쓸 필요 없는 일을 하는 것이 내면을 들여다보고 성찰할 공간을 만들어준다는 사실을 배웠다. 충분히 가치가 있는 일이었다.

아슈람에서 했던 지루한 일들을 현대사회에 그대로 복제해 놓기는 어렵다. 그러나 자존심을 더 분명히 자각하기 위해 사용했던 이런 단순한 정신 훈련을 누구든지 매일 시도해 볼 수 있다. 기억하려고 노력해야 할 것이 두 가지, 잊으려고 노력해야 할 것이 두 가지라고 배웠다.

'**기억해야**' 할 두 가지는 내가 남에게 저지른 잘못과 남이 나에게 베푼 선행이다. 내가 남에게 저지른 잘못에 초점을 맞추면 자존심은 어쩔 수 없이 내가 불완전하다는 사실을 기억하고 후회하게 되며, 이를 통해 현실감각을 유지할 수 있다. 남이 나에게 베푼 선행을 기억하면 나도 남의 도움이 필요하다는 사실에 겸손해지고 우리가 받은 선물에 고마움을 느낀다.

'잊어야' 할 두 가지는 내가 남에게 베푼 선행과 남이 나에게 저지른 잘못이다. 나 자신의 선행에서 눈을 떼지 못하고 감탄한다면 자존심만 키우게 될 것이다. 따라서 선행은 베풀고 나면 잊어야 한다. 또한 남이 나를 부당하게 대했다면 그 일 역시 잊어야 한다. 남에게 상처를 주는 사람과 절친하게 지내라는 뜻이 아니라, 분노와 원한을 품고 있으면 더 넓은 관점을 취하지 못하고 나 자신에게 집중하게 되기 때문이다.

이 문제를 달리 생각하는 방법을 알려준 사람은 라다나스 스와미였다. 당시 스와미는 런던의 사원에서 우리가 자아를 실현하는 데 필요한 자질을 주제로 강연했다. 그는 우리에게 소금과 같은 존재가 되라고 하면서, 우리가 소금의 존재를 인식하는 경우는 음식에 소금이 너무 많거나 적을 때뿐이라고 했다. 아무도 "우와, 이 요리는 소금이 완벽한 양만큼 들어 있어"라고 말하지 않았다. 소금이 아주 잘 사용되면 눈에 띄지 않는다. 소금은 워낙 겸손해서 무언가가 잘못되면 그 덤터기를 뒤집어쓰고, 모든 게 잘되었을 때는 결코 생색내는 법이 없다.

1993년 메리 존슨Mary Johnson의 아들 라라미언 버드Laramiun Byrd가 스무 살의 나이로 파티에서 언쟁 후 열여섯 살 오셔 이즈리얼Oshea Israel에게 머리에 총을 맞고 숨졌다. 이즈리얼은 살인죄로 감옥에서 15년 이상을 복역했다. 존슨이 누군가를 미워할 이유가 충분하다는 데 누구나 동의했을 테고, 실제로 그녀는 이즈리얼을 미워했다. 그러나 존슨은 상처받은 사람이 자신만이 아니라는 사실을 깨달았다. 이즈리얼의 가족들 역시 그들의 아들을 잃었다. 존슨은 자녀가 살해된 다른 어머니들을 위해 '죽음에서 삶으로From Death to Life'라는 후원 단체를 만들기로 했다. 그러면서 자녀가 누군가의 목숨을 앗아간 어머니들까지 포함하기를 원했다. 존슨은 진심으로 이즈리얼을 용서하지 않고서는 살인범의 어머니들을 대면하지 못하리라 생각했다. 그래서 이즈리얼과 대화하기 위해 연락했다. 두 사람이 만났을 때 이즈리얼은 포옹을 해도 되냐고 존슨에게 물었다. 존슨은 이렇게 말한다. "자리에서 일어나면서 제 발바닥에서 무언가가 올라와 저를 떠나는 것을 느꼈어요." 첫 만남 이후 두 사람은 계속 만남을 이어갔고, 이즈리얼이 감옥에서 석방되자 존슨은 집주인에게 이즈리얼이 그녀가 사는 건물에 입주할 수 있을지 물었다. "용서하지 않는 것은 암과 같아서, 안에서 밖으로 우리를 차츰 먹어치우죠." 존슨의 말이다. 존슨은 양면으로 된 로켓 펜던트가 달린 목걸이를 하고 있다. 한쪽에는 아들과 함께 찍은 사진이, 다른 쪽에는 이즈리얼의 사진이 들어 있다. 이즈리얼은 아직도 스스로를 용서하려고 노력 중이라고 말한다.

두 사람은 현재 옆집에 살면서 교도소와 교회를 방문해 자신들의 이야기와 용서의 힘에 관해 들려주고 있다. 내 실수를 기억하고 내 업적을 잊는 것은 자존심을 저지하고 감사의 마음을 키워준다. 겸손을 얻을 수 있는 간단하고 효과적인 방법이다.

자존심을 주시하라

◆◆◆◆◆

자각 수준이 높아지면 내 자존심이 언제 어떤 조건에서 불이 붙는지 알아채기 시작한다.

아슈람에서 단체로 파견을 나가 스칸디나비아 지역을 돌면서 여러 도시에서 팝업 명상 센터를 열었던 때다. 우리가 마주친 보통 사람들은 따뜻하고 건강에 관심이 있으며 명상에 마음이 열려 있었다. 덴마크에서 내가 어느 남자에게 다가가 이렇게 물었다. "명상에 관해서 들어본 적 있으십니까? 저희가 얼마든지 가르쳐드리고 싶은데요."

남자는 이렇게 말했다. "살면서 할 게 고작 그거밖에 없었소?"

내 자존심에 불이 붙었다. 나는 이렇게 말하고 싶었다. '나는 바보가 아니에요. 똑똑한 사람이라고요! 명문대를 나왔어요! 억대 연봉을 받을 수도 있었고요. 이 일을 할 필요가 없었어요. 내가 선택한 거예요!' 나는 정말 이 남자를 바로잡아 주고 싶었다.

그렇지만 나는 이렇게 말했다. "멋진 하루 보내시길 바랍니다. 명상하는 법을 알고 싶으면 다시 찾아주세요."

나는 내 자존심이 반응하는 것을 느꼈다. 눈치는 챘지만 받아주지는 않았다. 자존심을 억제한다는 것의 실제는 바로 이런 것이다. 자존심은 사라지지 않는다. 하지만 자존심을 관찰할 수 있고, 자존심이 나에게 미치는 영향력을 제한할 수 있다.

진정한 겸손이란 내가 했던 것처럼 단순히 자존심을 억누르는 것보다 한 단계 더 나아가는 것이다. 런던 사원에서의 수업에서 동료 승려 몇몇이 무례하게 굴었다. 우리가 하는 수련들을 비웃고, 조용히 해야 할 때 떠들었다. 나는 스승인 수타파Sutapa를 쳐다보았다. 수타파는 런던 승려들의 수장이었다. 나는 수타파가 그들을 꾸짖을 줄 알았다. 그러나 수타파는 말이 없었다. 수업이 끝난 후 내가 수타파에게 왜 그들의 행동을 참으셨냐고 물었다.

수타파는 이렇게 말했다. "스님은 저들이 오늘 행동하는 것을 보지만, 저는 저들이 얼마나 많이 발전했나를 봅니다."

수타파는 그들의 선행은 기억하고 그들의 잘못은 잊는 중이었다. 수타파는 그들의 행동을 자신의 반영으로 보지 않았고, 자신에 대한 존경이 반영된 것으로 생각하지 않았다. 수타파는 더 멀리 내다보았다.

누군가 당신을 잘못 대할 때 수파타처럼 참으라고 조언하는 것은 아니다. 부당한 대우 중에는 용납할 수 없는 것들도 있다. 하지만 그 순간을 넘어, 상대의 경험을 더 큰 그림에서 보는 것은 유용한 습관이다. 나의 자존심이 뛰어들기 전에 저들이 지쳤는지, 좌절했는지, 옛날에 비하면 발전했는지, 무엇이 이런 행동을 유발했는지까지 고려하는 것이다. 누구나 사정이 있는데 우리의 자존심은 종종 그걸 무시하기로 한다. 모든 것을 나에 대한 인신공격으로 생각하지 마라. 보통은 나 때문이 아니다.

자존심에 초연해져라

◆◆◆◆◆

스님과 나는 자존심을 잠재울 때 같은 방법을 사용했다. 본능적 반응과 거리를 두고 객관적 관찰자가 되었다. 우리는 나를 내가 이룬 모든 것이라고 생각한다. 우리는 내가 내 직업이라고 생각한다. 우리는 내가 내 집이라고 생각한다. 우리는 내가 내 젊음이고 아름다움이라고 생각한다. 당신이 가진 것(기술, 교훈, 소유물, 원칙)은 누군가에게 받은 것이고, 당신에게 그것을 준 사람 역시 그것을 다른 사람에게서 받았음을 기억하라. 『바가바드 기타』에 직접적으로 나오는 말은 아니지만, 『바가바드 기타』가 초연함을 어떻게 보는지 요약해서 이야기할 때 사람들은 종종 이렇게 말한다. "오늘 당신에게 속한 것은 어제 다른 누군가에게 속했던 것이고, 내일은 또 다른 누군가의 것이다." 영적으로 무엇을 믿든, 이 점을 인식한다면 나는 그저 세상에서 가장 위대한 힘을 위한 그릇이자 도구, 관리자, 채널에 불과하다는 사실을 알 수 있다. 스승에게 감사하고 그 선물을 더 높은 목적을 위해 사용할 수 있다.

초연해지면 자유로워진다. 내 업적이 나를 규정하지 않으면 압박감이 사라진다. 내가 최고가 될 필요는 없다. 내가 덴마크를 방문한 승려 중 가장 인상 깊은 승려일 필요는 없다. 내 스승님은 제자들이 매 순간 경이로운 표정으로 앉아 있는 것을 볼 필요가 없었다.

초연해지면 감사하는 마음이 생긴다. 소유 의식을 놓아주면 내가 했던 모든 일이 타인, 즉 부모, 스승, 코치, 상사, 책의 도움을 받은 것임을 깨닫게 된다. 소위 '자수성가'했다고 하는 사람들도 그 기술이나 지식은 타인의 업적에 기초한다. 내가 이룬 것이 감사하다고 느껴질 때는 그 업적을 머리에 넣지 않도록 조심해야 한다. 감사하는 마음이 우리를 스승이자 멘토로 만들어 내가 받은 것을 다른 사람에게 전할 수 있다면 이상적일 것이다.

직접 해보기: 자존심을 변화시켜라

자존심에 초연해질 기회를 찾아 생산적으로 대응하라.

1. 모욕을 당했을 때
자존심을 관찰하라. 상대의 부정적인 태도를 더 큰 관점에서 보며, 모욕에 대응하지 말고 전체 상황에 대처하라.

2. 칭찬이나 포상을 받았을 때
이 자질을 키우도록 도와준 스승에게 감사할 기회로 삼아라.

3. 배우자와 다툴 때
옳은 사람이 되고 싶고, 이기고 싶은 욕망은 내 자존심이 약점을 인정하기 싫어하기 때문이다. 옳은 사람이 될 것인지, 앞으로 나아갈 것인지 잘 생각하라. 상대의 입장에서 생각하라. 싸움에서 져라. 하루가 지난 뒤 기분이 어떤지 보라.

4. 타인을 이기려 할 때
남의 얘기를 듣다가 종종 내가 더 좋았다거나 더 나빴다는 식으로 한 수 더 두려고 할 때가 있다. 그러지 말고 상대를 이해하고 인정하기 위해 귀 기울여라. 호기심을 가져라. 나 자신에 관한 말은 한마디도 하지 마라.

실패에서 벗어나라

◆◆◆◆◆

우리가 불안함을 느끼면, 즉 커리어나 인간관계 혹은 무엇이든 내가 세운 이정표와 비교할 때 내가 원하는 곳에 있지 못하면, 자존심이 나를 방어하러 나오거나 자존감이 추락한다. 어느 쪽이든 그 중심은 '나'이다. 심리치료사이자 전직 승려이기도 한 토마스 무어 Thomas Moore는 『영혼의 돌봄』에 이렇게 썼다. "실패 때문에 말 그대로 원위치로 돌아가는 것은 '부정적 나르시시즘'에 가깝다. … 상상력을 발휘해서 실패를 평가하면 실패를 다시 성공과 연결 지을 수 있다. 이 연결이 없다면 노력은 그저 성공에 대한 어마어마한 자기도취적 판타지와 실패로 인한 암담한 기분으로 전락하고 만다." 겸손은 내가 지금 서 있는 곳이 내 정체성의 반영이라 생각하지 않으면서도 그 위치를 받아들이는 데서 나온다. 그런 다음 상상력을 발휘해 성공을 찾으면 된다.

새라 블레이클리Sara Blakely는 로스쿨에 가고 싶었다. 시험을 두 번이나 봤지만 원하는 점수를 얻지 못했다. 블레이클리는 변호사가 되는 대신 팩스 방문 판매원으로 7년을 보냈다. 그러면서도 아버지가 알려주신 것을 절대로 잊지 않았다. 매일 밤 식탁에서 아버지가 블레이클리와 남동생에게 물었던 질문은 "오늘 학교에서 뭘 했니?"가 아니라 "오늘 뭘 실패했니?"였다. 실패란 노력하고 있다는 뜻이고, 그게 당장의 결과보다 더 중요했다. 자기 회사를 차리겠다고 생각했을 때 새라는 유일한 실패는 '시도하지 않는 것'이라고 생각했다. 그래서 600만 원을 가지고 회사를 차렸고, 이 사업은 15년 뒤 그녀를 억만장자로 만들었다. 바로 속옷회사 스팽스Spanx의 이야기다. 우리는 실패가 두려워서 기회를 잡지 않는다. 그 두려움의 근원을 따져보면 나의 자존심이 다칠 것을 염려해서다. 당장에 모든 게 내 뜻대로 되지 않는다면 나는 망가지고 말 거라는 생각을 극복할 수만 있다면, 우리의 능력은 기하급수적으로 확장될 것이다.

내가 블레이클리와 같은 깨달음을 얻은 것은 아슈람을 떠난 지 일주일 정도가 지나 런던에 있을 때였다.

이전까지 나는 내 다르마가 승려로 봉사하며 지혜와 도움을 전하는 것이라 생각했다. 어릴 적 살던 집으로 돌아온 나는 그보다 더 낮은 목표에 만족하고 싶지 않았다. 난 뭘 할 수 있을까? 우리 가족은 형편이 넉넉하지 않았다. 그냥 쉬면서 답이 나타나기만을 기다리고 있을 수는 없었다. 겁이 났고, 초조하고, 불안했다. 그동안 교육을 받으면서 벗어나려고 했던 모든 감정이 서둘러 내게로 돌아오고 있었다.

어느 날 저녁, 설거지를 하다가 싱크대 너머로 창밖을 내다봤다. 밖에는 정원이 있었지만 어둠 속에 보이는 것이라고는 유리에 비친 내 모습뿐이었다. 나는 이렇게 생각했다. '내가 지금 아슈람에 있다면 뭘 하고 있었을까?' 저녁 7시였다. 아마도 나는 책을 읽고 공부하거나 강연하러 가는 길이었을 것이다. 나는 잠시 아슈람 경내를 걷는 내 모습을 떠올려봤다. 저녁 수업을 위해 도서관으로 가는 길. 그때 이런 생각이 들었다. '여기나 거기나 똑같은 시간이야. 지금 당장 나는 선택할 수 있어. 내가 이 시간을 현명하게 쓰면 아슈람에 머물 때처럼 오늘 저녁을 의미 있고 목적에 이바지하게 만들 수 있어. 아니면 그냥 자기 연민과 후회로 낭비할 수도 있지.'

그 순간 나는 쪼그라들었던 자존심을 놓아주었다. 승려로서 나는 불안과 고통, 압박감에 대처하는 법을 배웠다는 사실을 깨달았다. 이제 내가 있는 곳은 그 목표들을 달성하는 게 자연스럽고 쉬운 곳은 아니지만, 내가 배운 모든 것을 더 시끄럽고 복잡한 이곳 세상에서 테스트할 수는 있었다. 아슈람이 학교라면, 이게 나의 시험이었다. 이제 나는 돈을 벌어야 하고 이전과 똑같은 시간을 내 수련에 바칠 수는 없겠지만, 그 시간의 질은 나에게 달려 있었다. 더 이상 두 시간씩 경전을 공부할 수는 없지만 매일 경전을 읽고 실천할 수는 있었다. 내 마음을 씻기 위해 사원을 청소할 수는 없지만, 내 집을 청소하며 겸손을 찾을 수는 있었다. 내가 내 삶을 의미 없다고 생각하면 결국 그렇게 될 것이다. 내가 내 다르마에 따라 살 방법을 찾는다면 나는 충만한 삶을 살 것이다.

나는 마치 직업이 있는 사람처럼 매일 옷을 입기 시작했다. 시간의 대부분을 도서관에서 보내며 자기계발, 비즈니스, 기술 등 광범위한 분야의 책을 읽었다. 나는 겸손을 되찾았고 삶을 공부하는 학생으로 돌아갔다. 세상에 다시 들어갈 수 있는 효과적인 방법이었다.

피해자가 되는 것은 자존심이 뒤집힌 것이다. 최악의 일들이 나에게 일어난다고 믿고, 가장 나쁜 카드를 받았다고 생각한다. 실패했다면 피해자가 되었다고 생각하지 말고, 내가 떠내려가지 않게 나를 붙잡아주는 겸손이라는 닻이 내려졌다고 생각하라. 그리고 자문해 보라. '뭘 하면 자신감이 다시 채워질까?' 자신감은 내가 통제할 수 없는 외부 요소에서 나오는 것이 아니다. 누가 나에게 일자리를 줄지 말지는 내가 통제할 수 있는 사항이 아니다. 하지만 나는 내 본모습을 유지하면서 내가 좋아하는 일을 할 방법을 찾는 데 초점을 맞췄다. 그렇게 하면 자신감이 생기리라는 걸 알고 있었다.

자존심이 아니라 자신감을 키워라

◆◆◆◆◆

아이러니한 점이 있다. 뭔가를 아는 척해본 사람이라면 누구나 알 테지만, 자신감을 가장하고 허영심을 유지하는 데 들어가는 에너지는 실제로 노력하고 연습해서 진짜 자신감을 얻는 데 필요한 에너지와 주로 맞먹는다. 겸손함을 지니면 내 강점과 약점이 또렷이 보이기 때문에 노력하고, 배우고, 성장할 수 있다. 자신감과 높은 자존감은 겸손하고 불완전하고 노력하는, 있는 그대로의 나를 받아들이게끔 도와준다. 부풀려진 자존심과 건강한 자존감을 서로 헷갈려서는 안 된다. 자존심은 모든 사람이 당신을 좋아하길 바란다. 자존감이 높은 사람은 타인이 나를 좋아하지 않아도 괜찮다. 자존심은 스스로 모든 걸 다 안다고 생각한다. 자존감이 높은 사람은 누구에게든 배울 수 있다고 생각한다. 자존심은 스스로를 증명하고 싶어 한다. 자존감은 스스로를 표현하고 싶어 한다.

자존심	자존감
• 남들이 뭐라 할지 두려워한다.	• 남의 말을 걸러서 듣는다.
• 남과 나를 비교한다.	• 스스로에 비춰 생각한다.
• 스스로를 증명하고 싶어 한다.	• 나 자신이 되고 싶어 한다.
• 모든 걸 다 안다.	• 누구에게서든 배울 수 있다.
• 강한 척한다.	• 상처받을 수 있어도 괜찮다.
• 사람들이 나를 존중해 주길 바란다.	• 나와 남을 존중한다.

위의 표는 단순히 부풀려진 자존심과 건강한 자존감의 차이만 보여주는 게 아니다. 이를 자신감을 키우는 길잡이로 사용할 수 있다. 자세히 보면 우리가 그동안 노력해 온 모든 자각이 겸손과 자기 가치라는 서로 연결된 자질을 키우는 데 도움이 되는 것을 알 수 있다. 나와 남을 비교할 게 아니라 내 마음을 닦고 나 자신을 발전시키려 노력해야 한다. 나를 증명하고 싶어 할 것이 아니라 있는 그대로의 나 자신이 되어야 한다. 다시 말해 외부의 바람에 주의를 빼앗겨서는 안 된다. 내 다르마에 맞는 의도를 가지고 살아야 한다.

작은 승리

◆◆◆◆◆

작은 승리를 축적하면 자신감을 키울 수 있다. 올림픽 수영 금메달리스트 제시카 하디Jessica Hardy는 이렇게 말한다. "장기 목표는 '꿈'이라고 생각하는 것들입니다. 단기 목표는 매일 혹은 매달 달성할 수 있는 것들이고요. 제 기분을 좋게 해주고 장기 목표의 대비로 이어지는 단기 목표를 세웁니다."

피드백을 구하라

◆◆◆◆◆

자신감이란 타인이 어떻게 생각하느냐에 구애되지 않고, 내가 어떤 사람이 되고 싶은지 결정하는 것이다. 하지만 자신감은 내가 '최고의 나'가 되기 위해 타인에게 영감을 얻고 지도받는다는 뜻도 된다. 치유된 사람들, 현명한 사람들, 봉사에 헌신하는 사람들과 시간을 보내라. 그러면 겸손해지면서 나도 치유되고 현명해지고 봉사하고 싶다는 의욕이 생길 것이다.

피드백을 구할 때는 조언자를 잘 골라야 한다. 피드백을 구할 때 사람들은 흔히 둘 중 하나의 실수를 저지른다. 한 가지 문제에 대해 모든 사람에게 피드백을 구하거나, 한 사람에게 내 모든 문제에 대해 조언을 구하는 것이다. 너무 많은 사람들에게 물어서 57개의 서로 다른 의견을 받는다면, 버겁고 혼란스럽고 길을 잃을 것이다. 반면에 나의 모든 딜레마를 한 사람에게 던진다면 그 사람이 부담스러워하고 당신의 짐을 나눠서 지느라 지칠 것이다.

구체적인 영역에 따라 소규모 자문단을 꾸려라. 문제의 유형에 맞는 사람을 고르는 데 심혈을 기울여라. 능력과 인성, 보살핌, 일관성을 제공할 수 있는 사람이 누구인지에 대해서는 10장에서 더 깊이 다룰 것이다. 여기서는 생산적인 피드백과 관련된 점만 생각해보자. 이 사람은 권위자인가? 나에게 도움이 되는 조언을 줄 만큼 경험과 지혜를 가진 사람인가? 조언자를 현명하게 고른다면 눈총받을 일 없이 필요할 때 제대로 된 도움을 받을 수 있다.

수도자들이 취하는 방법은 구루(나의 가이드)나 사드후sadhu(다른 스승과 성자들), 샤스트라shastra(경전)에 의지하는 것이다. 세 가지 요건은 서로 어긋나지 않아야 한다. 현대인들은 '가이드'가 없다. 혹시 있다고 해도 스승 카테고리에 넣을 것이다. 또한 모든 사람이 경전을 따르는 것도 아니다. 그럴 때 수도자라면 나에게 최선인 것을 염두에 두는 신뢰할 수 있는 사람, 그러면서도 나와는 다른 시각을 제공해 줄 사람의 조언을 구할 것이다. 내 정서적 건강을 가장 크게 걱정하는 사람들(구루 역할을 하는 친구나 가족인 경우가 많다) 중에서 조언자를 골라라. 나의 지적 경험과 성장을 응원하는 사람(사드후 역할을 하는 멘토나 선생님이 될 수 있을 것이다), 나와 가치관과 의도를 공유하는 사람(샤스트라 역할을 하는 종교 지도자나 과학적 사실)을 골라라.

예상할 수 없는 사람의 피드백을 늘 유심히 보라. 내가 묻지도,

상대가 의도하지도 않았던 곳에서 가장 유용한 피드백이 나오기도 한다. 사람들이 비언어적으로 나에게 어떻게 반응하는지에 면밀히 주목하며 자존심을 누그러뜨려라. 표정으로 보아 상대가 흥미를 느끼는가, 아니면 지루함을 느끼는가? 상대가 짜증이 났는가, 동요하는가, 지쳤는가? 이번에도 서로 일치하는 점을 찾아본다. 내가 이야기를 꺼내면 많은 사람이 관심을 잃는 주제가 있는가? 그렇다면 그 주제는 꺼내지 말아야 할 때일 수도 있다.

사람들이 심사숙고한 생각을 알려준다면, 어떤 것을 따를지 신중하고 현명하게 선택한다. 자존심은 자신이 가장 잘 안다고 믿고 싶어서 피드백을 비난으로 치부하며 얼른 지워버리려고 한다. 반대로 쪼그라든 자존심은 비난이 존재하지 않는 곳에서도 비난을 읽을 것이다. 취업 지원서에 "죄송합니다. 지원자가 너무 많습니다"라는 정해진 양식의 글이 회신으로 왔다면, 유용한 피드백이 아니다. 이는 당신에 대해 아무것도 말해주지 않는다.

그런 장애물을 우회하는 방법은 피드백을 걸러서 듣는 것이다. 비난하지 말고 성찰하라. 호기심을 가져라. 이해한 척하지 마라. 다시 물어서 분명히 이해해라. 현실적인 개선 방법을 알아내는 데 도움이 되는 질문을 해라.

누군가의 비판이 좋은 의도에서 나온 것인지 확인하고 싶다면, 그 사람이 나의 성장에 기꺼이 투자할 의향이 있는지를 보면 된다. 상대는 문제점 혹은 약점만을 이야기하고 있는가, 아니면 내가 바뀔 수 있게 도와주고 싶어 하는가? 상대가 직접 도와주지 못할 경우, 적어도 발전할 방법이라도 제시하려고 하는가?

피드백을 요청하고 받을 때는 내가 어떻게 성장하고 싶은지부터 확인하라. 피드백이라는 게 어느 쪽으로 가야 하는지 알려주는 게 아니라 가던 길을 더 빨리 가는 법만 알려줄 때가 있다. 결정은 스스로 내리고 그다음에 행동해야 한다. 이 세 가지 단계, 즉 피드백을 구하고, 평가하고, 그에 맞춰 행동한다면 자신감과 자각이 높아질 것이다.

직접 해보기: 생산적으로 피드백을 받아라

개선하고 싶은 분야를 하나 골라라. 그 분야란 경제일 수도 있고, 정신, 정서, 몸과 관련된 것일 수도 있다.

해당 분야의 전문가를 찾아 안내를 구하라.

내용을 더 분명하고 구체적으로 알 때까지 질문하라. 전문가의 안내를 내 상황에 적용할 현실적 방법을 질문하라.

예를 들면 다음과 같이 물어보라.

- 이게 저에게 현실적인 길일까요?

- 타이밍과 관련해서 추천해 주실 수 있는 사항이 있을까요?

- 남들도 저를 이렇게 봤을까요?

- 뒤로 돌아가서 무언가를 바꿔야 할까요(사과, 수정), 아니면 앞으로 그렇게 하라는 추천인가요?

- 추천해 주신 내용에 리스크는 어떤 게 있을까요?

자신의 과대광고에 넘어가지 마라

◆◆◆◆◆

운이 좋아 성공했다면 로마의 개선장군들이 들었던 것과 똑같은 말을 들어라. 당신도 한 사람에 불과하다는 것, 당신도 언젠가 죽는다는 것을 기억하라. 당신의 성취를 머리에 담아두지 말고 그로부터 초연해져라. 가르침을 주었던 사람들, 내가 받은 것들에 감사한 마음을 가져라. 내가 누구이고 나를 성공하게 해준 이 일을 내가 왜 하고 있는지 되새겨라.

잘못은 기억하고, 잘한 일은 잊음으로써 내 안의 탁월함을 균형 있는 시선으로 바라보라. 고등학교 시절 나는 온갖 바보 같은 일로 학교에서 세 번 정학을 맞았다. 나는 과거가 부끄럽지만 그게 내 현실감각을 유지해 준다. 나는 뒤를 돌아보면서 이렇게 생각한다. '나에 관해 지금 누가 뭐라고 얘기하든, 나 스스로 성장했다고 생각해도, 나는 나를 겸손하게 만들어주는 닻을 가지고 있다. 그 닻은 내가 과거에 누구였는지 일깨워준다. 내가 바뀔 수 있도록 나에게 영감을 준 그 사람들은 만약 그들을 만나지 못했다면 지금 내가 어떤 사람이었을지 깨닫는 계기가 된다.' 모든 사람과 마찬가지로 나도 여기까지 오는 동안 여러 선택을 했고, 기회를 가졌고, 또 노력했다.

당신은 당신의 성공도, 실패도 아니다.

무언가를 이룬 후에도 겸손함을 유지하라. 칭찬받거나 인정받거나 보상받으면 선뜻 받아들이지도, 거부하지도 마라. 그 순간에는 품위를 지키고, 나중에 내가 얼마나 열심히 노력했는지, 어떤 희생을 치렀는지 되새겨라. 그 능력을 키우도록 도와준 사람이 누구인지 자문해 보라. 부모, 스승, 멘토를 생각하라. 오늘날의 당신을 만들기 위해 누군가는 시간과 돈과 에너지를 투자했을 것이다. 당신이 인정받게 된 그 기술을 알려준 사람들을 기억하고 그들에게 감사를 표하라. 그 사람들과 성공을 공유한다면 계속 겸손함을 유지할 것이다.

진정한 위대함

◆◆◆◆◆

남과 나를 비교해 작아질 필요는 없지만, 내 목표에 비하면 스스로 작다고 느껴야 한다. 성공에 직면했을 때 겸손을 유지하기 위해 내가 사용하는 방법은 골대를 계속 옮기는 것이다. 성공의 기준은 숫자가 아니다. 성공의 기준은 깊이다. 수도자들은 누군가 명상을 오래 했다고 해서 그 사람에게 깊은 인상을 받지 않는다. 우리는 얼마나 깊이까지 가봤는지를 묻는다. 언젠가 이소룡은 이렇게 말했다. "1만 번의 발차기를 한 번 해본 사람은 두렵지 않다. 그러나 한 번의 발차기를 1만 번 연습한 사람은 두렵다."

무엇을 성취했든 더 큰 규모와 더 큰 깊이를 꿈꿀 수 있다. 나는 허영에 찬 기준에는 관심이 없다. 소셜 미디어로 지혜를 전하고 싶다고 자주 말하지만 내가 원하는 것은 의미 있는 일이다. 긴밀한 유대감을 잃지 않으면서 많은 사람과 소통할 방법이 뭘까? 온 세상이 모두 치유되고 행복해질 때까지 내 일은 끝나지 않는다. 나 자신을 넘어 지역사회로, 전국으로, 지구 전체로, 목표를 계속 더 높이 잡으면서 최종 목표가 이룰 수 없는 것임을 깨달을 때 우리는 겸손을 유지할 수 있다.

사실 겸손이라는 목표는 궁극적으로 달성할 수 없는 목표다.

목표에 도달했다고 느끼는 순간 여정은 다시 시작된다. 이 패러독스는 다양한 곳에 적용된다. 안전하다고 느낄 때가 가장 취약한 때다. 틀림없다고 느낄 때가 가장 약한 상태다. 프랑스의 작가 앙드레 지드André Gide는 이렇게 말했다. "진리를 찾고 있는 사람들을 믿어라. 진리를 이미 찾은 사람들을 의심하라." 잘하고 있을 때, 느낌이 좋을 때, 잘 살고 있을 때, "이제 되었어"라고 말하기 시작할 때가 바로 추락하는 시점일 때가 많다. 내가 여기 앉아서 자존심이 없다고 말한다면 완벽한 거짓말이다. 자존심을 극복하는 것은 완수할 수 있는 일이 아니라 습관처럼 계속해야 하는 일이다.

진정한 위대함은 내가 이룬 것을 남에게 가르치고, 그들이 다시 다른 사람을 가르치는 법을 배워서 내가 이룬 훌륭함이 기하급수적으로 확대되는 것이다. 성취를 하나의 상태로 보지 말고 내가 타인의 삶에 발휘할 수 있는 역할, 가장 가치 있는 통화通貨로 생각하라. 당신의 비전이 확산되고 나면, 모든 것을 다 가진 사람도 가장 큰 만족은 봉사에서 나온다는 사실을 깨닫게 될 것이다.

많은 사람에게 도움을 주었다고 해서 자부심을 느끼지 마라. 아직도 해야 할 일이 너무나 많다. 카일라시 사티아르티Kailash Satyarthi

는 착취당하는 아이들을 구하는 데 헌신한 아동 인권 운동가다. 그가 세운 NGO는 수만 명의 아동을 구조했다. 2014년 노벨평화상 수상자로 지명되었다는 말을 처음 들었을 때 기분이 어땠냐고 묻자 그는 이렇게 답했다. "처음 들었을 때요? 이 상을 받을 만큼 충분한 일을 했나 생각했죠." 사티아르티는 아직도 해야 할 일이 얼마나 많은지 알았기에 겸손했다. 인간에게서 볼 수 있는 가장 강력하고, 훌륭하고, 매력적인 자질은 위대한 것을 이루고서도 여전히 겸손함을 유지하며 본인이 대단하지 않다고 생각하는 태도다.

지금까지 우리는 내가 누구인지, 어떻게 하면 의미 있는 삶을 영위할 수 있는지, 무엇을 바꿔야 할지 깊이 파고들었다. 커다란 성장은 하루아침에 이뤄지지 않는다. 여러분의 노력에 도움이 되도록 명상 습관에 '떠올려보기'를 포함하기 바란다. 떠올려보기는 과거를 치유하고 미래를 준비하는 완벽한 방법이다.

심리를 위한 명상: 떠올려보기

명상할 때 승려들은 마음속에 '떠올려보기'를 사용한다. 눈을 감고 마음을 다른 시간, 다른 장소로 안내하면 과거를 치유하고 미래를 준비할 기회가 생긴다. 3부에서는 나 자신을 보는 방식과 세상에서 내가 가진 고유한 목적을 혁신하는 여정을 시작할 것이다. 그 여정에서 떠올려보기가 지닌 힘의 도움을 받을 것이다.

떠올려보기를 사용하면 다시 과거로 돌아가 내가 나에게 들려주는 내 역사의 내러티브를 편집할 수 있다. 돌아가신 부모님에게 마지막으로 한 말이 마음에 걸린다고 치자. 마음에서 내가 부모님에게 사랑한다고 말하는 모습을 본다면, 과거를 바꿀 수는 없어도 향수나 후회에 시달리지 않고 치유를 시작할 수 있다. 미래에 대한 바람과 꿈, 두려움을 떠올려본다면 아직 일어나지 않은 감정을 사전에 처리하고 새로운 난관에 도전하게끔 스스로를 다잡을 수 있다. 나는 연설을 앞두고 무대에 올라 연설하는 모습을 떠올려본다. 이렇게 생각해 보라. 이 세상에서 우리가 보는 모든 것(이 책, 책상, 시계)은 세상에 나오기 전에 누군가의 마음속에 존재했다고 말이다. 무언가를 만들고 싶다면 먼저 상상해야 한다. 떠올려보기가 그토록 중요한 것도 이 때문이다. 내면에서 만들어본 것은 무엇이든 외부에도 만들 수 있다.

누구나 일상적으로 떠올려보기를 한다. 명상은 그런 성향을 의도적이고 생산적으로 사용할 기회다. 과거든 미래든, 크든 작든 떠올려보기를 이용해 그 상황의 에너지를 추출해 현실로 가져올 수 있다. 예를 들어 내가 행복하고 편안하다고 느끼는 장소에 관해 명상한다면, 호흡과 맥박이 바뀌고 에너지가 바뀌면서 그 느낌을 현실로 끌어올 수 있다.

떠올려보기는 실제로 그 일을 할 때와 똑같은 뇌 회로를 활성화한다. 클리블랜드 클리닉의 과학자들이 보여준 바에 따르면, 12주에 걸쳐 새끼손가락 근육을 수축한다고 상상한 사람들은 같은 기간 동안 실제로 손가락 운동을 한 사람들만큼 손가락 힘이 강화되었다고 한다. 노력도 마찬가지다. 떠올려보기는 신체에 변화를 일으킨다.

명상은 어디서든 할 수 있다고 했다. 떠올려보기는 주변이 아무리 혼란스러워도 긴장을 이완할 수 있게 도와준다. 한번은 복잡하고 더러운 기차를 타고 뭄바이에서 인도 남부까지 2~3일간 기차 여행을 했다. 나는 명상을 하는 게 쉽지 않았고 스승님에게 이렇게 말했다.

"지금 당장은 명상을 못 할 것 같습니다. 기차가 멈추거나 좀 조용해지면 하겠습니다."

스승님이 물었다. "왜 그러십니까?"

내가 말했다. "왜냐하면 아슈람에서는 그렇게 하지 않습니까?" 나는 고요한 아슈람에서 명상하는 것에 익숙했다. 호수와 벤치와 나무가 있는 곳 말이다.

스승님이 말했다. "죽음이 임박하면 조용할 것 같은가요? 지금 명상을 못 하면 그때는 어떻게 하시려고요?"

나는 평온한 곳에서 명상하는 훈련을 하는 이유가 혼란스러운 곳에서도 명상할 수 있게 하기 위함이라는 사실을 깨달았다. 이후로 비행기에서도, 뉴욕시 한복판에서도, 할리우드에서도 명상했다. 물론 집중을 방해하는 것이 있었다. 그러나 명상은 산만한 것들을 제거하는 게 아니라 관리한다.

명상을 지도할 때 나는 이런 말로 시작한다. "마음이 헤매고 있다면 평소의 호흡 패턴으로 돌아가십시오. 실망하거나 짜증 내지 말고, 주의를 다시 호흡과 떠올려보기와 만트라로 가져오십시오." 주의를 빼앗긴다고 해서 명상이 깨지지는 않는다. 명상이 깨지는 것은 주의를 빼앗는 생각을 추구하거나 집중력을 상실하고 이렇게 생각할 때다. '아, 난 정말 못해.' 내 생각을 관찰하고, 그대로 두고, 다시 집중하던 대상으로 돌아오는 것도 명상의 일부다. 명상이 어렵지 않다면, 제대로 하고 있지 않은 것이다.

한 가지 중요한 유의사항이 있다. 떠올려보기를 할 때는 긍정적인 대상을 골라라. 부정적인 떠올려보기는 고통스러운 생각과 이미지 속에 우리를 가둔다. 그렇다. 명상하다 보면 우리 안에 있는 '나쁜' 것들도 떠오를 것이다. 그러나 스스로 우울한 미로 속에 갇힌 모습을 상상하는 것은 아무 도움도 되지 않는다. 가장 중요한 것은 어둠에서 빠져나오는 길을 떠올리는 것이다.

떠올려보기에는 두 종류가 있다. 정해진 떠올려보기와 탐험적 떠올려보기가 그것이다. 정해진 떠올려보기에서는 어디로 가야 할지 누군가 말로 지도해 준다. '당신은 해변에 있습니다. 발밑에 모래가 느껴집니다. 파란 하늘이 보입니다. 갈매기 소리와 파도가 부딪히는 소리가 들립니다.' 탐험적 떠올려보기는 세부적인 사항들을 스스로 떠올려보라고 한다. 명상하러 온 사람에게 내가 가장 편안하게 느끼는 곳을 상상하라고 하면, 누구는 해변에서 자전거를 타는 모습을 상상하고, 누구는 어린 시절 오두막집을 소환할 수도 있다.

직접 해보기: 떠올려보기

여러분이 시도할 수 있는 떠올려보기 몇 가지를 소개한다. 앱을 내려받거나 명상 센터를 방문해도 좋다. 명상을 도와줄 방법이 많이 나와 있다. 떠올려보기를 해보려면 다음의 순서를 따르면 된다.

1. 편안한 자세를 취한다. (의자에 앉거나 쿠션을 가지고 똑바로 앉거나 눕는다.)

2. 눈을 감는다.

3. 시선을 내린다.

4. 그 자세에서 마음을 편안하게 한다.

5. 차분함, 균형, 편안함, 고요함, 평화를 의식한다.

6. 마음이 헤맬 때면 언제나 부드럽게 다시 차분함, 균형, 편안함, 고요함, 평화로 돌아온다.

■ 전신 스캔

1. 자연스러운 호흡 패턴을 인식한다. 들이쉬고, 내쉰다.

2. 내 몸을 자각한다. 땅이나 의자와 닿는 부분과 그렇지 않은 부분이 어디인지 인식한다. 발뒤꿈치는 땅에 닿지만 발바닥의 아치는 땅에 닿지 않는다는 걸 발견할 수 있다. 엉덩이는 침대에 닿지만 허리는 살짝 올라가 있을 수도 있다. 이런 미묘한 관계까지도 모두 인식하라.

3. 내 몸을 스캔하기 시작하라.

4. 발을 인식하라. 발가락, 발바닥의 아치, 발목, 발뒤꿈치를 인식하라. 내가 느끼는 상이한 기분을 인식하라. 편안한 느낌이 들 수도 있고, 고통, 압박감, 간지러움 혹은 전혀 다른 느낌이 들 수도 있다. 그 기분을 인식하라. 그런 다음 긍정적이고, 기운이 나고, 치유되는 에너지를 들이마시고 있다고, 부정적이고 독이 되는 에너지는 뭐든 내뱉고 있다고 떠올려보라.

5. 위쪽으로 다리로, 종아리로, 정강이로, 무릎으로 옮겨 가라. 그 감각을 그냥 관찰하고 스캔하라.

6. 마음이 헤맬 때는 언제나 부드럽게 다시 마음을 내 몸으로 가져와라. 억지로 하거나 압박감을 가질 필요는 없다. 비난할 필요도 없다.

7. 어느 순간 전에 몰랐던 고통을 발견할 수도 있다. 고통에 집중하라. 관찰하라. 그 속으로 숨을 세 번 들이마시고, 세 번 내뱉어라.

8. 스캔하면서 신체 각 부위에 대한 감사의 마음을 표현해도 좋다.

9. 이 과정을 머리끝까지 모두 실천하라. 원하는 대로 느리거나 빠르게 움직여도 되지만, 서두르지는 마라.

■ 신성한 장소를 만들어라

1. 내가 차분하고 편안한 느낌이 드는 장소에 가 있는 모습을 떠올려본다. 그곳은 해변일 수도 있고, 산책로일 수도 있고, 정원이나 산꼭대기일 수도 있다.

2. 그 공간을 걸으면서 발밑의 땅, 모래, 물을 느껴보라.

3. 눈을 뜨지 말고 왼쪽을 보라. 뭐가 보이는가? 보이는 그것을 관찰하고 다시 계속 걸어라.

4. 오른쪽을 보라. 뭐가 보이는가? 보이는 그것을 관찰하고 다시 계속 걸어라.

5. 주변의 색깔, 질감, 거리를 인식하라.

6. 뭐가 들리는가? 새소리, 물소리, 공기 소리가 들리는가?

7. 얼굴에 닿는 공기와 바람을 느껴보라.

8. 앉을 수 있는 차분하고 편안한 장소를 찾아라.

9. 차분함, 균형, 편안함, 고요함, 평화를 들이마셔라.

10. 스트레스, 압박감, 부정적 생각을 내뱉어라.

11. 긴장을 이완하는 것이 필요하다고 느껴지면 언제나 이 장소로 가라.

■ 현재에 집중하고 마음속에 그림을 그려라

마음속 그림은 우리가 선택해서라기보다는 어떤 활동을 반복하며 형성된다. 떠올려보기를 통해 어떤 순간을 의도적으로 기억으로 바꿀 수도 있다. 떠올려보기를 이용해 기억을 만들어내거나 기쁨, 행복, 목적을 포착해 보라. 떠올려보기를 이용해 옛 기억과 깊이 연결될 수도 있고, 내가 기쁨과 행복을 느끼고 목적의식을 가졌던 시간과 장소로 돌아갈 수도 있다. 기억을 만들어내는 중이라면 눈을 뜨고 있어라. 옛 기억과 다시 연결되는 중이라면 눈을 감고 있어라.

'5-4-3-2-1'이라고 하는 불안 대처 기법이 있다. 우리는 볼 수 있는 것 다섯 가지, 만질 수 있는 것 네 가지, 들리는 것 세 가지, 냄새를 맡을 수 있는 것 두 가지, 맛볼 수 있는 것 한 가지를 찾을 것이다.

1. 먼저 볼 수 있는 것 다섯 가지를 찾아라. 한 번에 하나씩 찾은 것들에 주의를 집중하며 관심의 초점을 하나씩 옮겨라.
2. 이번에는 만질 수 있는 것 네 가지를 찾아라. 그것들을 만지고 느낀다고 상상하라. 질감이 다른 것에 주목하라. 관심의 초점을 하나씩 옮겨라.
3. 들리는 것 세 가지를 찾아라. 관심의 초점을 하나씩 옮겨라.
4. 냄새 맡을 수 있는 것 두 가지를 찾아라. 꽃인가? 물인가? 아무것도 아닌가? 관심의 초점을 하나씩 옮겨라.
5. 맛볼 수 있는 것 한 가지를 찾아라.
6. 오감을 모두 느껴보았으면 기쁨과 행복을 들이마셔라. 기쁨과 행복을 몸속으로 들여라. 그것들이 나를 행복하게 만들면서 자연스럽게 미소가 지어질 것이다.
7. 이 순간을 영원히 캡처해 두었으므로 언제든지 떠올려보기를 통해 이 순간으로 돌아올 수 있다.

PART 3

당신이 나눌수록 주변이
아름다움과 의미로 채워진다

09 감사
세상에서 가장 강력한 약

◆

모든 것에 감사하라.
평범한 것이라 해도. 특히 평범한 것에.

- 페마 초드론

내면을 들여다보는 마음 훈련이 끝났다면 이제는 내가 세상에서 타인과 어떻게 교류하는지 밖을 들여다볼 차례다. 요즘은 생활 속에서 감사하는 마음을 키우자는 얘기를 흔히 한다(#우리_모두_축복받은사람들). 하지만 순간순간 해시태그를 붙이는 것과 내가 받은 모든 것을 뿌리까지 파고들어서 그 의도에 맞게 내 삶에 감사하는 것은 차이가 있다.

베네딕트회 수사 다비드 슈타인들라스트는 감사를 "금전적 가치와는 무관하게 어떤 것이 나에게 소중하다는 것을 인식할 때 느끼는 고마운 마음"이라고 정의했다.

친구의 말, 친절한 행동, 기회, 교훈, 새 베개, 사랑하는 사람의 건강 회복, 행복한 순간의 기억, 채식주의자용 초콜릿 한 박스(단지 예시일 뿐이다) 같은 것들 말이다. 하루를 감사로 시작하면 우리 앞에는 장애물이 아니라 기회가 열릴 것이다. 불평이 아니라 창의적인 생각이 떠오를 것이다. 나의 선택권을 제한할 뿐인 부정적인 생각에 굴복하는 대신 성장할 수 있는 새로운 길을 찾을 것이다.

9장에서는 감사에 대한 자각을 확장하고, 감사가 왜 나에게 좋은 것인지 알아볼 것이다. 그런 다음 매일 감사해야 할 이유를 찾는 연습을 할 것이다. 작은 선물이든 나에게 가장 중요한 것이든 언제 어떻게 감사를 표현해야 할지 알아보자.

감사의 이로움

◆◆◆◆◆

감사하는 마음이 실제로 얼마나 도움을 주는지 측정할 수 있다. 믿기 힘들겠지만 과학적 사실이다. 감사는 정신 건강, 자각, 인간관계, 만족감을 증진하는 데 관계가 있다.

과학자들이 감사의 효용을 측정하려고 사용한 방법 중에 사람들을 두 집단으로 나누어 일기를 쓰게 한 방법이 있다. 첫 번째 집단에는 감사함을 느낀 것들을 기록하게 하고, 두 번째 집단에는 귀찮거나 짜증 났던 것들을 기록하게 했다. 감사를 기록한 집단은 저녁이 되었을 때 스트레스 수준이 더 낮았다. 또 다른 연구에서는 너무 많은 생각과 걱정으로 머릿속이 복잡하다고 토로하는 대학생들에게 잠들기 전 15분 동안 감사하는 것들을 목록으로 작성하게 했다. 감사 일기는 학생들의 복잡한 생각을 줄여주고 숙면을 도왔다.

직접 해보기: 감사 일기를 써라

밤마다 5분 시간을 내서 감사하는 것들을 글로 써라.
자체 실험을 해보고 싶다면 감사 일기를 쓰기 전에 일주일 동안 내가 잠을 얼마나 잤는지 기록하라. 그다음 주에는 감사 일기를 쓰면서 매일 몇 시간이나 잤는지 기록하라. 달라진 점을 확인하라.

감사라는 마음의 연고

◆◆◆◆◆

부정적 생각을 키우는 '원숭이 같은 마음'이 내가 쓸모없고 가치 없는 사람이라고 설득하려고 할 때, 합리적인 '수도자의 마음'은 타인이 나에게 시간과 에너지와 사랑을 쏟았다는 점을 들며 맞선다. 그 사람들은 나를 위해 애썼다. 그들의 친절에 감사하는 것은 자존감과 얽혀 있다. 만약 내가 가치 없는 사람이라면 그들이 나에게 나눠준 친절도 가치 없는 일이 된다.

감사는 모든 사람이 가지고 있는 응어리와 고통을 극복하게 한다. 질투와 감사하는 마음을 동시에 느끼려고 해보라. 잘 상상이 안 될 것이다. **감사하는 마음이 있으면 다른 감정은 밀고 들어오지 못한다.**

UCLA의 신경과학자 앨릭스 코브Alex Korb에 따르면, 실제로 우리는 긍정적 감정과 부정적 감정에 동시에 집중할 수 없다고 한다. 감사하는 마음을 느낄 때 뇌는 도파민(보상을 담당하는 화학물질)을 분비하고, 우리는 그 감정을 다시 느끼고 싶어지므로 감사하는 습관이 생긴다. 코브는 이렇게 말한다. "모든 것을 감사할 대상으로 보면 뇌는 감사할 것을 더 많이 찾는다." 말하자면 '선순환'이다.

연구자들은 진짜 트라우마를 극복하는 데 감사하는 마음이 중요한 역할을 한다는 사실을 보여주었다. 2006년에 발표된 한 연구에 따르면, 베트남 전쟁 참전용사 중에서 높은 수준의 감사하는 마음을 가진 사람들은 외상후스트레스장애PTSD를 경험할 확률이 더 낮다고 한다. 이별을 겪었다면, 사랑하는 사람을 잃었다면, 무엇이든 정서적으로 큰 타격을 입었다면, 감사하는 마음이 답이다.

감사하는 마음은 정신뿐만 아니라 신체에도 좋은 영향을 끼친다. 나쁜 감정들은 심장 질환을 비롯해 여러 만성 질환의 전조가 되는 광범위한 염증을 유발하는데, 감사하는 마음이 그런 나쁜 감정들을 차단하기 때문이다.

여러 연구에 따르면, 감사하는 마음이 큰 사람은 스스로 더 건강하다고 느낄 뿐만 아니라 건강한 활동에 참여하고, 병에 걸리면 적극적으로 치료할 가능성이 더 크다고 한다.

감사하는 마음이 건강에 주는 이점이 얼마나 광범위한지, 듀크대학교 메디컬센터의 바이오심리학과장인 의학박사 P. 무랄리 도라이스와미P. Murali Doraiswamy는 ABC뉴스와의 인터뷰에서 이렇게 말했다. "만일 감사하는 마음이 약이었다면, 감사는 전 세계에서 가장 많이 팔린 제품이 되었을 겁니다. 인체 주요 장기의 건강을 유지해 준다고 밝혀졌으니까요."

매일 감사의 기술

◆◆◆◆◆

감사하는 마음이 건강에 좋다면, 감사하는 마음을 더 많이 가질수록 더 좋을 것이다. 일상에서 감사하는 마음을 더 늘릴 방법을 이야기해 보자. 불교 경전 중 하나인 『경장經藏』은 이렇게 조언한다. "승려는 다음과 같이 사고하도록 훈련해야 한다. '우리는 고맙고 감사히 여기며, 누군가 우리에게 베풀어주신 아주 작은 호의도 간과하지 않습니다.'"

내가 감사와 관련해 가장 기억할 만한 교훈을 얻었던 것은 아슈람에 도착하고 며칠이 지났을 때였다.

지도 스님은 새로 온 우리에게 마땅히 겪을 만한 일이 아니었던 경험을 적어보라고 했다. 우리는 조용히 노트에 무언가를 끄적였다. 10대 시절 가장 친한 친구 중 한 명이 나를 배신했던 일을 골랐다.

15분 정도가 지나고 우리는 각자 적은 내용을 공유했다. 승려 한 명은 요절한 여동생에 대한 가슴 아픈 사연을 적었다. 다른 승려들은 사고나 다친 경험, 혹은 사랑하는 사람을 잃었던 일을 얘기했다. 발표를 마치자, 지도 스님은 우리의 사연에 충분히 공감한다고 했다. 그러면서 우리가 부정적인 이야기를 골랐다는 점을 지적했다. 나의 노력이 아니라 누군가의 친절이나 행운으로 나에게 일어난 멋진 일을 쓴 사람은 아무도 없었다. 마땅히 내가 겪을 일이 아닌 멋진 일 말이다.

우리는 나에게 불운은 마땅하지 않지만, 나에게 일어나는 축복은 무엇이든 다 당연하다는 생각에 습관처럼 젖어 있다. 다시 나에게 일어난 행운에 대해 생각해 보는 시간을 가졌다. 나를 돌봐준 가족에게서 태어난 일, 내가 노력한 것보다 더 많은 것을 얻도록 나에게 투자해 준 사람들, 내 삶을 바꿔놓은 기회들이 있었다. 우리는 내가 얼마나 많은 것을 받았는지 인식하고, 감사함을 느끼고 표현할 기회를 너무나 쉽게 놓쳐버린다.

그날의 수업은 내가 이전까지 당연한 것으로 생각하던 삶에 대해 처음으로 감사하는 마음을 느꼈던 순간으로 나를 데려갔다.

내가 부모님과 함께 인도를 처음 방문했던 것은 아홉 살 즈음이었다. 택시를 타고 호텔로 돌아가다 신호에 걸려 차가 멈춰 섰다. 창밖으로 내 또래쯤 된 여자아이의 다리가 보였다. 아이의 몸은 쓰레기통 깊숙한 곳으로 거의 들어가 있었다. 뭔가를 찾는 것처럼 보였는데, 아마도 먹을 것을 찾고 있었을 것이다. 그런데 아이가 몸을 일으켜 세웠을 때 두 손이 없는 것을 알고 충격을 받았다. 어떻게든 그 아이를 도와주고 싶은 마음이 간절했다. 그러나 다시 출발하는 차 안에서 나는 무기력하게 그 아이를 쳐다보고만 있었다. 아이는 내 시선을 눈치채고 미소를 지었다. 나도 미소를 지었다. 그게 내가 할 수 있는 전부였다.

호텔로 돌아온 나는 상당히 의기소침했다. 뭐라도 할 걸 후회가 되었다. 런던에 있는 우리 동네를 생각했다. 그곳에는 매해 크리스마스에 받고 싶은 선물 목록을 적고, 매일 취미생활을 즐기는 아이들이 너무나 많았다. 인도에는 그저 살아남기 위해 애쓰는 아이들이 있었다. 일종의 깨달음 같은 것을 느꼈다.

우리 가족은 점심을 먹으러 호텔 식당으로 내려갔다. 다른 테이블의 아이가 좋아하는 메뉴가 하나도 없다고 투덜댔다. 나는 아연실색했다. 우리는 이렇게 음식을 선택할 수 있는데, 내가 본 그 여자아이가 가진 메뉴라고는 쓰레기통이 전부였다.

당시에는 정확히 말로 표현할 수 없었지만, 그날 나는 내가 받은 게 얼마나 많은지 알았다. 나와 그 여자아이의 가장 큰 차이는 어디서 어느 부모 밑에 태어났느냐 하는 점이었다. 내 아버지는 뭄바이에서 그리 멀지 않은 푸네의 슬럼가에서 태어나 자수성가했다. 나는 아버지의 어마어마한 노력과 희생의 산물이었다.

아슈람에서 나는 아홉 살에 느꼈던 자각으로 돌아가 이미 내 소유인 것들에 감사하는 데서부터 감사의 습관을 들이고자 했다. 내 생명과 건강, 내 안락과 안전, 계속 밥을 먹고, 지붕이 있는 곳에서 자고, 사랑받을 거라는 확신, 그 모든 게 선물이었다.

이런 것들을 우주의 선물로 생각하고, 감사를 습관화하기 위해 승려들은 감사의 말로 하루를 시작한다. 말 그대로다. 자리에서 일어나면 우리는 몸을 뒤집어 땅에 존경을 표하고, 땅이 나에게 준 것과 눈앞을 밝혀주는 빛과 걸을 수 있는 바닥과 숨 쉴 수 있는 공기에 감사를 표한다.

직접 해보기: 매일 감사하라

아침 감사

내가 맞혀보겠다. 당신이 일어나서 가장 먼저 하는 일은 휴대전화 확인일 것이다. 그게 쉽고 느긋하게 뇌를 움직이는 방법처럼 보이겠지만, 그것은 좋은 기운으로 하루를 시작하는 방법이 아니다. 이렇게 해보라. 1분이면 된다. (혹시 너무 지쳐서 다시 잠들 위험이 있다면 알람의 '다시 알림'을 꼭 설정해 두기 바란다.) 침대에 누운 채로 잠깐만 시간을 내면 된다. 몸을 돌려 엎드린 채로 두 손을 모으고 고개를 숙인다. 이 순간 뭐가 되었든 당신의 삶에서 좋은 것들을 생각하라. 기분 좋은 공기와 빛, 나를 사랑해 주는 사람들. 나를 기다리고 있는 커피도 좋다.

식사 감사

전 인류의 아홉 명 중 한 명은 매일 먹을 음식이 부족하다. 그 수는 8억 명에 가깝다. 하루 중 한 끼를 골라 식사를 시작하기 전에 잠시 시간을 내서 음식에 대한 감사 기도를 올려라. 아메리카 인디언의 기도에서 영감을 얻어도 좋고 스스로 기도문을 만들어내도 된다. 가족이 함께 모여 식사를 한다면 돌아가며 감사의 기도를 올려라.

직접 해보기: 감사의 명상

자유자재로 감사하는 마음을 갖고 싶다면 다음의 명상을 추천한다.

옴 나모 바가바테 바수데바야 Om Namo Bhagavate Vasudevaya

'아름다움과 지성, 힘, 부, 명성, 초탈의 화신이신 모든 이의 마음에 가득한 신께 칭송을 바칩니다'라는 뜻이다. 아슈람에서는 경전을 읽기 전에 이 만트라를 왼다. 경전이 존재하도록 도움을 준 사람들에게, 그리고 통찰을 주고 이끌어주는 선생님들과 현자들에게 감사하는 마음을 갖기 위해 이 만트라를 사용할 수도 있다.

나는 …에 감사합니다

앉아서 몸과 마음을 편안히 하고 호흡법을 시행한 후 이렇게 말한다. 빈칸에는 최대한 많은 것을 넣어서 완성한다. 이 연습을 하면 즉시 다시 집중할 수 있다. 가능하다면 마음에 떠오르는 부정적인 생각 속에서도 감사한 것들을 찾아내 프레임을 다시 짜라. 이 내용을 일기 형식으로 쓰거나 목소리로 녹음해 보관한다면 똑같은 부정적 생각들이 다시 들 때마다 기억을 일깨우는 용도로 사용할 수 있다.

기쁨의 순간 떠올리기

명상하면서 기쁨을 느꼈던 시간과 장소로 떠나보라. 그 느낌이 다시 내 안에 차오르게 하라. 명상이 끝나도 기쁨이 남아 있을 것이다.

시대를 초월해 아주 오래된 감사의 습관은 전 세계 곳곳에서 볼수 있다. 아메리카 인디언들 사이에서는 추수감사절 전통이 아주 많다. 불교학자이자 환경운동가인 조애나 메이시Joanna Macy에 따르면, 오논다가Onondaga족의 아이들은 매일 아침 모여서 감사의 기도를 올리는 것으로 학교 일과를 시작한다고 한다. 선생님의 인사는 이렇다. "우리의 마음을 하나로 모으고, 우리의 가장 큰형 태양에게 감사합시다. 태양은 매일 떠올라 빛으로 우리가 서로의 얼굴을 볼 수 있게 하고 온기로 씨앗이 자라게 합니다." 모호크족도 비슷한 기도를 올린다. 그들은 사람, 어머니 대지, 물, 물고기, 식물, 작물, 약초, 동물, 나무, 새, 사방의 바람, 할아버지 천둥, 큰형 태양, 할머니 달, 별, 깨우친 선생님들, 창조주에게 감사한다. 모든 사람이 우리 주변의 가장 기본적이고 꼭 필요한 삶의 선물에 감사 기도를 올리는 것으로 하루를 시작한다면, 세상이 어떻게 변할지 한번 상상해 보라.

감사 훈련

◆◆◆◆◆

감사를 일상의 일부로 만드는 것은 어려운 일이 아니다. 여기서 나는 여러분에게 좀 더 어려운 요구를 더하려고 한다. 나는 여러분이 어떤 조건에서든 '늘' 감사하길 바란다. 삶이 완벽하지 않더라도 근육을 단련하듯이 감사하는 마음을 키워라. 지금 바로 훈련한다면, 시간이 지날수록 그 근육은 더 튼튼해질 것이다.

감사는 선종의 승려인 로시 조앤 핼리팩스Roshi Joan Halifax가 '마음의 빈곤'이라고 부른 것을 변환하는 방법이다. 핼리팩스에 따르면, 이런 마음 상태는 "물질적 빈곤과는 아무 관련이 없다. 마음의 빈곤에 사로잡힌 사람은 나에게 없는 것에 초점을 맞춘다. 자신은 사랑받을 자격이 없다고 느끼며 자신이 받은 것들을 깡그리 무시한다. 의식적으로 감사하는 마음을 가지면 감사하는 마음을 훼손하고 온전한 마음을 갉아먹는 정신적 빈곤에서 탈출할 수 있다."

브라이언 액턴Brian Acton은 의식적인 감사의 습관을 잘 보여준다. 야후에서 11년을 일한 뒤에 브라이언 액턴은 트위터(현 X)에 지원했다. 그는 유능한 사람이었지만 거절당했다. 불합격 소식을 접한 브라이언 액턴은 트위터에 이렇게 썼다. "트위터 본사에 입사 거절당했네요. 괜찮아요. 통근시간이 만만치 않았을 거예요." 다음으로 그는 페이스북(현 메타)에 지원했다. 얼마 후 그는 트위터에 이렇게 썼다. "페이스북에서 저를 거절하네요. 근사한 몇몇 분들을 알게 된 멋진 기회였어요. 인생의 다음 모험이 기다려지네요." 그는 망설임 없이 자신의 실패를 소셜 미디어에 게재하고 오직 기회가 주어진 것에 감사한다고 했다. 이런 시행착오 끝에 그는 개인 시간에 앱을 하나 만들었다. 5년 후 페이스북은 브라이언 액턴이 공동으로 설립한 와츠앱WhatsApp을 약 21조 5000억 원에 인수했다.

그의 입사를 고사한 회사들은 그가 와츠앱으로 번 것에 비해 훨씬 적은 연봉을 주었을 것이다. 거절당한 것에 집착하며 빈곤한 마음가짐을 장착하는 대신, 그는 앞으로 어떤 일이 펼쳐질지 그저 감사한 마음으로 기다렸다.

순간을 판단하지 마라. 무언가에 나쁜 일이라는 꼬리표를 다는 순간, 우리의 마음은 그렇게 믿기 시작한다. 그러지 말고 차질이 생기면 감사하게 생각하라. 인생이라는 긴 여정이 자신만의 속도로, 자신이 원하는 구불구불한 길로 가는 것을 허락하라. 우주는 당신에게 또 다른 계획을 준비했을지 모른다.

우물에서 물을 긷던 스님에 관한 이야기가 있다. 스님의 물지게에는 물통이 두 개였는데 그중 하나에 구멍이 나 있었다. 스님은 물통을 고치지 않고 매일 물을 날랐다. 어느 날 지나가던 사람이 스님에게 왜 물이 새는 통으로 계속 물을 나르는지 물었다. 스님은 길가를 가리켰다. 물이 가득 찬 물통이 지나가는 쪽은 메말라 있었고, 물이 새는 물통이 지나간 반대편은 아름다운 야생화가 잔뜩 피어 있었다. "나의 불완전함 덕분에 내 주변이 이렇게 아름다워졌지요." 스님이 말했다.

어린 아기일 때 병으로 청각과 시각을 잃은 헬렌 켈러Helen Keller는 이렇게 썼다. "행복의 문 한쪽이 닫히면 다른 한쪽이 열린다. 그러나 많은 경우 우리는 닫힌 문을 너무 오래 쳐다보느라 다른 한쪽이 열린 것을 보지 못한다."

일이 잘 풀리지 않는다면 자신에게 이렇게 말하라. "나를 위해 준비된 다른 게 또 있을 거야." 그거면 된다. '실직해서 정말 감사해!'라고 생각할 필요는 없다. "내가 원했던 건 이거야. 이것만이 답이었어"라고 말하면 모든 에너지가 '이것'으로 흘러 들어간다. 하지만 "이번 일은 잘 안되었지만 다른 게 또 있을 거야"라고 말하면,

가능성으로 가득 찬 미래로 에너지가 옮겨 간다.

가능성 있는 여러 결과에 마음을 많이 열어놓으면 어떤 결과가 나오든 즉시 감사할 수 있다. 베네딕트회 수사 다비드 슈타인들라스트는 이렇게 말했다.

> 사람들은 보통 감사하는 마음이 '고마워요'라고 말하는 것이라고 생각한다. 마치 그게 감사의 가장 중요한 측면인 것처럼 말이다. 그러나 감사하는 마음으로 사는 습관에서 가장 중요한 것은 삶에 대한 믿음이다. … 그런 식으로 사는 것을 나는 '감사하는 삶'이라고 말한다. 그렇게 되면 모든 순간이 선물이기 때문이다. … 그러려면 잠시 멈춰서 이렇게 자문해야 한다. '이 순간은 내게 어떤 기회를 주고 있지?' 그걸 찾아서 그 기회를 활용해야 한다. 전혀 어렵지 않다.

상사에게 내가 동의할 수 없는 피드백을 받았을 때 즉각 반응하지 말고 잠깐 멈춰서 생각해 보라. '이 순간에 나는 뭘 배울 수 있을까?' 그런 다음 감사할 것을 찾아라.

어쩌면 상사가 내 발전을 도와주려 한다는 사실에 감사할 수도 있다. 아니면 그 직장을 떠나야 할 이유를 추가해 준 것에 감사할 수도 있다. 달려가서 버스를 타는 데 성공했다면 보통은 잠시 안도한 후 다시 일상으로 돌아갈 것이다. 그러지 말고 멈춰보라. 잠시 시간을 내서 버스를 놓친다고 생각했을 때 어떤 기분이었는지 기억해 보라. 이 기억을 내가 받은 행운에 감사하는 데 사용하라. 만약

버스를 놓친다면 잠시 성찰할 시간이 생길 것이다. 그러면 그 시간을 균형 잡힌 시각으로 상황을 보는 데 사용하라. 버스는 또 온다. 내가 차에 치인 것도 아니다. 상황은 훨씬 더 나쁠 수도 있었다. 승리를 축하하고 패배를 슬퍼한 이후에 어느 쪽이 되었든 균형 잡힌 시각을 가지고 상황을 바라보아야 한다. 그 상황에 감사하고 겸손하게 받아들이고 다음으로 넘어가야 한다.

직접 해보기: 돌아보며 감사하라

처음에는 도저히 감사하게 생각할 수 없었던 일을 하나 떠올려보라. 당신이 받았던 교육인가? 나를 가르친 사람인가? 친구인가? 스트레스로 녹초가 되었던 프로젝트인가? 원망스러운 가족에 대한 책임인가? 부정적 결과로 이어졌음에도 더는 고통스럽지 않은 일을 하나 골라보라. 이별, 해고, 원하지 않던 소식, 뭐든 좋다.

이제 그 경험이 어떤 측면에서 내가 감사할 만한 일인지 생각해 보라. 예상치 못한 방식으로 그 일이 나에게 도움이 되었는가? 그 프로젝트 덕분에 새로운 기술을 익히고, 동료의 존경을 받게 되었는가? 내가 아량을 베풀어 가족과의 관계가 영구적으로 개선되었는가?

지금 진행 중인 혹은 예상되는 불쾌한 일을 떠올려보라. 지금은 상상하기 힘들겠지만, 무엇에 감사할 수 있을지 한번 예상해 보라.

감사를 표현하라

◆◆◆◆◆

지금까지는 내면으로 느끼는 감사의 마음을 확장해 보았다. 이제 감사의 마음을 밖으로 향하게 해서 타인에게 표현해 보자.

많은 경우 우리는 깊은 감사를 느끼지만, 그 마음을 어떻게 전해야 할지 모른다. 받은 것을 돌려주고 감사를 표하는 방법은 많다.

감사의 마음을 보여주는 가장 기본적인 방법은 고맙다고 말하는 것이다. 그러나 그 정도로는 만족하지 못할 것이다. 최대한 구체적으로 고맙다고 하라. 모임을 주최한 후에 듣게 되는 감사의 말을 한번 생각해 보라. 틀림없이 이렇게 말하는 사람이 적어도 한 명은 있을 것이다. "어제는 고마웠어. 멋지더라!" 혹은 이렇게 말하는 사람도 있을 것이다. "어제는 고마웠어. 음식이 정말 끝내주더라. 네가 친구한테 건넨 다정하고 재미난 건배사도 좋았어." 감사를 표현할 때는 구체적인 방식이 훨씬 더 좋다. 아주 조금이라도 더 구체적인 감사의 말을 듣는 순간 기분은 더 좋아진다.

핵심은 이것이다. 친구는 당신이 준비한 모임에 참석한 것이 즐거웠고, 준비하느라 고생한 것이 느껴졌기에 고맙다는 표현으로 그 기쁨을 당신에게 다시 돌려주는 것이다.

감사란 다른 사람이 나에게 무언가를 투자했다는 사실을 깨달을 때 우러나온다. 말하자면 사랑의 선순환 고리 같은 것이다.

친절과 감사는 공생관계다

◆◆◆◆◆

사랑의 선순환 고리는 친절과 감사를 조화롭게 함께 키워야 한다는 부처님의 가르침과도 일치한다.

친절은 얼마든지 쉽고 또 어렵다. 다른 사람에게 뭔가 좋은 것을 진정으로 해주고 싶어 하고, 그게 그들에게 어떻게 이로울지 생각하면서, 그 이로움을 주기 위해 부단히 노력해야 한다. 한 번이라도 남을 위해 희생해 본 적이 있다면, 남이 나에게 주는 노력과 에너지를 쉽게 알아볼 것이다. 말하자면 나 자신의 친절한 행동을 통해 친절에는 과연 무엇이 필요한지 내가 다시 한번 배우는 계기가 된다. 나의 친절이 오히려 내가 진정으로 감사함을 느끼게 만들어주는 셈이다. 친절은 감사하는 마음을 가르쳐준다. '정성 어린 감사'라는 작은 세상 속에서는 놀라운 일이 벌어진다. 먼저 저녁 파티라는 형식으로 내가 베푼 친절이 친구에게 감사하는 마음을 일으킨다. 그 감사하는 마음은 다시 친구가 나에게 친절을 베풀게 만든다.

친절과 그에 수반되는 감사하는 마음은 파급 효과를 일으킨다. 페마 초드론은 이렇게 조언한다. "나 자신에게 더 친절해져라. 그리고 그 친절이 넘쳐서 세상을 적시게 하라." 매일 사람들을 마주치면서 우리는 그들이 친절하고, 인정 많고, 나에게 더 베풀기를 바란다는 것을 깨닫는다. 그렇지 않은 사람이 누가 있을까? 이런 자질을 우리 삶에 가져오는 최선의 방법은 나 스스로 그런 자질을 키우는 것이다. 오랫동안 여러 연구는 사회관계 속에서 태도와 행동, 심지어 건강도 전염성이 있다는 사실을 보여주었다. 그러나 미심쩍은 부분은 전염성을 갖는 이유가 우리가 비슷한 사람과 어울리는 경향이 있다는 점이었다. 하버드대학교와 UC 샌디에이고의 두 연구자는 서로 모르는 사람들 사이에서도 친절이 전염성을 갖는지 알아보기로 했다. 연구팀은 게임을 설계했다. 낯선 사람들로 네 명씩 그룹을 만들고 각 개인에게 크레디트(혜택)를 20점씩 주었다. 참가자들은 자신이 크레디트를 얼마나 갖고, 공용으로는 얼마나 기부할지 조용한 곳에서 결정했다. 라운드가 끝나면 참가자들에게 공평하게 나눠주기로 했다. 각 라운드가 끝날 때마다 참가자가 바뀌었기 때문에 누가 인심이 후한지 알 수 없었고 다만 그룹 전체에 얼마나 인심을 썼는지는 알 수 있었다. 게임이 진행되면서 참가자들의 인심을 얻은 사람들은 이후의 라운드에서 크레디트를 더 많이 나눠주는 경향을 보였다. 친절은 정말로 친절을 낳았다.

친절과 감사가 교환되는 과정에 참여하면 감사 인사를 받는 입장이 될 때가 있다. 감사를 받을 때는 반드시 자아가 지나치게 커지지 않도록 유의해야 한다. 누군가에게 감사를 받으면 나 자신이 훌륭하다는 망상 속에서 길을 잃기 쉽다. 수도자들은 칭찬을 들어도 초연하다. 뭐가 되었든 내가 베풀 수 있었던 것은 애초에 내 것이 아니었음을 기억한다. 겸손한 자세로 감사를 받으려면 그것을 알아봐준 사람에게 고마워하는 것으로 시작하면 된다. 상대의 관심과 의도에 감사하라. 상대의 훌륭한 자질을 찾아서 칭찬을 돌려줘라. 그런 다음 내가 받은 감사를 나의 스승들에게 감사할 기회로 삼아라.

모르는 사람의 친절

◆◆◆◆◆

수도자들은 하루 중에 일어나는 온갖 작은 교류를 통해 감사를 실천한다. 언젠가 택시를 탔다. 나는 일정이 급했고 딴생각을 하고 있었다. 이상하게 차가 출발하지 않는다고 생각하는데, 마침내 내가 알아채고 운전자에게 무슨 문제가 있냐고 묻자 그는 이렇게 말했다. "제가 '안녕하세요'라고 했는데 손님이 말이 없기에 기다리는 중입니다." 나는 그제야 정신이 번뜩 들었다. 지금은 훨씬 더 주의 깊게 인사한다.

짧고 직설적인 말이 더 효율적이고 프로다울 수 있지만, 온종일 자동조종 모드를 켜놓은 것처럼 보낸다면 우리를 하나로 묶어주고 지탱해 주는 정서의 교류가 차단된다. 한 연구에서 시카고의 통근 열차를 타는 사람들에게 짧게든, 길게든 낯선 사람과 아무 주제로 대화를 시작해 보라고 권했다. 용기를 내서 대화를 나눈 사람들은 통근시간의 경험을 더 긍정적으로 평가했다. 통근자들의 예상은 대부분 정반대였다. 자세히 조사해 보니 사람들은 낯선 사람이 나를 불쾌해할 거라고 생각했던 것이 아니라 대화를 시작하는 어색함이 두렵고 혹시 무시당할까 걱정했다. 실제로는 그렇지 않았다. 대부분의 낯선 사람이 기꺼이 대화에 응했다. 우리가 주변에 있는 사람들과 교류하려는 노력을 기울이면 익명 속에서 괴로워할 필요 없이 감사할 기회가 만들어진다.

하루 중에 타인과 관련된 수많은 활동을 생각해 보라. 통근, 회사 프로젝트, 장보기, 아이들 등하교시키기, 배우자와의 일상적 대화까지 말이다. 이렇게 작은 사건들이 우리 삶을 채우고, 그것들을 통해 얼마나 큰 즐거움을 얻을지는 대개 우리에게 달려 있다. 그런 교류 과정에 내가 얼마만큼의 친절을 베풀고 얼마만큼의 감사를 받느냐에 달려 있는 것이다.

직접 해보기: 감사 떠올려보기

잠깐 시간을 내어 다른 사람에게 받은 것을 세 가지 떠올려보라.

1. 다른 사람이 나에게 베푼 작은 친절
2. 나에게 중요했던 선물
3. 매일 일상을 조금 더 좋게 만들어주는 것

두 눈을 감아라. 위 행동 중 하나가 일어났던 때로 되돌아가서 그 느낌을 다시 느껴보라. 눈에 들어오는 것, 냄새, 소리까지. 경외심을 가지고 다시 경험해 보라. 그 느낌을 더 깊이 경험해 보라.

떠올려보기가 끝나면 나를 위한 작은 일들이 일어나고 있다는 사실을 인식하라. 그런 일을 간과하거나 당연시하지 마라. 다음으로는 누가 나를 보살펴주고, 생각해 주고, 사랑해 주는 것을 느껴보라. 자존감과 자신감이 더 커질 것이다. 마지막으로 우리의 최종 목표는 그냥 기분만 좋은 게 아니라는 사실을 깨달아라. 성찰을 통해 나에게 사랑을 준 사람에게 사랑을 돌려줌으로써, 혹은 사랑과 보살핌을 받지 못하는 사람들에게 그 사랑을 전달함으로써 화답하고 싶다는 기분을 느껴보라.

봉사를 통한 감사

◆◆◆◆◆

일상에서 우연히 친절을 베푸는 수준을 넘어서고 싶다면, 적극적으로 감사하는 마음을 더 많이 불러일으키고 경험하는 방법도 있다. 우리는 봉사나 자원 활동이 불우한 사람들에게 사랑을 베푸는 방법이라고 생각하지만, 실제로는 받는 사람 못지않게 주는 사람도 많은 도움을 받는다. 봉사는 분노, 스트레스, 질투, 실망 같은 부정적 감정을 감사로 바꾸는 데 도움이 된다. 우리가 균형 잡힌 시각을 갖게 하기 때문이다.

나이 지긋한 점쟁이가 젊은이에게 물었다. "무슨 일로 왔나요?"

젊은이가 대답했다. "제 주변에는 기쁨과 아름다움이 있습니다. 그런데 좀 떨어져서 보면 제 삶은 고통으로 가득해요."

점쟁이는 말이 없었다. 그녀는 슬퍼하는 젊은이에게 물을 한 잔 따라 건네더니, 소금이 담긴 그릇을 내밀었다.

"물에 좀 타세요." 점쟁이가 말했다.

젊은이는 망설이다가 손가락으로 소금을 조금 집었다.

"더 많이요. 한 줌." 점쟁이가 말했다.

미심쩍은 표정으로 젊은이는 소금 한 숟가락을 컵에 넣었다. 점쟁이는 머리를 까닥이며 마시라는 시늉을 했다. 물을 한 모금 마신 젊은이는 얼굴을 찡그리더니 흙바닥에 물을 다시 뱉어냈다.

"어땠나요?" 점쟁이가 물었다.

"고맙지만, 먹고 싶지 않네요." 젊은이가 무뚝뚝하게 말했다.

점쟁이는 다 안다는 듯한 미소를 짓더니 젊은이에게 소금 그릇을 쥐여주고 근처의 호수로 데려갔다. 호수의 물은 맑고 차가웠다. "이제 호수에 소금을 한 줌 넣어보세요." 점쟁이가 말했다.

젊은이는 시키는 대로 했다. 소금이 물에 녹았다. "마셔보세요." 점쟁이가 말했다.

젊은이는 물가에 무릎을 꿇고 손으로 물을 떠서 후루룩 마셨다.

젊은이가 올려다보자 점쟁이가 다시 물었다. "어땠나요?"

"상쾌하네요." 젊은이가 말했다.

"소금 맛이 나나요?" 점쟁이가 물었다.

젊은이는 멋쩍은 미소를 지었다. "전혀요." 젊은이가 말했다.

점쟁이는 젊은이 옆에 무릎을 꿇고 앉아 자신도 물을 조금 마셨다. 그리고 말했다. "소금이 삶의 고통이에요. 소금은 늘 그대로지만 작은 잔에 넣으면 쓴맛이 나지요. 호수에 넣으면 맛을 느낄 수 없어요. 감각을 확장해 보세요. 당신의 세상을 확장해 보세요. 그러면 고통이 줄어들 겁니다. 물 잔이 되지 말고 호수가 되세요."

더 넓은 관점을 가지면 고통을 최소화하고 내가 가진 것에 감사하는 데 도움이 된다. 우리는 베풀며 더 넓은 관점을 직접 경험할 수 있다. 《BMC 공중보건BMC Public Health》에 발표된 연구에 따르면 자원봉사를 하면 우울감이 줄어들고 건강과 행복이 늘어난다고 한다. 내가 뉴욕에 살 때 '어린이에게 망토를Capes for Kids'이라는 자선 단체가 퀸스의 어느 학교 학생들이 취약계층 아동을 위한 슈퍼히어로 망토를 만들도록 도왔다. 망토를 제작한 아이들은 자신들이 노력해 만든 선물이 어떤 효과를 내는지 볼 수 있었고, 자신이 얼마나 많이 가졌는지 깨달을 수 있었다. 타인이 힘겹게 투쟁하는 모습을 적나라하게 보면, 내 재능으로 그들의 세상이 조금이라도 더 좋아지면, 즉시 감사의 마음이 물밀듯이 밀려오는 것을 느낄 수 있다.

직접 해보기: 자원봉사를 통해 감사하는 마음을 체험하라

봉사는 우리의 시각을 넓혀주고 부정적 감정을 누그러뜨린다. 한 달에 한 번이든, 일주일에 한 번이든 자원봉사를 해보라. 이보다 즉각적으로 감사하는 마음을 키워주고, 그 마음을 표현하게 하는 활동은 없을 것이다.

뜻깊은 감사

◆◆◆◆◆

때로는 가장 중요한 사람들에게 감사를 표현하는 것이 가장 어렵다. 삶에 변화를 주고 여전히 큰 영향력을 행사하고 있는 가족, 친구, 스승, 멘토 말이다.

가능하다면 직접 만나서 사랑과 감사의 마음을 보여줘라. 그렇지 않다면 편지나 문자를 보내고, 전화를 해서 내가 어떤 점을 감사하게 생각하는지 구체적으로 표현하라. 그 사람도 나도 더욱 행복해질 것이다.

깊이 감사하는 사람을 한 명 골라라. 쉽게 감사함을 느낄 수 있는 사람으로 선택하라.

이 사람에 관해 높이 평가하는 자질과 가치를 폭넓은 관점에서 모두 적어 보라. 나를 많이 응원했는가? 사랑을 많이 주었는가? 도덕적인 사람인가?

이 사람을 다시 만나면 나는 어떻게 할지, 무슨 말을 할지 적어보라. (만약 이미 돌아가신 분이라면 이렇게 시작하라. '다시 뵐 수 있다면 저는 이렇게 말씀드릴 겁니다.')

메모한 내용을 바탕으로 그 사람에게 감사 편지를 써라.

때로는 내가 좋아하는 사람이 친밀함을 거부하거나 나를 무시할 수도 있다. 그럴 때 물러서지 마라. 감사하는 마음을 받기 위해서는 마음을 열고 내 약한 모습도 보여야 한다. 우리가 그런 감정을 차단하는 이유는 상처받을까 두렵기 때문이다. 저항에 직면한다면 접근법을 바꿔볼 수도 있다. 잠시 시간을 내서 상대가 어떤 형태의 감사를 가장 반가워할지 생각해 보라. 가끔은 글로 감사의 마음을 표현하는 것이 두 사람 모두에게 가장 쉬운 방법이다. 이런 감정들을 처리할 시간과 공간을 확보할 수 있기 때문이다.

나에게 큰 의미를 갖는 사람에게 감사 편지를 쓸 때는 그들이 나를 도와주었을 때 내가 느꼈던 것처럼 상대도 내가 그를 좋아하고 아낀다는 느낌을 받을 수 있게 노력하라. 말로 고맙다고 하는 것보다 편지를 쓰면 상대가 베풀어준 친절의 가치를 더 오래도록 인정해 줄 수 있다. 그러면 두 사람의 유대감이 깊어진다. 이렇게 인정해주면 두 사람 모두 서로를 더 배려하고 베풀게 되며, 앞서 보았듯이 이는 지역사회 전체로 퍼져나간다.

용서 이후의 감사

◆◆◆◆◆

아마도 이렇게 생각할 것이다. '내 부모님은 나한테 상처를 많이 줬어. 왜 부모님에게 감사해야 해?' 우리와 가까운 사람들 중에는 불완전한 사람들이 있다. 앙금이 남거나 복합적인 감정이어서 감사의 마음을 소환하기가 어려울 수도 있다.

그러나 감사란 '모 아니면 도'의 문제가 아니다. 누군가가 나에게 한 행동의 전부가 아니라 일부에 대해서만 감사할 수도 있다. 누군가와 복잡한 관계를 맺고 있다면 복잡한 그대로 인정하라. 그들이 잘못한 부분에 대해 용서할 방법을 찾아보고, 그들이 노력한 부분에 대해 감사하려고 애써보라.

누군가 여러분에게 나쁜 짓을 저질렀는데도 감사하는 마음을 가지라는 얘기는 전혀 아니다. 모든 사람에게 감사할 필요는 없다. 수도자들은 트라우마를 두고 공식적인 입장을 취하지 않는다. 다만 우리는 늘 외적인 문제를 상대하기에 앞서 내적인 치유에 초점을 맞춘다. 나만의 속도로 내가 원하는 때에 감사하면 된다.

＊ ＊ ＊

우리는 감사를 '받은 것을 인정해 주는 것'으로 생각하는 경향
이 있다. 승려들도 그렇게 느끼기는 마찬가지다. 그리고 뭘 받았냐
고 물어본다면 승려들은 '모든 것'이라고 답할 것이다. 삶은 워낙
에 복잡해서 많은 선물과 교훈을 주고, 우리는 그게 뭔지 늘 분명하
게 알 수 없다. 그러니 가능하다면 감사하는 쪽을 택하는 것이 어떨
까? 내적으로도(내 삶과 주변 세상을 바라보는 방식), 행동으로도 매일의
습관에서 감사를 실천하라. 감사는 친절을 낳고, 이런 정신은 지역
사회 전체로 퍼져나가 우리의 가장 고귀한 의도를 주변 사람들에게
전하게 될 것이다.

감사하는 마음은 모든 자질의 어머니다. 어머니가 자녀를 낳듯
감사는 연민, 회복력, 자신감, 열정 등 모든 긍정적인 자질을 낳는
다. 이는 우리가 의미를 찾고 타인과 소통하는 데 도움을 준다. 다
음 장에서는 관계에 관해 이야기해 볼 것이다. 타인 앞에서 우리가
어떤 사람이 되려고 하는지, 어떤 이를 내 삶에서 기꺼이 맞이해야
하는지, 어떻게 하면 의미 있는 관계를 유지할 수 있는지 알아보자.

10 관계
사람들을 지켜보라

◆

모든 사람은 우리가 탐구해야 할
하나의 세계다.

– 틱낫한

승려라고 하면 흔히 인류에게서 떨어져서 고립되어 사는 은둔자를 상상한다. 은둔하는 승려로 지낸 경험은 내가 타인을 대하는 방식을 완전히 바꾸어놓았다. 아슈람을 떠나 런던에 돌아왔을 때, 나는 승려가 되기 이전보다 내가 모든 종류의 인간관계에 훨씬 능숙해진 것을 발견했다. 심지어 연애에서도 그랬다. 승려들은 모두 독신이고, 나 역시 아슈람에 있는 동안 여성과 어떤 식으로도 연애 관계에 얽힌 적이 없다는 사실을 고려하면 다소 놀라운 일이었다.

기대치 설정

◆◆◆◆◆

아슈람에서는 구성원들이 서로를 지켜주고 서로에게 봉사하며 동료애를 쌓는다. 전 세계 장수 지역을 연구하는 단체인 블루존스Blue Zones의 공동 설립자 댄 뷰트너Dan Buettner는 이런 유형의 커뮤니티가 전 세계적으로 필요하다고 보았다. 뷰트너가 발견한 바에 따르면, 장수는 식습관과 생활양식 외에도 커뮤니티의 여러 측면과 관련되어 있다. 돈독한 가족관계(도움이 필요할 때 돌봐준다)와 신념을 공유하는 부족, 건강한 사회적 행동 말이다. 말하자면 '촌'을 이루어야 했다.

그런 장수 지역처럼 아슈람은 상호의존적인 커뮤니티로 협력과 봉사의 분위기를 조성한다. 모든 구성원은 나에게 필요한 것뿐만 아니라 다른 사람에게 필요한 것까지 챙긴다. 바람을 견딜 만큼 뿌리가 깊지 못했던 바이오스피어 2의 나무들을 기억할 것이다. 그와 전혀 다른 이야기로 미국삼나무가 있다. 미국삼나무는 키가 큰 것으로 유명하다. 큰 키를 유지하려면 나무의 뿌리가 깊을 거라 생각할 수 있다. 하지만 이 나무들은 뿌리가 얕다. 그런데도 미국삼나무의 회복력이 탁월한 것은 뿌리가 넓게 퍼져 있기 때문이다. 미국삼나무는 숲을 이루어야 무성하게 성장하는데, 이는 뿌리를 서로 얽어서 강한 나무도 약한 나무도 함께 자연을 견뎌내기 때문이다.

사랑의 공동체

◆◆◆◆◆

모든 구성원이 서로를 지켜주는 커뮤니티에서 나는 내가 다른 승려들을 보살피고 지원하면 그게 즉시 되돌아올 줄 알았다. 그러나 현실은 복잡했다.

아슈람에서 보낸 첫해에 나는 화가 나서 스승님 중에 한 분을 찾아가 조언을 구했다.

"화가 납니다. 나는 많은 사랑을 베풀고 있는데 똑같이 돌아오는 것 같지 않습니다. 저는 다른 승려들을 사랑하고 보살피고 지켜주고 있는데, 저들은 내게 그렇게 하지 않습니다. 이해가 가지 않아요."

스님이 물었다. "왜 사랑을 베풀고 계십니까?"

내가 말했다. "제가 그런 사람이니까요."

스님이 말했다. "그러면 왜 돌려받기를 기대하십니까? 잘 들어보세요. 어떤 에너지를 내보내면, 그게 사랑이든 미움이든 분노든 친절이든 늘 돌려받습니다. 어떤 식으로든지요. 사랑은 공동체와 같은 거예요. 어떤 사랑을 베풀든 늘 나에게 돌아옵니다. 문제는 기대치에 있습니다. 내가 받는 사랑이 내가 사랑을 준 그 사람에게서 오리라고 생각하는 거지요. 그러나 내가 받는 사랑이 꼭 그 사람한테서 오는 것은 아닙니다. 마찬가지로 나를 사랑해 주면서 나로부터 똑같은 사랑을 받지 못하는 사람도 있는 거지요."

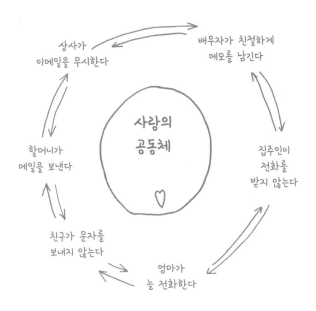

상사가
이메일을 무시한다

배우자가 친절하게
메모를 남긴다

사랑의
공동체

할머니가
메일을 보낸다

집주인이
전화를
받지 않는다

친구가 문자를
보내지 않는다

엄마가
늘 전화한다

그의 말이 옳았다. **우리는 나를 사랑하지 않는 사람을 사랑할 때가 너무나 많다. 그런데도 나를 사랑하는 사람에게는 그 사랑을 돌려주지 않는다.**

나는 내 어머니를 생각했다. 어머니는 내가 전화만 걸면, 무슨 일이든 그 일을 그만두고 내 전화를 받는다. 어머니가 전화기를 들었다면 가장 먼저 전화할 사람은 나 아니면 내 여동생이다. 마음속으로 어머니는 언제나 나와 대화하고 싶어 했다. 누군가 내 문자에 답하지 않아 실망하고 있을 때 어머니는 이렇게 생각했을 것이다. '아들이 나한테 전화 좀 했으면!'

사랑의 공동체에 대한 스승님의 설명이 내 인생을 바꿔놓았다.

사랑받지 못한다고 느낀다면 감사한 마음이 부족한 것이다. 아무도 나를 신경 쓰지 않는다고 생각한다면, 내가 나눠준 사랑은 다양한 곳에서 나에게 돌아온다는 사실을 깨달아야 한다. 더 크게 보면 내가 내놓은 것은 무엇이든 나에게 돌아온다. 이게 바로 업보다. 좋은 것이든 나쁜 것이든 내 행동은 똑같이 내게로 되돌아온다는 생각 말이다. 내가 다른 사람에게 사랑받지 못한다고 느껴진다면 스스로 이렇게 물어보아야 한다.

'나는 내가 도움을 청하는 만큼 자주 도움을 나눠주고 있는가?'
'나에게 무언가를 베풀어놓고 아무것도 돌려받지 못한 사람이 누구인가?'

연민의 네트워크

◆◆◆◆◆

승려들은 사랑과 보살핌의 배분을 일대일의 교환관계가 아니라 연민의 네트워크처럼 생각한다. 승려들은 사람마다 이바지하는 목적이 다르다고 생각하며, 각자의 역할이 그만의 방식으로 우리의 성장에 기여한다고 생각한다. 우정을 나누는 동료가 있고, 가르치는 학생이 있고, 배우고 봉사하는 멘토가 있다. 이런 역할은 순전히 나이와 경험에 달린 것이 아니다. 모든 수도자는 언제나 이 순환관계의 모든 단계에 있다. 수도자들은 이런 역할이 고정되어 있지 않다고 생각한다. 오늘 나의 스승이 내일은 나의 학생일 수도 있다.

종종 나이 든 승려들이 젊은 승려들이 듣는 수업에 들어와 함께 바닥에 앉아서 새로 온 승려의 이야기를 듣는다. 그들은 우리를 확인하러 오는 것이 아니다. 배우기 위해 오는 것이다.

직접 해보기: 이끌고 또 따르라

당신의 학생과 스승의 목록을 만들어라. 학생은 나에게 무엇을 가르쳐줄 수 있고, 스승은 나에게서 무엇을 배울 수 있을지 적어보라.

신뢰의 네 가지 유형

◆◆◆◆◆

아슈람에서 내가 화가 났던 이유는 나의 보살핌이 화답을 받지 못했다고 느꼈기 때문이다. 종종 우리는 상대가 내 삶에서 어떤 목적에 이바지하는지 분명히 알지 못하면서 상대에게 너무 많은 것을 기대한다. 우리가 내 삶에 들어오도록 허락한 사람들의 네 가지 특징을 생각해보자. 이들이 누구인지 알 것이다. 대부분 네 가지 카테고리에 들어가는 사람을 적어도 한 명은 알고 있다.

능력. 내가 다른 사람의 의견과 추천을 신뢰하려면 그 사람에게 그 능력이 있어야 한다. 능력 있는 사람은 나의 문제를 해결하는 데 딱 맞는 기술을 가지고 있다. 분야 전문가나 권위자로서 경험, 평판이 있고 리뷰 사이트에서 높은 별점을 받는다.

보살핌. 내 감정을 상대의 손에 맡기려면 상대가 나를 아끼는 사람인지 알아야 한다. 진정한 보살핌이란 상대가 자신에게 최선인 것이 아니라 나에게 최선인 것을 생각한다는 뜻이다. 이 사람들은 성공이 아니라 내 건강과 행복을 걱정한다. 이들은 마음으로 내가 가장 잘되기를 바란다. 이들은 나를 신뢰한다. 이들은 나를 지원하기 위해 의무 이상으로 노력한다. 이사할 때 도와주고, 중요한 병원 방문에 동행하고, 생일파티나 결혼식 준비를 도와준다.

인성. 확실한 도덕적 잣대와 타협하지 않는 가치관을 가진 사람들이다. 우리는 내가 뭘 원하는지, 내가 믿는 게 옳은지 확신할 수 없을 때 이 사람을 찾는다. 인성은 상호의존적 파트너 관계(연애, 동료, 팀원)에 있을 때 특히 중요하다. 이들은 말한 대로 실천한다. 훌륭한 평판과 확고한 의견, 현실적 조언을 가진 사람들이다. 이들은 믿어도 된다.

일관성. 일관성을 가진 사람들은 최고의 전문가가 아닐 수도 있다. 최고의 인성을 갖고 있지도, 나를 가장 많이 보살피지도 않을 수 있다. 하지만 내가 필요로 할 때 연락이 닿고, 자리를 지키며, 신뢰할 수 있다. 좋은 시절과 힘든 시절을 함께 견뎌온 사람들이다.

사람들은 나에게 뭘 주어야 하는지 표지판을 붙이고 다니지 않는다. 사람들의 의도와 행동을 관찰하라. 어긋남이 없는 사람인가? 말한 대로 행동하는가? 나와 가치관이 맞는가? 약속보다는 행동이 더 많은 것을 알려준다. 네 가지 유형의 신뢰를 이용해 내가 왜 이

신뢰의 네 가지 유형

능력	보살핌
내 문제를 해결하는 데 적합한 기술을 가지고 있다. 자기 영역의 전문가 내지는 권위자다.	나의 성공이 아니라 나의 행복과 건강을 걱정하며 나에게 최선인 것을 바란다.
일관성	**인성**
내가 필요로 할 때 연락이 닿고, 자리를 지키며, 믿을 만하다.	확실한 도덕적 잣대와 타협하지 않는 가치관을 가지고 있다.

사람에게 끌리는지, 우리가 친구, 동료, 애인으로 통할 수 있을지 알아보라. 이렇게 자문해 보라. '이 관계를 유지하고 있는 나의 진짜 의도는 무엇인가?'

네 가지 유형의 신뢰는 우리가 본능적으로 필요로 하는 기본적 자질처럼 보인다. 그러나 나를 아끼는 사람이 모든 분야에서 유능하고, 최고의 인성에, 바쁘지 않아서 나를 살뜰히 챙길 수는 없다. 내 인생에서 가장 중요한 두 사람은 스와미(내 스승님)와 어머니다. 스와미는 내가 영적으로 누군가가 필요할 때 늘 찾는 사람이다. 나는 그의 인성을 절대적으로 신뢰한다. 하지만 내가 스와미에게 액센추어를 떠나서 미디어 쪽으로 가고 싶다고 하자 이렇게 말했다.

"무슨 일을 하셔야 하는지 전혀 모르겠습니다." 그는 내가 가장 소중하게 생각하는 조언자 중 한 사람이지만, 나의 커리어를 두고 그가 조언을 줄 거라고 기대한 것은 바보 같은 생각이었다. 또한 그는 조언할 것이 있는 척하지 않을 만큼 현명한 사람이었다. 어머니도 내가 커리어에 관해 물어보기에 최선인 사람은 아니다. 어머니의 가장 큰 걱정은 내 행복과 건강이다. 내 기분은 어떤지, 잘 먹고 다니는지, 잠은 충분히 자는지 어머니는 항상 염려한다. 어머니는 보살핌과 일관성을 언제든 보여주겠지만 회사 경영에 관해 조언할 일은 없다. 어머니가 내 삶의 모든 측면을 걱정해 주지 않는다고 해서 어머니에게 화가 날 필요도 없다. 그럴 시간과 에너지, 관심, 고통을 줄이고, 그저 어머니가 내게 주시는 것에 감사해야 한다.

우리는 모든 사람이 완전체여서 내가 바라는 모든 것을 그 사람이 주기를 바라는 경향이 있다. 이는 불가능할 만큼 기준이 높은 것이다. 그런 사람을 찾는 것은 내가 그런 사람이 되는 것만큼이나 어려운 일이다. 네 가지 유형의 신뢰는 우리가 상대에게 무엇을 기대할 수 있고, 무엇을 기대하면 안 되는지 알려준다. 심지어 배우자라고 해도 보살핌, 인성, 능력, 일관성을 모든 경우에 모든 방식으로 제공할 수는 없다. 보살핌과 인성까지는 몰라도 모든 분야에 유능한 사람은 없다. 배우자가 믿을 만한 사람일 수는 있어도, 늘 내가 원하는 방식으로 연락이 닿을 수는 없다. 배우자가 내 모든 것이 되어 '나를 온전하게 만들어주길' 기대하지만, 그처럼 깊고 평생 지속되는 결합에서도 내 모든 것이 될 수 있는 사람은 나뿐이다.

가족도 아니고 그 어떤 식으로도 연결되지 않는 사람들과 함께 아슈람에 있다 보니, 우리는 현실적인 관점을 갖게 되었다. 그곳에서는 누구도 모든 역할을 할 수는 없다는 게 분명했고, 또 당연히 그래야 했다. 《사이콜로지 투데이Psychology Today》에 이라크 파병군의 리더십에 관한 현장 연구를 담은 흥미로운 논문이 실렸다. 논문을 쓴 심리학자 J. 패트릭 스위니J. Patrick Sweeney 대령은 우리의 네 가지 유형과 비슷한 '신뢰의 3C'를 발견했다. 능력competence, 보살핌caring, 인성character이 그것이다. 차이점은 병사들이 리더를 신뢰하려면 세 가지 자질이 모두 필요하다는 사실이었다. 군인과 승려 모두 루틴과 원칙을 고수한다. 다만 승려들은 리더를 따르는 것도 아니고 목숨이 위태로운 상황도 아니다. 인간관계에 관해 수도자들처럼 생각하려면 네 가지 신뢰 요소를 모두 찾을 것이 아니라 현실적인 기대치를 설정해야 한다. 내가 상대에게 바라는 것이 아니라 상대가 나에게 실제로 주는 것을 기초로 기대치를 설정해야 한다. 상대가 네 가지를 모두 가지고 있지 않더라도, 그들이 내 삶 속에 있으면 여전히 도움을 받을 수 있다는 사실을 깨달아라.

적어도 내가 상대에게 줄 수 있는 것에 주의를 기울여야 한다. 늘 이렇게 자문하는 습관을 들여라. '내가 먼저 줄 수 있는 건 뭘까? 어떻게 하면 내가 도움이 될까? 나는 친구인가, 동료인가, 학생인가? 네 가지 신뢰 요소 중에서 내가 이 사람에게 주는 것은 뭘까?' 내가 가진 강점에 맞게 행동하고, 스와미가 그랬던 것처럼 내 전문 분야가 아닌 영역에서는 전문성을 내세우지 않는다면, 더 의미 있는 관계를 형성할 수 있다.

위와 같은 연습은 사람들에게 꼬리표를 붙이기 위한 것이 아니다. 나는 꼬리표에 반대한다. 꼬리표는 삶의 수많은 빛깔을 흑백으로 축소하기 때문이다. 수도자들의 접근법은 평가 속에 갇히는 것이 아니라 의미를 찾고 필요한 것을 흡수하며 앞으로 나아가는 것이다.

직접 해보기: 나는 무엇을 신뢰할까?

내 삶의 일부인 사람을 세 명 골라라. 동료, 가족, 친구 각각 한 명 정도면 좋을 것이다. 이 사람들은 네 가지 유형의 신뢰 중 어느 것을 내 삶에 가져다주는지 판단하라. 그에 대해 감사하라. 고맙다고 말하라.

그러나 신뢰의 네 가지 유형이라는 필터를 사용해 보면, 복잡하고 혼란스러운 삶을 헤치고 나아갈 수 있을 만큼 내가 충분히 폭넓은 네트워크를 보유하고 있는지 판단이 서지 않는다.

네 가지 유형의 신뢰가 모두 있더라도, 각 카테고리 내에 여러 관점이 있다면 도움이 될 것이다. 어머니의 보살핌은 멘토의 보살핌과 같지 않다. 인성이 바른 사람 중에서도 누구는 연애에 훌륭한 조언을 주고, 또 다른 누구는 가족 문제에 조언을 줄 수 있다. 일관성이 있는 친구는 내가 이별했을 때 곁을 지켜주고, 또 다른 친구는 언제든지 신나는 하이킹을 함께 떠날 수도 있다.

나만의 가족을 만들어라

◆◆◆◆◆

다양한 의견을 접하고 싶다면 새로운 관계에 마음을 열어야 한다. 나이가 몇 살이든 더 성장하기 위해서는 내가 필요로 하는 것들을 가족이 다 해줄 수는 없음을 받아들여야 한다. 나를 키워준 사람들에게서 어떤 것은 얻을 수 있지만, 다른 것은 얻을 수 없다는 사실을 그만 인정해도 된다. 가족 중에 나에게 이롭지 못한 사람에게서 나를 보호해도 된다. 실은 이게 꼭 필요하다. 가족에게도 다른 모든 사람을 대할 때와 똑같은 기준을 가져야 하고, 관계가 우려스럽다면 그들을 멀리서 사랑하고 존중하면서, 내가 필요로 하는 가족을 더 넓은 세상에서 구할 수도 있다. 가족에게 소홀하라는 말이 아니다. 그러나 나에게는 친구와 가족이 있다는 사실을 인정하고, 가족이 된 친구도 있을 때 용서와 감사의 마음이 더 쉽게 찾아온다. 가족이 내 삶을 힘겹게 만들고 있을 때, 내가 인류 전체와 연결되어 있다고 느낄 수 있다면 치유의 효과를 기대할 수 있다.

인류라는 가족

◆◆◆◆◆

내가 아슈람에 들어갔을 때처럼 새로운 커뮤니티에 들어갈 때 우리는 '백지'를 들고 있다. 가족이나 친구 사이에 이미 만들어진 기대치는 아무것도 없다. 아무도 나와 과거를 공유하지 않을 가능성이 크다. 이런 상황에서는 대부분 '내 사람'을 찾으려고 서두른다. 그러나 아슈람은 나에게 다른 길을 열어주었다. 나는 가족을 본뜬, 편안하고 신뢰할 수 있는 소규모 집단을 만들 필요가 없었다. 아슈람에 있는 모든 사람이 내 가족이었다. 인도와 유럽 각지를 돌며 많은 사람과 소통하면서 나는 세상 모든 사람이 내 가족이라는 사실을 인식하기 시작했다. 마하트마 간디Mahatma Gandhi가 말한 것과 같았다. "최고의 길은 세상과 친구가 되어 인간이라는 가족 전체를 하나로 생각하는 것이다."

우리가 공부하고, 성장하고, 경험을 공유하기 위해 만드는 집단(가족, 학교, 교회 등)은 사람들을 카테고리로 나누게 한다. '이 사람들'이 같이 살 사람들이고, '이 사람들'이 함께 공부할 사람들이다. '이 사람들'이 함께 기도할 사람들이고, '이 사람들'이 서로 기꺼이 도움을 주고받을 사람들이다. 그러나 나는 이 범위에 딱 맞지 않는 사람이라고 해서 그의 의견이나 가치를 평가절하하고 싶지 않았다. 현실적인 한계를 제외하면 내 관심이나 보살핌, 도움을 받아야 할 사람은 따로 없었다.

세상 모든 사람을 매 순간 따로 생각할 게 아니라면, 모든 사람을 가족의 일원으로 보는 편이 더 쉽다. 장 도미닉 마르탱Jean Dominique Martin이 쓴 유명한 시의 한 구절이다.

"사람들은 이유가 있어서, 혹은 한철, 혹은 한평생 내 인생에 들어오네."

카테고리를 셋으로 나누는 것은 그 관계가 얼마나 오래 유지될 것인가를 기준으로 한다. 내 인생에 한 사람이 들어오는 것은 반가운 변화일 수 있다. 새로운 계절이 시작되듯이 신나고 마음을 사로잡는 에너지의 변화일 수 있다. 그러나 모든 계절이 그렇듯이 그 한철은 언젠가 끝난다. 또 다른 사람이 이유를 가지고 내 인생에 들어올 것이다. 내가 배우고 성장하는 것을 도와주기도 하고, 어려운 시기를 헤쳐나가도록 응원하기도 한다. 마치 어느 경험을 통과할 수 있게 나를 돕고 인도하라고 누군가 일부러 보낸 느낌이 들 정도다. 그 시기가 지나고 나면 내 삶에서 그 사람의 중심적인 역할은 줄어든다. 한편으로는 평생을 가는 사람들이 있다. 기쁠 때나 슬플 때나 내 옆을 지키며 내가 아무것도 해주지 않아도 나를 사랑해주는 사람들 말이다. 카테고리를 생각할 때면 사랑의 공동체를 염두에 두라. 사랑은 아무런 조건이 달리지 않은 선물이다. 그렇다면 모든 인간관계가 무한정 똑같은 힘을 견뎌내도록 설계되어 있지 않다는 사실도 알아야 한다. 사람에 따라, 시기에 따라 당신 역시 한철의 친구, 이유가 있는 친구, 평생 친구일 수 있다는 사실을 기억하라. 누군가의 삶에서 내가 차지하는 역할이 상대가 내 삶에서 차지하는 역할과 늘 일치하는 것은 아니다.

요즘 내가 지속적으로 가장 가깝게 지내는 소규모의 사람들이 있지만, 그렇다고 내가 모든 인류에게 느끼는 유대감이 바뀌는 것은 아니다. 여러분에게 눈에 보이는 사람들 이상을 보라고 말하고 싶다. 내가 편안하게 느끼는 영역을 넘어서 낯선 사람들, 내가 이해하지 못하는 사람들을 보라. 그들 모두와 친구가 될 필요는 없지만,

모든 사람을 동등하게 보라. 똑같은 영혼을 가지고 있고, 나의 지식과 경험을 다양하게 만들 수 있는 잠재력을 가진 사람들이라고 생각하라. 그들 모두가 당신이 관심을 가져야 할 사람들이다.

직접 해보기: 우정을 현실적으로 생각하라

1~2주간 사회생활을 하며 만난 사람들의 목록을 작성하라. 두 번째 칸에는 이 사람이 한철 친구인지, 이유가 있는 친구인지, 평생 친구인지 기록하라. 물론 내가 하지 말라고 했던 꼬리표 붙이기다. 우리는 사람들의 역할을 유동적으로 생각해야 한다. 현재 내 사회생활의 지형을 대략적으로 그려보면 내 주위에 사람들이 균형 있게 모여 있는지 알 수 있다. 나를 신나게 만들고, 응원해 주고, 장기적으로 나를 사랑해 주는 사람들 말이다. 세 번째 칸에는 각 인물에게 내가 어떤 역할을 할 수 있는지 기록한다. 나는 내가 받은 것을 상대에게 주고 있는가? 어느 부분에서 어떻게 하면 더 많은 걸 줄 수 있을까?

신뢰는 노력으로 얻는다

◆◆◆◆◆

어느 인간관계에 합리적인 기대치를 설정하고 나면, 신뢰를 구축하고 유지하기가 더 쉽다. 신뢰는 모든 인간관계의 중심이다. 신뢰란 상대가 나에게 정직할 것이고, 내가 잘되기를 마음으로 바랄 것이고, 약속과 비밀을 지킬 것이며, 앞으로도 그런 의도를 계속 가질 거라는 믿음이다. 그들이 늘 옳다거나 모든 난관을 완벽하게 처리할 거라고 말하지 않았다는 사실에 유의하기 바란다. 신뢰란 의도에 관한 것이지, 능력에 관한 것은 아니다.

중요한 사람이 나를 실망시키면 나의 신뢰에 입은 타격이 내 인간관계 전반에 파문을 일으킨다. 좋은 의도를 가진 사람들도 변하기 마련이고, 나와 같은 길을 가지는 않는다. 다른 사람들도 그들의 의도가 나와는 맞지 않다는 신호를 수없이 보내지만, 우리가 그 신호를 무시한다. 처음부터 믿지 말았어야 할 사람들도 있다. 타인의 행동은 늘 나의 통제를 벗어난다. 그렇다면 대체 어떻게 누군가를 신뢰할 수 있을까?

신뢰의 단계

◆◆◆◆◆◆

신뢰는 택시 기사에서 사업 파트너, 애인에 이르기까지 누구에게나 적용될 수 있다. 우리는 모든 사람을 똑같은 수준으로 신뢰하지는 않는다. 내가 누군가를 얼마나 깊이 신뢰하는지, 그 사람이 실제로 그 정도 수준의 신뢰를 받을 만한지 주의 깊게 생각해야 한다.

미국 최고의 결혼생활 전문가인 존 가트맨John Gottman 박사는 갈등이 있을 때, 부부가 그것을 해결하지 않고 꼼짝 못 하는 이유가 무엇인지 알고 싶었다. 그는 다양한 사회경제적 배경과 인종, 민족적 배경을 가진 전국의 부부를 조사했다. 그중에는 신혼부부도 있었고, 곧 자녀가 태어나는 부부, 배우자가 파병을 간 부부도 있었다. 전반적으로 부부들에게 가장 중요한 문제는 신뢰와 배신이었다. 부부들은 조금씩 다른 언어를 사용해서 문제를 설명했지만, 중심이 되는 문제는 언제나 같았다. 당신이 의리를 지킬 거라고 신뢰할 수 있는가? 당신이 집안일을 도와줄 거라고 내가 신뢰할 수 있는가? 당신이 내 말을 들어주고, 필요할 때 곁에 있어줄 거라고 신뢰할 수 있는가?

부부가 신뢰를 가장 중시하는 데는 그럴 만한 이유가 있었다. 벨라 드파울루Bella DePaulo 박사의 연구에 따르면, 사람들이 대화할 때 다섯 번 중에 한 번은 정직하지 않다고 한다. 대학생 77명과 일반인 70명을 대상으로 일주일 동안 어떤 식으로든 사람들과 교류한 내용을 추적했다. 참가자들은 대화 내용을 기록하고 내가 몇 번이나 거짓말을 했는지 적었다. 이 글을 읽는 당신이 무슨 생각을 하는지 안다. 이들이 거짓말을 두고 또 거짓말을 했다면 어쩔 것인가?

연구팀은 정직한 답변을 유도하기 위해 이 연구는 비난하려는 의도가 아니며, 여러분의 답변이 거짓말에 대한 근본적 의문을 해결하는 데 도움이 될 거라고 알려주었다. 이 실험이 스스로를 더 잘 알 기회가 될 거라고 설명했다. 결과를 보니 대학생들은 세 번에 한 번 정도 거짓말을 했다고 말했고, 일반인들은 다섯 번에 한 번 정도 거짓말을 했다고 말했다. 그러니 신뢰와 관련해 많은 사람이 문제를 겪는 것은 전혀 놀랄 일이 아니다.

앞서 자존심을 이야기할 때 상대에게 깊은 인상을 주려고, 나를 실제보다 '더 좋게' 보이려고 거짓말을 한다고 했다. 그런데 그 거짓말이 발각되면 두 사람 모두 배신감으로 인해 더 큰 상처를 입게 된다. 처음부터 신뢰의 씨앗이 제대로 뿌려지지 않으면 불신과 배신이라는 잡초가 자란다.

우리는 언제 어떤 식으로 신뢰해야 하는지 주의하지 않는다. 남을 너무 쉽게 신뢰하거나 모두를 신뢰하지 않는 식이다. 이 두 극단은 모두 우리에게 도움이 되지 않는다. 모두를 신뢰했다가는 기만당하고 실망하기 쉽다. 아무도 신뢰하지 않는다면 의심만 남고 혼자가 될 것이다. 신뢰의 수준은 그 사람에 대한 경험과 직접적으로 일치해야 하며, 네 가지 단계로 성장한다.

중립적 신뢰. 처음 만나면 상대를 신뢰하지 않는 게 정상이다. 상대가 재미있고, 매력적이고 함께 있으면 즐거운 사람일 수도 있다. 그러나 이런 긍정적 자질이 곧 신뢰가 되는 것은 아니다. 그저 새로 알게 된 사람을 멋있다고 생각한다는 의미다. 우리는 신뢰와 호감을 뒤섞는 경향이 있다. 전문가 증인에 대한 배심원들의 인식을 조사한 연구에 따르면, 배심원들은 호감이 간다고 판단한 전문가 증인을 더 믿을 만하다고 평가했다.

우리는 또한 매력적이라고 느끼는 사람을 신뢰하는 경향도 있다. 『표지만 보고 책 판단하기Judging a Book by Its Cover』의 공동 저자인 릭 윌슨Rick Wilson은 이렇게 말한다. "우리가 발견한바, 매력적인 사람들은 '미모 가산점'을 받았다. 이들은 더 높은 신뢰 점수를 받았다. 그러나 매력적인 사람이 기대치에 부응하지 못하면 '미모 벌점'도 있다는 사실을 발견했다." 호감이나 매력을 신뢰와 동일시한다면 엄청나게 실망할 준비를 하는 것이나 마찬가지다. 잘못된 이유로 누군가를 신뢰하거나 맹목적으로 신뢰하기보다는 중립적인 신뢰를 갖는 편이 낫다.

계약적 신뢰. '충동적 삶의 모드'를 뜻하는 '라자스'에서 계약적 신뢰라는 신뢰 수준을 끌어냈다. 라자스 상태에 있는 사람은 단기적으로 원하는 결과를 얻는 데 초점을 맞춘다. 계약적 신뢰는 인간관계의 주고받기 같은 것이다. 계약적 신뢰는 이렇게 말한다. '내가 저녁 비용을 내고 네가 갚겠다고 약속하면, 나는 네가 약속을 지킬 거라고 믿어.' 계획을 세우면 상대가 나타날 거라고 믿을 수 있다. 그 이상의 기대치는 없다. 계약적 신뢰는 유용하다. 우리는 우연히 마주치는 사람 대다수와 계약적 신뢰를 공유한다. 그러면서도 암묵적으로 상대가 나를 신뢰하기를 기대한다. 마음속으로 더 깊은 관계를 바랄 수도 있지만 조심해야 한다. 나에게 계약적 신뢰만을 보여주는 사람에게 더 많은 것을 기대하는 것은 성급한 태도이고, 최악의 경우에 위험할 수도 있다.

상호 신뢰. 누군가를 도와주면 계약적 신뢰가 한 단계 더 높은 수준으로 올라간다. 알 수는 없지만, 미래의 어느 시점엔가 어떤 식으로든 상대가 나에게 똑같이 해줄 가능성이 매우 크다고 기대하기 때문이다. 계약적 신뢰는 쌍방이 미리 동의한 특정한 교환관계에 의존하는 반면, 상호 신뢰는 그보다 훨씬 느슨하다. 상호 신뢰는 선

신뢰의 단계

중립적 신뢰
- 긍정적 자질이 있으나 신뢰할 정도는 아니다.

계약적 신뢰
- 네가 내 등을 긁어주면 나도 네 등을 긁어줄게!

상호 신뢰
- 도움을 주고받는다. 미래에도 서로 필요로 할 때 곁에
  있을 것임을 알고 있다.

순수한 신뢰
- 무슨 일이 있어도 서로를 지켜줄 것이다.

의의 모드인 '사트바'에서 나온다. 사트바 상태에서 우리는 선의와 긍정적 생각, 평화를 바라는 마음에서 비롯된 행동을 한다. 누구나 이 수준의 신뢰에 도달하기를 바라며, 좋은 우정은 보통 이 수준에 도달한다.

순수한 신뢰. 신뢰의 가장 높은 수준은 순수한 선의다. 순수한 신뢰가 있을 때는 무슨 일이 있어도 상대가 나를 지켜주고 나도 상대를 지켜줄 것을 안다. 대학 농구 코치였던 돈 마이어Don Meyer는 팀원들에게 종이를 한 장씩 나눠주고 본인의 '참호'를 나타내는 동그

라미를 그리게 했다. 동그라미 위에 자신의 이름을 쓰고 좌, 우, 뒤에는 선을 그은 다음, 각 선 위에 참호에 함께 들어가고 싶은 팀원의 이름을 써야 했다. 팀원들에게 가장 자주 이름이 선택된 사람이 해당 팀의 자연스러운 리더였다. 참호에 함께 들어갈 사람은 현명하게 골라야 한다.

만약에 수준별로 내가 신뢰하는 사람의 수를 그래프로 그린다면, 아마 피라미드 모양이 나올 것이다. 많은 사람이 중립적 신뢰에 속하고, 계약적 신뢰에 속하는 사람은 그보다 적고, 가까운 사람들이 상호 신뢰에 속해 있을 테고, 최고 수준인 순수한 신뢰에 속하는 사람은 손에 꼽을 것이다.

당신이 그린 피라미드가 아무리 불만족스럽더라도, 이유 없이 신뢰 수준을 높이지는 마라. 그렇게 높인 사람들은 오직 실망만을 안겨줄 것이다. 가장 큰 실수는 모든 사람이 나와 같은 원리로 행동할 거라고 생각하는 것이다. 우리는 내가 귀하게 여기는 것을 타인도 귀하게 여길 거라 생각한다. 우리는 인간관계에서 내가 바라는 것을 타인도 바랄 거라 생각한다. 우리는 누가 "사랑해"라고 말하면 내가 "사랑해"라고 말할 때와 똑같은 의미일 거라 생각한다. 그러나 모든 사람이 나의 반영이라 생각한다면 사물을 있는 그대로 볼 수 없다. 우리는 '내 모습'에 맞춰서 사물을 본다.

상호 신뢰에는 인내와 헌신이 필요하다. 상호 신뢰는 상대가 나와 분리되어 있고 나와는 다른 식으로 세상을 봄에도, 바로 그 때문에 상대에 대한 진정한 이해를 바탕으로 세워진다. 섣부른 추정을 하지 않고 한발 뒤로 물러날 방법은 상대의 말과 행동을 면밀히 관찰하는 것이다. 상대가 나에 대한 그의 신뢰 수준을 보여주면 그때 상대를 믿어라.

내가 믿을 수 있는 사람들에게 감사하는 마음을 갖고, 나를 믿어주는 사람들에게 영광이라고 생각하길 바란다. 누군가에게 중립적 신뢰가 생긴다면 그 또한 멋진 것이다. 사람들을 있는 그대로 받아들이고, 그들도 성장할 기회, 더 훌륭한 사람임을 증명할 기회를 줘라. 신뢰가 자연스럽게 진화하도록 내버려두어야 장기적인 신뢰를 형성할 수 있다.

신뢰는 매일의 습관이다

◆◆◆◆◆

인간관계를 맺을 때 "나는 이 사람을 확실히 알고, 저 사람도 나를 확실히 알아"라고 말할 수 있는 지점까지 가는 경우는 드물다. 계속해서 접근하지만 절대로 선에 닿지는 않는 곡선처럼 "영원토록 나는 이 사람을 온전히 신뢰하고, 이 사람도 나를 온전히 신뢰해"라고 말할 수 있는 지점은 절대 오지 않는다. 신뢰는 크고 작은 방식으로 늘 위협받기 때문에, 매일 강화하고 재건해야 한다.

다음과 같은 방식으로 신뢰를 구축하고 강화하라.

- 약속하고 지켜라(계약적 신뢰).

- 아끼는 사람에게 진심 어린 칭찬과 건설적 비판을 하라. 그들을 응원하려고 의식적으로 노력하라(상호 신뢰).

- 상대가 나쁜 곳에 있고, 실수했고, 상당한 시간이 소요되는 도움이 필요할 때도 곁을 지켜라(순수한 신뢰).

의도적으로 사랑하는 삶

◆◆◆◆◆

이제 사람들이 내 삶에서 차지하는 역할을 평가할 도구가 생겼으니, 기존의 관계는 더 깊게 만들고 새로운 관계는 더 튼튼하게 구축하는 방법을 알아보기로 하자. 승려들은 전통적인 가족의 역할을 놓아주었기 때문에 인류와 나와의 관계를 확장할 수 있다. 마찬가지로 독신의 삶은 연애 관계에 소모되는 에너지와 관심을 놓아준다. 여러분이 이 책을 던져버리기 전에 말하자면, 나는 승려가 아닌 사람들에게 수도자와 같은 금욕주의를 추천하지 않는다. 금욕주의는 극단적인 결의의 방식이고, 모든 사람에게 필수라고 말하기는 힘들다. 하지만 내 경우에는 그게 내가 베풀고 싶어 한다는 사실을 깨닫게 해주었다. 내가 해봤으니 여러분은 하지 않아도 되는 걸로 하자(물론 농담이다).

금주는 나에게 쉬웠다. 도박하지 않는 것? 애초에 나는 도박을 별로 하지 않았다. 나는 열여섯 살 때부터 고기를 먹지 않았다. 나로서는 연애를 포기하는 게 가장 힘든 희생이었다. 말도 안 되는 것처럼 들리기도 했고, 심지어 불가능해 보이기도 했다. 하지만 그 배경이 되는 목적이 무엇인지는 알고 있었다. 연애 관계를 유지하는 데 쏟는 노력과 에너지를 절약해서 나 자신과의 관계를 구축하기 위한 것이었다. 설탕을 포기하라는 말이 짜증스럽게 들린다는 것과 같다. 제정신을 가진 사람 중에 누가 과연 아이스크림을 포기하려 할까? 하지만 거기에는 훌륭한 이유가 있다는 걸 우리는 모두 알고 있다. 건강하게 오래 산다는 것 말이다. 당시 내가 승려들을 보니 그들이 무언가를 제대로 하고 있다는 것은 알 수 있었다. '세상에서 가장 행복한 사람' 마티유 리카르를 기억할 것이다. 내가 만난 스님들은 하나같이 젊고 아주 행복해 보였다. 연애는 나에게 온전한 행복을 가져다주지 않았기에 나는 기꺼이 자제력과 규율을 실험해 볼 요량이었다.

내가 승려가 되었을 때 대학 동창이 이렇게 물었다. "이제 우리는 무슨 얘기를 하지? 여자애들 얘기밖에 한 게 없잖아." 맞는 말이었다. 내 인생의 너무 많은 부분이 연애 관계를 헤쳐나가는 데 매몰되어 있었다. 우리가 연애에 관한 시트콤과 영화를 수없이 많이 보는 데는 이유가 있다. 끝도 없이 재미있기 때문이다. 그러나 재미있는 것들이 으레 그렇듯이, 연애는 중요한 문제로부터 시간을 너무 많이 뺏어간다. 내가 3년간 아슈람에 있지 않고 데이트를 하거나 진지한 연애를 하고 있었다면 나는 결코 내가 누구인지를 이해하고, 강점이 뭔지 아는 지금의 내가 되지 못했을 것이다.

산스크리트어로 승려는 '브라마차리아brahmacharya'라고 한다. 직역하면 '에너지를 바르게 사용한다'는 뜻이다. 데이트의 세계에서는 바에 들어가면 주위를 둘러보며 누가 매력적인지 살핀다. 혹은 온라인으로 잠재적 연애 상대들의 사진을 휙휙 넘기면서, 내가 짝을 만나려고 얼마나 많은 시간을 쓰고 있는지는 생각조차 하지 않는다. 그러나 나 자신을 위해 그 시간을 되돌릴 수 있다고 한번 생각해 보라. 지금까지 성공하지 못한 관계에 투자한 모든 걸 회수할 수 있다고 상상해 보라. 그 관심과 집중력을 창의성, 우정, 성찰, 근면 성실에 사용할 수 있을 것이다. 그렇다고 실패한 연애가 모두 시간 낭비라는 뜻은 아니다. 정반대로 우리는 실수에서 무언가를 배운다. 그러나 연애를 둘러싼 시간을 생각해 보라. 문자를 기다리고, 상대가 나를 좋아할까 궁금해하고, 누군가를 내가 원하는 사람으로 바꾸려고 시도하는 시간 말이다. 우리가 나 자신의 필요와 기대치에 신중하다면 시간과 에너지를 훨씬 더 잘 사용할 수 있을 것이다.

성적 에너지에 쾌락만 있는 것은 아니다. 성적 에너지는 신성한 것이기도 하다. 성적 에너지가 있어야 아이가 탄생한다. 성적 에너지를 잘 활용하면 내 안에서 무엇을 만들어낼 수 있을지 한번 상상해 보라. 성교육 전문가 맬라 매드런Mala Madrone은 이렇게 말한다.

"의식적 선택에 따른 금욕은 나 자신의 에너지를 활용하고, 생명 에너지의 힘을 이용할 수 있는 강력한 방법이다. 또한 우리의 직관을 강화하고 한계를 분명히 하며 성관계의 진정한 의미를 이해하는 데 도움을 줄 수 있다. 내 삶이, 그리고 내 몸이 진정으로 환영하는 접촉과 교류가 어떤 것인지 알아내는 데 도움이 될 수 있다."

그러나 다른 누군가의 이상에 나를 끼워 맞추거나, 상대가 원한다고 생각되는 모습으로 나를 바꾸거나, 상대가 바람을 피우는 것은 아닌지 의심하는 데 에너지를 사용한다면, 그것은 에너지 낭비다. 데이트하려면 너무 많은 불안과 부정적인 생각이 따르고, '딱 맞는 사람'을 찾아야 한다는 압박감도 심하다. 과연 내가 누군가와 정착할 준비가 되었는가 하는 문제는 차치하더라도 말이다.

연애할 필요가 없게 되니, 나는 누군가의 남자 친구가 되거나 멋있게 보이거나 여성들이 나를 생각하게 만들거나 내 정욕을 채우려고 노력할 필요가 없었다. 여성인 친구들, 모든 친구와의 관계가 더 깊어지는 것을 발견했다. 그들의 영혼을 위해 물리적, 정신적으로 더 많은 공간과 에너지를 내줄 수 있었다. 내가 가진 시간과 관심을 더 유용하게 사용하고 있었다.

다시 말하지만, 여러분에게 섹스를 포기하라는 말이 아니다. 하지만 커리어와 친구, 마음의 평화에 집중할 수 있게 스스로 싱글이 되는 것을 허락하면 어떨까? 철학자이자 성직자였던 폴 틸리히Paul Tillich는 이렇게 말했다. "언어는 혼자인 인간의 양면성을 잘 파악했다. 언어는 혼자라는 고통을 표현하기 위해 '외로움'이라는 단어를 만들었고, 혼자라는 영광을 표현하기 위해 '고독'이라는 단어를 만들었다."

나는 3년을 승려로 보내며 자각을 키웠고, 그 끝에 관계에 대한 제대로 된 질문을 할 수 있었다. 깨어 있는 나의 모든 시간을 사트바(선의의 모드)로 보내지는 않았을지 몰라도, 내가 있고 싶은 상태가 무엇이고, 그게 어떤 느낌인지는 알게 되었다. 나는 내가 데이트하고 싶은 사람이 될 기회를 얻었다. 타인이 나를 행복하게 해주기를 바라는 것이 아니라 나 스스로 그런 사람이 될 수 있었다.

매력 대 관계

◆ ◆ ◆ ◆ ◆

의도적인 생각과 행동이 증가하면 애초에 내가 왜 사람들에게 끌리는지, 그 이유가 내 가치관을 뒷받침하는지 평가할 수 있는 또렷한 시각이 생긴다. 관계에는 다섯 가지 주요 동기가 있다. 이 동기들은 꼭 연애 관계에만 해당되는 것은 아니다.

1. **육체적 매력.** 상대의 겉모습을 좋아하는 경우. 상대의 외모, 스타일, 존재감에 끌리거나 상대와 함께 있는 것을 타인이 보기를 바란다.
2. **물질적 매력.** 상대의 업적과 권력, 이를 통해 상대가 소유하게 된 것들을 좋아한다.
3. **지적 매력.** 상대의 생각을 좋아한다. 상대의 말과 생각에서 자극을 받는다.

4. **정서적 매력**. 서로 잘 통한다. 상대는 나의 감정을 이해하고 나의 행복감을 높인다.

5. **영적 매력**. 나의 가장 깊은 목표와 가치관을 공유한다.

내가 어디에 끌리는지 알면 내가 이 사람 전체에 매력을 느끼는지, 그저 일부에 매력을 느끼는지 분명히 알 수 있다. 내 경험으로는 사람들에게 타인의 어디에 매력을 느끼느냐고 물어보면, 가장 많이 언급되는 세 가지 자질 중 한두 개, 혹은 두세 개를 이야기한다. 외모, 성공, 지성이 그 세 가지다. 그런데 이 자질은 장기적이고 튼튼한 인간관계와 별 상관이 없다.

수도자들은 겉모습이 그 사람은 아니라고 생각한다. 몸은 영혼을 담는 그릇에 불과하다. 마찬가지로 사람들이 가진 것도 그들의 것이 아니며, 그 사람의 인성에 관해 말해주지 않는다! 누군가의 지성에 끌리더라도 그게 의미 있는 유대관계로 이어지리라는 보장은 없다. 세 가지 매력은 장기적이고 튼튼한 관계와는 상관이 없으나, 상대와 내가 얼마나 잘 맞는지를 보여주는 것은 사실이다. 반면에 마지막 두 가지, 즉 정서적 매력과 영적 매력은 더욱 심오하고 지속적인 관계를 알려준다. 이 두 가지는 두 사람이 서로 얼마나 통할 수 있는지 보여준다.

양보다 질

◆◆◆◆◆

우리가 관계 속에서 확장하고 받을 수 있는 에너지라는 것은 양이 아니라 질이 초점이다. 나는 죄책감을 느끼는 부모(보통은 엄마)가 장시간 일하는 바람에 자녀와 보낼 시간을 놓치는 게 미안하다고 얘기하는 것을 자주 듣는다. 어머니의 시간에 대한 최초의 대규모 연구 결과에 따르면, 중요한 것은 자녀와 보내는 시간의 양이 아니라 '질'이라고 한다. (가족들과 함께할 때는 전화기를 멀리 치워두라는 뜻이다.) 나는 아직 자녀가 없지만 내가 어릴 때 늘 엄마의 에너지를 느꼈던 것을 기억한다. 어머니가 나와 얼마나 많은 시간을 보내는지 세어본 적은 한 번도 없었다. 어머니는 워킹맘이었고, 어린 시절 나는 어린이집에 갔다. 어린이집에서 있었던 일은 기억 속에 단 하나도 남아 있지 않다. 어머니가 부재중이어서 괴로웠던 기억도 전혀 없다. 그렇지만 어머니가 나를 데리러 왔던 것은 분명히 기억한다. 어머니는 언제나 미소 지으며 오늘 하루는 어땠는지 내게 물었다.

이는 모든 인간관계에서 마찬가지다. 당신이 전화기를 보고 있는데 당신과 함께 저녁을 먹고 싶은 사람은 없다. 이게 바로 우리가 시간과 에너지를 혼동하는 부분이다. 누군가와 한 시간을 보내면서 10분 분량의 에너지만 줄 수도 있다. 나는 가족과 많은 시간을 보내지는 못하지만, 가족들과 함께 있을 때는 백 퍼센트 집중한다. 주말 내내 딴생각을 하며 가족들에게 내 에너지의 일부만 주는 것보다는 차라리 두 시간을 함께하더라도 온전히 집중하며 보내고 싶다.

수도자들은 그 순간에 집중하고 주의를 기울이는 것으로 사랑을 보여준다. 아슈람에서는 보살핌이나 참여를 판단할 때 투자한 시간을 믿을 만한 척도로 생각하는 법이 없다. 앞서 이야기했듯이 명상이 끝나고 나면 몇 시간 명상했냐고 묻는 사람은 없다. 얼마나 깊이 명상했는지를 묻는다. 매일 저녁 식사를 함께할 수 있다면 좋은 일이다. 그러나 대화의 질은 어떠한가? 수도자들처럼 생각하라. 시간을 관리하지 말고, 에너지를 관리하라. 당신은 누군가에게 온전히 집중하고 온전한 주의를 기울이고 있는가?

직접 해보기: 주의력 도둑에게는 수갑을 채워라

우리는 주의력과의 전쟁에서 지고 있다. 승자는 각종 화면이다. 일정 시간 동안 다른 사람에게 나의 주의를 온전히 쏟을 유일한 방법은 화면들을 끄는 것이다. 내 삶에 중요한 누군가에게 마땅히 그가 받아야 할 관심을 쏟고 싶다면, 그들과 마주 앉을 때는 전화기, 노트북, 컴퓨터, TV에 관한 규칙을 세워라. 다른 곳에 주의를 빼앗기지 않고 함께 질 높은 시간을 보낼 활동을 골라라. 전화기를 끄거나 다른 방에 놓거나 집에 두고 나오기로 약속하라. 처음에는 쉽지 않을 수 있다. 대화는 진전이 없고, 나와 연락이 되지 않은 친구나 동료는 실망할 수도 있다. 그러나 이렇게 경계선을 정해놓으면 양방향으로 새로운 기대치가 정립될 것이다. 대화가 끊기더라도 어색하지 않을 테고, 친구나 동료들은 내가 일주일 내내 연락이 닿는 사람은 아니라는 것을 받아들일 것이다.

사랑의 여섯 가지 교환 방법

◆◆◆◆◆◆

대개의 커플은 마주 앉아 목록을 작성하며 서로 가치관을 공유하는지 대조하지 않는다. 그러나 나에 대해 분명하게 알게 되면 타인과의 관계도 좀 더 의도적인 방식을 취할 수 있다. 『우파데샴타 Upadesamrta』에는 유대감을 증진하고 함께 성장할 수 있는 여섯 가지 사랑의 교환 방법이 나온다. (교환의 유형은 세 가지인데, 유형마다 주는 것과 받는 것이 있어서 총 여섯 가지가 된다.) 이 방법들은 관용과 감사, 봉사에 기초한 관계를 구축하게 한다.

선물. 대가 없이 무언가를 베풀고 뭐가 되었든 돌아오는 대로 받는 것이다. 이는 당연하고, 심지어 물질적으로 보일 수도 있다. 우리는 돈을 주고 남의 애정을 사고 싶지 않다. 그러나 의도를 가지고 남에게 베푼다는 게 무슨 뜻일지 한번 생각해 보라. 밸런타인데이에 배우자를 위해 꽃을 사는가? 아주 전형적인 행위다. 그게 내 배우자를 가장 기쁘게 하는 일일지 생각해 보라. 꽃을 사는 게 맞다면, 오늘을 위해 6개월 전에 배우자와 함께 꽃 가게 옆을 지나면서 배우자의 취향을 알아냈는가, 아니면 배우자의 가장 친한 친구에게 문자 메시지를 보내 몰래 물어보았는가? (두 가지 모두 온라인으로 장미를 주문하는 것보다 훨씬 더 많은 의도가 수반된 행동이다. 물론 온라인 주문도 밸런타인데이 자체를 완전히 잊어버리는 것보다는 훨씬 훌륭하다!) 밸런타인데이가 내 사랑을 표현하기에 최선인 순간인가, 아니면 상대가 예상치 못한 어떤 행위가 더 큰 의미가 있을까? 아픈 친구가 정말로

여섯 가지 사랑의 교환 방법

① 의도를 가지고 준다
② 감사하는 마음으로 받는다

③ 비난 없이 듣는다
④ 나를 드러내며 이야기한다

⑤ 특별한 목적 없이 준비한다
⑥ 집중해서 받는다

좋아할 만한 일이 무엇인지 시간 내서 고민해 본 적이 있는가? 어쩌면 친구는 어떤 물건이 아니라 우리의 행동이나 봉사, 즉 우리의 시간을 더 좋아할지도 모른다. 친구의 차를 청소해 주고, 이벤트를 열어주고, 꼭 해야 할 일을 도와주고, 아름다운 장소에 데려다주는 것처럼 말이다.

선물을 받을 때도 똑같은 세심함을 발휘할 수 있다. 나는 이 선물에 들어간 노력을 감사하게 생각하는가? 선물을 준 사람이 무슨 뜻으로 선물을 주었는지 알고 있는가?

대화. 상대의 말을 들어주는 것은 가장 세심한 선물 중 하나다. 우리가 다른 사람의 경험에 관심이 있다는 사실을 이보다 잘 보여줄 방법은 없다. 의도적으로 듣는다는 것은 말 뒤에 숨은 감정을 찾고, 더 잘 이해하기 위해 질문하고, 새로 알게 된 내용을 이미 알고 있는 사항에 덧붙이고, 이 사람이 한 말을 기억하기 위해 최선을 다하고, 관련 있는 이야기에 계속 관심을 가진다는 얘기다. 이야기를 들어준다는 것은 신뢰 분위기를 조성해 상대가 안전하고 환영받는 기분을 느끼게 한다는 뜻도 된다.

내 생각, 꿈, 희망, 걱정을 공유하는 것도 중요하다. 나 자신을 노출하는 것은 신뢰를 보여주고 상대의 의견을 존중한다는 사실을 보여주는 하나의 방법이다. 그렇게 하면 상대도 나와 무엇을 함께 하든 내가 기존에 가지고 있던 경험이나 신념을 이해할 수 있다.

직접 해보기: 대화를 선물로 만들어라

자주 이렇게 대화한다면 이상적이겠지만, 의도를 가지고 집중해서 대화해보라. 친구, 친척, 배우자 등 나에게 중요한 누군가와 함께할 순간을 고른다. 식사나 산책도 좋다. 이때 휴대전화를 꺼라. 모든 초점을 상대에게 맞춰라. 특별한 목적 없이 호기심을 가져라. 주제가 떠오르지 않으면 상대에게 중요한 문제와 이어질 수 있는 포괄적인 질문을 하라. 요즘 고민이 뭐야? 그 친구랑 요즘 사이는 어때? 유심히 듣고 연관된 질문을 하라. 내 경험을 공유하되 대화를 내 쪽으로 돌리지 않도록 하라. 며칠 후 후속 이메일이나 문자를 보내라.

음식. 『우파데삼타』가 쓰인 시절과 지금은 세상이 많이 달라졌다. 그래서 나는 음식 교환이라는 말을 폭넓게 경험의 교환이라는 뜻으로 해석한다. 무엇이든 심신에 도움이 되는 보살핌과 봉사를 구체적으로 표현하는 일 말이다. 마사지를 해주거나 집에서 상대를 위해 편안한 공간을 만들어주거나 상대가 좋아하는 음악을 트는 것도 이에 해당할 것이다. 더 크게 보면 내 아내는 나와 함께 살기 위해서 사랑하는 가족을 떠나 뉴욕으로 왔다. 이는 말로 표현할 수 없을 만큼 나를 크게 도와준 보살핌과 배려의 표현이다. 뉴욕으로 온 뒤에 나는 아내가 커뮤니티를 찾을 수 있도록 다른 여성들에게 아내를 소개했다. 우리가 교환한 경험이 완벽하게 일치할 필요는 없었다. 우리는 상대에게 가장 필요한 것이 무엇일지 생각했다.

여섯 가지 사랑의 교환 방법은 아무 생각 없이 공허하게 진행될 수도 있고 진정한 깊이와 의미를 담을 수도 있다. 그러나 성공할 기회도 주지 않고 상대의 노력을 비난하지 마라. 상대의 마음을 읽을 수 있는 사람은 없다. 생일파티를 준비해 줬으면 하는 마음을 룸메이트나 배우자가 짐작하지 못한다고 해도 상대의 잘못은 아니다. 내가 원하는 것을 상대에게 분명하고 솔직하게 표현하라.

직접 해보기: 원하는 것을 요구하라

내 삶의 중요한 사람들에게 내가 어떤 식으로 사랑받고 싶은지 이야기하라. 내가 원하는 것을 말하지 않으면서 상대가 내 마음을 읽기를 바라고, 상대가 내 마음을 읽지 못했다는 이유로 비난한다. 이번 주에는 상대의 예측을 기다리지 말고 진심으로 도움을 요청해 보라.

1. 사랑하는 사람의 행동 중에 내가 불만이 있는 것을 생각해 보라. (그러나 상대의 잘못에 너무 완고해지지는 마라! 생각나는 게 없다면 좋은 신호이고, 이 연습은 건너뛰어라.)
2. 문제의 뿌리를 파고들어라. 진짜 불만은 무엇인가? 나의 욕구가 사랑의 교환 방식과 일치할 수도 있다. 더 많은 시간을 내서 공유하고 소통하기를 바라는가?(대화) 인정받지 못하는 기분인가?(선물) 더 많은 응원이 필요한가?(음식, 기타 배려와 베풂)
3. 비난하지 말고 또렷이 표현하라. "당신 이걸 잘못했어"라고 말하지 말고, "이렇게 해주면 내가 더 사랑받고 인정받는 기분이 들 것 같아"라고 말하라.

상대방에게 소통의 길을 열어주고, 상대방이 나를 더 쉽게 만족시켜 줄 것이다.

사랑의 준비

◆◆◆◆◆

여섯 가지 사랑의 교환 방법은 모든 가까운 관계의 기초가 된다. 그러나 우리는 '딱 맞는 그 한 사람'을 찾는다. 하버드 그랜트 연구 Harvard Grant Study는 하버드대학교 졸업생 268명의 삶을 75년간 추적 조사하면서 이들에 관한 막대한 양의 자료를 수집했다. 연구자들이 자료를 샅샅이 조사한 결과 참가자의 삶의 질을 안정적으로 예측할 수 있는 유일한 요소는 '사랑'이었다. 참가자들이 성공과 관련된 외부 지표(돈, 잘나가는 커리어, 훌륭한 건강 상태)를 아무리 많이 갖고 있어도, 사랑을 주고받는 인간관계가 없으면 행복하지 않았다.

　사람들은 저마다 다른 자각 수준에서 인간관계를 맺는다. 데이트 앱이 시키는 대로 내가 원하는 배우자의 특징을 목록으로(유머 감각, 자상함, 외모) 작성하지만, 정작 내가 정말로 원하는 것은 들여다보지 않는다. 나는 상대가 나를 어떤 식으로 좋아해 주기를 바라는가? 내가 사랑받는다는 느낌을 받을 방법은 무엇인가?

　『사랑 명상』에서 틱낫한은 이렇게 쓰고 있다. "우리가 누군가에게 홀딱 반하는 이유는 상대를 진정으로 이해하고 사랑해서가 아니라, 나의 고통에서 눈을 돌리기 위해서일 때가 있다. 나 자신을 이해하고 사랑하는 법을 배우고, 나에 대한 진정한 연민을 갖게 되면 진정으로 남을 이해하고 사랑할 수 있다." 아슈람에서 돌아온 후 나는 연애할 준비가 되어 있었다(몇몇 친구들이 생각했던 것처럼 내가 떠날 당시에는 그렇지 않았다). 내가 상대에게 원하는 게 무엇인지 방향을 알려준 것은 나에 대한 지식이었다. 나는 나를 보완해 줄 수 있는 것과 그렇지 않은 게 뭔지 알고 있었다. 내 삶에 필요한 것은 무엇이고, 내가 주어야 하는 것은 무엇인지 알고 있었다. 올바른 연애 상대를 찾을 능력이 진화한 것은 내가 진화했기 때문이다.

　내 아내가 된 라디 데블루키아Radhi Devlukia 역시 자기 자신에 대해 이런 지식을 가지고 있었다. 나와 같은 여정을 밟지 않았어도 아내는 자신이 높은 도덕성과 가치관을 가진, 영적으로 소통할 수 있는 사람과 함께하고자 한다는 사실을 알고 있었다. 아내는 내가 없었어도 충분히 잘 지냈으리라 생각한다. 우리 사이가 진지해지기 전에 내가 나에 관해 공부하는 시간을 갖지 않았더라면, 아내는 지금과 달리 많은 고통을 겪었을 것이다.

영국 밴드 매시브 어택Massive Attack에 따르면, 사랑은 동사다. 영화 「댄 인 러브」는 사랑도 능력이라고 말한다. 달라이 라마는 이렇게 말했다. "사랑은 판단하지 않는 것이다." 사랑은 또한 끈기 있고 친절하다. 그리고 우리에게 필요한 것은 오직 사랑뿐이다. 우리 문화 속에는 사랑에 대한 정의가 너무나 많아 약간은 혼란스러운 것도 사실이다. 나 역시 런던에서 다시 첫 데이트에 나섰을 때는 승려로서의 많은 경험(자기 탐구, 의도, 연민)에도 불구하고 혼란스러웠다.

내가 그녀를 좋아하고 있다는 사실을 알았다. 내가 대학 시절 시작한 '소리 내어 생각하라' 모임은 내가 떠나고 몇 년이 지난 후에도 여전히 건재했다. 나는 그들과 계속 연락했고, 런던에 돌아온 후에는 그들을 만나 강연도 했다. 라디는 이 커뮤니티에 속해 있어서 내 강연에도 몇 번 참석하고 내 여동생과 잘 알고 지냈다. 나와 라디를 포함해 커뮤니티에 속해 있던 사람들이 힘을 합쳐 영국에서 인종차별주의에 반대하고, 학교 폭력을 예방하기 위한 자선 행사를 열었다. 이런 환경에서 라디를 만나다 보니 데이트 앱을 하거나 심지어 데이트를 몇 번 한 것보다 라디에 대해 더 많은 것을 알게 되었다. 라디는 함께 일하는 모든 사람을 존중했다. 그녀는 종종 흥미롭고 멋진 생각을 해냈다. 나는 라디가 어떤 사람인지 정말로 알 기회를 얻었다. 누구나 데이트하는 한 시간 정도는 온라인 프로필처럼 행동할 수 있다.

본인이 가진 최선의 모습을 보여줄 수도 있다. 하지만 그게 그림의 전부는 아니다.

나는 아직 정식 직업이 없었지만, 개인 교습으로 약간의 돈을 벌고 있었다. 한 달 치 수입을 저축해 두었던 나는 라디를 데리고 극장에 가서 「위키드」를 봤다. 그런 다음 로칸다 로카텔리라는 고급 레스토랑에 데려갔다. 내가 버는 돈에 비해 굉장히 비싼 곳이었다.

라디는 예의를 지켰지만 감동한 것 같지는 않았다. 나중에 라디는 이렇게 말했다. "그럴 필요 없었어요." 마트에 가서 여기저기 걸어 다니며 빵을 좀 샀더라면 이상적인 데이트였을 거라고 고백했다. 누가 그런 데이트를 바랄까?

세속으로 다시 돌아온 이후 나는 한 번도 연애를 한 적이 없었다. 영적인 나 자신과 옛날에 데이트하던 습관 사이에서 아직 타협을 보지 못한 상태였다. 양쪽 세상에 한 발씩 담그고 있는 기분이었다. 승려 교육에도 불구하고 나는 금세 다시 옛날의 연애 모드로 돌아갔다. 상대가 어떤 사람인지 자각을 키우는 것이 아니라 미디어, 영화, 음악이 상대가 이걸 바란다고 말해준 대로 하려고 했다. 나 자신도 선물이라든가 사랑을 화려하게 증명하는 것을 좋아했다. 한동안 나는 멍청하게도 라디에게 온갖 거창한 행동을 했다. 완전히 잘못 짚고 있었다. 라디는 그 어느 것에도 감동하지 않았다. 라디는 화려한 것을 좋아하는 사람이 아니었다. 아슈람에서 수년간을 지냈음에도 나는 여전히 라디가 뭘 좋아하는지 유심히 관찰하기보다는 외부의 영향력이나 나 자신의 취향에 휘둘렸다. 하지만 처음 몇 번의 실수 이후에는 그 사실을 파악할 수 있었고, 천만다행으로 라디는 나와 결혼해 주었다.

내가 원하는 게 뭔지 모르면 잘못된 신호를 내보내고 잘못된 사람들을 내 옆으로 끌어당길 수 있다. 자각이 없으면 잘못된 자질을 찾아다니고 잘못된 사람을 선택할 수 있다. 이 책에서 내내 이야기한 것이 바로 이런 작업이다. 나 자신을 이해할 때까지는 아직 사랑할 준비가 되지 않은 것이다.

우리는 같은 실수를 반복하면서 나와 맞지 않는 똑같은 유형의 배우자를 만나면서 나 자신이 아니라 상대를 탓한다. 이런 일이 생긴다면 그건 불운이 아니라, 내가 숙제를 해야 한다는 뜻이다. 수도자의 관점에서 보면 우리는 고통을 지고 있다. 우리는 그 고통을 완화해 줄 사람을 찾으려고 애쓰지만, 그 고통을 완화할 수 있는 사람은 나 자신뿐이다. 이 문제를 해결하지 못한다면 문제는 계속 남아서 의사결정에 개입한다. 문제가 되는 사람이 계속 나타난다는 사실은 나에게 해결되지 않은 문제점이 있다는 뜻이다. 내가 배워야 할 교훈을 배울 때까지 그런 사람들은 계속해서 나타날 것이다. 이얀라 반젠트Iyanla Vanzant(미국의 변호사이자 인생 코치 - 옮긴이)가 오프라 윈프리Oprah Winfrey에게 말했던 것처럼 말이다.

"과거의 상처를 치유하기 전까지는 계속해서 피를 흘릴 겁니다. 음식, 술, 약물, 일, 담배, 섹스로 피 나는 곳에 반창고를 붙일 수는 있겠지요. 하지만 피가 줄줄 새 나와서 당신 삶을 얼룩지게 할 겁니다. 용기 내서 상처를 열고 안쪽에 손을 집어넣어서 당신을 과거에, 기억에 붙잡아 두고 있는 그 고통의 실체를 끄집어내야 해요. 그 상처와 화해해야 합니다."

내 짐을 내려놓고 스스로를 (대부분) 치유하고 나면 기꺼이 베풀 수 있는 관계를 맺게 될 것이다. 상대가 내 문제를 해결해 주거나 내 구멍을 메워주기를 바라지 않을 것이다. 아무도 나를 완성해 줄 수 없다. 나는 절반이 아니다. 완벽한 사람이 될 필요는 없지만 베풀 수 있는 사람이 되어야 한다. 다른 사람의 진을 빼놓는 게 아니라 에너지를 채워주는 사람이 되어야 한다.

사랑을 죽이지 마라

◆◆◆◆◆

앞서 마음에 관해 이야기할 때 행복은 우리가 배우고, 발전하고, 성취할 때 온다고 했다. 그런데도 관계가 오래되면 우리는 처음 사랑에 빠졌던 허니문 단계를 그리워한다. 연애하면서 이렇게 말해본 적이 얼마나 많은가? "다시 저런 느낌을 느껴봤으면." "다시 저 시절로 돌아갈 수 있었으면." 그러나 똑같은 식당, 첫 키스를 했던 장소에 다시 가더라도 마법은 살아나지 않을 것이다. 많은 사람이 똑같은 경험을 재창조하는 데 너무나 중독된 나머지 새로운 경험이

쌓일 수 있는 공간을 만들지 않는다. 실제로 우리가 처음 연애를 시작할 때 했던 일은 에너지를 가지고 마음을 열고 '새로운' 추억을 만드는 것이었다. 사랑이 계속 살아 있으려면 새로운 추억을 더 많이 만들어야 한다. 계속해서 배우고 함께 성장해야 한다. 참신한 경험은 삶에 흥분을 가져다주고 유대감을 더 튼튼하게 만들어준다. 나는 커플이 함께할 수 있는 활동을 추천하지만, 그중에서 수도자의 원칙에서 따온, 내가 가장 좋아하는 것 몇 가지는 아래와 같다.

1. **오래된 것에서 새로움을 찾아라.** 내가 승려로 지낼 때 매일 가던 산책길에서 새로운 돌을 찾았던 이야기를 기억할 것이다. 여러분도 자신의 세상에서 눈을 더 크게 뜰 수 있다. 주중에 촛불이 있는 테이블에서 저녁 식사를 하라. 잠들기 전에 전화기를 보는 대신 서로에게 책을 읽어줘라. 함께 동네 산책을 하며 특정한 우편함을 찾거나 먼저 새를 발견하는 내기를 하라.

2. **시간을 함께 보낼 새로운 방법을 찾아라.** 심리학자 아서 애런 Arthur Aron의 연구에 따르면, 커플이 흥미진진한 활동을 함께하면 유대감이 강화된다고 한다. 아내와 나는 방 탈출 게임을 시작했다. 방 탈출 게임이란 두 사람이 한 방에 갇힌 채로 길을 찾아 나와야 하는 게임이다. 몇 가지 단서를 주면 여러 단계의 퍼즐을 함께 해결해야 한다. 말로만 들으면 약간 소름 끼칠지 몰라도 실제로는 아주 재밌다. 두 사람이 함께 무언가를 배우고, 실수도 함께 저지르게 된다. 두 사람 중에 특별히 경험이나 전문성을 더 많이 가진 사람이

없다면, 그 자체가 하나의 운동장이다. 커플로 함께 실험을 해보면 삶의 모든 영역에서 함께 성장하는 것을 느낄 수 있다. 스카이다이빙처럼 정말로 무서운 일이나 결코 편안하게 느낄 수 없는 분야의 일을 함께해 보는 것도 좋다. 자신의 두려움에 더 가까워질 때 얼마나 많은 이점이 있었는지 기억할 것이다. 함께 두려움을 체험하는 것은 더 깊은 두려움으로 들어가서, 그 두려움을 상대와 공유하고, 상대의 응원을 느끼고, 함께 두려움을 다른 것으로 바꿀 수 있는 방법이다.

3. **함께 봉사활동을 하라.** 봉사가 삶에 의미를 주는 것과 마찬가지로 배우자와 함께 봉사활동을 하면 관계에 의미를 더할 수 있다. 자선활동을 조직해도 좋고, 노숙자 식사 지원을 할 수도 있고, 무언가를 함께 가르칠 수도 있다. 승려로 지내면서 유대감을 가장 많이 경험한 것은 다 함께 참여하는 프로젝트를 통해서였다. 지독한 이틀간의 기차 여행을 하고, 함께 나무를 심고, 학교를 지었다. 당시 우리는 인간관계의 어려움에 초점을 맞추기보다 현실 생활의 문제에 공통의 시각을 갖게 되었다. 더 높은 목적과 연결되면서 감사함을 느꼈고, 그게 인간관계까지 연결되었다. 나는 자원봉사를 통해서 만난 커플들을 알고 있다. 잘 맞는 짝을 찾고 있다면 내 마음에 와 닿는 대의가 무엇인지 찾기 바란다. 자원봉사 활동을 통해서 만난다면 시작부터 매우 깊은 공통점을 가진 셈이고, 더 깊은 유대감을 형성할 가능성이 크다.

4. **함께 명상하라.** 방금 싸운 커플이 방에 들어오면 두 사람 사이

에 부정적인 에너지가 요동치는 게 느껴진다. 배우자와 함께 만트라를 외면 정반대의 느낌이 든다. 에너지를 같은 곳으로 모으게 되고, 말 그대로 서로 조화된 느낌을 받을 수 있다.

5. 마지막으로 이 관계를 통해 두 사람이 원하는 것을 함께 떠올려보라. 상대에게 중요한 게 뭔지 알면, 내가 거기에 얼마나 적응하고 싶은지도 알 수 있다. 각자 자신의 다르마에 따라 살기 위해 노력한다면 이상적일 것이다. 최고의 연애 관계는 그곳에 함께 도달한다.

이별을 극복하라

◆◆◆◆◆

내 마음이 걸린 문제면 무언가를 또렷이 보기가 어려울 수 있다. 한 가지는 분명히 지적하고 넘어가려고 한다. '내가 가진 것에 감사하는 마음을 갖는 것과 내가 마땅히 받아야 할 것보다 못한 것에 안주하는 것은 다르다.' 아직도 어린아이 같은 마음에 귀 기울이고 있다면, 순간적으로 나를 기분 좋게 해주지만 결코 나에게 이롭지 못한 사람에게 끌린다. 나의 자존감을 다른 사람에게 의지하지 마라. 이 세상에 언어적, 정서적, 육체적 학대를 받아도 되는 사람은 없다. 그럴 바에는 차라리 혼자인 편이 낫다. 나를 학대하고, 뒤에서 마음을 조종하고, 독이 되는 연애 관계를 우정으로 바꿔서도 안 된다. 그런 식의 역할 관계는 절대 바뀌지 않는다. 내 말을 믿어도 좋다.

모든 인간관계에는 내가 기대하는 기쁨의 수준과 내가 받아들일 수 있

는 고통의 수준을 설정할 기회가 있다. 완벽한 인간관계란 없지만, 기쁨이 일정 수준에 미치지 못하거나 평균적으로 낮은 수준을 유지한다면, 두 사람 모두 노력하지 않는 이상 상황은 바뀌지 않을 것이다. 내가 얼마만큼의 실망을 감내할 각오가 되어 있는가? 두 사람의 관계가 천천히 진행될 수도 있다. 서로를 알려면 시간이 걸릴 수도 있다. 그러나 끝내 만족스러운 수준에 도달하지 않는다면, 그것을 받아들일지 아니면 다음으로 넘어갈지 결정을 내려야 한다.

쉽지 않다는 것을 안다. 누군가와 좋은 시간을 보낸 적이 있다면, 누군가에게 뭔가를 투자했다면, 나 자신을 상대에게 주었다면 다시 놓아주기란 정말 어렵다. 티베트의 수녀 제춘마 텐진 팔모 Jetsunma Tenzin Palmo는 우리가 종종 집착을 사랑으로 착각한다고 지적한다. 그녀는 이렇게 말한다. "우리는 내가 이 관계에서 맺은 것에 매달리는 게 내 사랑을 보여주는 방법이라고 착각한다. 그러나 실제로 그것은 집착에 불과하고, 집착은 고통을 유발한다. 더 세게 움켜쥘수록 잃을까 더 걱정하고, 정말로 잃었을 때는 당연히 괴로워한다." 궁극적으로 잘못된 사람에게 매달리는 것은 그 사람을 놓아주는 것보다 더 큰 고통을 유발한다.

이별을 극복하기 위해 내가 추천하는 전략은 자아에 대한 수도자들의 생각 및 평화와 목적으로 가는 길을 찾는 법과 직접적으로 관련된다. 어떤 생각을 하든 수도자들은 도망치지 않는다. 우리는 평가하고 변화할 공간을 스스로 내주어야 한다. **알아채고, 멈추고, 바꿔라.**

모든 감정을 느껴라. 이별에서 잠시 시선을 돌릴 수도 있지만, 일시적인 해결책일 뿐이다. 내 감정을 부정하면 결국에는 다른 식으로 괴롭다. 연구자들이 대학 신입생들이 변화에 얼마나 잘 적응하는지 조사해 본 결과, 자신의 감정을 억제하는 경향을 가진 학생들은 가까운 인간관계가 적었고, 사회생활을 통해 응원받는 기분도 느끼지 못했다. 이 상황에서 상대가 나에게 어떤 기분을 느끼게 했는지 생각해 보라. 글로 쓰거나 녹음을 해서 내 감정을 분명히 표현하는 것도 좋다. 그렇게 쓰거나 녹음한 내용을 객관적으로 다시 한 번 보라. 뭔가 반복적인 패턴이 보이는가?

상실에 관해 자신에게 물어보며 '질문 명상'을 할 수도 있다. 우리는 감정을 다시 느껴보는 것을 좋아한다. 얼마나 완벽했는지, 달리 어떤 감정일 수 있었는지, 어떻게 되리라 예상했는지 느껴보는 것이다. 완전히 박살 나기 전까지 내 관계가 얼마나 로맨틱했는지 곱씹기보다는 현실에 초점을 맞춰라. 이 관계에서 내가 바랐던 것은 무엇인가? 내가 잃은 것은 무엇인가? 나의 실망감은 상대가 어떤 사람인지, 혹은 어떤 사람이 아닌지와 관련되는가? 고통과 혼란의 뿌리를 밝혀낼 때까지 내 감정을 연구해 보라.

이 상황에서 교훈을 얻어라. 영화, 음악, 기타 미디어는 사랑은 이런 모습이어야 한다고 제한적이고 부정확한 메시지를 우리에게 보낸다. 이별의 실제를 이용해 나에게 마땅한 것은 무엇이고, 새로운 관계에서 내가 필요로 하는 것은 뭔지 현실적인 기대치를 설정하라. 나의 기대치는 내가 헤어진 사람이나 앞으로 만날 사람의 기대치와는 다를 수 있다는 사실을 기억하라. 충족할 수 없었던 가장 큰 기대치는 무엇인가? 나에게 중요한 것은 무엇이었는가? 이 관계에서 좋았던 점은 무엇이고, 나빴던 점은 무엇인가? 이 관계가 끝장나는 데 내가 한 역할은 무엇인가? 내 고통을 파고들기보다는 관계가 어떤 식으로 작동했는지 그 원리를 조사하라. 그래야 다음번 관계에서 내가 원하는 것은 무엇이며, 내 편에서 노력해야 할 점은 뭔지 알아낼 수 있다.

자신의 가치를 믿어라. 이별하면 자신의 가치를 과소평가할 수 있다. 그러나 나의 가치는 누군가가 나를 온전히 평가하느냐와는 무관하다. 내 정체성을 연애 관계와 연동시킨다면 내가 느끼는 고통은 내 정체성의 일부를 희생했어야 한다는 뜻이다. 한 사람이 나의 모든 욕구를 충족시켜 주기를 기대했다면 그 사람이 사라졌을 때 당연히 공백이 클 것이다. 다시 혼자가 되었으니 이번 기회를 이용해서 나와 관심사를 공유하고, 평생 내 삶에 함께했으면 하는 사람들의 커뮤니티를 만들어라.

다시 데이트하기 전에 좀 기다려라. 과거의 고통을 치유하지 않으면 더없이 훌륭한 기회를 놓칠 수도 있다는 사실을 기억하라. 성급하게 앞 사람을 잊기 위해, 혹은 복수하는 심정으로 새로운 사람을 만나지는 마라. 오직 상처와 후회를 더 크게 만들고, 바이러스처럼 고통을 넓게 퍼뜨릴 뿐이다. 나 자신에 관해서 더 잘 알 수 있는 시간을 가져라. 자존감을 세워라. **내 성장에 투자하라. 관계 속에서 나를 상실했다면, 이별 속에서 나를 찾아내라.**

자각을 키우고 대처하고 고치는 게 수도자의 방식이다. 지금 관계를 맺고 있든, 아니면 아직 새로운 관계에 들어가기 전이든, 한 걸음 뒤로 물러나서 나 자신의 의도를 제대로 이해하고 있는지 확인하고 평가하라. 그런 다음에 자각과 사랑을 가지고 데이트의 세계를 탐험하고 다시 관계를 맺어라. **알아채고, 멈추고, 바꿔라.**

관심을 밖으로 돌려 우리 삶의 친밀한 관계들에 관해 알아보았다. 이제 더 큰 세상과의 관계를 생각해 보자. 나는 아슈람에서 가족을 넘어선 유대감, 우리 모두를 연결하고 결속시켜 주는 훨씬 더 큰 힘을 느꼈다고 했다. 천체물리학자 닐 디그래스 타이슨Neil deGrasse Tyson은 이렇게 말했다.

"우리는 모두 연결되어 있다. 생물학적으로 서로에게 연결되어 있다. 화학적으로 지구와 연결되어 있다. 나머지 우주와는 원자의 차원에서 연결되어 있다."

이 점을 안다면 삶의 진짜 의미를 찾기 위해 우주를 보아야 한다.

11 봉사
나무를 심되 그늘을 바라지 마라

◆

무지한 자는 자신의 이익을 위해 일한다.
현명한 자는 세상의 안녕을 위해 일한다.

- 『바가바드 기타』 3장 25절

처음 아슈람에 들어갔을 때 나는 다른 수도자들과 함께 돈도, 음식도 없이 어느 시골 마을로 오게 되었고, 30일간 우리 힘으로 살아내는 임무를 부여받았다. 날씨는 온화했고, 어느 창고를 숙소로 배정받았다. 매트를 내려놓고 마을 탐방을 나갔다. 사람들이 오두막 같은 곳에서 음식과 잡동사니를 팔았다. 오두막과 오두막 사이에는 빨래가 널려 있었다. 사람들은 자전거를 타거나 맨발로 다녔고, 아이들도 대부분 신발을 신고 있지 않았다.

아무 계획 없이 풀려난 우리가 처음으로 느낀 것은 두려움이었다. 살아남으려면 무슨 일이든 해야 한다는 생각이 들었다. 우리는 동냥을 했다. 인도 사람들은 인심이 후해서 승복을 입은 사람들에게 빵, 과

일, 동전을 나눠주곤 했다. 우리는 순례자들에게 프라사드prasad라고 하는 공짜 음식을 나눠주는 사원을 방문했다. 신에게 바치는 신성한 음식을 의식이 끝나고 사람들에게 나눠주는 것이었다. 생존이 정말로 걱정되었던 우리는 욕심껏 음식을 잔뜩 받아서 비축해 두었다.

2주 차가 되자 형편이 좀 나아졌다. 동네 사람들을 도와주면 필요한 것들을 조달할 수 있다는 사실을 알게 되었다. 무거운 짐을 지고 있거나 카트를 밀어줄 사람이 필요한 행상인 등을 돕기 시작했다. 우리는 마음과 영혼을 열면 상대도 똑같이 해주기가 더 쉽다는 걸 금세 알게 되었다. 우리가 받는 기부금은 처음 도착했을 때와 크게 달라지지 않았다. 이렇게 필요한 것들을 교환하다 보니 공동체의 연민과 관용이 주는 따뜻함이 느껴졌다. 나는 여행의 교훈을 이미 다 흡수한 기분이었다. 우리는 아무것도 가진 게 없다고 생각했고, 실제로 물질적으로는 가진 게 없었지만, 여전히 사람들에게 우리의 노력을 나눠줄 수 있었다.

마지막 주쯤 우리가 충분히 잘 먹고 안전한 상황이 되자 더 깊은, 다른 것이 눈에 들어왔다. 아무것도 없이 이곳에 왔지만, 여전히 우리는 일종의 부를 가지고 있었다. 우리는 마을에 있는 많은 사람보다 튼튼했고 할 수 있는 것도 많았다. 거리에는 노인, 아이, 장애인이 있었고, 그들의 형편은 우리보다 훨씬 더 열악했다.

승려 한 명이 말했다. "마음이 안 좋네요. 우리한테는 잠깐의 일인데, 저들에게는 영원히 계속될 일이겠지요."

내가 말했다. "우리가 뭔가 놓치고 있는 것 같아요. 우리가 이 마을에서 그냥 살아남는 것보다 더 많은 일을 할 수 있을 것 같아요." 헬렌 켈러의 말을 떠올렸다. "신발이 없어서 울고 있다가 발이 없는 사람을 만났다." 안타깝지만 과장이 아니었다. 인도에서는 팔다리가 없는 사람을 자주 볼 수 있다.

나는 이제 제 앞가림을 하게 되었으니 그렇지 못한 사람들에게 음식과 돈을 최대한 나눠줄 수 있다는 사실을 깨달았다. 내가 여행의 교훈을 알았다고 생각했을 때 나는 전혀 새로운 깨달음을 얻었고, 이 깨달음은 나에게 큰 영향을 미쳤다. 누구나, 심지어 봉사에 내 삶을 바치기로 한 우리까지도 언제나 더 많은 것을 베풀 수 있다는 깨달음이었다.

이렇게 세 단계에 걸친 변화는 마치 승려로서 얻을 수 있는 모든 경험의 축소판 같았다. 첫째, 우리는 외부의 것과 자존심을 놓아주었다. 둘째, 우리는 내 가치를 인식했고, 아무것도 가진 것이 없어도 여전히 봉사할 수 있다는 사실을 배웠다. 셋째, 우리는 계속해서 더 높은 수준의 봉사를 찾아다녔다. 이 여행을 통해 나는 언제나 더 높이 올라갈 여지가 있다는 사실을 알게 되었다. 언제나 더 많은 것을 베풀 수 있다. 『수도자의 길』에 인용되어 있듯이, 베네딕트회의 크리스틴 블라디미로프 수녀는 이렇게 썼다.

"수도원의 영적인 활동은 우리가 여행 중임을 가르쳐준다. 이 여행은 기도와 침묵 속에서 하나님을 찾아 안으로 들어가는 여행이다. 이것 하나만 놓고 보면, 삶의 이 측면을 로맨틱하게 생각할 수도 있다…
그러나 수도자가 되려면 그와 평행하게 또 하나의 여행이 있다. 바로
외부를 향한 여행이다. 우리는 공동체 내에 살고 있고 타인의 어려움
에 대한 감수성을 키울 수 있다… 그렇다면 수도원은 우리가 밖으로
나오고 타인들을 안으로 초대하는 중심이 된다. 핵심은 언제나 두 가
지 여행을 모두 유지하는 것이다. 안으로의 여행과 밖으로의 여행."

가장 고귀한 목적

◆◆◆◆◆

대학에 다닐 때 나에게 영감을 주었던 강연에서 가우랑가 다스
는 이렇게 말했다. "나무를 심되 그늘을 바라지 마십시오." 이 문장
이 내 마음을 사로잡았고 내 삶을 상상도 못 했던 궤도에 올려놓았
다. 이제 고백할 것이 있다. 여러분에게 아직 얘기하지 않았던 사
항이다. 앞서 외부의 소음과 두려움, 질투, 잘못된 목표 같은 것들
의 영향력을 놓아주는 방법에 관해 이야기했다. 마음과 자존심, 일
상의 습관을 이용해 다르마에 따라 살며 성장하는 방법에 관해 알
아보았다. 이 모든 것은 만족스럽고 의미 있는 삶을 영위하자는 목
표를 향한 것이었다. 이 역시 가치 있는 길이다. 하지만 이 책에서
도 또 소셜 미디어나 내 수업에서도, 내가 강연하는 모든 매체에서
도 아직 공개하지 않은 것이 있다. 내가 승려로 지내면서 배웠고,
내 삶의 모든 날에 함께하는 가장 중요한 교훈이다. 두구두구두구

두구. 기대하시라.

가장 고귀한 목적은 봉사하는 삶이다.

내가 무슨 봉사를 대단한 비밀로 간직해 왔다는 얘기가 아니다. 나는 봉사를 자주 언급한다. 봉사가 우리의 모든 삶에서 중심적 역할을 차지해야 한다고 믿고 있지만, 지금까지 이 부분을 이야기하지 않고 기다렸다. 솔직히 나는 사람들이 이 아이디어에 어느 정도는 반발심을 갖고 있다고 생각하기 때문이다. 물론 우리는 어려움에 부닥친 사람들을 돕고 싶어 한다. 어쩌면 이미 그렇게 할 방법을 찾은 사람들도 있을 것이다. 하지만 일과 삶이 요구하는 사항과 그로 인한 압박감 때문에 제한을 받는다. 우리는 내 문제를 먼저 해결하고자 한다. "제이, 도움이 필요한 건 바로 나예요! 남을 돕는 데 헌신하기 전에 해결해야 할 것들이 너무나 많다고요." 맞는 말이다. 나도 힘든데 이타주의를 생각하기는 어렵다. 하지만 바로 그 점이 내가 승려로 지낼 때 배운 교훈이다. 이타심은 내면의 평화와 의미 있는 삶으로 가는 가장 확실한 길이다. **이타심은 자아를 치유한다.**

수도자들은 봉사하는 삶을 산다. 수도자처럼 생각하는 것은 궁극적으로 봉사를 의미한다. 『수도자의 길』은 베네딕트회 수사 돔 알레드 그레이엄Dom Aelred Graham의 말을 다음과 같이 인용하고 있다. "수도자는 그가 본인을 위해 무언가를 얻으려고 수도원에 들어왔다고 생각할지 모른다. 평화, 안전, 조용함, 기도하는 삶, 공부, 가르침 같은 것 말이다. 그러나 그의 소명이 진짜라면, 무언가를 취하러 온 것이 아니라 베풀기 위해 왔다는 사실을 깨닫게 된다." **우리**

는 사용한 장소를 처음보다 더 깨끗하게 남기려고 한다. 내가 만난 사람들을 나를 만나기 전보다 더 행복하게 만들려고 한다. 내가 사는 세상을 내가 있기 전보다 더 좋은 곳으로 만들려고 한다.

우리는 자연이다. 유심히 관찰해 보면 자연은 늘 봉사하고 있다. 태양은 열과 빛을 공급한다. 나무는 산소와 그늘을 준다. 물은 갈증을 해소한다. 우리는 수도자들처럼 자연의 모든 것을 봉사로 볼 수 있다. 『스리마드 바가바탐』에 따르면, "이 운 좋은 나무들을 보라. 나무는 순전히 남을 위해 산다. 나무는 바람과 비, 열, 눈을 견디며 우리가 몸을 피할 곳을 제공한다." 자연과 하나가 되는 유일한 길은 봉사다. 그렇다면 우주와 궤를 같이하는 유일한 길도 봉사다. 우주가 하는 일이 그것이기 때문이다.

16세기의 구루 루파 고스와미Rupa Goswami는 '육타 바이라갸 yukta-vairāgya'에 관해 이야기한다. 더 고귀한 목적을 위해 할 수 있는 모든 일을 다 하라는 뜻이다. 이게 바로 진짜 초연함이고, 궁극적 금욕이며 완벽함이다. 모든 물질적 소유를 벗겨내고 이 기준을 엄격히 적용하는 종파도 있다. 그러나 현실적으로 우리는 생계를 위해 일해야 한다. 우리는 결국 무언가를 소유하게 된다. 그러나 내가 가진 것을 어떻게 사용하는지는 살펴볼 수 있다. 내 집을 활용해 커뮤니티를 키워갈 수 있다. 돈과 자원을 내가 믿는 대의를 지지하는 데 사용할 수 있다. 필요한 사람들을 위해 재능을 기부할 수 있다. 가진 것을 좋은 일에 쓴다면 무언가를 소유하는 것은 잘못된 일이 아니다.

『바가바드 기타』는 세상 전체를 하나의 학교라고 본다. 우리가 하나의 진실을 깨닫도록 설계된 교육 시스템이라고 본다. '우리는 봉사할 수밖에 없고 오직 봉사 속에서만 행복할 수 있다'는 진실 말이다. 불이 뜨거운 것처럼, 태양이 밝고 따뜻한 것처럼, 봉사는 인간 의식의 본질이다. 당신이 사는 세상의 현실을 알아야 한다. 영원하지 않고, 비현실적이며, 내 고통과 착각의 근원이라는 사실을 알아야 한다. 삶의 목적을 만족을 느끼는 것(내 기분을 좋게 만드는 것)으로 생각한다면, 고통과 불만족에 이를 것이다. 삶의 목적을 봉사로 생각한다면 만족에 이를 것이다.

봉사는 심신에 좋다

◆◆◆◆◆

봉사는 여러모로 우리에게 만족감을 준다. 먼저 우리는 남을 보살피도록 만들어져 있으므로, 봉사는 우리에게 이롭다는 게 나의 단순한 신념이다. 이 본능이 가장 분명하게 드러나는 것은 아직 시간이나 주의를 필요로 하는 다른 것들에 한눈팔 일이 없는 어린아이들의 경우다. 온라인에 퍼져 있는 영상이 있다. 두 살쯤 되어 보이는 어린 여자아이가 일본 TV에서 정치인이 울고 있는 것을 지켜보다가 티슈를 가지고 TV로 다가가 정치가의 눈물을 닦아주려고 하는 영상이다. 이런 영상이 널리 퍼지는 이유는 그 어린아이의 타인에 대한 연민을 우리가 알아볼 수 있고, 어쩌면 그리워하기 때문이다.

넬슨 만델라Nelson Mandela는 『자유를 향한 머나먼 길』에 이렇게 쓰고 있다. "태어날 때부터 피부색 때문에, 배경 때문에, 종교 때문에 남을 미워하는 사람은 없다. 사람들은 미움을 학습하는 것이 틀림없다. 미움을 배울 수 있다면 사랑도 가르칠 수 있다. 인간의 마음에는 사랑이 그 반대보다 더 자연스럽게 와닿기 때문이다." 만델라가 사람들이 사랑하도록 태어나지만 미워하도록 가르쳐진다고 생각하는 것과 마찬가지로, 수도자들은 우리가 봉사하도록 태어났지만 주의를 뺏어가는 세상이 우리의 목적을 잊게 만든다고 생각한다. 삶이 의미 있다고 느끼려면, 우리는 이 본능과 다시 연결되어야 한다.

앞서 조지프 캠벨이 설명하는 '신화 속 영웅의 여정'이라는 개념을 이야기했다. 그가 설명한 공식에서 영웅이 거쳐 가는 단계들을 보면, 영웅은 모험에 나서고 시험을 받고 장애물에 마주치며 승리해서 돌아온다. 영웅의 여정에서 핵심이 되는 요소 중 하나로 우리가 자주 간과하는 것은 캠벨이 "불로장생의 영약과 함께 돌아온다"라고 설명한 마지막 단계다. 영웅의 여정이 완료되려면 그가 집으로 안전하게 돌아와서 그동안 얻은 것(불로장생의 영약)을 타인과 나누어야 한다. 봉사라는 개념은 고전 이야기 구조 속에도 해피엔딩의 핵심으로 녹아 있다.

샨 콘Seane Corn은 영웅의 여정을 실제로 살고 있다. 그녀는 요가 스승으로 유명세를 떨쳤다. 그녀는 지금도 전 세계 요가 콘퍼런스와 페스티벌에서 가장 중요한 스승이다. 그런데 요가 스승의 커리어 도중에 그녀는 이를 발판으로 세상에 더 의미 있는 영향력을 끼칠 수 있다는 사실을 깨달았다. 그녀는 커리어의 초점을 위험에 처한 커뮤니티에 봉사하는 것으로 바꾸었다. 콘은 어려움에 부닥친 사람들에게 호흡법과 명상법을 가르쳐주기로 하고, 가장 먼저 성적으로 착취당한 어린이들을 돕기 시작했다. 점차 규모를 키워서 매춘부나 약물 중독자처럼 사회에서 버림받은 사람들까지 대상 범위를 확대했다. 다시 요가 커뮤니티에 손을 내밀어 요가를 사회운동과 연결한 '매트 밖으로, 세상 속으로Off the Mat, Into the World'라는 비영리단체를 공동으로 설립했다. 봉사에 헌신적인 콘은 자신이 베푸는 것보다 얻는 게 더 많다고 말한다. "자기 파괴에 가까운, 자신의 가장 어두운 곳까지 갔다가 일어나 빠져나오는 길을 찾은 사람이 있다면, 나는 그에게 무릎을 꿇고 이렇게 말할 것이다. 당신은 내 스승이다."

콘이 발견한 것처럼 봉사는 우리가 베푼 것을 다시 나에게 되돌려준다.

연구에 따르면, 우리가 '연민을 향한 목표'(타인을 돕거나 세상을 더 좋은 곳으로 만들려는 목표)를 추구할 경우 나 자신의 지위나 명성과 같은 것에 초점을 맞출 때보다 불안이나 우울 증상이 있을 가능성이 낮다고 한다. 타인에게 베푸는 행동은 뇌의 쾌락 중추를 활성화시킨다. 윈-윈-윈win-win-win인 셈이다. 타인을 돕는 사람들이 더 오래 살고, 더 건강하고, 전반적인 행복감이 더 높은 경향이 있는 것은 어쩌면 이 때문일지 모른다.

수도자들은 봉사라는 중요한 축이 여러모로 삶을 더 좋게 만든다고 생각한다.

봉사는 우리를 이어준다. 봉사하면 외롭기 어렵다. 세상에 나가야 타인들을 도울 수 있다.

봉사는 감사하는 마음을 증폭시킨다. 봉사는 내가 가진 것이 얼마나 많은지 넓은 관점에서 보게 해준다.

봉사는 연민을 키운다. 봉사하면 내가 제공하는 것을 세상이 필요로 한다는 사실을 알 수 있다.

봉사는 자존감을 높인다. 타인을 돕는 것은 내가 세상을 바꾸고 있다는 뜻이다. 그러면 의미와 목적을 인식할 수 있다.

아슈람은 봉사를 중심으로 설계되어 있다. 주변의 모든 사람이 참여한다면 봉사를 가장 고귀한 의도로 삼고 살아가는 것이 더 쉬워진다. 현대사회에서는 봉사하는 삶을 살기가 훨씬 더 어렵다. 우리가 수도자들처럼 일주일 내내 24시간 봉사하며 생활할 수는 없지만, 수도자들의 방식은 우리가 왜 봉사하는 마음가짐을 가져야 하는지, 그 방법은 무엇인지 알려준다.

봉사의 마음가짐

◆◆◆◆◆

산스크리트어로 '세바seva'는 이타적인 봉사를 뜻한다. 『바가바드 기타』는 이렇게 말한다. "순전히 베푸는 것이 옳은 일이기 때문에 베푸는 것, 돌아올 것을 생각하지 않고 적절한 때에 적절한 환경에서 그럴 가치가 있는 사람에게 베푸는 것은 사트바의 베풂이다." 즉 선의의 모드에서 베푸는 것이다. 수도자들의 동기는 순전히 이타적인 봉사다. 내가 가졌던 혹은 갖지 못했던 기회를 타인에게 주기 위한 것이고, 타인의 삶과 인간의 환경을 더 좋게 만들기 위한 것이다. 우리는 크고 작은 방식으로 이 사명을 마음에 새긴다. 아슈람 내에서 우리는 매일 서로에게 봉사하려 노력했다. 승려들은 대단한 행위를 하지 않는다. 사랑은 작은 것들 속에 담겨 있다. 누군가 제시간에 일어나는 데 어려움을 겪으면 우리는 그 사람을 도와준다. 누군가 늦게까지 일을 하고 있으면 우리는 그를 위해 음식을 남겨둔다. 우리는 한결같은 태도로 의도를 가지고 그렇게 한다. 우리는 상대가 무슨 일을 겪고 있는지 결코 알 수 없다는 사실을 기억한다. 그래서 고통받는 사람을 대할 때처럼 상냥함으로 대한다. 배고픈 사람을 대할 때처럼 인심을 베푼다. 오해받고 있는 사람을 대할 때처럼 연민으로 대한다.

이런 태도는 아슈람 밖으로 퍼져나간다. 여행을 갈 때 우리는 나눠줄 여분의 음식을 챙겨 간다. 우리가 세상의 배고픔을 모두 해결할 수는 없지만, 배고픈 사람을 한 사람이라도 도와준다면 연민의 씨앗에 물을 주는 것이다.

우리는 '아남리타'라는 대규모 프로그램에 참여했다. 아남리타는 취약계층 어린이들에게 하루 100만 명분의 음식을 제공하는 프로그램이다. 우리는 종종 뭄바이로 가 주방에서 요리하거나 학교에서 음식을 나누었다. 학생들은 아유르베다 요리에서 주재료로 쓰이는 일종의 버터인 기ghee를 넣어 만든 렌즈콩 죽 '키차리kitchari'를 받았다. 후식으로는 키르kheer라고 하는 달콤한 쌀 푸딩을 받았다. 처음 어느 아이에게 키르를 건넸을 때 아이가 어찌나 고마워하던지 내가 다 숙연해졌다. 매번 모든 아이가 같은 반응을 보였다. 다들 얼굴이 기쁨으로 빛났다. 나는 요리를 싫어하지만 더운 주방에 들어가 거대한 솥 앞을 지켜야 했다.

하지만 아이들의 얼굴을 보면, 그 음식이 자신들에게 얼마나 보기 드물고 특별한 것인지 말해주는 아이들의 슬픈 진실을 생각하면, 봉사할 기회에 감사하는 게 어렵지 않았다.

아슈람에서는 "일은 어떠셨어요?"라고 묻는 대신에 "오늘 봉사하셨어요?"라고 묻곤 했다. 말하자면 승려들의 정수기 앞 수다 같은 것이었다. 잠깐 장애물은 모두 치워두고, 모든 사람이 봉사의 마음가짐을 갖고 있다고 한번 상상해 보라. 우리는 새로운 질문을 해볼 수 있을 것이다. '어떻게 하면 이게 더 큰 목적에 도움이 될까? 나는 직장에서, 집에서, 우리 공동체에서, 주변 사람들에게 어떻게 봉사하고 있을까? 어떻게 하면 내 재능을 가지고 타인에게 봉사하고 세상을 바꿀 수 있을까?' 재무 분야의 능력을 활용해 자선 활동을 하는 엠마 슬레이드를 기억할 것이다. 여러분도 이렇게 자문해 보라. '내가 하는 일 중에서 타인에게 쓸모 있는 것은 뭐가 있을까?'

앞서 행복과 감사하는 마음이 공동체 전체에 퍼져나간다는 얘기를 했다. 봉사도 마찬가지다. 봉사할 때는 친구에게 이야기하라. 그러면 또 누군가 동참할지 모른다. 누군가 동참하면 그들은 친구 두 명에게 이야기할 것이다. 봉사에 참여하는 것은 우리 문화에 봉사의 가치를 전파하는 길이기도 하다.

우리는 오직 한 사람만 생각한다. '자기 자신' 말이다. 어쩌면 가족까지 포함해서 보살피는 사람의 범위가 약간 더 넓을 수도 있을 것이다. 기껏해야 5~10명 정도가 서로를 걱정하는 셈이다. 하지만 보살핌의 반경을 확장하면 사람들이 그걸 느낀다.

직접 해보기: 보살핌의 반경을 확장하라

만사를 제쳐놓고 내가 도와줄 사람을 4~6명 정도 떠올려보라. 그 사람들을 얼마나 자주 생각하는가? 내가 그들을 아낀다는 사실을 보여줄 기회가 실제로 있었는가? 그런 기회를 만들 수 있는가?

상대가 요청한다면 내가 도와줄 사람을 20명 정도 떠올려보라. 포기하기 전에 질문을 좀 더 쉽게 만들어보자. 내가 도와줄 것 같은, 20명 이상이 속한 '집단'을 떠올려보라. 내가 속한 공동체의 일부일 수도 있고 자선 단체가 이미 봉사하고 있는 어떤 집단일 수도 있다. 이 사람들을 가까운 보살핌의 범위로 끌고 들어오자.

누구를 써야 할지 모르겠다면 이 집단에 속한 20명의 이름을 알아내거나 20명의 목록을 완성할 다른 방법을 찾아보자. 양치할 때 보는 거울에 이 목록을 붙여놓자. 적어도 이 사람들을 하루 두 번은 생각할 것이다(그러길 바란다!). 이게 그들에게 봉사하고 싶은 나의 동기를 어떻게 바꾸는지 관찰해 보자.

타인이 보살핌의 반경을 확장해서 당신을 포함시킨다면 당신도 분명히 느끼게 될 것이다. 모든 사람이 이런 식으로 생각한다고 상상해 보라. 78억 명이 당신을 생각할 것이고, 당신도 78억 명을 생각할 것이다. 나는 우리가 꿈을 크게 가져도 좋다고 생각한다.

대체 언제 봉사할 것인가?

◆◆◆◆◆

현대사회에서는 아무리 남을 돕고 싶어도 경제적, 정서적으로 안정되고 싶은 욕구 때문에 봉사의 마음가짐에서 다른 쪽으로 한눈을 팔게 된다. 길을 잃고 단절된 사람에게는 봉사가 번잡스럽고 별로 만족스럽지 않을 것이다. 그러나 딱 맞는 시기가 대체 언제란 말인가? 그런 때가 오기는 올 것인가? 내적 탐구에 종점이란 없다. 이는 계속 진행되는 과정이다. 당신의 문제가 완전히 해결되는 때는 절대 오지 않을 것이다.

스스로를 돌봐야 한다. 맞는 말이다. 그러나 봉사할 시간과 돈이 충분해질 때까지 기다리지는 마라. 충분한 때는 절대로 오지 않을 것이다. 돈이나 물질적 부와 우리의 관계는 간단히 세 가지 모드로 표현할 수 있다. 첫째는 이기적 모드다. 더 많이 원하고, 최대한 많이 원하고, 그 전부가 나를 위해 원하는 때다. 둘째는 충분한 모드다. 그럭저럭 딱 맞는 정도를 가지고 있고, 괴롭지는 않지만, 베풀 것도 없는 때다. 셋째는 봉사의 모드다. 내가 가진 것을 베풀고 싶고, 더 많이 베풀고 싶어서 더 많이 원하는 때다.

충분하다는 마음가짐에서 봉사의 마음가짐으로 옮겨 간다는 것은 나와 소유의 관계가 바뀐다는 뜻이다. 초연해질수록 내 시간과 돈을 놓아주기가 더 쉽다.

승려의 여행 중에는 신성한 강에서 목욕하는 성지 참배도 있었다. 나는 갠지스강, 야무나강, 코베리강을 갔었다. 신성한 강에서는 수영이나 놀이는 하지 않는다. 대신에 의식을 치른다. 그중에는 양손에 최대한 많은 물을 담아 올렸다가 다시 강에 놓아주는 것도 있다. 물을 떴다가 다시 놓아주는 것은 우리가 아무것도 소유하지 않는다는 사실을 되새기기 위한 행동이다. 자선이란 내 것을 내놓는 게 아니다. 이미 땅에 있는 것을 취했다가 다시 땅에 돌려주는 일일 뿐이다. 꼭 내 것을 주어야 하는 게 아니다.

신두타이 삽칼Sindhutai Sapkal은 열두 살 때 서른 살인 남자와 결혼해 스무 살이 되었을 때 아들 셋을 낳았다. 어느 날 임신 9개월의 몸으로 두들겨 맞고 외양간에 던져진 그녀는 그곳에서 출산하고 날카로운 칼로 직접 탯줄을 잘랐다. 이후 친정에서 외면받아 태어난 아이와 길거리를 떠돌게 된 그녀는 노래를 하며 구걸하기 시작했다. 그러면서도 길거리에 마주친 수많은 고아들을 품어주었다. 그리고 자신의 아이뿐만 아니라 고아들을 위해 구걸했다. 이러한 노력이 점점 커지자 그녀는 곧 '고아들의 어머니'로 알려지게 되었다. 그녀의 단체는 현재 인도에서 1400명이 넘는 아이들에게 거처를 제공하며 돌보고 있다. 신두타이는 베풀 것이 있어서 봉사했던 게 아니다. 그녀가 봉사한 것은 고통을 목격했기 때문이다.

UC 버클리 연구팀은 일련의 실험을 통해 가진 돈이 적은 사람들이 실제로는 더 베푸는 경향이 있다는 사실을 발견했다. 사람들에게 1만 원을 나눠주고 익명의 낯선 이와 원하는 만큼 나눠 가지라고 했더니, 사회경제적 지위가 낮은 사람들이 부유한 사람들보다 오히려 더 인심을 후하게 썼다. 이는 2011년 자선 기부 설문 조사의 내용과도 일맥상통한다. 당시 조사에서 미국의 소득 최하위권에 있는 사람들은 수입의 3퍼센트를 자선 단체에 기부하는 반면, 상위 20퍼센트에 해당하는 사람들은 그의 절반인 1퍼센트만을 기부했다(여전히 부유한 사람들의 기부금이 전체 기부금의 70퍼센트를 상회함은 사실이다).

덜 가진 사람들이 더 많이 베푸는 이유와 관련해서는 곤경에 처해본 경험과 관련이 있을지도 모른다. UC 버클리 심리학과의 대커 켈트너Dacher Keltner 교수는 가진 게 적은 사람은 가족, 친구, 공동체 구성원 등 타인의 도움에 기대야 하는 경우가 많다고 말한다. 반면에 돈이 있는 사람들은 도움을 돈으로 '살 수' 있으므로 이런 종류의 일상적 어려움과 거리가 있다. 가난한 사람들은 어려움에 부닥친 사람에 대해 더 크게 공감할지도 모른다. 오프라 윈프리 같은 독지가들은 본인이 겪은 빈곤의 경험이 베풂의 동기가 되었다고 말한다.

그렇다면 우리가 고민해야 할 질문은 이것이다. 누가 더 부자인가? 돈이 있는 사람인가, 봉사하는 사람인가?

의도를 가지고 봉사하라

◆◆◆◆◆

나는 봉사하기 위해 아슈람에 갔지만, 어쩔 수 없이 작별해야 할 순간이 왔다. 나에게 친형과 같았던 한 스님이 나를 한쪽으로 데려가 이런 얘기를 해주었다. "건강 상태가 안 좋고 승려로 지내는 게 본인과 맞지 않다고 해서 봉사할 수 없는 것은 아닙니다. 결혼하거나 셰프가 되거나 어려운 사람들을 위해 양말을 꿰매는 게 본인이 봉사를 더 잘할 방법이라고 생각한다면 그게 우선입니다. 인류에 대한 봉사가 더 높은 목표니까요." 스님의 말은 내가 떠난다고 해서 나의 의도가 바뀐 것은 아니라는 뜻이었고, 나는 그 말에 안도했다.

우리는 크고 작은 여러 가지 의도를 가지고 봉사할 수도 있다. 호감을 얻고 싶어서, 나 자신을 뿌듯하게 생각하고 싶어서, 훌륭하게 보이고 싶어서, 사람들을 만나고 싶어서, 어떤 보상을 받기 위해서 봉사할 수도 있다. 그러나 친구의 이사를 도와주고, 친구를 위해 요리를 하고, 친구의 생일을 축하하다가 문득 '왜 아무도 나를 도와주러 오지는 않지?' 혹은 '왜 아무도 내 생일을 기억하지 않지?'라는 생각이 든다면, 핵심을 놓친 것이다. 그것은 내가 베푸는 사람, 상대가 받는 사람이라고 생각하는 것이고, 내가 봉사했으니 상대가 나에게 빚졌다고 착각하는 것이다. 진정한 봉사는 보답을 기대하지도, 심지어 원하지도 않는다. 그런데도 봉사 그 자체가 종종 행복을 준다. 이는 『바가바드 기타』에도 나와 있을 뿐만 아니라 과학도 밝혀낸 사실이다. 내가 당신을 위해 무언가 봉사를 하면 당신도 행복하고 나도 행복하다.

봉사가 나에게 기쁨을 준다면, 그 봉사가 이기적일까? 봉사가 내 자녀에게 교훈을 준다면, 그 봉사가 이기적일까? 당연히 아니다! 특정한 종류의 베풂이 나를 행복하게 하고 어떤 식으로든 도움이 된다면 거기서부터 시작해도 된다. 나는 아슈람을 떠난 후에 런던에서 뭄바이까지 사람들을 인솔한 적이 있다. 영국, 기타 유럽 사람들이 아남리타와 함께 '점심 봉사'를 할 기회를 주기 위해서였다. 나와 동행했던 사람 중에는 열세 살, 열네 살 자녀를 데려온 사람도 있었다. 아이들은 많은 것을 갖지 못한 사람들을 목격하고 그들이 감사해하는 것을 느끼면서 돌아갔다. 그 아버지는 자녀들이 완전히 바뀐 것에 크게 감동했다. 순전히 이타적인 여행은 아니었지만(그는 자녀들이 배우고 성장하길 바랐다) 여전히 옳은 일이었다. 실제로 그 아버지가 자녀들이 배울 기회라고 생각한 것은 봉사가 서로에게 도움이 되는 예다.

우리 중에는 불안이라든가 우울, 외로움 같은 정신적 문제를 겪고 있는 사람들이 있다. 반면에 봉사가 필요한 많은 사람에게 가장 큰 어려움은 의식주처럼 기초적인 것들이다. 물리적으로 그런 사람들을 도우면서 정신적 문제를 치유할 수 있다. 따라서 봉사는 호혜적인 교환이다. 그들을 도우면서 당신은 누구도 구원하고 있는 게 아니다. 당신도 그들 못지않게 도움이 필요하다.

봉사할 때 우리는 은총과 연민의 도구다. 우리도 이 점을 느끼고, 때로는 머리로 알 때도 있다. 그러나 당신이 뭘 베풀고 있든 당신도 그걸 누군가에게서 받았음을 잊지 마라. 받은 것을 그저 전달할 뿐이면서 인정을 바라서는 안 된다.

다르마 안에서 봉사하라

◆◆◆◆◆

봉사는 사람됨의 자연스러운 일부이기 때문에 생각보다 쉽다. **그냥 봉사하라.** 우리는 매일 언제나(지금 당장도!) 내가 이미 하는 일을 통해 봉사할 방법을 찾을 수 있다. 당신이 음악가라면 봉사하라. 당신이 프로그래머라면 봉사하라. 당신이 기업가라면 봉사하라. 직업을 바꿀 필요는 없다. 일정을 바꿀 필요도 없다. 언제 어떤 상황에서도 봉사할 수 있다.

주위를 둘러보면 사방에서 봉사의 기회가 보일 것이다. 학교에서, 종교 시설에서, 길거리에 있는 개별 사람에게, 자선 단체에서 봉사할 수 있다. 이웃을 위하는 음식 봉사도 있고, 학교에서 하는 코스튬 재활용 봉사도 있다. 자선 모금 달리기에 참여할 수도 있고, 무더운 여름 이웃들에게 음료를 나눠주는 봉사를 할 수도 있다. 재난 지역에 보낼 세면도구를 모으는 친구를 도와줄 수도 있고, 아프거나 연로한 친척을 방문할 수도 있다. 도시에 산다면 식당에서 먹고 남은 음식을 싸 와서 노숙자에게 줄 수도 있다. 우리에게 가장 가까운 사람들, 아무 데도 기댈 데가 없는 사람들, 봉사할 방법은 무궁무진하다. 매일 자선 단체에 출근하거나 가진 돈을 모두 다 주어야 하는 것이 아니다. 그저 봉사하겠다는 마음을 가지고 내가 이미 하는 일을 더 높은 목적과 연계할 방법을 찾으면 된다. 다르마를 직업에 접목하듯이, 봉사를 다르마에 접목하라. 똑같은 일을 해도 중요한 것은 정신이다. 사랑과 의무의 렌즈로 세상을 볼 수도 있고, 필요와 강요의 렌즈로 세상을 볼 수도 있다. 사랑과 의무가 행복으로 이어질 가능성이 더 클 것이다.

직접 해보기: 봉사의 방법

일주일간 내가 시간을 보내는 모든 장소를 적어보라. 모든 환경에서 눈을 크게 뜨고 봉사의 기회를 찾아보라. 새로운 필요를 발견할 수도 있고, 기존의 프로젝트에 참여할 수도 있을 것이다. 내가 진행하는 활동에 기금 모집을 추가할 수도 있고, 친구가 하는 봉사활동을 도울 수도 있다. 일주일이 지난 후에 가장 흥미로웠던 기회 세 가지를 골라서 그중 하나에 참여해보라. 기회를 찾을 수 있는 장소를 몇 가지 예시하면 아래와 같다.

직장
학교
친구들과 참여하는 사회적 행사
온라인 커뮤니티
종교 단체 또는 지역 단체
체육관
과거에 내가 지원했던 곳에서 도움을 요청할 때

고통은 우리 모두의 것이다

◆◆◆◆◆

내가 다른 승려들과 마을 생활을 하며 궁극적으로 얻었던 교훈은 봉사에는 늘 또 다른 차원이 있다는 사실이다. 이런 교훈을 얻게 된 것은 우리 자신의 필요를 넘어 주위 사람들의 필요를 보고, 느끼고, 거기에 반응하면서였다.

나는 연민이 '적극적' 형태의 공감이라고 생각한다. 타인의 고통을 보고, 느끼고, 완화하려고 할 뿐만 아니라 그 고통을 일부 나눠서 지려고 하는 의지라고 말이다. 선종에서 전하는 이야기 중에 세상에 지치고 낙담한 젊은이에 관한 것이 있다. 아무 계획도 꿈도 없던 젊은이는 사원을 찾아가서 큰스님에게 더 나은 길을 찾고 싶은데 본인은 참을성이 부족하다고 했다. "명상이니, 단식이니 하는 것들을 모두 건너뛰고 깨달음을 얻을 수는 없을까요?" 젊은이가 물었다. "제가 감당할 수 있을 것 같지 않아서요. 다른 길이 있습니까?"

"어쩌면요." 큰스님이 말했다. "그렇지만 집중하는 능력이 필요할 겁니다. 가지고 있는 기술이 있습니까?"

젊은이는 아래를 내려다보았다. 그는 공부에도 흥미를 느끼지 못했고 다른 특별한 관심사도 없었다. 마침내 어깨를 으쓱한 젊은이가 이렇게 말했다. "체스를 그런대로 두는 것 같습니다."

큰스님은 나이 든 스님을 불러 이렇게 말했다. "이 젊은이와 체스를 두십시오. 조심해서 두세요. 진 사람의 머리를 베겠습니다."

젊은이는 땀이 흥건해졌다. 목숨을 걸고 체스를 두다니! 젊은이는 처음에는 조심조심 체스를 두었으나, 이내 상대의 체스 기술이 기껏해야 평범한 수준임이 드러났다. 분명히 그가 이길 것이다. 젊은이는 금세 게임에 몰입했고 늙은 스님을 이기기 시작했다. 큰스님은 칼을 갈기 시작했다.

그제야 젊은이는 테이블 맞은편의 늙은 스님을 바라보았다. 현명하고 차분한 얼굴의 스님은 묵묵히 복종하는 듯했고, 자신을 기다리고 있는 게 분명한 죽음도 전혀 두렵지 않은 듯했다. 그제야 미몽에서 깬 젊은이는 이렇게 생각했다. '내가 이분을 죽일 수는 없어. 이분의 목숨이 내 목숨보다 가치 있어.' 그때부터 젊은이의 플레이가 바뀌었다. 젊은이는 일부러 게임에서 지기 시작했다.

경고도 없이 큰스님은 상을 엎어버렸다. 체스 말들이 곳곳으로 흩어졌다. "오늘은 승자도 패자도 없습니다." 큰스님이 말했다. 게임에 지고 있던 스님의 차분한 행동은 변화가 없었다. 반면에 기절초풍하게 놀란 젊은이는 어마어마한 안도감을 느꼈다. 나이 든 스님이 젊은이에게 말했다. "집중하는 능력이 있으시군요. 다른 사람을 위해 목숨을 내놓을 의향도 있으시고요. 그건 연민입니다. 여기에 들어와 그 정신을 더 발전시켜 보세요. 당신은 승려가 될 준비가 되어 있습니다."

전 세계에는 대략 1억 5200만 명의 아동 노동자가 있다. 카일라시 사티아르티는 아동 노동을 종식하기 위해 어마어마한 고통 속에서 노력해 왔다. 노벨상을 받은 사티아르티는 2016년 아동 노동에 반대하는 목소리를 내고, 젊은이 1억 명의 서명을 받는 '1억 캠페인'을 시작했다. 캠페인을 진행하는 과정에서 그는 수차례 위협받고 두들겨 맞았다. 그는 이렇게 말한다. "세상은 아동 노동을 종식할 능력이 됩니다. 우리에게는 기술이 있습니다. 자원이 있습니다. 법과 국제 조약이 있습니다. 우리는 모든 것을 가지고 있습니다. 우리에게 필요한 것은 타인에 대한 연민입니다. 나의 투쟁은 연민을 전 세계로 확장하기 위한 것입니다."

사티아르티처럼 전 세계를 하나의 가족처럼 생각한다면 봉사해야겠다는 동기가 생긴다. 내 자녀가 노예처럼 일하거나 내 부모가 노숙자가 되는 것을 바라지는 않을 것이다. 왜 남의 자녀나 부모에게는 그런 고난을 바라겠는가? 내 세상에 갇혀서 타인이 어떻게 사는지 보지 않는다면 봉사에 관심을 가질 수 없을 것이다. 남의 고통을 목격하면 우리는 다 함께 공유하는 인간애를 느끼고 뭔가 행동을 취해야겠다는 동기를 얻게 된다.

사티아르티 같은 영웅들 그리고 수도자들에게는(이상적으로는 우리 모두에게도) 나와 남이 따로 없다.

마음의 고통을 따라가라

◆◆◆◆◆

지금 현재 우리의 도움이 필요한 사람이나 대의는 수없이 많다. 세상 모든 사람이 해결해야 할 일이다. 그 혜택은 도움을 받는 사람과 우리 모두에게 즉시 나타날 것이다.

도움이 필요한 사람을 보면 절대로 외면하지 말아야 하지만, 어떤 종류의 봉사를 내가 가장 잘할 수 있는지 알아내 거기에 관심을 집중하는 것도 가능하고 또 필요한 일이다. 당신이 가진 연민에 기초해서 무엇을 봉사할지 선택하라. 불교학자이자 환경운동가인 조애나 메이시는 이렇게 쓰고 있다. "모든 걸 다 할 필요는 없다. 마음이 끌리는 일을 하라. 효과적인 운동은 사랑에서 나온다. 사랑은 멈출 수 없으며 그것으로 충분한 것이다."

직접 해보기: 내가 가장 잘 아는 고통을 덜 수 있는 봉사를 하라

봉사로 가는 한 가지 방법은 내가 가장 잘 아는 고통을 치유하는 것이다. 내 인생에서 길을 잃고 어려움에 빠졌다고 느꼈던 세 번의 순간을 적어보라. 우울증에 걸려서 도움을 받았을 수도 있다. 교육을 받고 싶었으나 형편이 되지 않았을 수도 있다. 길잡이가 필요했지만 딱 맞는 선생님을 만나지 못했을 수도 있다. 각 영역의 고통과 관련된 자선 단체나 운동을 찾아보라. 10대를 위한 상담 전화, 장학 기금, 멘토링 프로그램, 정치가 후원 등도 있을 것이다. 이제 그 옵션 중에서 나의 다르마에 맞는 봉사 기회를 가져본 적 있는지 살펴보라.

다르마를 통해 봉사하고 내가 공감하는 고통을 치유하는 이 방법은 『바가바드 기타』의 철학과도 일맥상통한다. 『바가바드 기타』는 당신이 어디에 있든 당신 자신을 만나며 더 높은 곳에 이를 것을 격려한다. 승려로 지낼 때 나는 아이들이 먹을 음식을 준비하고, 사원을 청소했으며, 낯선 이들에게 나눠줄 음식을 늘 가지고 다녔다. 그 외에는 그때그때 합리적이라고 판단하는 방식으로 봉사를 실천했다. 지금은 다른 플랫폼을 가지고 유튜브 캠페인을 통해 '카일라시 사티아르티 미국 아동 재단Kailash Satyarthi Children's Foundation of America'을 위한 모금을 도왔고, 1억 7000만 원에 가까운 기금을 모집할 수 있었다. 페이스북의 커뮤니티는 비영리단체 '약속의 연필 Pencils of Promise'을 위해 7000만 원 이상을 모금했다. (약 9만 원이 어린이 한 명의 1년 교육비다.) 내가 걷는 베풂의 길은 진화했지만 내가 느끼는 의미와 감사의 마음은 한결같았다.

유용한 삶의 요령을 하나 알려주겠다. '언제나 봉사가 답이다.' 봉사하면 운 나쁜 하루가 해결된다. 봉사하면 내가 지고 있는 짐이 가벼워진다. 봉사는 남을 돕고, 나를 돕는다. 우리는 아무런 보답을 바라지 않지만, 봉사의 기쁨을 얻게 된다. 봉사는 사랑을 교환하는 일이다.

봉사하는 삶을 살면, 불평하고 비난할 시간이 없다.

봉사하는 삶을 살면, 두려움이 사라진다.

봉사하는 삶을 살면, 감사함이 느껴진다. 물질에 대한 집착이 줄어든다.

봉사는 의미 있는 삶으로 가는 직통 코스다.

정신을 위한 명상: 만트라

지금까지 감사와 관계, 봉사를 통해 주변 사람들과 소통하는 방법을 알아보았다. 수련 과정에 소리 명상을 결합하여 우주의 에너지와 연결되면 좋을 것이다.

소리는 우리를 다른 곳으로 데려간다. 노래 한 곡은 고등학교 시절의 추억으로 우리를 데려갈 수도 있고, 춤을 추고 싶게 만들 수도 있고, 열정에 불을 붙일 수도 있다. 말은 그 자체로 힘을 갖고 있다. 말은 우리가 세상을 보는 방법, 성장하는 방법을 바꿀 수 있다. 주문을 외면 우리 자신이 이 에너지를 만들어낸다. 소리 명상은 말과 노래를 통해 우리를 우리의 영혼 또는 우주와 연결해 준다.

『아그니 푸라나Agni Purana』와 『바유 푸라나Vayu Purana』를 비롯한 고대 경전에는 주문을 외는 방법과 이유가 나와 있는데, 소리의 반복이 우리를 정화한다고 말한다. 소리는 마치 영혼에 정기적으로 목욕을 시켜주는 것처럼 몰입을 가져온다. 몸에 물 한 방울을 떨어뜨리고 깨끗하기를 바랄 수는 없다. 깨끗해지려면 물속으로 들어가야 한다.

소리의 가치를 인정하는 것은 현대에 와서도 마찬가지였다. 전설의 발명가 니콜라 테슬라Nikola Tesla는 이렇게 말했다. "우주의 비밀을 찾고 싶다면 에너지, 주파수, 진동으로 생각하라." 테슬라는 진동을 이용해서 치유의 장場을 만들어내는 기계들을 광범위하게 실험했다. 무슨 신비주의 얘기처럼 들릴지 모르겠지만 실제로 현대 과학은 테슬라의 진동식 치유 연구를 부활시키는 중이다. 현대 뇌 과학 연구 역시 고대의 치유 의식이 가진 치유력에 대한 과학적 설명을 찾아내기 시작했다. 반복적인 북소리나 노래 등이 무의식으로 가는 길을 열어줄 수 있다든가 하는 것처럼 말이다.

승려들은 명상할 때 '단언의 말'이나 만트라를 반복하는 식으로 소리의 힘을 이용한다. 단언의 말이란 내가 의도로 정하고 싶은 것을 한 단어나 한 구절로 나타내는 것이다. 나에게 영감을 불러일으키는 말이라면 무엇이든 상관없다. 내 고객 한 명이 가장 좋아하는 단언의 말은 이것이다. "나만의 속도로, 내가 원할 때." 레시마 소자니Reshma Saujani의 『완벽이 아니라 용기를Brave, Not Perfect』(한국어판 표제는 『여자는 왜 완벽하려고 애쓸까』 - 옮긴이)을 읽은 내 친구는 책 제목을 한동안 주문으로 사용했다. 내가 또 좋아하는 주문 중에는 '이 또한 지나가리라'도 있다. 시인 라이너 마리아 릴케Rainer Maria Rilke의 '모두 다 살아보라' 같은 시의 한 구절도 좋고, 올림픽 아이스하키팀 코치였던 허브 브룩스Herb Brooks의 '이 순간은 네 거야' 같은 스포츠 명언도 괜찮다. 제이지Jay-Z의 '툭툭 털어버려' 같은 노래 가사도 있고, '우-사'(「나쁜 녀석들 2」를 추억하며) 같은 영화 대사도 좋다. 뭐든 내 인생에서 더 개발하고 싶은 에너지나 생각과 연결해 주는 것이면 효과가 있을 것이다. 아침 명상이나 저녁 명상에 주문을 추가해 보라. 주문을 외는 내 목소리를 들으며 잠에서 깨거나 잠이 드는 것은 아름다운 일이다.

단언의 말은 내가 나에게 말하는 방식을 바꾸고, 만트라는 내가 우주에 말하는 방식을 바꾼다. 깊은 뜻을 파고들면 '만트라'는 '마음을 초월한다'는 뜻이다. 만트라는 생각을 표현하는 영적인 소리이고, 우리 자신보다 더 큰 어떤 힘을 소환하는 의미가 있다. 만트라는 연호할 수도 있고 다 함께 노래할 수도 있다. 우리는 명료한 것을 찾고 듣기 위해서 명상한다. 우리는 더 높은 힘과 연결되고 그와 함께하기 위해 기도한다. 주문을 외는 것은 둘 다. 우주와의 대화다.

가장 오래되고 흔하고 신성한 만트라는 '옴Om'이다. 『베다』 경전에서 이 소리는 많은 뜻이 있는데, 무한한 지식에서부터 존재하는 모든 것의 정수, 베다 전체를 뜻하기도 한다. 옴은 또한 '프라나바pranava'라고 부른다. 대략 '신께서 칭송받는 소리'라는 뜻이다. 만트라를 욀 때 옴은 'A-U-M'이라는 3음절로 이루어져 있다. 베다 전통에서는 이 부분이 중요한데, 왜냐하면 각 소리가 서로 다른 상태(깨어 있음, 꿈, 숙면) 혹은 시기(과거, 현재, 미래)를 구현하기 때문이다. '옴'이라는 단어는 모든 것을 나타낸다.

옴에서 나오는 진동은 미주 신경을 자극하는 것으로 알려져 있다. 미주 신경은 염증을 감소시킨다. 미주 신경 자극은 우울증 치료에도 사용되며, 연구자들은 옴을 외는 것이 기분에 직접적인 영향을 주는지도 연구 중이다(뇌의 정서 중추 중 하나를 진정시키는 것이 이미 밝혀졌다).

만트라에 음을 붙이면 '키르탄kirtan'이라고 하는데, 일종의 부르고 답하는 형식으로 되어 있으며, 아슈람에서도 자주 사용한다. 비슷한 경험을 할 수 있는 예로 경기장에서 팬들이 구호를 연호하는 것(술과 욕설은 빼고)이 있다. 이때 만들어지는 분위기에서 단결된 에너지를 느낄 수 있다.

아파서 잠시 목소리를 잃은 적이 있었다. 나는 지도 스님에게 연락해서 이렇게 물었다. "만트라를 욀 수가 없는데 명상을 어떻게 할 수 있을까요?"

스님은 이렇게 말했다. "만트라는 입으로 외는 게 아닙니다. 늘 마음에서 나오는 것입니다." 스님의 말씀은 다른 모든 활동처럼 중요한 것은 헌신과 사랑이 가득한 의도라는 얘기였다. 마음은 설명도 완벽도 초월한다.

직접 해보기: 소리로 보라

아래에서 설명하는 소리 연습을 다음과 같이 시작하라.

1. 편안한 자세를 취한다. 의자에 앉거나 쿠션을 사용해 똑바로 앉거나 눕는다.
2. 눈을 감는다.
3. 시선은 아래를 향한다.
4. 이 자세에서 마음을 편히 한다.
5. 차분함, 균형, 느긋함, 고요함, 평화로움을 자각한다.
6. 마음이 딴 길로 벗어나면 언제든지 부드럽게 다시 마음을 차분함, 균형, 느긋함, 고요함, 평화로움으로 데려온다.
7. 아래의 만트라를 세 번씩 왼다. 만트라를 욀 때는 각 음절에 집중한다. 진동을 또렷이 들을 수 있을 만큼 또박또박 발음한다. 만트라를 진정으로 진실하게 반복하면서 더 통찰력 있고 축복받고 봉사로 가득 찬 삶을 떠올리며 만트라를 실제로 느껴본다.

1. 옴 나모 바가바테 바수데바야

'아름다움과 지성, 힘, 부, 명성, 초탈의 화신이신 모든 이의 마음에 가득한 신께 칭송을 바칩니다.'
요가 수행자와 현자들이 수천 년간 외워온 만트라다. 우리를 정화하고 힘을 주며 만물에 깃든 신과 연결해 준다. 특히 통찰과 길잡이가 필요할 때 외면 좋다.

2. 옴 탓 삿

'절대 진리는 영원하다.'
『바가바드 기타』에 나오는 만트라다. 신성한 에너지를 나타내며 강력한 축복을 불러들인다. 모든 일은 사랑과 봉사의 실천이다. 중요한 일을 시작하기 전에 왼다면 의도를 가다듬고 균형 감각과 일체성을 갖는 데 도움이 된다.

3. 로카 사마스타 수키노 바반투

'사방 만물이 행복하고 자유롭기를. 내 삶의 생각과 말, 행동이 모두를 위한 그 행복과 자유에 어떤 식으로든 기여하기를.'

지바묵티(Jivamukti) 요가를 통해 널리 알려진 이 아름다운 만트라는 나자신을 넘어 멀리 보고 우주 속에 우리의 위치를 기억하라고 일깨워 준다.

여러분이 이 책에서 뭔가 영감을 얻었길 바란다. 이 책을 손에서 놓으며 새로운 시작을 계획할 수도 있을 것이다. 어쩌면 나의 루틴을 어떻게 바꿀지, 내 마음에 귀를 기울일 새로운 방법은 없을지, 내 삶에 더 감사할 방법은 무엇일지를 생각할지도 모르겠다. 그러나 내일 아침 일어나면 현실은 또 삐걱거릴 것이다. 알람 소리를 못 듣고 계속 잘지도 모른다. 뭔가가 어그러질 것이다. 중요한 약속이 취소될 것이다. 우주가 갑자기 당신이 회사까지 가는 길을 모두 녹색불로 바꿔주지는 않을 것이다. 책을 한 권 읽으면, 수업을 하나 들으면, 방법을 바꾸면, 모든 게 해결되리라고 생각하는 것은 착각이다. 외부 요인이 완벽한 경우는 절대로 없을 것이다. 완벽이 우리의 목표도 아니다. 삶은 뜻대로 되지 않을 것이다. 내 길을 가면서 그 길에 삶을 데려가야 한다. 이 점을 이해하면 무슨 일이 벌어져도 대비할 수 있다.

모든 사람이 평화와 목적을 찾을 수 있는 만능 대책은 없다. 그곳에 도착하기 위해서는 나만의 속도로 내가 원하는 때에 내가 삶에서 원하는 것에 반응하고, 대처하고, 헌신하는 데 초점을 맞추도록 내 마음을 훈련해야 한다. 삶이 갑자기 틀어지면 그 초점으로 다시 돌아가야 한다. 내가 친절하기로 결심했는데, 누군가 나에게 무례하게 군다면 되돌아가는 게 내가 원하는 일일 것이다. 아침에 일어나 직장에서 내 다르마에 초점을 맞추겠다고 결심했는데, 상사가 나의 강점과 맞지 않는 과제를 준다면 내 다르마를 사용할 방법을 찾아내는 것은 내 몫이다. 실패했다면 과정을 비난하지도, 당신 자신을 비난하지도 마라. 회복하고 다시 내가 원하는 것에 유연하게 초점을 맞출 자유를 자신에게 줘야 한다. 세상은 내 편도, 남의 편도 아니다. 매 순간 내 현실을 창조하는 사람은 나다.

이 책 곳곳에서 우리는 패러독스와 마주쳤다. 두려움과 멀어지려면 두려움에 다가가야 한다고 했다. 루틴 속에서 새로운 것을 찾고, 자신감과 겸손을 가지고, 이타적이 되도록 충분히 이기적이어야 한다고 했다. 우리는 이분법적 세상에 살고 있다. 패러독스가 좋은 점은 두 가지 상반된 생각이 공존할 수 있다는 점이다. 삶은 컴퓨터 프로그램이 아니다. 삶은 춤이다.

「가라테 키드The Karate Kid」에서 미야기 선생은 이렇게 말한다.

"춤을 출 줄 모르는 영적 지도자는 신뢰하지 마라." 춤을 출 때는 규칙이 없다. 어떤 음악이 나오든 마음을 열어야 한다. 우리는 강점이 있고 약점이 있다. 다음 동작에서 넘어지거나 망설일 수도 있고, 열정이 지나치는 순간도 있을지 모른다. 그러나 멈춰서는 안 된다. 무질서하더라도 아름답게 계속해서 춤을 추어야 한다. 수도자의 마음은 댄서처럼 유연하고 자제력이 있으며 언제나 현재에 충실하다.

수도자의 방법

◆◆◆◆◆

유연성을 찾고 자제력을 갖는 데 명상보다 더 좋은 방법은 없을 것이다. 명상은 춤을 추는 동안 다음 동작을 알아낼 수 있게 도와준다. 명상하면 이 순간 최선의 모습을 발휘하기 위해 지금 당장 어떤 사람이 되어야 할지 분명히 알 수 있다. 호흡은 마음과 연결되고, 노래를 부르면 영혼이 고양되며, 그렇게 활력이 넘치고 합일된 순간에 답을 찾을 수 있다.

앞서 세 가지 유형의 명상을 소개했다. 이제 그 세 가지(호흡법, 떠올려보기, 만트라)가 모두 포함된, 매일 할 수 있는 연습을 알려줄 것이다. 형태는 약간 다르지만 나도 이 명상을 매일 한다. 아침에 양치와 샤워를 한 후에 가장 먼저, 그리고 밤에 잠자리에 들기 전에 가장 마지막으로 이 명상을 하는 습관을 들여라.

매일 21분씩 명상하는 것에 습관을 들여라. 타이머를 이용해서 호흡법, 떠올려보기, 만트라에 각각 7분씩 사용하라. 더 많이 명상할 준비가 되면, 21분씩 하루 두 번으로 늘려라. 아침에 제일 먼저, 그리고 저녁에 하는 것이 가장 좋다. 항상 시작은 호흡법으로 하라. 본격적으로 운동하기 전 준비운동을 하는 것과 마찬가지로 호흡법은 절대 건너뛰면 안 된다!

1. 편안한 자세를 취한다. 의자에 앉거나 쿠션을 가지고 똑바로 앉거나 눕는다.

2. 눈을 감고 시선을 내린다. 차분함, 균형, 편안함, 고요함, 평화를 의식한다. 마음속이 잡담과 어수선함으로 번잡한 것은 자연스러운 일이다. 마음이 헤맬 때면 언제나 부드럽게 다시 차분함, 균형, 편안함, 고요함, 평화로 돌아온다.

3. 이 자세에서 마음을 편안하게 한다. 어깨를 뒤로 젖히고, 목과 몸을 늘이고, 차분함, 균형, 편안함, 고요함, 평화가 있는 곳을 찾는다.

4. 이제 나의 자연스러운 호흡 패턴을 자각한다. 코로 들이마시고 입으로 내쉰다.

5. 심호흡한다. 4-3-2-1 동안 숨을 들이마신다. 1-2-3-4 동안 숨을 내쉰다.

6. 들이쉬는 시간과 내쉬는 시간을 같게 해 신체와 호흡을 조율한다.

7. 스스로 느끼기에 5분쯤이라고 생각되는 동안 그렇게 한다. 처음에는 5분이 지났음을 알려주는 유쾌한 소리로 타이머를 맞춰도 좋다.

8. 이렇게 자문해 본다.

   '오늘 내가 감사한 것은 뭐지?'

   호흡을 통해 감사하는 마음을 들이마시고, 부정적이거나 해로운 에너지는 내뱉는다.

9. 이제 기쁨과 행복, 감사로 가득 찬 기억을 떠올려본다. 볼 수 있는 것 다섯 가지, 만질 수 있는 것 네 가지, 들리는 것 세 가지, 냄새를 맡을 수 있는 것 두 가지, 맛볼 수 있는 것 한 가지를 떠올린다. 그 순간에 사랑을 취해서 그 사랑이 온몸을 타고 내려가는 것을 떠올려본다. 발에서 다리, 엉덩이, 배, 가슴, 팔, 등, 목, 머리로 흐른다. 사랑과 기쁨, 감사하는 마음을 신체 각 부분에 나눠준다. 5분간 이렇게 한다.

10. 이렇게 자문해 본다.

    '오늘 내 의도가 뭐지?'

    친절인가, 자신감인가, 집중인가? 지금 의도를 정하라.

11. 다음의 말을 세 번씩 반복한다.

    "나는 내가 되려는 사람에 만족합니다. 나는 모든 기회와 가능성에 마음을 엽니다. 나는 진정한 사랑을 받을 가치가 있습니다. 나는 내가 가진 모든 것을 다해 봉사할 준비가 되어 있습니다."

12. 다음의 만트라를 세 번 외는 것으로 연습을 끝낸다.

    '로카 사마스타 수키노 바반투.' (443페이지 참조)

효과 발견하기

◆◆◆◆◆

이제 막 승려가 된 사람이 스승에게 가서 말했다. "저는 명상을 형편없이 못하는 것 같습니다. 발도 저리고 바깥 소음에 계속 딴생각이 납니다. 불편하지 않은 순간은 거의 잠이 든 거나 마찬가지일 때뿐입니다."

"지나갈 겁니다." 스승이 간단히 말했다. 하지만 스승의 표정으로 보아 대화가 끝났음을 알 수 있었다.

한 달 후 승려는 스승 옆으로 가서 의기양양한 미소를 띠며 말했다. "제가 해결한 것 같습니다! 아주 고요한 느낌이에요. 그 어느 때보다 집중한 기분입니다."

"지나갈 겁니다." 스승이 대답했다.

명상에 어떤 목표나 성공의 척도는 없다. 결과를 바라지 마라. 그냥 계속하라. 4주에서 12주 정도 꾸준히 해보면, 효과를 느끼기 시작할 것이다.

명상을 제대로 하고 있다는 첫 번째 신호는 명상을 쉬면 명상이 하고 싶어지는 것이다. 누군가가 그리운 것은 그 사람을 보지 못했을 때다. 매일 식사를 하면 영양이나 에너지 공급에 관해 별로 생각하지 않게 된다. 하지만 하루를 굶으면 음식의 힘이 얼마나 큰지 알 수 있다. 명상도 마찬가지다. 제대로 습관이 되고 나면 명상을 못했을 때 티가 난다.

두 번째로 느끼게 될 효과는 내 머릿속에서 일어나는 일에 대한 자각이 높아지는 것이다. 명상하는 데 피곤함이 느껴진다면 잠을 더 자라고 명상이 알려주는 것이다. 명상은 신호 내지는 거울과 같다. 집중이 안 된다면 내가 산만한 생활을 하고 있고 질서와 균형, 단순함을 느끼고 싶다는 것이다. 5분도 생각을 멈출 수 없다면 뭔가를 개선해야 한다는 분명한 신호다.

명상의 가장 중요한 세 번째 효과는 매번 차분하고 완벽한 기분이 들지는 않겠지만 서서히 장기적인 자제력이 생긴다는 점이다. 녹즙을 마셔보면 매번 맛이 훌륭하지는 않다. 신선한 오렌지 주스 한 잔이 보기에도 좋고 맛도 좋다. 하지만 달갑지 않은 녹즙이 장기적으로는 몸에 더 좋다. 명상에 능해지면 자신의 전반적 태도가 바뀌었다는 게 느껴질 것이다. 직관이 날카로워질 것이다. 자기중심적이 되지 않으면서도 삶을 더 객관적으로 관찰할 수 있을 것이다. 인식이 확장되면서 평화롭고 목적이 있는 느낌이 들 것이다.

현재와 영원

◆◆◆◆◆

생명은 호흡과 함께 시작되고 호흡은 하루를 버티게 하며 호흡이 끊어지면 생명도 끝난다. 수도자들은 현재에 집중하면서도 늘 미래를 의식한다. 수도자들은 내 영향력의 크기로 생을 판단하지 않고 사람들에게 어떤 느낌을 주었느냐로 삶을 판단한다. 수도자들은 인류에 끼치는 영향력을 통해 어떻게 하면 사랑과 보살핌을 나눠주고 지원하고 소통하고 만들어내며 살아갈 수 있을지 늘 고민한다.

우리는 어떤 식으로 기억될까? 우리는 무얼 남기고 갈까?

궁극적으로 죽음이란 가장 큰 성찰의 지점이다. 거기까지 오게 한 모든 것을 성찰할 마지막 순간을 상상한다면 말이다.

죽음을 앞둔 사람들이 표현하는 가장 흔한 후회는 다음과 같다.

> 아끼는 사람들에게 사랑을 표현했다면 좋았을 텐데.
>
> 일을 그렇게 많이 하지 않았더라면 좋았을 텐데.
>
> 더 즐겁게 살았더라면 좋았을 텐데.
>
> 타인을 위해 더 많은 일을 했더라면 좋았을 텐데.

후회의 대부분이 무언가를 '하지 않은 것'에 대한 것임에 주목하라. 수도자들은 우리가 죽음을 준비해야 한다고 생각한다. 생의 마지막 날이 되어서야 내가 목적을 갖고 봉사하면서 의미 있는 삶을 살지 않았다는 사실을 알고 싶지는 않을 것이다.

이 책에서 우리가 함께 고민한 주제들을 생각해보라. 죽음에 직면했을 때 우리는 반드시 온전히 정화되고, 타인의 요구라고 생각하는 것에서 자유로운 상태여야 한다. 비교와 비난에서 자유롭고, 내 두려움의 뿌리를 직면한 이후여야 한다. 물질적 욕망에서 자유롭고, 다르마를 따르며 살고 있어야 한다. 내 시간을 잘 보냈고, 마음의 요구에 굴복하지 않았어야 한다. 자존심에서 자유롭고, 받은 것보다 더 많이 베풀었어야 한다. 내가 받은 모든 것을 나눠주고, 자격에서 자유롭고, 잘못된 인연이나 기대에서 자유로워야 한다. 스승이면서 동시에 학생으로 남았던 삶을 돌이켜본다면 얼마나 보람될지 한번 상상해 보라.

언젠가 죽을 거라는 사실을 성찰하면 내가 가진 시간을 귀하게 여기고 내 에너지를 현명하게 쓰게 된다. 목적이 없이 살거나 봉사할 기회를 잃거나 꿈과 열망을 마음속에 품은 채로 그대로 죽기에는 인생이 너무 짧다. 무엇보다 우리가 떠날 때는 우리가 오기 전보다 사람들은 더 행복해지고 더 살기 좋은 곳이 되어야 한다.

단점을 고쳐가는 것은 끝이 없는 과제다. 인내심을 가져라. 어느 학생이 스승에게 물었다. "다르마를 충실히 좇고 있습니다. 깨달음을 얻으려면 얼마나 걸리겠습니까?"

스승은 숨도 쉬지 않고 말했다. "10년입니다."

학생이 참지 못하고 말했다. "정말 열심히 노력한다면 어떻습니까? 필요하다면 매일 하루 열 시간 이상 수련하겠습니다. 그러면 얼마나 걸리겠습니까?"

스승은 잠시 생각하고 나서 말했다. "20년입니다."

학생이 서두르려 한다는 바로 그 사실이 10년이 더 걸릴 거라는 증거였다.

산스크리트어로 '수도자'를 뜻하는 '브라마차리아brahmacharya'는 '학생'이라는 뜻도 되지만 '에너지를 바르게 사용한다'는 뜻도 된다. 수도자의 마음가짐을 가졌다고 해서 모든 것을 다 알아낸 것은 아니다. 수도자의 마음가짐은 에너지를 바르게 사용하는 길이 학생으로 남는 것임을 인정한다. 배움은 영원한 과정이다. 우리가 머리를 한 번만 자르고 말거나 마당의 잔디를 한 번만 깎지는 않는다. 마찬가지로 수도자처럼 생각하는 일은 계속해 나가야 한다. 마찬가지로 수도자의 마음가짐을 '유지'하려면 자각과 원칙, 근면, 집중, 끊임없는 실천이 필요하다. 쉬운 일이 아니지만 필요한 도구는 이미 우리 손에, 가슴에, 머리에 있다.

당신은 수도자처럼 생각하는 데 필요한 모든 것을 가지고 있다.

우주를 관통하는 우리의 길을 찾으려면 먼저 진심으로 질문해야 한다. 새로운 곳으로 여행을 떠나거나 아무도 나를 모르는 곳으로 가도 좋다. 자동조종 모드를 해제하고 나 자신과 주변 세상을 새로운 눈으로 보라. **알아채고, 멈추고, 바꿔라.** 나에게 영향을 미치는 힘을 객관적으로 관찰하고, 망상이나 잘못된 믿음과 결별하고, 나에게 의욕을 불어넣고 내가 의미 있다고 느끼는 것들을 계속해서 찾게끔 마음을 훈련하라.

이 순간 수도자라면 어떻게 할까?

의사결정을 내릴 때, 다툼이 있을 때, 주말 계획을 세울 때, 겁이 나거나 화가 나거나 길을 잃었을 때, 이렇게 질문을 하라. 99퍼센트는 답을 찾을 것이다.

그리고 결국 진정한 자아를 발견하고 나면, 수도자라면 어떻게 할지 물어볼 필요조차 없을 것이다. 그냥 이렇게 물으면 될 것이다. '나는 어떻게 할까?'

직접 해보기: 두 가지 죽음 명상

나 자신의 죽음을 상상해 보면 인생의 조감도가 생긴다. 크게 무언가를 바꾸거나 새로운 기술을 배우거나 여행을 가는 등 무언가를 할지, 말지 고민될 때는 언제나 죽음 명상을 시도해 보라. 새해가 시작될 때는 언제나 죽음 명상을 해볼 것을 권한다. 새해에 새로운 길을 개척할 수 있을 것이다.

1. 피할 수 없는 것을 떠올려보면 충만한 삶을 사는 데 필요한 교훈을 모두 얻을 수 있다. 80세나 90세로 나 자신을 '빨리감기' 해보라. 오래 살고 싶더라도 죽음 직전의 나를 상상해 보라. 미래의 나에게 다음과 같이 물어보라.

   무엇을 했다면 좋았을 것 같은가?
   어떤 경험을 가졌다면 좋았을 것 같은가?
   더 관심을 주지 않아서 후회되는 것은 무엇인가?
   어떤 기술을 익혔다면 좋았을 것 같은가?
   무엇에 초연했더라면 좋았을 것 같은가?

질문의 답을 이용해 나 자신에게 동기를 부여하라. 죽기 직전에 후회하지 말고 그 바람들을 오늘 실천하라.

2. 내 장례식에서 나는 어떤 사람으로 기억되고 싶은지 상상해 보라. 사람들이 나를 어떻게 생각했는지, 누가 나를 사랑했는지, 내가 죽고 얼마나 슬퍼할지에 초점을 맞추지 마라. 대신에 내가 미친 영향력을 생각해 보라. 이번에는 오늘 내가 죽으면 어떻게 기억될지 상상해 보라. 두 이미지 사이에 차이는 무엇인가? 이 역시 나의 유산을 남기는 데 자극이 될 것이다.

수도자의 마음가짐을 '유지'하려면

자각과 원칙, 근면, 집중, 끊임없는 실천이 필요하다.

쉬운 일이 아니지만 필요한 도구는 이미 우리 손에, 가슴에,

머리에 있다. 당신은 수도자처럼 생각하는 데

필요한 모든 것을 가지고 있다.

부록

Think Like a Monk

☑ 베다 성격 테스트

다음의 질문을 읽고 친구, 가족, 사회가 나에게 시키는 것 말고, 자신이 생각하기에 '나'의 핵심에 가장 가까운 것을 골라라.

1. 나에게 가장 중요한 것은 무엇인가?

a. 가치와 지혜

b. 성실과 완벽

c. 일할 때는 열심히 일하고, 놀 때는 열심히 논다.

d. 안정성과 균형

2. 친구들 사이에서 혹은 가족과 함께할 때 나의 역할은 무엇인가?

a. 내 역할은 중재자다. 충돌을 해결하고 사람들을 중재하는 일이 맞는다.

b. 내 역할은 보호자다. 모든 사람과 모든 일을 돌보려고 한다.

c. 내 역할은 물질적 지원이다. 가족들이 성실히 일하고, 최선을 다하고, 필요한 것들을 갖추도록 돕는다.

d. 내 역할은 정서적 지원이다. 가족들이 건강하고 가진 것에 만족하는 데 초점을 맞춘다.

3. 내 배우자에게 가장 중요한 것은 무엇인가?

a. 정직하고 똑똑해야 한다.

b. 건재하고 힘이 있어야 한다.

c. 재미있고 역동적이어야 한다.

d. 믿을 만하고 나를 존중해야 한다.

4. 가장 자주 보는 TV 프로그램은 어떤 것인가?

a. 다큐멘터리, 일대기, 사람 관찰

b. 엔터테인먼트, 정치, 시사

c. 코미디, 스포츠, 드라마, 동기부여가 되는 이야기

d. 연속극, 리얼리티 쇼, 가족, 가십, 주간 토크쇼

5. 스트레스를 받을 때 나는 어떻게 행동하는가?

a. 차분하고 침착하고 균형 잡혀 있다.

b. 짜증나고 실망하고 화가 난다.

c. 변덕스럽고 시끄럽고 부산하다.

d. 나른하고 우울하고 걱정이 많다.

6. 가장 고통스러운 것은 어느 것인가?

a. 나 자신의 기대치에 부응하지 못한 기분

b. 국제 정세

c. 거절당한 기분

d. 친구, 가족과 단절된 기분

7. 어떤 방식으로 일하는 것이 가장 좋은가?

a. 혼자서. 단 멘토와 가이드 필요.

b. 리더로.

c. 독립적으로. 단 강력한 네트워크 필요.

d. 팀원으로.

8. '이상적인' 나라면 남는 시간을 어떻게 보내는가?

a. 독서, 깊은 토론, 성찰

b. 이슈 학습, 정치 행사 참석

c. 남는 시간 따위는 없다! 인맥을 쌓고, 소통하고, 일하기에 바쁘다.

d. 가족 및 친구들과 즐겁게 지낸다.

9. 나를 세 단어로 설명하면?

a. 이상적이고, 내성적이고, 통찰력이 있다.

b. 주도적이고, 헌신적이고, 결연하다.

c. 열정적이고, 의욕적이고, 상냥하다.

d. 잘 보살피고, 사랑이 많고, 의리가 있다.

10. 내가 일을 가장 잘할 수 있는 업무 환경은?

a. 외지고, 조용하고, 자연이 있는 곳

b. 회의실 또는 집회 장소

c. 어디든 상관없다(통근 시간, 커피숍, 침실).

d. 일의 유형과 딱 맞는 공간: 집, 사무실, 실험실

11. 나의 업무 스타일은?

a. 느리고 생각이 많다.

b. 집중하고 체계적이다.

c. 서둘러 빠르게 처리한다.

d. 구체적이고 계획적이다.

12. 세상을 어떻게 바꾸고 싶은가?

a. 지식 전파를 통해

b. 정치와 사회운동을 통해

c. 비즈니스와 리더십을 통해

d. 지역사회를 통해

13. 휴가 준비를 어떻게 하는가?

a. 책이나 잡지 등을 활용한다.

b. 방문할 곳의 핵심 지역 위주로 계획을 세운다.

c. 최고의 술집, 클럽, 식당 목록을 가져간다.

d. 느긋하게 생각한다.

14. 어려운 대화는 어떻게 처리하는가?

a. 타협한다.

b. 가장 객관적인 진실을 위해 싸운다.

c. 내가 옳다는 것을 증명하기 위해 싸운다.

d. 대립을 피한다.

15. 나에게 중요한 사람이 힘든 일주일을 보냈다면 나는 어떻게 하는가?

a. 조언과 안내를 해준다.

b. 상대를 보호하려 하고 더 잘할 수 있다고 격려한다.

c. 술을 한잔하고 함께 산책하자고 한다.

d. 옆에 있어 준다.

16. 나는 거절을 어떻게 생각하는가?

a. 삶의 일부분이다.

b. 내가 해결할 수 있는 난관이다.

c. 실망스럽지만 다음으로 넘어간다.

d. 큰 차질이다.

17. 행사나 파티에서 나는 시간을 어떻게 보내는가?

a. 한두 사람과 의미 있는 대화를 나눈다.

b. 보통 여러 사람과 이야기를 나눈다.

c. 시간이 지나면 내가 관심의 중심이 되어 있다.

d. 필요한 것은 무엇이든 돕는다.

18. 실수를 저지르면 어떤 기분이 드는가?

a. 죄책감과 수치심이 든다.

b. 모두에게 말하고 싶다.

c. 숨기고 싶다.

d. 나를 응원해줄 사람에게 연락한다.

19. 큰 결정을 내려야 할 때 나는 어떻게 하는가?

a. 혼자서 조용히 고민한다.

b. 멘토와 안내자에게 물어본다.

c. 장단점을 따져본다.

d. 가족이나 친구들과 대화를 나눈다.

20. 나의 일상 루틴을 가장 잘 설명하는 것은?

a. 그때그때 달라진다.

b. 하나에 초점이 맞춰져 있고 체계적이다.

c. 등장하는 최고의 기회를 쫓는다.

d. 단순하고 일정이 정해져 있다.

해설

답을 세어보라. 가장 많이 나온 글자가 나의 바르나를 반영할 가능성이 크다.

A. 길잡이

B. 리더

C. 창안가

D. 제작자

　나는 이 책에서 여러 종교와 문화, 우리에게 영감을 주는 많은 리더와 과학자들의 지혜를 끌어왔다. 누군가의 말이나 개념을 인용할 때마다 출처를 밝히려고 최선을 다했고, 이 글도 그런 노력의 일환이다. 일부 경우에는 멋진 말이나 개념을 발견했으나 출처가 여럿인 경우도 있었고, 출처가 전혀 구체적이지 않고 두루뭉술하기도 했으며, 고대 문헌이라고는 하나 원문의 위치를 정확히 찾을 수 없기도 했다. 이런 때에는 연구원의 도움을 받아 자료의 출처를 확인했다. 그렇게 독자들에게 최대한 유용한 정보를 제공하려고 노력했음을 밝힌다.

| 감사의 말 |

변변치 않은 내가 시대를 초월한 혁신적인 지혜를 이렇게 많은 분과 공유할 수 있어 참으로 감사한 마음이다. 혼자서는 절대로 해내지 못했을 것이다. 『바가바드 기타』는 여러 사람의 힘으로 편찬되어 보존되고 공유되다가 부활했는데, 이 책도 다르지 않다. 3년 전에 댄 쇼벌이 나를 제임스 러바인이라는 뛰어난 에이전트에게 소개했다. 러바인은 정말 놀라운 사람으로 자신이 작업하는 모든 프로젝트에 대단한 신념을 지녔다. 그의 지도, 전략, 우정 덕분에 이 책을 작업하는 전 과정이 정말로 즐거웠다. 또한 무한한 친절을 베풀어준 동시에 이 책을 위해 밤잠 설치며 한없이 헌신한 트루디 그린에게 고맙다는 말을 전한다. 수도승의 마음으로 이 책이 완벽해질 때까지 부단히 격려해준 이먼 돌런에게도 감사한다. 나를 믿고 이 책이 완성될 때까지 줄곧 함께해준 존 카르프에게도 고맙다. 수많은 대화와 역동적인 토론을 이끌어준 힐러리 리프틴에게도 감사한다. 끝없는 열정과 뭐든 할 수 있다는 자세로 임해준 켈리 매드런에게도 고맙다. 내가 마감일을 놓치지 않게 해준 룰라 자브리에게도 감사한다. 헌신적으로 팩트체크 해준 벤 칼린에게도 고맙다. 아름다운 삽화로 시대를 초월한 이 개념들에 생명을 부여해준 크리스티 영에게도 감사한다. 각종 출처를 검증해준 옥스퍼드 힌두 연구 센터와 특히 샤우나카 리시 다스에게 감사한다. 수도승에 관한 세계 최고 과학자들의 여러 연구를 내게 알려준 로리 산토스에게도 고맙다. 나의 비전에 생명력을 부여한 사이먼 앤 슈스터의 모든 팀원에게도 감사한다. 처음부터 열정적이고 헌신적으로 힘써준 영국 하퍼콜린스의 올리버 말콤 팀에게도 고맙다.

내가 나를 아직 믿지 못하던 때에 나의 잠재력을 알아보도록 격려해준 토머스 파워에게 고맙다. 나의 열정을 믿고 이 작업을 아리아나 허핑턴에게 소개해준 엘린 슈크에게 감사한다. 허프포스트에서 커리어를 시작하게 도와준 대니 시아와 딘 카츠에게도 고맙다. 2016년에 내가 이 책에 관한 아이디어를 처음으로 의논했고 이후 내 아이디어 파트너가 되어 미국에서 지원을 아끼지 않았던 카라 프레이스에게도 감사한다. 〈투데이〉 쇼에 나갔을 때 관심을 보여준 사바나, 호다, 크레이그, 알, 카슨에게도 고맙다. 나를 믿고 자신의 플랫폼을 활용해 그녀의 관객들과 만나게 해준 엘런에게도 고맙다. 〈레드 테이블 토크〉에 나를 초대해준 제이다 핀켓 스미스, 윌로 스미스, 애드리언 밴필드 노리스에게도 고맙다.

지난 몇 년은 정말로 놀랍고 멋진 시간이었다. 여러분이 온라인에서 나를 통해 보았던 모든 것이 가능했던 것은 모두 오프라인에서 나를 위해 힘써준 사람들 덕분이다. 언제나 나에게 삶의 진정한 의미를 일깨워주는 라다나스 스와미에게 감사한다. 처음부터 모든 것을 지켜보며 나를 인도해준 가우랑가 다스에게 감사한다. 이 책에 나오는 모든 자질과 덕목을 언제 어디서든 늘 최고 수준으로 보여주는 나의 멘토 스루티다르마 다스에게도 감사한다. 내가 강연만 하고 싶다고 했을 때도 늘 나에게 책을 쓰라고 격려했던 수타파 다스에게도 감사한다. 달라이 라마와 틱낫한의 가르침은 큰 영감을 주었다. 언젠가 만나 뵙고 감사를 표할 날이 오기를 고대한다. 그리고 내가 멘토로 있을 때 상상조차 못 할 많은 가르침을 준 모든 멘티에게도 감사한다.

『베다』『바가바드 기타』 그리고 그것들을 부단히 전 세계에 전파한 스승들이 없었다면 이 책은 존재할 수 없었을 것이다. 오늘날 가장 널리 읽히는『바가바드 기타』를 만든 스릴라 프라부파다와 에크낫 이스워런에게 감사한다. 나에게 얼마나 큰 가르침을 주었는지조차 잘 모르고 있을, 아슈람과 전 세계에 있는 내 스승님들께 감사의 마음을 전한다.

이타적 봉사의 화신과도 같은 내 어머니, 내가 되고 싶은 사람이 되도록 허락해 주신 아버지께 감사의 인사를 전한다. 나의 말도 안 되는 결정들을 늘 지지해 주고 무조건 나를 사랑해 주는 여동생에게도 고맙다.

이 책을 읽어준 모든 독자분께 각별한 감사의 마음을 전한다. 여러분은 이미 수도자처럼 생각하고 있었음을 이제는 마음으로 받아들일 것이다.

- '나무를 심되 그늘을 바라지 마라': Paraphrase of Nelson Henderson from Wes Henderson, *Under Whose Shade: A Story of a Pioneer in the Swan River Valley of Manitoba* (Ontario, Canada: W. Henderson & Associates, 1986).
- 욘게이 밍규르 린포체의 두뇌 활동 연구: Daniel Goleman and Richard J. Davidson, *Altered Traits: Science Reveals How Meditation Changes Your Mind, Brain, and Body* (New York: Penguin Random House, 2017); Antoine Lutz, Lawrence L. Greischar, Nancy B. Rawlings, Matthieu Ricard, and Richard J. Davidson, "Long-Term Meditators Self-Induce High-Amplitude Gamma Synchronicity During Mental Practice," *Proceedings of the National Academy of Sciences* 101, no. 46 (November 16, 2004): 16369–16373, https://doi.org/10.1073/pnas.0407401101.
- 노화의 징후를 적게 보였다: Goleman and Davidson, *Altered Traits*.
- 마티유 리카르의 뇌를 촬영한 연구: Frankie Taggart, "This Buddhist Monk Is the World's Happiest Man," *Business Insider*, November 5, 2012. https://www.businessinsider.com/how-scientists-figured-out-who-the-worlds-happiest-man-is-2012-11; Daniel Goleman and Richard J. Davidson, *Altered Traits: Science Reveals How Meditation Changes Your Mind, Brain, and Body* (New York: Penguin Random House, 2017); Antoine Lutz, Lawrence L. Greischar, Nancy B. Rawlings, Matthieu Ricard, and Richard J. Davidson, "Long-Term Meditators Self-Induce High-Amplitude Gamma Synchronicity During Mental Practice," *Proceedings of the National Academy of Sciences* 101, no. 46 (November 16, 2004): 16369–16373, https://doi.org/10.1073/pnas.0407401101.
- 스님 스물한 명의 명상: Taggart, "This Buddhist Monk" and Lutz et al., "Long-Term Meditators."

- **수면 중에도 감마파가 지속되었다**: Fabio Ferrarelli, Richard Smith, Daniela Dentico, Brady A. Riedner, Corinna Zennig, Ruth M. Benca, Antoine Lutz, Richard J. Davidson, and Guilio Tononi, "Experienced Mindfulness Meditators Exhibit Higher Parietal-Occipital EEG Gamma Activity During NREM Sleep," *PLoS One* 8, no. 8 (August 28, 2013): e73417, https://doi.org/10.1371/journal.pone.0073417.
- **"의식적으로 노력하는 사람은 모두 수도자다"**: David Steindl-Rast, *i am through you so i: Reflections at Age 90* (New York: Paulist Press, 2017), 87.
- **"인도가 전 세계에 건네는 가장 중요한 선물"**: 그리고 『바가바드 기타』에 나오는 베다 시절에 관한 일반적 배경 지식과 소개, 번역은 다음을 참조. Eknath Easwaran (Tomales, CA: Nilgiri Press, 2007), 13-18.
- **"『바가바드 기타』 덕분에 근사한 하루를 보냈다"**: Ralph Waldo Emerson, *The Bhagavad-Gita: Krishna's Counsel in Time of War*. 번역, 소개, 후기는 다음을 참조. Barbara Stoler Miller (New York: Bantam Dell, 1986), 147.

01 정체성

- **"나는 내가 생각하는 '나'가 아니다"**: Charles Horton Cooley, *Human Nature and the Social Order* (New York: Charles Scribner's Sons, 1902), 152.
- **1998년 이후 여섯 편의 영화**: Daniel Day-Lewis filmography, IMDb, accessed November 8, 2019, https://www.imdb.com/name/nm0000358/?ref_=fn_al_nm_1.
- **"제가 미쳤었다고 인정합니다. 완전히 미쳤었죠"**: Chris Sullivan, "How Daniel Day-Lewis's Notorious Role Preparation Has Yielded Another Oscar Contender," *Independent*, February 1, 2008, https://www.independent.co .uk/arts-entertainment/films/features/how-daniel-day-lewis-notoriously -rigorous-role-preparation-has-yielded-another-oscar-contender-776563 .html.
- **차이타니아의 말**: Śrī Caitanya-caritāmr ̣ta, Antya, 20.21.
- **모든 수도원의 기초**: "Social and Institutional Purposes: Conquest of the Spiritual Forces of Evil," Encyclopaedia Britannica, accessed November 8, 2019, https://www.britannica.com/topic/monasticism/Social-and-institutional-purposes.
- **정적을 피하고, 머릿속을 채우고, 계속 움직이려고 하는 게 우리의 성향이다**: Timothy D. Wilson, David A. Reinhard, Erin C. Westgate, Daniel T. Gilbert, Nicole Ellerbeck, Cheryl Hahn, Casey L. Brown, and Adi Shaked, "Just Think: The Challenges of the Disengaged Mind," *Science* 345, no. 6192 (July 4, 2014): 75-77, doi: 10.1126/science.1250830.
- **33년을 침대에서 보내다**: Gemma Curtis, "Your Life in Numbers," Creative

Commons, accessed November 15, 2019, https://www.dreams.co.uk/sleep-matters-club/your-life-in-numbers-infographic/.

- TV나 소셜 미디어를 보는 데 11년 이상을 쓴다: 같은 곳.
- 『바가바드 기타』에서 말하는 고귀한 가치 및 질 높은 가치: 『바가바드 기타』16장 1~5절. 소개 및 번역은 다음을 참조. Eknath Easwaran (Tomales, CA: Nilgiri Press, 2007), 238‑239.
- 매사추세츠주 어느 마을에서 20년에 걸쳐 진행된 연구: James H. Fowler and Nicholas A. Christakis, "Dynamic Spread of Happiness in a Large Social Network: Longitudinal Analysis over 20 Years in the Framingham Heart Study," *BMJ* 337, no. a2338 (December 5, 2008), doi: https://doi.org/10.1136/bmj.a2338.

02 부정적인 생각

- 부처님은 이렇게 말씀하셨다: 『법구경』 4장 50절, 소개 및 번역은 다음을 참조. Eknath Easwaran (Tomales, CA: Nilgiri Press, 2007), 118.
- 스탠퍼드대학교 심리학자들의 이기심 연구: Emily M. Zitek, Alexander H. Jordan, Benoît Monin, and Frederick R. Leach, "Victim Entitlement to Behave Selfishly," *Journal of Personality and Social Psychology* 98, no. 2 (2010): 245‑255, doi: 10.1037/a0017168.
- 1950년대 솔로몬 애시의 실험: Eliot Aronson and Joshua Aronson, *The Social Animal*, 12th edition (New York: Worth Publishers, 2018).
- 집단사고 편향: Zhenyu Wei, Zhiying Zhao, and Yong Zheng, "Neural Mechanisms Underlying Social Conformity," *Frontiers in Human Neuroscience* 7 (2013): 896, doi: 10.3389/fnhum.2013.00896.
- 불평과 공격성의 관계에 관한 연구: Brad J. Bushman, "Does Venting Anger Feed or Extinguish the Flame? Catharsis, Rumination, Distraction, Anger, and Aggressive Responding," *Personality and Social Psychology Bulletin* (June 1, 2002), doi: 10.1177/0146167202289002.
- 불평 등으로 인한 장기적 스트레스에 관한 연구: Robert M. Sapolsky, "Why Stress Is Bad for Your Brain," *Science* 273, no. 5276 (August 9, 1996): 749‑750, doi: 10.1126/science.273.5276.749.
- 토머스 키팅의 말: Thomas Keating, *Invitation to Love 20th Anniversary Edition: The Way of Christian Contemplation* (London: Bloomsbury Continuum, 2012).
- "놓아주면 자유가 생긴다": Thich Nhat Hanh, *The Heart of the Buddha's Teaching: Transforming Suffering into Peace, Joy, and Liberation* (New York: Harmony, 1999).

- **"남의 입 안에 있는 치아 개수를 세지 마라"**: Arthur Jeon, *City Dharma: Keeping Your Cool in the Chaos* (New York: Crown Archetype, 2004), 120.
- **크리스틴 블라디미로프 수녀의 말**: Hannah Ward and Jennifer Wild, eds., *The Monastic Way: Ancient Wisdom for Contemporary Living: A Book of Daily Readings* (Grand Rapids, MI: Wm. B. Eerdmans, 2007), 183.
- **사악한 전사의 이야기**: William Buck, *Mahabharata* (Delhi: Motilal Banarsidass Publishers, 2004), 341.
- **"시의적절하게 이야기한다"**: Thanissaro Bhikku, trans., "Vaca Sutta: A Statement," AccesstoInsight.org, accessed November 11, 2019, https://www.accesstoinsight.org/tipitaka/an/an05/an05.198.than.html.
- **일기장에 화나는 일 쓰기**: Bridget Murray, "Writing to Heal: By Helping People Manage and Learn from Negative Experiences, Writing Strengthens Their Immune Systems as Well as Their Minds," *Monitor on Psychology* 33, no. 6 (June 2002): 54.
- **구체적인 표현 아홉 가지**: Susan David, "3 Ways to Better Understand Your Emotions," *Harvard Business Review*, November 10, 2016, https://hbr.org/2016/11/3-ways-to-better-understand-your-emotions.
- **라다나스 스와미는 나의 영적 스승**: Radanath Swami, interview by Jay Shetty, *FollowTheReader with Jay Shetty, HuffPost*, November 7, 2016, https://www.youtube.com/watch?v=JW1Am81L0wc.
- **『바가바드 기타』는 삶의 모드**: 『바가바드 기타』14장 5절에서 9절. 소개 및 번역은 다음을 참조. Eknath Easwaran (Tomales, CA:Nilgiri Press, 2007), 224–225.
- **루터칼리지에서 실시한 연구**: Loren L. Toussaint, Amy D. Owen, and Alyssa Cheadle, "Forgive to Live: Forgiveness, Health, and Longevity," *Journal of Behavioral Medicine* 35, no. 4 (August 2012), 375–386. doi: 10.1007/s10865-011-9632-4.
- **건강이 개선되는 다수의 사례**: Kathleen A. Lawler, Jarred W. Younger, Rachel L. Piferi, Rebecca L. Jobe, Kimberly A. Edmondson, and Warren H. Jones, "The Unique Effects of Forgiveness on Health: An Exploration of Pathways," *Journal of Behavioral Medicine* 28, no. 2 (April 2005): 157–167. doi: 10.1007/s10865-005-3665-2.
- **68쌍의 부부의 사례**: Peggy A. Hannon, Eli J. Finkel, Madoka Kumashiro, and Caryl E. Rusbult, "The Soothing Effects of Forgiveness on Victims' and Perpetrators' Blood Pressure," *Personal Relationships* 19, no. 2 (June 2012): 279–289. doi: 10.1111/j.1475-6811.2011.01356.x.
- **"제가 불교도가 된 것은 남편이 미웠기 때문입니다"**: Pema Chödrön, "Why I Became a Buddhist," *Sounds True*, February 14, 2008, https://www.youtube.com/

watch?v=A4slnjvGjP4&t=117s; Pema Chödrön, "How to Let Go and Accept Change," interview by Oprah Winfrey, *Super Soul Sunday*, Oprah Winfrey Network, October 15, 2014. https://www.youtube.com/watch?v=SgJ1xfhJneA.

- **엘런 디제너러스의 두 가지 구분:** Anne-Marie O'Neill, "Ellen De-Generes: 'Making People Feel Good Is All I Ever Wanted to Do,'" *Parade*, October 27, 2011, https://parade.com/133518/annemarieoneill/ellen -degeneres-2/.

03 두려움

- **톰 행크스의 예일대학교 졸업 축하 연설:** "Tom Hanks Addresses the Yale Class of 2011," Yale University, May 22, 2011, https://www.youtube.com/watch?v=ballinqoExQ.
- **두려움은 내면의 수호천사:** Gavin de Becker, *The Gift of Fear* (New York: Dell, 1998).
- **'바이오스피어 2':** Tara Brach, "Nourishing Heartwood: Two Pathways to Cultivating Intimacy," *Psychology Today*, August 6, 2018, https://www.psychologytoday.com/us/blog/finding-true-refuge/201808/nourishing-heartwood.
- **앨릭스 하널드의 영화:** *Free Solo*, directed by Jimmy Chin and Elizabeth Chai Vasarhelyi, Little Monster Films and Itinerant Films, 2018.
- **산티데바의 말:** Śāntideva, *A Guide to the Bodhisattva Way of Life*, trans. Vesna A. Wallace and B. Alan Wallace (New York: Snow Lion, 1997).
- **심호흡을 통한 신경 체계의 변화:** Christopher Bergland, "Diaphragmatic Breathing Exercises and Your Vagus Nerve," *Psychology Today*, May 16, 2017, https://www.psychol ogy today.com/us/blog/the-athletes-way/201705/diaphragmatic-breathing -exercises-and-your-vagus-nerve.
- **"도망치면 칠수록 더 오래 머물 뿐이다":** Chuck Palahniuk, *Invisible Monsters Remix* (New York: W. W. Norton & Company, 2018).
- **메탄가스를 가장 많이 만들어내는 원인:** "Basic Information About Landfill Gas," Landfill Methane Outreach Program, accessed November 12, 2019, https://www.epa.gov/lmop/basic-information-about-landfill-gas.

04 의도

- **"머리와 가슴과 결심이 조화를 이룬다면 불가능한 것은 없다"**: 『리그베다』 해설에 나온다는 얘기가 있다.

- **바크티비노다 타쿠라의 네 가지 동기**: Bhaktivinoda Thakura, "The Nectarean Instructions of Lord Caitanya," *Hari kirtan*, June 12, 2010, https://kirtan.estranky.cz/clanky/philosophy---english/sri-sri-caitanya--siksamrta--the-nectarean-instructions-of-lord--caitanya.html.

- **타라 브랙의 말**: Tara Brach, "Absolute Cooperation with the Inevitable: Aligning with what is here is a way of practicing presence. It allows us to respond to our world with creativity and compassion," *HuffPost*, November 4, 2013, https://www.huffpost.com/entry/happiness-tips_b_4213151.

- **카비르의 시**: Kabir, "'Of the Musk Deer': 15th Century Hindi Poems," Zócalo Poets, accessed November 11, 2019, https://zocalopoets.com/2012/04/11/kabir-of-the-musk-deer-15th-century-hindi-poems/.

- **돈과 행복의 관계에 관한 연구**: Daniel Kahneman and Angus Deaton, "High Income Improves Evaluation of Life But Not Emotional Well-Being," *PNAS* 107, no. 38 (September 21, 2010): 16489–16493, doi:10.1073/pnas.1011492107.

- **1970년 대 이후 행복도의 하락**: Jean M. Twenge, "The Evidence for Generation Me and Against Generation We," *Emerging Adulthood* 1, no. 1 (March 2, 2013): 11–16, doi: 10.1177/2167696812466548/.

- **2005년 이후 미국인의 소득 증가**: Brigid Schulte, "Why the U.S. Rating on the World Happiness Report Is Lower Than It Should Be—And How to Change It," *Washington Post*, May 11, 2015, https://www.washingtonpost.com/news/inspired-life/wp/2015/05/11/why-many-americans-are-unhappy-even-when-incomes-are-rising-and-how-we-can-change-that/.

- **"돈과 저택만이 재산이 아니다"**: Some sources attribute this to commentaries on the Atharva Veda.

- **켈리 맥고니걸의 불편함에 대처하는 방법**: Kelly McGonigal, *The Upside of Stress* (New York: Avery, 2016).

- **1973년 신학대학에서의 실험**: John M. Darley and C. Daniel Batson, "From Jerusalem to Jericho: A Study of Situational and Dispositional Variables in Helping Behavior," *Journal of Personality and Social Psychology* 27, no. 1 (1973): 100–108, doi: 10.1037/h0034449.

- **"당신이 하는 모든 일은 당신의 영적인 삶이다"**: Laurence Freeman, *Aspects of Love: On Retreat with Laurence Freeman* (Singapore: Medio Media/Arthur James,

1997).

- **"노력도 해보지 않고 잘하기를 바란다"**: Benedicta Ward, ed., *The Desert Fathers: Sayings of the Early Christian Monks* (New York: Penguin Classics, 2003).

명상: 호흡법

- **"낚시에 걸려 모래 위에 던져진 물고기"**: 『법구경』 3장 34절, 소개 및 번역은 다음을 참조. Eknath Easwaran (Tomales, CA: Nilgiri Press, 2007), 115.

- **"우리의 가장 깊은 곳에 있는 생명의 연장"**: 『리그베다』 1장 66절 1줄 및 이에 관한 논의는 다음을 참조. Abbot George Burke, "The Hindu Tradition of Breath Meditation," BreathMeditation.org, accessed November 8, 2019, https://breathmeditation. org/the-hindu-tradition-of-breath-meditation.

- **'아나파나사티'에 관한 설명**: Thanissaro Bhikku, trans., "Anapanasati Sutta: Mindfulness of Breathing," AccesstoInsight.org, accessed November 8, 2019, https://www.accesstoinsight.org/tipitaka/mn/mn.118.than .html.

- **심혈관계 건강 개선, 전반적인 스트레스 감소, 심지어 시험 성적 개선**: Tarun Sexana and Manjari Saxena, "The Effect of Various Breathing Exercises (Pranayama) in Patients with Bronchial Asthma of Mild to Moderate Severity," *International Journal of Yoga* 2, no. 1 (January–June 2009): 22–25, doi: 10.4103/0973-6131.53838; Roopa B. Ankad, Anita Herur, Shailaja Patil, G. V. Shashikala, and Surekharani Chinagudi, "Effect of Short-Term Pranayama and Meditation on Cardiovascular Functions in Healthy Individuals," *Heart Views* 12, no. 2 (April–June 2011): 58–62, doi: 10.4103/1995-705X.86016; Anant Narayan Sinha, Desh Deepak, and Vimal Singh Gusain, "Assessment of the Effects of Pranayama/Alternate Nostril Breathing on the Parasympathetic Nervous System in Young Adults," *Journal of Clinical & Diagnostic Research* 7, no. 5 (May 2013): 821–823, doi: 10.7860/JCDR/2013/4750.2948; and Shreyashi Vaksh, Mukesh Pandey, and Rakesh Kumar, "Study of the Effect of Pranayama on Academic Performance of School Students of IX and XI Standard," *Scholars Journal of Applied Medical Sciences* 4, no. 5D(2016): 1703–1705.

05 목적

- **"당신이 다르마를 보호하면 다르마도 당신을 지켜준다"**: 『마누법전』 8장 15절.
- **앨버트 머레이비언의 연구**: Albert Mehrabian, *Nonverbal Communication* (London: Routledge, 1972).
- **제인 구달의 이야기**: "About Jane," Jane Goodall Institute, accessed November 11,

2019, https://janegoodall.org/our-story/about-jane.

- **대다수의 사람이 이른 나이에 업적을 이루지 못한다**: Rich Karlgaard, *Late Bloomers: The Power of Patience in a World Obsessed with Early Achievement* (New York: Currency, 2019).
- **앤드리 애거시의 자서전 내용**: Andre Agassi, *Open: An Autobiography* (New York: Vintage, 2010).
- **조앤 치티스터 수녀의 말**: Joan D. Chittister, *Scarred by Struggle, Transformed by Hope* (Grand Rapids, MI: Eerdmans, 2005).
- **청소부들의 일에 관한 연구**: Amy Wrzesniewski, Justin M. Berg, and Jane E. Dutton, "Managing Yourself: Turn the Job You Have into the Job You Want," *Harvard Business Review*, June 2010, https://hbr.org/2010/06/managing-yourself-turn-the-job-you-have-into-the-job-you-want; "Amy Wrzesniewski on Creating Meaning in Your Own Work," re:Work with Google, November 10, 2014, https://www.youtube.com/watch?v=C_igfnctYjA.
- **경직된 사회 계급 제도를 인도 사회에 도입하다**: Sanjoy Chakravorty, *The Truth About Us: The Politics of Information from Manu to Modi* (Hachette India, 2019).
- **조지프 캠벨의 어린 시절 이야기**: Robert Segal, "Joseph Campbell: American Author," *Encyclopaedia Britannica*, accessed November 11, 2019, https://www.britannica.com/biography/Joseph-Campbell-American-author; "Joseph Campbell: His Life and Contributions," Center for Story and Symbol, accessed November 11, 2019, https://folkstory.com/campbell/psychology_online_joseph_campbell.html; Joseph Campbell with Bill Moyers, *The Power of Myth* (New York: Anchor, 1991).
- **다르마는 자신을 지켜주는 사람을 지킨다**: *The Mahabharata*, Manusmriti verse 8.15.
- **엠마 슬레이드의 사례**: Emma Slade, "My Path to Becoming a Buddhist," TEDx Talks, February 6, 2017, https://www.youtube.com/watch?v=QnJIjEAE41w; "Meet the British Banker Who Turned Buddhist Nun in Bhutan," *Economic Times*, August 28, 2017, https://economictimes .indiatimes.com/news/international/world-news/meet-the-british-banker -who-turned-buddhist-nun-in-bhutan/being-taken-hostage/slideshow/60254680.cms; "Charity Work," EmmaSlade.com, accessed November 11, 2019, https://www.emmaslade.com/charity-work.
- **"붉은색, 푸른색, 흰색의 연"**: *The Dona Sutta*, Anguttara Nikaya verse 4.36

06 루틴

- **85퍼센트의 사람에게 알람이 필요하다**: Til Roenneberg, *Internal Time: Chronotypes, Social Jet Lag, and Why You're So Tired* (Cambridge, MA: Harvard University Press, 2012).

- **마리아 포포바의 말**: Maria Popova, "10 Learnings from 10 Years of Brain Pickings," *Brain Pickings*, accessed November 11, 2019, https://www.brainpickings.org/2016/10/23/10-years-of-brain-pickings/.

- **10분 이내에 휴대전화 메시지를 확인한다**: RootMetrics, "Survey Insights: The Lifestyles of Mobile Consumers," October 24, 2018, http://rootmetrics.com/en-US/content/rootmetrics-survey-results-are-in-mobile-consumer-lifestyles.

- **돌파할 수 있는 자동차는 여섯 대뿐이다**: "Fastest Cars 0 to 60 Times," accessed November 11, 2019, https://www.zeroto60times.com/fastest-cars-0-60-mph-times/.

- **팀 쿡은 새벽 3시 45분에 하루를 시작한다**: Lev Grossman, "Runner-Up: Tim Cook, the Technologist," TIME, December 19, 2012, http://poy.time.com/2012/12/19/runner-up-tim-cook-the-technologist/; Michelle Obama, "Oprah Talks to Michelle Obama," interview by Oprah Winfrey, *O, The Oprah Magazine*, April 2000, https://www.oprah.com/omagazine/michelle-obamas-oprah-interview-o-magazine-cover-with-obama/all#ixzz5qYixltgS.

- **좀 더 일찍 잔다면 컨디션이 더 좋아질 수 있다**: Jacob A. Nota and Meredith E. Coles, "Duration and Timing of Sleep Are Associated with Repetitive Negative Thinking," *Cognitive Therapy and Research* 39, no. 2 (April 2015): 253–261, doi: 10.1007/s10608-014-9651-7.

- **성장호르몬의 분비에 관한 연구**: M. L. Moline, T. H. Monk, D. R. Wagner, C. P. Pollak, J. Kream, J. E. Fookson, E. D. Weitzman, and C. A. Czeisler, "Human Growth Hormone Release Is Decreased During Sleep in Temporal Isolation (Free-Running)," *Chronobiologia* 13, no. 1 (January–March 1986): 13–19.

- **케빈 올리리의 사례**: Ali Montag, "These Are Kevin O'Leary's Top 3 Productivity Hacks—and Anyone Can Use Them," CNBC, July 23, 2018, https://www.cnbc.com/2018/07/19/kevin-olearys-top-productivity-tips-that-anyone-can-use.html.

- **매번의 의사결정이 곧 길을 벗어날 기회**: Christopher Sommer, "How One Decision Can Change Everything," interview by Brian Rose, *London Real*, October 2, 2018, https://www.youtube.com/watch?v=jgJ3xHyOzsA.

- **조앤 치티스터 수녀의 말**: Hannah Ward and Jennifer Wild, eds., *The Monastic Way: Ancient Wisdom for Contemporary Living: A Book of Daily Readings* (Grand Rapids, MI: Wm. B. Eerdmans, 2007), 75–76.

- **UCLA 연구진의 소화기 실험**: Alan D. Castel, Michael Vendetti, and Keith J.

Holyoak, "Fire Drill: Inattentional Blindness and Amnesia for the Location of Fire Extinguishers," *Attention, Perception, & Psychophysics* 74 (2012): 1391 – 1396, doi: 10.3758/s13414-012-0355-3.

- **코비 브라이언트의 인터뷰**: Kobe Bryant, "Kobe Bryant: On How to Be Strategic & Obsessive to Find Your Purpose," interview by Jay Shetty, *On Purpose*, September 9, 2019, https://jayshetty.me/kobe-bryant-on-how-to-be-strategic-obsessive-to-find-your-purpose/.
- **틱낫한의 말**: Thich Nhat Hanh, *At Home in the World: Stories and Essential Teachings from a Monk's Life* (Berkeley, CA: Parallax Press, 2019).
- **칼리다사의 말**: Kālidāsa, *The Works of Kālidāsa*, trans. Arthur W. Ryder (CreateSpace, 2015).
- **멀티태스킹을 효과적으로 할 수 있는 사람은 2퍼센트밖에 되지 않는다**: Garth Sundem, "This Is Your Brain on Multitasking: Brains of Multitaskers Are Structurally Different Than Brains of Monotaskers," *Psychology Today*, February 24, 2012, https://www.psychology today.com/us/blog/brain-trust/201202/is-your-brain-multitasking.
- **집중할 수 있는 능력이 감퇴**: Cal Newport, *Deep Work*: Rules for Focused Successin a Distracted World (New York: Grand Central Publishing, 2016).
- **스탠퍼드대학교 연구진의 실험**: Eyal Ophir, Clifford Nass, and Anthony D. Wagner, "Cognitive Control in Media Multitaskers," *PNAS* 106, no. 37 (September 15, 2009): 15583 – 15587, doi: 10.1073/pnas.0903620106.
- **도파민(보상) 채널을 과도하게 자극한다**: Robert H. Lustig, *The Hacking of the American Mind: The Science Behind the Corporate Takeover of Our Bodies and Brains* (New York: Avery, 2017).

07 마음

- **술 취한 원숭이의 비유**: Nārāyana, *Hitopadeśa* (New York: Penguin Classics, 2007).
- **하루에 대략 7만 개의 다른 생각**: "How Many Thoughts Do We Have Per Minute?," *Reference*, accessed November 12, 2019, https://www.reference.com/worldview/many-thoughts-per-minute-cb7fcf22ebbf8466.
- **한 번에 약 3초밖에 안 된다**: Ernst Pöppel, "Trust as Basic for the Concept of Causality: A Biological Speculation," presentation, accessed November 12, 2019, http://www.paralimes.ntu.edu.sg/NewsnEvents/Causality%20 -%20 Reality/Documents/Ernst%20Poppel.pdf.
- **리사 펠드먼 배럿의 말**: Lisa Barrett, "Lisa Barrett on How Emotions Are Made,"

interview by Ginger Campbell, *Brain Science with Ginger Campbell, MD*, episode 135, July 31, 2017, https://brainsciencepodcast.com/bsp/2017/135-emotions-barrett.

- 우리의 마음을 원숭이로 보다: Piya Tan, "Samyutta Nikaya: The Connected Sayings of the Buddha, Translated with Notes in the Sutta Discovery Series," Buddhism Network, accessed January 22, 2020, http://buddhismnetwork.com/2016/12/28/samyutta-nikaya/.

- "물 대는 사람이 물길을 원하는 곳으로 이끌 듯이": 『법구경』 6장 80절, 소개 및 번역은 다음을 참조. Eknath Easwaran (Tomales, CA: Nilgiri Press, 2007), 126.

- "마음을 정복한 사람에게": 다음의 6장 6절. A. C. Bhaktivedanta Swami Prabhupada, *Bhagavad Gita As It Is* (The Bhaktivedanta Book Trust International, Inc.). https://apps.apple.com/us/app/bhagavad-gita-as-it-is/id1080562426.

- 『옥스퍼드 영어사전』에 따르면 '적'이란: *Paperback Oxford English Dictionary* (Oxford, UK: Oxford University Press, 2012).

- 잘못된 의사결정의 '무게'에 관한 실험: Martin V. Day and D. Ramona Bobocel, "The Weight of a Guilty Conscience: Subjective Body Weight as an Embodiment of Guilt," *PLoS ONE* 8, no. 7 (July 2013), doi: 10.1371/journal.pone.0069546.

- '규범 자아'와 '욕구 자아': Max. H. Bazerman, Ann E. Tenbrunsel, and Kimberly Wade-Benzoni, "Negotiating with Yourself and Losing: Making Decisions with Competing Internal Preferences," *Academy of Management Review* 23, no. 2 (April 1, 1998): 225-241, doi: 10.5465/amr.1998.533224.

- 에크낫 이스워런의 말: 『법구경』, 소개 및 번역은 다음을 참조. Eknath Easwaran (Tomales, CA: Nilgiri Press, 2007), 65-66.

- 다섯 마리의 말이 끄는 마차: Katha Upanishad, Third Valli, 3-6, from *The Upanishads*, trans. Vernon Katz and Thomas Egenes (New York: Tarcher Perigee, 2015), 55-57.

- 소림사 승려들의 훈련: Elliot Figueira, "How Shaolin Monks Develop Their Mental and Physical Mastery," BBN, accessed November 12, 2019, https://www.bbncommunity.com/how-shaolin-monks-develop-their-mental-and-physical-mastery/.

- 팔목에 열 자극기를 채우다: Daniel Goleman and Richard J. Davidson, *Altered Traits: Science Reveals How Meditation Changes Your Mind, Brain, and Body* (New York: Penguin Random House, 2017).

- 조슈아 벨의 버스킹 실험: Gene Weingarten, "Pearls Before Breakfast: Can One of the Nation's Great Musicians Cut Through the Fog of a D.C. Rush Hour? Let's Find Out," *Washington Post*, April 8, 2007, https://www.washingtonpost.

com/lifestyle/magazine/pearls-before-breakfast-can-one-of-the-nations-great-musicians-cut -through-the-fog-of-a-dc-rush-hour-lets-find-out/2014/09/23/8a6d46da-4331 -11e4 -b47c-f5889 e061e5f_story.html.

- **혼잣말과 집중에 관한 연구**: Gary Lupyan and Daniel Swingley, "Self-Directed Speech Affects Visual Search Performance," *Quarterly Journal of Experimental Psychology* (June 1, 2012), doi: 10.1080/17470218.2011.647039.

- **린다 새퍼딘의 말**: Linda Sapadin, "Talking to Yourself: A Sign of Sanity," *Psych Central*, October 2, 2018, https://psychcentral.com/blog/talking-to-yourself-a-sign-of-sanity/.

- **하루 15분 감정 글쓰기에 관한 연구**: James W. Pennebaker and Janel D. Seagal, "Forming a Story: The Health Benefits of Narrative," *Journal of Clinical Psychology* 55, no. 10 (1999): 1243 – 1254.

- **크리스타 맥그레이의 사례**: www.krystamacgray.com and personal interview, July 10, 2019.

- **"어떻게 하면 현재에 집중할 수 있는가"**: Richard Rohr, "Living in the Now: Practicing Presence," Center for Action and Comtemplation, November 24, 2017, https://cac.org/practicing-presence-2017-11-24/.

- **"지금 당장 여기 있는 것"**: Ram Dass, *Be Here Now* (New York: Harmony, 1978).

- **초연해지기를 그 자체로 옳은 일로 규정**: 『바가바드 기타』2장 48절 및 12장 12절. 소개 및 번역은 다음을 참조. Eknath Easwaran (Tomales, CA: Nilgiri Press, 2007), 94, 208.

- **"초연해진다는 것은 아무것도 '나를' 소유해서는 안 된다는 뜻이다"**: 이슬람의 마지막 예언가 무함마드의 사촌이자 사위인 알리 이븐 아비 탈리브(Alī Ibn Abi Talib)의 말이라고 전한다.

- **423일간의 단식**: Bhavika Jain, "Jain Monk Completes 423 Days of Fasting," *Times of India*, November 1, 2015, http://timesofindia.indiatimes.com/articleshow/49616061.cms?utm_source=contentofinterest&utm_medium=text&utm_campaign=cppst.

- **스스로 미라가 되는 것**: Krissy Howard, "The Japanese Monks Who Mummified Themselves While Still Alive," *All That's Interesting*, October 25, 2016, https://allthatsinteresting.com/sokushinbutsu.

- **로저 배니스터의 기록**: "Sir Roger Bannister: First Person to Run a Mile in Under Four Minutes Dies at 88," BBC, March 4, 2018, https://www.bbc.com/sport/athletics/43273249.

- **마티유 리카르의 설명**: Matthieu Ricard, interview by Jay Shetty, *FollowTheReader with Jay Shetty*, *HuffPost*, October 10, 2016, https://www.youtube.com/watch?v=_HZznrniwL8&feature=youtu.be.

- **"참지식을 구분할 수 있는 식별력"**: Jayaram V, "The Seven Fundamental Teachings of the Bhagavad-Gita," Hinduwebsite.com, accessed January 22, 2020, https://www.hinduwebsite.com/seventeachings.asp.

08 자존심

- **영원히 자유롭다**: 『바가바드 기타』 2장 71절. 소개 및 번역은 다음을 참조. Eknath Easwaran (Tomales, CA: Nilgiri Press, 2007), 97.
- **자아와 잘못된 자아의 명확한 구분**: 『바가바드 기타』 7장 4절 및 6장 18절. 소개 및 번역은 다음을 참조. Eknath Easwaran (Tomales, CA: Nilgiri Press, 2007), 152, 240.
- **"부에 대한 자부심은 부를 파괴하고"**: 『사마 베다』 해설에 나온다는 얘기도 있다.
- **"영혼의 가장 위험한 추락 원인"**: Dennis Okholm, *Dangerous Passions, Deadly Sins: Learning from the Psychology of Ancient Monks* (Grand Rapids, MI: Brazos Press, 2014), 161.
- **"완벽한 요가 수행자"**: 다음의 6장 32절 참조. A. C. Bhaktivedanta Swami Prabhupada, *Bhagavad Gita As It Is* (The Bhaktivedanta Book Trust International, Inc.), https://apps.apple.com/us/app/bhagavad-gita-as-it-is/id1080562426.
- **'정찰병의 마음가짐'**: Julia Galef, "Why You Think You're Right Even If You're Wrong," TEDx PSU, February 2016, https://www.ted.com/talks/julia_galef_why_you_think_you_re_right_even_if_you_re_wrong/transcript#t-68800.
- **넷플릭스 공동 설립자의 제안**: Ken Auletta, "Outside the Box: Netflix and the Future of Television," *New Yorker*, January 26, 2014, https://www .newyorker.com/magazine/2014/02/03/outside-the-box-2; Paul R. LaMonica, "Netflix Joins the Exclusive $100 Billion Club," CNN, July 23, 2018, https://money.cnn.com/2018/01/23/investing/netflix-100-billion-market-value/index.html.
- **선종의 스승 난인의 이야기**: Osho, *A Bird on the Wing: Zen Anecdotes for Everyday Life* (India: Osho Media International, 2013).
- **"당신도 사람임을 기억하세요."**: Mary Beard, *The Roman Triumph* (Cambridge, MA: Harvard University Press, 2009).
- **영화배우 로버트 다우니 주니어의 인터뷰**: Robert Downey Jr., interview. *Cambridge Union*, December 19, 2014, https://www.youtube.com/watch?v=Rmpysp5mWlg.
- **반딧불이 같은 존재**: Srimad-Bhagavatam, The Summum Bonum, 14.9-10.
- **메리 존슨의 사례**: Steve Hartman, "Love Thy Neighbor: Son's Killer Moves in Next Door," CBS News, June 8, 2011, https://www.cbsnews.com /news / love-thy-neighbor-sons-killer-moves-next -door/; "Woman Shows

Incredible Mercy as Her Son's Killer Moves In Next Door," *Daily Mail*, June 8, 2011, https://www.dailymail.co.uk/news/article-2000704/Woman-shows-incredible-mercy-sons-killer –moves-door.html; "Mary Johnson and Oshea Israel," The Forgiveness Project, accessed November 12, 2019, https://www. theforgivenessproject.com/stories/mary-johnson-oshea-israel/.

- **"오늘 당신에게 속한 것은 또 다른 누군가의 것이다"**: Kamlesh J. Wadher, *Nature's Science and Secrets of Success* (India: Educreation Publishing, 2016); Verse 2.14 from the Bhagavad Gita, introduction and translation by Eknath Easwaran (Tomales, CA: Nilgiri Press, 2007), 90.

- **토마스 무어의 말**: Thomas Moore, *Care of the Soul: A Guide for Cultivating Depth and Sacredness in Everyday Life* (New York: Harper Perennial, 1992), 197.

- **새라 블레이클리의 사례**: Sarah Lewis, *The Rise: Creativity, the Gift of Failure, and the Search for Mastery* (New York: Simon & Schuster, 2014), 111; "Spanx Startup Story," Fundable, accessed November 12, 2019, https://www.fundable. com/learn/startup-stories/spanx.

- **올림픽 수영 금메달리스트의 말**: "Goal Setting Activities of Olympic Athletes (And What They Can Teach the Rest of Us)," Develop Good Habits, September 30, 2019, https://www.developgoodhabits.com/goal-setting-activities/.

- **아동 인권 운동가의 말**: Rajesh Viswanathan, "Children Should Become Their Own Voices," *ParentCircle*, accessed November 12, 2019, https://www.parentcircle. com/article/children-should-become-their-own-voices/.

명상: 떠올려보기
198 **클리블랜드 클리닉의 연구**: Vinoth K. Ranganathan, Vlodek Siemionow, Jing Z. Liu, Vinod Sahgal, and Guang H. Yue, "From Mental Power to Muscle Power— Gaining Strength by Using the Mind," *Neuropsychologia* 42, no. 7 (2004): 944–956, doi: 10.1016/j.neuropsychologia.2003.11.018.

09 감사

- **다비드 슈타인들라스트의 감사하는 마음에 대한 정의**: "What Is Gratitude?" A Network for Grateful Living, accessed November 12, 2019, https://gratefulness.org/ resource/what-is-gratitude/.

- **감사 일기 쓰기**: Robert A. Emmons and Michael E. Mc-Cullough, "Counting Blessings Versus Burdens: An Experimental Investigation of Gratitude and Subjective Well-Being in Daily Life," *Journal of Personality and Social*

Psychology 84, no. 2 (2003): 377 – 389, doi: 10.1037/0022-3514.84.2.377.

- 긍정적 감정과 부정적 감정에 동시에 집중할 수 없다: Alex Korb, "The Grateful Brain: The Neuroscience of Giving Thanks," *Psychology Today*, November 20, 2012, https://www.psychologytoday.com/us/blog/prefrontal-nudity/201211/the -grateful-brain.

- 2006년 참전용사를 대상으로 한 연구: Todd B. Kashdan, Gitendra Uswatte, and Terri Julian, "Gratitude and Hedonic and Eudaimonic Well-Being in Vietnam War Veterans," *Behaviour Research and Therapy* 44, no. 2 (February 2006): 177 – 199, doi: 10.1016/j.brat.2005.01.005.

- "만약 감사하는 마음이 약이었다면": Mikaela Conley, "Thankfulness Linked to Positive Changes in Brain and Body," ABC News, November 23, 2011, https://abcnews.go.com/Health/science-thankfulness/story?id=15008148.

- "승려는 다음과 같이 훈련해야 한다": Samyutta Nikaya, Sutta Pitaka, 20.21.

- 오논다가족의 아이들: Joanna Macy, *World as Lover, World as Self: Courage for Global Justice and Ecological Renewal* (Berkeley, CA: Parallax Press, 2007), 78 – 83.

- '마음의 빈곤': Roshi Joan Halifax, "Practicing Gratefulness by Roshi Joan Halifax," Upaya Institute and Zen Center, October 18, 2017, https://www. upaya.org/2017/10/practicing-gratefulness-by-roshi-joan-halifax/.

- 브라이언 액턴의 말: Bill Murphy Jr., "Facebook and Twitter Turned Him Down. Now He's Worth $4 Billion," *Inc.*, accessed November 13, 2019, https:// www.inc.com/bill-murphy-jr/facebook-and-twitter-turned-him-down- now-hes-worth-4-billion.html; Brian Acton (@brianacton), Twitter post, May 23, 2009, https://twitter.com/brianacton/status/1895942068;Brian Acton (@brianacton), Twitter post, August 3, 2009, https://twitter.com/brianacton/ status/3109544383.

- 헬렌 켈러의 말: "Helen Keller," Biography, accessed November 13, 2019, https://www.biography.com/activist/helen-keller; Helen Keller, *We Bereaved* (New York: L. Fulenwider, 1929).

- "사람들은 보통 감사하는 마음이": Rob Sidon, "The Gospel of Gratitude According to David Steindl-Rast," *Common Ground*, November 2017, 42 – 49, http://onlinedigitaleditions2.com/commonground/archive/web-11-2017/.

- "나 자신에게 더 친절해져라": Pema Chödrön, *Practicing Peace in Times of War* (Boston: Shambhala, 2007).

- 친절의 전염성 연구: James H. Fowler and Nicholas A. Christakis, "Cooperative Behavior Cascades in Human Social Networks," *Proceedings of the National Academy of Sciences*, 107, no. 12 (March 23, 2010): 5334 – 5338, doi:

10.1073/pnas.0913149107.

- 시카고의 통근 열차를 타는 사람들의 실험: Nicholas Epley and Juliana Schroeder, "Mistakenly Seeking Solitude," *Journal of Experimental Psychology: General* 143, no. 5 (October 2014): 1980 – 1999, doi: 10.1037/a0037323.
- 자원봉사와 우울감 연구: Caroline E. Jenkinson, Andy P. Dickens, Kerry Jones, Jo Thompson-Coon, Rod S. Taylor, Morwenna Rogers, Clare L. Bambra, Iain Lang, and Suzanne H. Richards, "Is Volunteering a Public Health Intervention? A Systematic Review and Meta-Analysis of the Health and Survival of Volunteers," *BMG Public Health* 13, no. 773 (August 23, 2013), doi: 10.1186/1471-2458-13-773.

10 관계

- "모든 사람은 우리가 탐구해야 할 하나의 세계다" : Thich Nhat Hanh, *How to Love* (Berkeley, CA: Parallax Press, 2014).
- 댄 뷰트너의 장수 연구: Dan Buettner, "Power 9: Reverse Engineering Longevity," Blue Zones, accessed November 13, 2019, https://www.bluezones.com/2016/11/power-9/.
- 이라크 파병군의 리더십에 관한 현장 연구: Michael D. Matthews, "The 3 C's of Trust: The Core Elements of Trust Are Competence, Character, and Caring," *Psychology Today*, May 3, 2016, https://www.psychologytoday.com/us/blog/head-strong/201605/the-3-c-s-trust.
- "최고의 길은 세상과 친구가 되어": K. S. Baharati, *Encyclopaedia of Ghandhian Thought* (India: Anmol Publications, 2006).
- "내 인생에 들어오네": Jean Dominique Martin, "People Come Into Your Life for a Reason, a Season, or a Lifetime," accessed November 14, 2019, http://youmeandspirit.blogspot.com/2009/08/ebb-and-flow.html.
- 존 가트맨의 부부 갈등 연구: John Gottman, "John Gottman on Trust and Betrayal," *Greater Good Magazine*, October 29, 2011, https://greatergood.berkeley.edu/article/item/john_gottman_on_trust_and_be trayal.
- 벨라 드파울루의 거짓말 연구: Bella M. DePaulo, Deborah A. Kashy, Susan E. Kirkendol, Melissa M. Wyer, and Jennifer A. Epstein, "Lying in Everyday Life," *Journal of Personality and Social Psychology* 70, no. 5 (June 1996): 979 – 995, doi: 10.1037/0022-3514.70.5.979.
- 상대에게 깊은 인상을 주려고 거짓말하다: Bella DePaolo, *The Lies We Tell and the Clues We Miss: Professional Papers* (CreateSpace, 2009).

- 매력적이라고 느끼는 사람을 신뢰하는 경향: Dawn Dorsey, "Rice Study Suggests People Are More Trusting of Attractive Strangers," *Rice News*, September 21, 2006, https://news.rice.edu/2006/09/21/rice-study-suggests-people-are-more-trusting-of-attractive-strangers/.

- "매력적인 사람들은 '미모 가산점'을 받았다": Dawn Dorsey, "Rice Study Suggests People Are More Trusting of Attractive Strangers," Rice News, September 21, 2006, http://news.rice.edu/2006/09/21/rice-study-suggests-people-are-more-trusting-of-attractive-strangers/.

- 돈 마이어의 리더를 선택하는 방법: Don Meyer, "Fox-Hole Test," CoachMeyer.com, accessed November 13, 2019, https://www.coachmeyer.com/Information/Players_Corner/Fox%20Hole%20Test.pdf.

- "의식적 선택에 의한 금욕": www.malamadrone.com and personal interview, September 7, 2019.

- "혼자인 인간의 양면성": Paul Tillich, *The Eternal Now* (New York: Scribner, 1963).

- 어머니의 시간에 관한 연구: Melissa A. Milke, Kei M. Nomaguchi, and Kathleen E. Denny, "Does the Amount of Time Mothers Spend with Children or Adolescents Matter?" *Journal of Marriage and Family* 77, no. 2 (April 2015): 355–372, doi: 10.1111/jomf.12170.

- 사랑의 여섯 가지 교환 방법: *Sri Upadesamrta: The Ambrosial Advice of Sri Rupa Gosvami* (India: Gaudiya Vedanta Publications, 2003), https://archive.org/details/upadesamrta/page/n1.

- 하버드 그랜트 연구의 조사: Joshua Wolf Shenk, "What Makes Us Happy? Is There a Formula—Some Mix of Love, Work, and Psychological Adaptation—for a Good Life?" *Atlantic*, June 2009, https://www.theatlantic.com/magazine/archive/2009/06/what-makes-us-happy/307439/.

- "우리가 누군가에게 홀딱 반하는 이유": Thich Nhat Hanh, *How to Love* (Berkeley, CA: Parallax Press, 2014).

- 영국 밴드 매시브 어택의 말: Massive Attack, "Teardrop," *Mezzanine*, Circa/Virgin, April 27, 1998; *Dan in Real Life*, directed by Peter Hedges, Touchstone Pictures, Focus Features, and Jon Shestack Productions, 2007.

- "과거의 상처를 치유하기 전까지": IyanlaVanzant, "How to Heal the Wounds of Your Past," Oprah's Life Class, October 11, 2011, http://www.oprah.com/oprahs-lifeclass/iyanla-vanzant-how-to-heal-the-wounds-of-your-past.

- 새로운 경험이 유대감을 강화한다: Arthur Aron, Christina C. Norman, Elaine N. Aron, Colin McKenna, and Richard E. Heyman, "Couples' Shared Participation in Novel and Arousing Activities and Experienced Relationship Quality,"

Journal of Personality and Social Psychology 78, no. 2 (2000): 273–84, doi: 10.1037//0022-3514.78.2.273.

- 제춘마 텐진 팔모가 가르친 사랑과 집착의 구분: Jetsunma Tenzin Palmo, "The Difference Between Genuine Love and Attachment," accessed November 13, 2019, https://www.youtube.com/watch?v=6kUoTS3Yo4g.
- 인간관계의 변화에 대처하는 대학생들에 관한 조사: Sanjay Srivastava, Maya Tamir, Kelly M. McGonigal, Oliver P. John, and James J. Gross, "The Social Costs of Emotional Suppression: A Prospective Study of the Transition to College," *Journal of Personality and Social Psychology* 96, no. 4 (August 22, 2014): 883– 897, doi: 10.1037/a0014755.

11 봉사

- "무지한 자는 자신의 이익을 위해 일한다": 『바가바드 기타』3장 25절. 소개 및 번역은 다음을 참조. Eknath Easwaran (Tomales, CA: Nilgiri Press, 2007), 107.
- "수도원의 영적인 활동은": Hannah Ward and Jennifer Wild, eds., *The Monastic Way: Ancient Wisdom for Contemporary Living: A Book of Daily Readings* (Grand Rapids, MI: Wm. B. Eerdmans, 2007), 183.
- "수도자는 그가 본인을 위해 무언가를 얻으려고": Hannah Ward and Jennifer Wild, eds., *The Monastic Way: Ancient Wisdom for Contemporary Living: A Book of Daily Readings* (Grand Rapids, MI: Wm. B. Eerdmans, 2007), 190.
- "이 운 좋은 나무들을 보라": Srimad-Bhagavatam, The Summum Bonum, 22.32.
- '육타 바이라갸'에 관한 이야기: 다음의 1장 2절 255줄 참조. Srila Rupa Goswami, *Bhakti Rasamrta Sindhu (In Two Volumes): With the Commentary of Srila Jiva Gosvami and Visvanatha Cakravarti Thakur* (The Bhaktivedanta Book Trust, Inc, 2009).
- "태어날 때부터 남을 미워하는 사람은 아무도 없다": Nelson Mandela, *Long Walk to Freedom: The Autobiography of Nelson Mandela* (Boston: Back Bay Books, 1995).
- '신화 속 영웅의 여정': Joseph Campbell, *The Hero with a Thousand Faces* (Novato, CA: New World Library, 2008).
- 샨 콘의 영웅적 사례: Seane Corn, "Yoga, Meditation in Action," interview by Krista Tippett, *On Being*, September 11, 2008, https://onbeing.org/programs/seane-corn-yoga-meditation-in-action/.
- '연민을 향한 목표'에 관한 연구: M. Teresa Granillo, Jennifer Crocker, James L. Abelson, Hannah E. Reas, and Christina M. Quach, "Compassionate and Self-

Image Goals as Interpersonal Maintenance Factors in Clinical Depression and Anxiety," *Journal of Clinical Psychology* 74, no. 4 (September 12, 2017): 608 – 625, doi: 10.1002/jclp.22524.

- 더 오래 살고, 더 건강하고, 행복감이 높은 경향: Stephen G. Post, "Altruism, Happiness, and Health: It's Good to Be Good," *International Journal of Behavioral Medicine* 12, no. 2 (June 2005): 66 – 77, doi: 10.1207/s15327558ijbm1202_4.
- "순전히 베푸는 것이 옳은 일이기 때문에 베푸는 것": 『바가바드 기타』17장 20절. 소개 및 번역은 다음을 참조. Eknath Easwaran (Tomales, CA: Nilgiri Press, 2007), 248.
- 신두타이 삽칼은 열두 살 때 결혼했다: "About Sindhutai Sapkal (Mai)/Mother of Orphans," accessed November 13, 2019, https://www.sindhutaisapakal.org/about-Sindhutail-Sapkal.html.
- 만 원을 나눠 갖는 실험: Paul K. Piff, Michael W. Krauss, Stéphane Côté, Bonnie Hayden Cheng, and Dacher Keltner, "Having Less, Giving More: The Influence of Social Class on Prosocial Behavior," *Journal of Personality and Social Psychology* 99, no. 5 (November 2010): 771 – 784, doi: 10.1037/a0020092.
- 자선 기부에 관한 설문조사: Ken Stern, "Why the Rich Don't Give to Charity: The Wealthiest Americans Donate 1.3 Percent of Their Income; The Poorest, 3.2 Percent. What's Up with That?" *The Atlantic*, April 2013, https://www.theatlantic.com/magazine/archive/2013/04/why-the-rich-dont-give/309254/.
- 기부금의 70퍼센트를 상회: Kate Rogers, "Poor, Middle Class and Rich: Who Gives and Who Doesn't?" *FOXBusiness*, April 24, 2013, https://www.foxbusiness.com/features/poor-middle-class-and-rich-who-gives-and-who-doesnt.
- 덜 가진 사람들이 더 많이 베푸는 이유: Daniel Goleman, *Focus: The Hidden Driver of Excellence* (New York: HarperCollins, 2013), 123.
- 독지가들의 과거 증언: Kathleen Elkins, "From Poverty to a $3 Billion Fortune: The Incredible Rags-to-Riches Story of Oprah Winfrey," *Business Insider*, May 28, 2015, https://www.businessinsider.com/rags-to -riches-story-of-oprah-winfrey-2015-5.
- "세상은 아동 노동을 종식할 능력이 됩니다": Ryan Prior, "Kailash Satyarthi Plans to End Child Labor In His Lifetime," CNN, March 13, 2019, https://www.cnn.com/2019/02/19/world/kailash-satyarthi-child-labor/index.html.
- "모든 걸 다 할 필요는 없다": Joanna Macy, *World as Lover, World as Self: Courage for Global Justice and Ecological Renewal* (Berkeley, CA: Parallax Press, 2007), 77.

명상: 만트라
- 주문을 외는 방법과 이유: Agni Purana 3.293 and Vayu Purana 59.141.

- **소리의 가치를 인정하는 것**: "Tesla's Vibrational Medicine," Tesla's Medicine, accessed November 12, 2019, https://teslasmedicine.com/teslas-vibrational-medicine/; Jennifer Tarnacki, "This Is Your Brain on Drumming: The Neuroscience Behind the Beat," Medium, September 25, 2019, https://medium.com/indian-thoughts/this-is-your-brain-on-drumming-8ed6eaf314c4.

- **나에게 영감을 불러일으키는 말**: Rainer Maria Rilke, *Letters to a Young Poet* (New York: W. W. Norton & Company, 1993); "29 Inspiring Herb Brooks Quotes to Motivate You," Sponge Coach, September 13, 2017, http://www.spongecoach.com/inspiring-herb-brooks-quotes/; Jay-Z, "Dirt Off Your Shoulder," *The Black Album*, Roc-A-Fella and Def Jam, March 2, 2004; *Bad Boys II*, directed by Michael Bay, Don Simpson/Jerry Bruckheimer Films, 2003.

- **신성한 만트라는 '옴'이다**: "Why Do We Chant Om?" Temples in India Info, accessed November 12, 2019, https://templesinindiainfo.com/why-do-we-chant-om/; "Om," Encyclopedia Britannica, accessed November 12, 2019, https://www.britannica.com/topic/Om-Indian-religion.

- **미주 신경 자극**: Bangalore G. Kalyani, Ganesan Venkatasubramanian, Rashmi Arasappa, Naren P. Rao, Sunil V. Kalmady, Rishikesh V. Behere, Hariprasad Rao, Mandapati K. Vasudev, and Bangalore N. Gangadhar, "Neurohemodynamic Correlates of 'OM' Chanting: A Pilot Functional Magnetic Resonance Imaging Study," *International Journal of Yoga* 4, no. 1 (January–June 2011): 3–6, doi: 10.4103/0973-6131.78171; C. R. Conway, A. Kumar, W. Xiong, M. Bunker, S. T. Aronson, and A. J. Rush, "Chronic Vagus Nerve Stimulation Significantly Improves Quality of Life in Treatment Resistant Major Depression," *Journal of Clinical Psychiatry* 79, no. 5 (August 21, 2018), doi: 10.4088/JCP.18m12178.

- **옴 탓 삿**: 『바가바드 기타』17장 23절. 소개 및 번역은 다음을 참조. Eknath Easwaran (Tomales, CA: Nilgiri Press, 2007), 249.

나가는 말

- **죽음을 앞둔 사람의 가장 흔한 후회**: Grace Bluerock, "The 9 Most Common Regrets People Have at the End of Life," mindbodygreen, accessed on November 13, 2019, https://www.mindbodygreen.com/0-23024 /the-9-most-common-regrets-people-have-at-the-end-of-life.html.

지니어스 코칭 커뮤니티 Genius Coaching Community

삶의 모든 영역을 개선하고 최적화하는 방법을 더 탐구하고 싶은 분들은 제이 셰티의 지니어스 코칭 커뮤니티에 가입하세요. 전 세계 100여 개국 1만 2000명 이상의 회원들이 함께하는 혁신적인 자기계발 커뮤니티의 일원이 될 수 있습니다. 매주 진행하는 '제이 라이브'Jay Live의 명상과 코칭 세션에 참여해보세요. 제이가 승려로 살며 몸으로 부딪쳐 얻은 지혜, 다년간의 연구를 토대로 여러분의 가장 큰 잠재력을 드러내고, 여러분의 천재성을 발견할 수 있는 여러 전략과 기술을 소개합니다.

회원이 되면 연애, 커리어, 영성, 건강, 행복 등 다양한 삶의 주제에 관한 실시간 수업을 들을 수 있고, 수백 개의 영상과 관련된 활동에 참여할 수 있습니다.

전 세계 140곳 이상에서 매달 열리는 모임에 참여해 비슷한 생각을 가진 사람들과 교류할 수 있습니다.

자세한 정보는 www.jayshetty.me/genius를 참조하세요.

제이 셰티 자격증 학교 JAY SHETTY CERTIFICATION SCHOOL

타인의 내면적이고 개인적인 변화를 안내할 가이드가 되고 싶다면 과학, 상식, 고대 승려들의 지혜에 기반을 둔 제이 셰티 자격증 학교의 문을 두드려보세요. 이 세상을 살아가는 사람들에게 위대한 영감을 주고, 선한 영향력을 주고자 분투하는 제이의 뜻에 동참해 공인 코치가 되어보세요. 가이드와 함께하는 스터디, 감독자와 함께하는 동료 코칭, 쌍방향 그룹 세션 등으로 구성된 커리큘럼이 새로운 관점과 개인적 변화를 안내하는 데 필요한 능력, 기술, 전략들을 알려줄 것입니다. 더불어 프로 코치로 활동하는 법을 배우고, 글로벌 데이터베이스에 '공인 제이 셰티 코치'로 등재됩니다.

전 세계 어느 곳에서든, 원하는 시간에 온라인으로 각자의 속도에 맞춰 학습할 수 있습니다. 각국에 제공되는 교육 이벤트를 통해 제이 셰티에게 직접 수업을 받을 수 있습니다.

www.jayshettycoaching.com을 방문하시면 더 자세한 정보를 얻을 수 있습니다.

옮긴이 **이지연**

서울대학교 철학과를 졸업한 후 삼성전자 기획팀, 마케팅팀에서 일했다. 현재 전문 번역가로 활동 중이다. 옮긴 책으로는 『데일 카네기 인간관계론』 『인간 본성의 법칙』 『시작의 기술』 『돈의 심리학』 『제로 투 원』 『위험한 과학책』 『만들어진 진실』 『매달리지 않는 삶의 즐거움』 『평온』 『다크 사이드』 『포제션』 외 다수가 있다.

수도자처럼 생각하기 (아트 힐링 에디션)
소진되고 지친 삶을 위한 고요함의 기술

초판 1쇄 발행 2021년 6월 30일
초판 9쇄 발행 2024년 8월 14일

지은이 제이 셰티
옮긴이 이지연
펴낸이 김선식

부사장 김은영
콘텐츠사업2본부장 박현미
책임편집 차혜린 **디자인** 마가림 **책임마케터** 문서희
콘텐츠사업5팀장 김현아 **콘텐츠사업5팀** 마가림, 남궁은, 최현지, 여소연
마케팅본부장 권장규 **마케팅1팀** 최혜령, 오서영, 문서희 **채널1팀** 박태준
미디어홍보본부장 정명찬 **브랜드관리팀** 안지혜, 오수미, 김은지, 이소영
뉴미디어팀 김민정, 이지은, 홍수경, 변승주, 서가을
지식교양팀 이수인, 염아라, 석찬미, 김혜원, 백지은, 박장미, 박주현
편집관리팀 조세현, 김호주, 백설희 **저작권팀** 한승빈, 이슬, 윤제희
재무관리팀 하미선, 윤이경, 김재경, 임혜정, 이슬기
인사총무팀 강미숙, 지석배, 김혜진, 황종원
제작관리팀 이소현, 김소영, 김진경, 최완규, 이지우, 박예찬
물류관리팀 김형기, 김선민, 주정훈, 김선진, 한유현, 전태연, 양문현, 이민운
외주스태프 윤문 박은영

펴낸곳 다산북스 **출판등록** 2005년 12월 23일 제313-2005-00277호
주소 경기도 파주시 회동길 490 다산북스 파주사옥
전화 02-704-1724 **팩스** 02-703-2219 **이메일** dasanbooks@dasanbooks.com
홈페이지 www.dasan.group **블로그** blog.naver.com/dasan_books
종이 ㈜IPP **인쇄** ㈜민언프린텍 **후가공** 제이오엘앤피 **제본** 다온바인텍

ISBN 979-11-306-3820-1(03100)

다산북스(DASANBOOKS)는 독자 여러분의 책에 관한 아이디어와 원고 투고를 기쁜 마음으로 기다리고 있습니다. 책 출간을 원하는 아이디어가 있으신 분은 다산북스 홈페이지 '투고원고'란으로 간단한 개요와 취지, 연락처 등을 보내주세요. 머뭇거리지 말고 문을 두드리세요.